交通运输行业高层次人才培养项目著作书系

李秋义 编著

市域铁路轨道技术研究与应用

Research and Application of Track Technology for Suburban Railway

人民交通出版社股份有限公司
北京

内 容 提 要

本书针对温州市域铁路 S1 线建设需求和轨道技术难题,对速度 100~160km/h、轴重 17t 的市域铁路扣件、道岔、无砟轨道、减振降噪、无缝线路、施工工艺等关键技术进行科研攻关,研制了扣件、道岔、减振产品等市域铁路轨道核心装备,形成了我国具有自主知识产权的市域铁路轨道系统设计和施工技术,为建立市域铁路轨道技术标准提供了支撑,多项创新成果已经在温州市域铁路成功应用,技术经济效益显著。

本书总结了温州市域铁路 S1 线轨道技术的科研成果以及工程实践经验,可供从事市域铁路轨道设计、施工及科研的技术人员参考。

图书在版编目(CIP)数据

市域铁路轨道技术研究与应用 / 李秋义编著. — 北京:人民交通出版社股份有限公司,2020.12
ISBN 978-7-114-16910-6

Ⅰ.①市… Ⅱ.①李… Ⅲ.①城市铁路—轨道交通—研究 Ⅳ.①U239.5

中国版本图书馆 CIP 数据核字(2020)第 207655 号

Shiyu Tielu Guidao Jishu Yanjiu yu Yingyong

书　　名:	市域铁路轨道技术研究与应用
著　作　者:	李秋义
责任编辑:	潘艳霞
责任校对:	赵媛媛
责任印制:	张　凯
出版发行:	人民交通出版社股份有限公司
地　　址:	(100011)北京市朝阳区安定门外外馆斜街 3 号
网　　址:	http://www.ccpcl.com.cn
销售电话:	(010)59757973
总 经 销:	人民交通出版社股份有限公司发行部
经　　销:	各地新华书店
印　　刷:	北京交通印务有限公司印刷
开　　本:	787×1092　1/16
印　　张:	22
字　　数:	508 千
版　　次:	2020 年 12 月　第 1 版
印　　次:	2020 年 12 月　第 1 次印刷
书　　号:	ISBN 978-7-114-16910-6
定　　价:	168.00 元

(有印刷、装订质量问题的图书由本公司负责调换)

交通运输行业高层次人才培养项目著作书系编审委员会

主　任：杨传堂

副主任：戴东昌　周海涛　徐　光　王金付
　　　　　陈瑞生(常务)

委　员：李良生　李作敏　韩　敏　王先进
　　　　　石宝林　关昌余　沙爱民　吴　澎
　　　　　杨万枫　张劲泉　张喜刚　郑健龙
　　　　　唐伯明　蒋树屏　潘新祥　魏庆朝
　　　　　孙　海

书系前言
Preface of Series

进入21世纪以来,党中央、国务院高度重视人才工作,提出人才资源是第一资源的战略思想,先后两次召开全国人才工作会议,围绕人才强国战略实施做出一系列重大决策部署。党的十八大着眼于全面建成小康社会的奋斗目标,提出要进一步深入实践人才强国战略,加快推动我国由人才大国迈向人才强国,将人才工作作为"全面提高党的建设科学化水平"八项任务之一。十八届三中全会强调指出,全面深化改革,需要有力的组织保证和人才支撑。要建立集聚人才体制机制,择天下英才而用之。这些都充分体现了党中央、国务院对人才工作的高度重视,为人才成长发展进一步营造出良好的政策和舆论环境,极大激发了人才干事创业的积极性。

国以才立,业以才兴。面对风云变幻的国际形势,综合国力竞争日趋激烈,我国在全面建成社会主义小康社会的历史进程中机遇和挑战并存,人才作为第一资源的特征和作用日益凸显。只有深入实施人才强国战略,确立国家人才竞争优势,充分发挥人才对国民经济和社会发展的重要支撑作用,才能在国际形势、国内条件深刻变化中赢得主动、赢得优势、赢得未来。

近年来,交通运输行业深入贯彻落实人才强交战略,围绕建设综合交通、智慧交通、绿色交通、平安交通的战略部署和中心任务,加大人才发展体制机制改革与政策创新力度,行业人才工作不断取得新进展,逐步形成了一支专业结构日趋合理、整体素质基本适应的人才队伍,为交通运输事业全面、协调、可持续发展提供了有力的人才保障与智力支持。

"交通青年科技英才"是交通运输行业优秀青年科技人才的代表群体,培养选拔"交通青年科技英才"是交通运输行业实施人才强交战略的"品牌工程"之一,1999年至今已培养选拔282人。他们活跃在科研、生产、教学一线,奋发有为、锐意进取,取得了突出业绩,创造了显著效益,形成了一系列较高水平的科研成果。为加大行业高层次人才培养力度,"十二五"期间,交通运输部设立人才培养专项经费,重点资助包含"交通青年科技英才"在内的高层次人才。

人民交通出版社以服务交通运输行业改革创新、促进交通科技成果推广应用、支持交通行业高端人才发展为目的，配合人才强交战略设立"交通运输行业高层次人才培养项目著作书系"（以下简称"著作书系"）。该书系面向包括"交通青年科技英才"在内的交通运输行业高层次人才，旨在为行业人才培养搭建一个学术交流、成果展示和技术积累的平台，是推动加强交通运输人才队伍建设的重要载体，在推动科技创新、技术交流、加强高层次人才培养力度等方面均将起到积极作用。凡在"交通青年科技英才培养项目"和"交通运输部新世纪十百千人才培养项目"申请中获得资助的出版项目，均可列入"著作书系"。对于虽然未列入培养项目，但同样能代表行业水平的著作，经申请、评审后，也可酌情纳入"著作书系"。

高层次人才是创新驱动的核心要素，创新驱动是推动科学发展的不懈动力。希望"著作书系"能够充分发挥服务行业、服务社会、服务国家的积极作用，助力科技创新步伐，促进行业高层次人才特别是中青年人才健康快速成长，为建设综合交通、智慧交通、绿色交通、平安交通做出不懈努力和突出贡献。

交通运输行业高层次人才培养项目
著作书系编审委员会
2014 年 3 月

作者简介
Author Introduction

李秋义,1972年出生,中铁第四勘察设计院集团有限公司线路站场设计研究院副总工程师,博士,正高级工程师。获得国家科技进步奖一等奖、湖北省科技进步奖一等奖、教育部科技进步奖一等奖,2019年被授予"国家有突出贡献中青年专家"荣誉称号,被交通运输部授予"2015—2016年度交通运输青年科技英才"称号,2011年获得第十届詹天佑铁道科学技术奖青年奖,2018年被授予"城市轨道交通工程建设工匠精神模范"称号。主要从事高速铁路和城市轨道交通轨道技术研究与设计,在无砟轨道和无缝线路技术研究方面取得突出成绩,研究的多项成果填补了国内空白。发表学术论文30余篇,获得授权发明专利5项,实用新型专利10项,主编和参编行业标准5项。

前言
Foreword

温州市域铁路 S1 线是我国第一条新建市域铁路，开创了我国市域铁路系统的一种新制式，是"国家战略新兴产业示范工程"，承担先行先试、示范引领、复制推广的功能。温州市域铁路 S1 线一期工程线路全长 53.507km，于 2013 年开工建设，2019 年建成通车。

轨道工程是市域铁路的重要基础设施，轨道技术是市域铁路的关键技术之一。2013 年温州市域铁路建设之初，国内对市域铁路轨道技术的储备非常薄弱，缺乏成熟的技术、经济适用的产品以及成套的设计施工技术标准，尚不能满足市域铁路建设和发展的需求。鉴于安全性和经济性考虑，市域铁路的运营条件决定了其技术选型和结构设计不能照搬城市轨道交通和高速铁路。面对市域铁路建设的需求，以温州市域铁路为依托，国家铁路局和中铁第四勘察设计院集团有限公司启动了多项科研课题，对轨道工程关键技术进行系统研究，并对速度 100~160km/h、轴重 17t 的市域铁路无砟轨道、道岔、减振降噪、无缝线路等关键技术进行研究，研制了扣件、道岔、减振产品等市域铁路轨道核心装备，形成了我国具有自主知识产权的市域铁路轨道系统设计技术，为中国铁道学会团体标准《市域铁路设计规范》(T/CRS C 0101—2017)、中国土木工程学会标准《市域快速轨道交通设计规范》(T/CCES 2—2017)及铁道行业标准《市域(郊)铁路设计规范》(TB 10624—2020)的编制提供了有力的技术支撑。作为温州市域铁路 S1 线轨道工程的总设计师，作者主持了轨道技术方案论证、科研攻关、工程设计，在无砟轨道及无缝线路计算理论和设计方法，扣件、轨枕、道岔等产品研发，轨道减振测试与评估，以及施工技术研究等方面做了大量创新性工作。作者及设计研究团队结合温州市域铁路 S1 线轨道工程科研成果以及工程实践经验，对市域铁路轨道设计技术进行系统总结，并融入了对市域铁路轨道修建技术的认识和思考，编撰成本书。其可为我国市域铁路轨道工程建设提供有益的参考。

本书共分成 8 章。第 1 章介绍了国内外市域铁路发展概况、温州市域铁路关键轨道技术创新。第 2 章介绍了市域铁路减振扣件研发情况。第 3 章介绍了市域铁路 12 号可动心轨道岔技术。第 4 章介绍了市域铁路无砟轨道计算理论、设计方法及结构设计情况。第 5 章介绍了市域铁路桥上无缝线路和桥上无缝道岔技术。第 6 章介绍了橡胶隔振垫减振双块式无砟轨道的计算理论和结构设计方法。第 7 章介绍了温州市域铁路 S1 线减振扣件和减振道床减振效果测试和评估。第 8 章介绍了市域铁路轨道施工技术。

本书在编写过程中，参考了国内外部分技术资料及文献，引用了科研合作单位的研究成果。特别感谢交通运输部"交通运输行业高层技术人才培养项目"和中铁第四勘察设计院集团有限公司配套基金对本书出版的共同资助，以及国家铁路局、中国铁道学会为本书提供的协助和指导。感谢温州市铁路投资有限公司在现场试验中给予的大力支持，感谢深圳地铁集团有限公司吴永芳博士在设计阶段提出的宝贵意见，感谢中铁宝桥集团有限公司、洛阳双瑞橡塑科技有限公司、安徽巢湖铸造厂有限责任公司、中铁三局集团有限公司、中铁上海局集团有限公司、中铁二局集团有限公司等单位为产品研发和轨道施工做出的努力。中铁第四勘察设计院集团有限公司市域轨道设计团队的韩志刚、朱彬、任西冲、张泽、杨尚福、周磊、廉紫阳等参与部分内容的编写及文档整理，在此一并表示感谢。

由于作者水平有限，书中难免有差错、遗漏和不足，恳请专家和同行不吝赐教、多提批评指导意见，以利改正。

作者
2020 年 5 月

目 录
Contents

第1章 概述 ·· 1
   1.1 市域铁路的定义及特点 ··· 1
   1.2 国内外市域铁路发展历程与趋势 ································· 3
   1.3 温州市域铁路发展建设概况 ······································ 13
   1.4 温州市域铁路 S1 线轨道设计概况 ······························ 15
   1.5 温州市域铁路轨道系统关键技术 ································ 22

第2章 市域铁路减振扣件研究 ·· 26
   2.1 概述 ·· 26
   2.2 减振扣件的设计原则和技术要求 ································ 46
   2.3 扣件结构设计 ··· 48
   2.4 扣件力学性能检算 ··· 52
   2.5 扣件零部件材料设计 ·· 55
   2.6 减振扣件室内试验研究 ··· 60

第3章 市域铁路无砟道岔设计与应用 ···································· 64
   3.1 概述 ·· 64
   3.2 国内道岔研究与应用现状 ·· 65
   3.3 道岔设计方法和设计内容 ·· 71
   3.4 市域铁路道岔主要技术创新 ····································· 77
   3.5 市域铁路 12 号可动心轨辙叉单开道岔设计 ················· 100
   3.6 道岔试制与试铺 ·· 109
   3.7 道岔应用 ··· 113

第4章 市域铁路无砟轨道结构设计与应用 ····························· 118
   4.1 国内外无砟轨道发展概况 ·· 118
   4.2 市域铁路无砟轨道力学分析模型和计算方法 ················ 123
   4.3 市域铁路无砟轨道结构设计方法 ······························· 135
   4.4 市域铁路桥上新型无砟轨道研究 ······························· 139

第5章 市域铁路桥上无缝线路设计技术 … 175
- 5.1 概述 … 175
- 5.2 桥上无缝线路计算方法和模型 … 176
- 5.3 桥墩纵向水平线刚度 … 178
- 5.4 简支梁桥无缝线路纵向水平线刚度限值计算 … 183
- 5.5 市域铁路桥上无缝道岔技术 … 208

第6章 市域铁路无砟轨道减振技术研究 … 220
- 6.1 概述 … 220
- 6.2 国内外轨道减振概况 … 221
- 6.3 市域铁路无砟轨道减振方案 … 234
- 6.4 车辆—橡胶隔振垫道床—桥梁耦合动力学分析模型 … 237
- 6.5 轨道结构设计参数对振动特性的影响研究 … 244
- 6.6 橡胶隔振垫无砟轨道减振效果预测 … 254
- 6.7 橡胶隔振垫无砟轨道安全性和舒适性分析 … 259
- 6.8 橡胶隔振垫无砟轨道结构设计检算 … 261

第7章 市域铁路轨道减振测试及效果评估 … 270
- 7.1 减振设计概况 … 270
- 7.2 减振扣件减振测试及效果评估 … 271
- 7.3 桥上橡胶隔振垫无砟轨道振动测试及效果评估 … 285

第8章 市域铁路轨道施工技术 … 301
- 8.1 工程概况 … 301
- 8.2 总体施工方案 … 303
- 8.3 轨道精密测量控制网CPⅢ测设 … 306
- 8.4 双块式无砟轨道施工 … 309
- 8.5 无砟道岔施工 … 317
- 8.6 无缝线路施工 … 325

参考文献 … 333

第1章 概　　述

市域铁路是我国新型城镇化背景下，为城市核心区与外围城镇组团之间提供快速、大容量、公交化服务的轨道交通系统，是城市综合交通运输体系的重要组成部分，是支撑与引导大城市由单中心向多中心发展形态转变、促进新城发展的重要基础设施。对于构建多层次现代化交通网络系统，形成与国家铁路或城市轨道交通便捷衔接的综合交通体系，推进"轨道交通+新型城镇化"，服务国家新型城镇化建设战略都具有重要意义。本章阐述了市域铁路的基本概念与特点，分析了市域铁路的重要作用以及发展趋势，简要介绍了温州市域铁路的发展理念与规划建设概况，介绍了温州市域铁路 S1 线轨道设计概况以及轨道系统关键技术研发情况。

1.1　市域铁路的定义及特点

1.1.1　市域铁路的定义

根据国家标准《城市轨道交通技术规范》(GB 50490—2009)及建筑工程行业标准《城市公共交通分类标准(附条文说明)》(CJJ/T 114—2007)，城市轨道交通是指采用专用轨道导向运行的城市公共客运交通系统，包括地铁系统、轻轨系统、单轨系统、有轨电车、磁浮系统、自动导向轨道系统、市域快速轨道系统。长期以来，各地对市域快速轨道系统的称谓不统一，有市域铁路、市郊铁路、市域快线、都市快线等。中国城市轨道交通协会于 2013 年提出作为国家标准称谓的市域快速轨道，简称市域快轨，既明确了城市轨道的交通属性，又形象反映了速度快的特点。温州是全国第一个新建市域快轨的城市，温州市域快轨从项目立项起便称为"市域铁路"。

对于市域铁路的定义，行业标准与各团体标准有所差异，主要的三种定义如下：

(1)行业标准《城市公共交通分类标准》(CJJ/T 114—2007)

市域快速轨道交通(市域铁路)是一种大运量的轨道运输系统，客运量可达 20 万~45 万人次/日(一般不采用高峰小时客运量的概念)。市域快速轨道交通系统适用于城市区域内重大经济区之间中长距离的客运交通。市域快速轨道交通列车主要在地面或高架桥上运行，必要时可采用隧道。采用钢轮钢轨体系时，标准轨距为 1435mm，由于线路较长，站间距相应较大，必要时可不设中间车站，因而可选用最高运行速度在 120km/h 以上的快速专用车辆，也可选用中低速磁浮列车进行技术经济比较。

(2)中国铁道学会团体标准《市域铁路设计规范》(T/CRS C0101—2017)

市域铁路是指位于中心城区与其他组团间、组团式城镇之间或与大中城市具有同城化需求的城镇间，服务通勤、通学、通商等规律性客流，设计速度为 100~160km/h，快速、高密度、公交化的客运专线铁路。

(3) 中国土木工程学会团体标准《市域快速轨道交通设计规范》(T/CCES 2—2017)

市域快速轨道交通(市域铁路)是一种主要服务于城市郊区和周边新城、城镇与中心城区联系,并具有通勤客运服务功能的中、长距离的大运量城市轨道交通系统,简称市域快轨。

行业标准和团体标准对市域铁路定义的对比见表1.1。

行业标准和团体标准对市域铁路定义的对比   表1.1

标准名称	行业标准《城市公共交通分类标准》(CJJ/T 114—2007)	中国土木工程学会团体标准《市域快速轨道交通设计规范》(T/CCES 2—2017)	中国铁道学会团体标准《市域铁路设计规范》(T/CRS C0101—2017)
功能定位	一种大运量的城市轨道交通系统	一种大运量的城市轨道交通系统	快速、高密度、公交化的客运专线铁路
服务范围	城市区域内重大经济区之间	城市郊区和周边新城、城镇与中心城区	中心城区与其他组团间、组团式城镇之间或大中城市
服务对象	中长距离客流	通勤客流	通勤、通学、通商等规律性客流
最高速度	120km/h以上	120~160km/h	100~160km/h

从表1.1中行业标准、团体标准对市域铁路的定义来看,功能定位、服务范围、服务对象、最高速度是市域铁路定义的核心。

2017年6月20日,国家发展改革委、住房和城乡建设部、交通运输部、国家铁路局、中国铁路总公司印发了《关于促进市域(郊)铁路发展的指导意见》(发改基础〔2017〕1173号),首次从国家层面统一了市域铁路的定义:市域(郊)铁路是城市中心城区连接周边城镇组团及其城镇组团之间的通勤化、快速度、大运量的轨道交通系统,提供城市公共交通服务,是城市综合交通体系的重要组成部分。市域(郊)铁路设计速度宜为100~160km/h,平均站间距原则上不小于3km。因地制宜确定敷设方式,优先采用地面或高架,集约利用通道资源和节省工程投资。

综上所述,市域铁路是一种大运量、快速的城市轨道交通系统(功能定位),主要服务于城市郊区和周边新城、城镇与中心城区之间(服务范围)的通勤、通学、通商等规律性客流(服务对象),其最高速度为160km/h。

1.1.2 市域铁路的特点

市域铁路相较于地铁、轻轨等其他城市轨道交通,具有如下特点:

(1)功能定位。市域铁路应属于城市轨道交通范畴,与城市中心区的轨道交通共同构建城市轨道交通网络。市域铁路可自成体系,相对独立运营,与城市中心区轨道交通接驳换乘,也可与城市中心区轨道交通互联互通。

(2)服务范围覆盖城市外围区域。市域铁路主要服务于城市中心区以外,且距大城市、特大城市和超大城市中心城区外20~100km半径内的城市功能属性和经济属性一致的城市和城镇组团。其服务范围不局限于城市行政辖区,可涵盖核心城市周边与之经济、人口交流等较为紧密的区域。服务范围内居民的工作、生活具有同城化特征。即服务区域非指行政区域,而以居民交往联系的紧密程度及特征来界定。

(3) 服务对象以远距离通勤为主。在城市郊区和与中心城日常工作、生活交往紧密的地区,民众的早晚高峰时段出行需求最为迫切,因此市域铁路的服务对象以通勤旅客为主,以通商、通学、购物、休闲、娱乐等交流需求的短途旅客为辅。客流具有潮汐现象和明显的向心特点,早、晚高峰更加明显。

(4) 运行速度具有较强优势。城市规模越大,通勤范围越大,通勤时间越长。为提高城市都市圈的活力,宜缩短通勤时间。国外一些城市经验表明,主城和卫星城之间的通勤时间约为 1h 时,更能吸引主城工作的民众和新增的居民在卫星城集聚。所以,市域快轨的服务目标应使通勤交通出行时间不宜大于 1h。由于主要都市圈的辐射范围为 50~80km,则按照列车运行速度 60~80km/h 计算,市域铁路列车的最高速度应为 160km/h。

(5) 服务水平较高。由于市域铁路运营速度快、站间距长,为提高乘车舒适性,需提高车厢内座席比例,车厢内有效空余地板面站立旅客密度不宜大于 4 人/m^2,旅客乘坐空间明显优于地铁标准。

1.2 国内外市域铁路发展历程与趋势

1.2.1 国外市域铁路发展概况

东京、巴黎、纽约、伦敦在城市中心区范围内规划建设由地铁与轻轨组成的城市轨道交通系统,而在核心区与市郊区域范围内规划建设市域铁路系统,形成了发达的城市轨道交通网。巴黎和伦敦形成了放射形轨道交通网,柏林和东京形成了环形加放射线形轨道交通网,纽约形成了主线加支线轨道交通网,特点主要表现为:多中心结构、中心加卫星城、中心加外围区等形态;与城市综合交通枢纽、城市中心区的地铁系统及区域其他轨道交通系统建立了良好的换乘衔接,形成多层次、网络化的轨道交通系统。随着城市规模的不断扩大,市域铁路已经成为大城市调整产业结构、引导卫星城发展、规划居民迁移、实现经济可持续发展的重要手段。国外很多大城市在发展过程中十分重视市域铁路的规划和建设,其经验值得借鉴。东京、巴黎、纽约、伦敦等大城市在市区行政范围内除了修建地铁系统满足市中心区交通需求外,无一例外都修建了市域铁路以满足市中心与郊区之间的通勤、通学、商务、公务、旅游等客流需求。国外资料显示,地铁线路在整个交通网络中的比例很小,而市域铁路构成了交通网络的重要组成部分。例如,东京地铁系统网络全长约为 332.6km,而由市区向外辐射出去的市域铁路总长为 2013km;纽约地铁系统网络全长约为 368km,而市域铁路总长约为 1632km;伦敦地铁系统网络全长约为 400km,从伦敦辐射出去的市域铁路超过 3000km。

(1) 东京

东京都市圈内主要的轨道交通包括地铁和市域铁路,其中市域铁路由日本铁路公司(Japan Railways,JR)、JR 线和私营铁路组成。地铁和市域铁路共同构成了东京轨道交通环形加放射形的布局形态。JR 山手线和武藏野线构成主要环线结构,其中 JR 山手环线长 34.5km,29 个车站中有 24 个是换乘站,在连接地铁、JR 线和私营铁路中发挥着重要的作用。

东京地铁的线网布局如图 1.1a) 所示,基本以东京站向 JR 山手线辐射,超过 70% 的线网位于山手环线内,辐射半径不超过 20km,主要解决核心区内人口聚集地区的人员流动。

市域铁路线网布局如图1.1b)所示,由于在东京城市化初期,为保护东京都内的社会秩序,不允许在山手线以内修建铁路,因此,市域铁路采用以山手线为断点向外修建单方向放射线的方式,解决山手线以外的区域通勤运输。此外,为了尽可能吸引客流,市域铁路采用了大小交路与快慢车的运营组织模式,可根据不同客流特点在同一线路上开行特急、准急、普通等速度不同的交路列车。

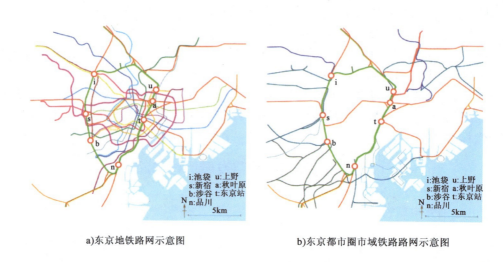

a)东京地铁路网示意图　　　　b)东京都市圈市域铁路路网示意图

图1.1　东京地铁及市域铁路网示意图

（2）巴黎

为了缓解城区压力,巴黎大区1965年《城市规划和地区整治战略规划》提出在巴黎周围25~30km的郊区建设5座新城,为配合此规划,同时提出了以郊区铁路线网为骨架,修建市域快线,简称RER线。RER线现有5条线路,共15个支线,每条线路含有多个分支,服务于距巴黎市区半径为40~50km的范围俗称"大巴黎地区"的通勤通学客流,此外,还为往返机场的旅客提供服务。RER线的主要特点是在市区由地下穿城而过,在主要站点与地铁进行换乘。RER线的速度为120~140km/h。整个网络共有站点257个,线路总长587km。在运营组织模式方面,RER线采用站站停+跨站停的运营组织模式,既为长距离出行的旅客节约了时间,又满足了近郊旅客的出行需求。RER线的修建,一方面充分利用了市郊既有的铁路设施;另一方面在巴黎大区建设新的地下线,使人们不仅可以快速穿越整个巴黎市,也可以从市郊不经换乘就能到达市中心。同时RER线与中心区域地铁系统及远郊铁路分工明确,形成了良好的衔接换乘系统,使巴黎轨道交通系统极为发达、完善,巴黎地铁及市域快轨网如图1.2所示。

（3）纽约

纽约中央商务区(Central Business District,CBD)每天从外围各区域至中心区的通勤客流量很大,相应地建立了大量长放射网络市域通勤铁路,主要包括长岛铁路、大都会北方铁路和新泽西铁路。市域通勤铁路以中心区的中央总站、宾夕法尼亚站和霍博肯站3个车站为起点,向长岛、纽约北部地区和新泽西3个方向辐射,半径超过100km。通勤铁路以长支线形式汇聚于中心区;长岛方向有10条支线;北部郊区主线方向有3条和支线方向有3条;新泽西方向主线方向有两条;通勤铁路覆盖于整个大都市。由此可见,纽约通勤市域铁路主要服务于城市外围区域(如纽约的东部和北部),起到连接郊区与市中心的桥梁作用,主要采用铁路运营模式,同时,为了满足多样化的客流需求,市域铁路采用了大小交路、快慢车混跑和开行跨站停列车等运营方式。纽约都市圈内的郊区城市化程度比较高,但人口密度又显著低于城市中心区。在这些区域,市域铁路长度和站间距介于国铁和地铁之间,在纽约都市圈交通服务中占有重要地位。纽约都市圈的市域铁路布局如图1.3~图1.5所示。

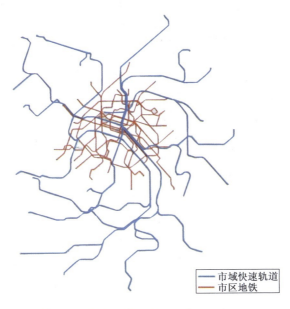

图1.2 巴黎地铁及市域快轨网

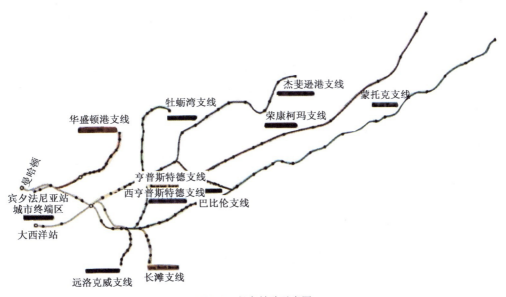

图1.3 长岛铁路示意图

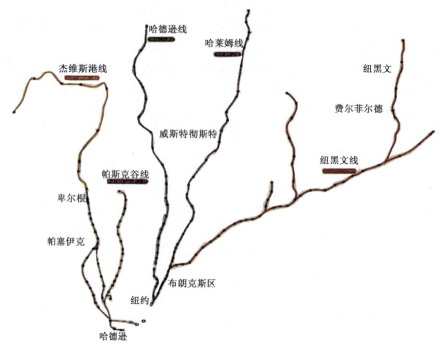

图 1.4　北方铁路示意图

图 1.5　新泽西铁路示意图

在纽约市域范围的市域通勤铁路,由于地理条件的限制,以放射线为主,没有径向线。总体上,依据纽约大都市的空间结构,建立了大量的放射状的市域轨道交通系统,在疏解中心区人口的同时,也保持了中心区的强大功能。放射状的市域轨道交通线路的建设引导了市中心曼哈顿地区人口向外围的布朗克斯、布鲁可林和昆斯3个地区转移,中心区人口减少了63%,外围区人口则成倍增长。

放射状的轨道交通网络保持了纽约大都市中心区的繁荣和强大。纽约市中心的曼哈顿地区汇集了所有的地铁线路,是通勤的终点。每天大量客流通过市郊通勤铁路和地铁进入该地区,使中心区充满活力。

放射状的轨道交通网络拓展了城市的发展空间,发展了城市外围的扩大地区,使城乡发展一体化。随着地铁线路的建设,纽约城市从原来集中于曼哈顿地区逐渐向外围三区拓展,城市发展空间不断扩大,同时城市外围区得到了进一步发展,地铁加快了这些地区的城市化进程,也促进了外围新区次级中心的产生。

(4)伦敦

伦敦市郊铁路英国大伦敦市面积约为1579 km²,人口约为800万人。伦敦大都市中心城内市郊铁路总长788km,平均站间距为2.5km;近郊区(50km交通圈)的市郊铁路总长923km,平均站间距约为3.5km;远郊区(100km交通圈)的市郊铁路总长高达1360km,平均站间距约为7.5km。伦敦市郊铁路共有32座换乘站,分布在伦敦中心城区及近郊区,通过这些换乘站伦敦地铁实现了互联互通。市郊铁路还实现了与伦敦地铁在某些路段共用线路的合作机制,伦敦市郊铁路的分布如图1.6所示。

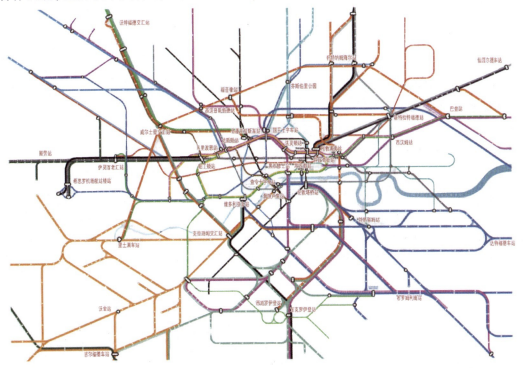

图1.6 伦敦市郊铁路分布

伦敦市郊铁路里程占轨道交通的88.1%,每天运送旅客700万人,占轨道交通总客运量的70%。网络结构呈现出中心城区高密度、多站点与外围区低密度、大站间距的特点,能适应大都市不同交通圈的不同交通特征和市民出行多样化的需求。

国外主要城市市域铁路概况统计见表1.2。市域铁路作为解决卫星城与中心城居民出行的主要交通方式,在大都市区域公共交通中发挥着重要作用。总体而言,市域铁路的服务范围大于地铁的服务范围,服务半径在50~100km之间,设计速度一般在120~160km/h之间,运营速度一般在40~70km/h之间。此外,为了满足不同的客流需求,市域铁路运营组织方式十分灵活,有大小交路、快慢车和跨站停等多种方式。

国外主要城市市域铁路概况表 表1.2

城市及规模	市郊线路长度（km）	服务半径（km）	车站间距（km）	设计速度（km）	运营速度（km）	供电方式
东京,2013km	JR线,887	50	5~6	120	50~60	为接触网,电压为DC1500V
	私营铁路,1126	50	2	120	40~45	
巴黎,1883km	市郊铁路,1296	60	5.14	130~140	50~70	为接触网,电压为AC25kV
	RER线,587	60	1.7~2.8	130~140	50~70	
伦敦,3071km	中心城市内,788	—	2.5	120~160		为第三轨或接触网两种方式,电压为DC1500V或AC25kV,部分线路为第四轨方式,电压为DC650~660V
	近郊区,923	50	3.5	120~160		
	远郊区,1360	100	7.5	120~160		
纽约,1632km	北方铁路,532	80	2.6~6.4	160		供电为第三轨方式,电压为DC750V
	长岛铁路,1100	80	1.2~5.6	160		

1.2.2 国内市域铁路发展概况

（1）国内市域铁路发展现状

市域铁路是伴随我国城镇化和区域一体化发展产生的新型轨道交通系统,在我国起步较晚,还属于探索阶段。随着我国城市化进程的加快,城市中心区人口越来越密集,现有主城区资源已然难以承受城市快速扩张引起的负荷。发展城市外围组团或周边辖属城镇,疏导中心区人口,形成主城+新城（卫星组团）的总体布局成为目前一些城市的主要发展战略。市域铁路正是适应并支持城市发展的一种快速、大运量、公交化的交通方式。目前,国内各大城市正在快速发展市域铁路项目。国内对于市域铁路建设主要采取三种模式:利用既有铁路开行列车,利用既有通道新建铁路,新建铁路。我国第一条市域铁路是2008年8月在京包铁路和康延支线上开行的S2线。目前,我国主要有北京、上海、天津、成都和贵阳运营市域铁路。

①北京

北京目前有3条市域线,分别为市郊S2线（北京北站—延庆站）,城市副中心S1线（衙门口站—通州站）和怀密S5线（黄土店站—怀柔北站）。其中S2线全长约77km,包含10座车站,运行时间约1h20min,客流以旅游和通勤为主,周末、节假日以及暑期为客流旺季。城市副中心S1线于2017年12月开通,线路长度约为38.8km,包含5座车站,运行时间约

60min,是城市副中心与中心城之间的快速联系通道。为满足怀柔区、密云区市民日常通勤出行需求,怀密S5线于2017年12月开通,线路长度约为79km,包含3座车站,全程运行时间约90min。

②上海

上海目前运营的线路为金山铁路(上海南站—金山卫站),是由金山铁路支线改建而成的市域快铁。金山铁路支线建于20世纪70年代,是上海石化的配套工程。在20世纪80年代到90年代末,金山铁路支线是上海石化与市区间的主要客运通道。但因速度慢、客运量不足等原因于2001年停运。金山铁路支线改建工程从上海南站引出至金山卫站,按国家Ⅰ级铁路干线技术标准设计。金山铁路于2012年9月开通,线路长度为56.4km,包含9座车站,设计行驶速度为160km/h,从上海南站直达金山卫站只需32min,是上海市中心连接金山区的一条快速通道。

③天津

天津目前运营的线路为津蓟铁路,南起天津市河北区,北至天津市蓟州区城关镇,全长109km,包含11座车站,是客货混跑铁路,于2015年4月开通运营。津蓟铁路既是天津市的工业原料运输线,也是华北地区的旅游线。津蓟铁路按高峰图和平日图运行。高峰图(黄金周、小长假、暑运、周五、周六、周日)期间每日开行9对。其中,天津北至蓟州区6对,天津北至宝坻3对。平日图(周一至周四)每日开行6对。其中,天津北至蓟州区4对,天津北至宝坻2对。天津北至蓟州区一站直达列车运行时间为90min,天津北至宝坻一站直达列车运行时间为58min。

④成都

成都目前运营的线路为成灌铁路(在运营)和成蒲铁路(预计2018年底投入运营)。成灌铁路是成都第一条市域铁路线,起于成都站(火车北站),正线经成都铁路西环线,之后沿国道317线向西延伸,至成都县级市都江堰市(旧称灌县,简称"灌")后向南延伸,止于都江堰市青城山站。线路包含一条正线,两条支线,正线于2010年5月开通运营,2013年7月成灌线离堆支线开通运营,2014年4月成灌线彭州支线开通运营。正线长度约71.8km,包含15座车站。离堆支线包含3座车站,是连接都江堰水利工程鱼嘴、玉垒山景区的便捷通道。彭州支线长约21.3km,包含6座车站,连接高新西区(郫都)、新民场、三道堰、古城和彭州。成灌线(2016年5月15日起)都江堰方向日开行26.5对,彭州方向3对,共29.5对。

成蒲铁路东起成都西站,途经青羊区、武侯区、双流区、温江区、成都崇州市、成都大邑县、成都邛崃市,西至成都市朝阳湖站,是川藏铁路的重要组成部分。该铁路设计为客运专线,运营长度为96.082km,包含12座车站,于2018年底全线建成通车。列车设计最高速度为200km/h,建成后成都市民从成都市区至蒲江最快只需半个小时。

⑤贵阳

贵阳目前运营的线路为贵开城际铁路。贵开城际铁路是贵阳市到开阳县的城际客运专线,是贵阳市域快速铁路网"一环一射两联线"的重要组成部分,线路全长62km,包含贵阳北站、贵阳东站、洛湾三江站、百宜站、南江站、开阳站6个车站,于2015年5月正式开通,采用和谐号CRH2A型动车组运行,全天共开行4对列车。线路设计速度为200km/h,从贵阳至开阳需48min。

综上所述,目前我国市域铁路规划较为滞后,发展建设较为缓慢,已建成的线路规模与日本、伦敦、巴黎、纽约等大城市相比仍有很大差距。现有的大部分市域铁路运营线路均利用既有铁路改建而成。根据城市空间由内及外逐步扩展的特征，国内各大城市的轨道交通建设时序通常是先市区后市域，即先建设市区线缓解交通拥堵，待城市扩大到一定规模后再启动市域线建设。此外，我国市域铁路技术标准体系构建相对滞后，虽在2017年发布实施了团体标准《市域铁路设计规范》（T/CRS C0101—2017），但距全方位支撑市域铁路的规划设计、施工与运营管理仍有一定差距。

(2)国内市域铁路发展趋势

①建设需求迫切

随着我国新型城镇化的加快实施，一些大城市已经出现郊区化发展趋势，表现为人口、产业、商业先后从城市中心区向郊区迁移，导致较多的城市（如北京、上海、广州、武汉、南京、重庆、郑州等）开始规划建设卫星城、新城、副中心城市、外围组团及郊区，城市郊区化的建设将导致更多的市郊通勤需求，从而提出了对市郊铁路的规划建设要求。

随着我国城市空间的不断扩张，北京、上海等超大城市的城市化发展已经进入更高阶段：城市核心区的辐射量级不断提升，周边城镇密集区经济和人口体量逐步增加，城市核心区与外围城镇密集区之间形成了经济活动频繁、交通联系紧密的都市圈。根据东京、巴黎、纽约等国外发达城市的发展经验，都市圈是我国大都市地区城镇化的发展方向，其空间布局将重点依靠发达的市域铁路网来支撑。虽然目前我国大都市地区已呈现出都市圈的空间发展方向，但城市核心区与周围城镇密集区之间的交通往来仍然以道路交通方式为主，早晚高峰时段进出城主干路往往拥堵严重。大城市郊区的小城镇多存在规模小、功能不完善、公共服务设施不配套、环境条件差、独立性差等问题，难以对中心城区的人口、产业形成较强吸引力。我国城市郊区化进程将加快郊区产业和人口的集聚，借鉴国外有益经验，在大城市周围有计划、高起点、高标准地规划建设一批中心城镇，建设配套的公共服务设施和基础设施，促使郊区现有的居住单一功能向兼有居住、购物、娱乐、就业、旅游为一体的综合功能转化，使边缘城市成为吸引中心城区人口和产业的新型区域中心。因此，市域铁路发展前景十分广阔。

铁路对经济增长和社会发展的良性影响是一个不争的事实。市域铁路的建设，将缩小城市时空距离、增进城市与郊区的交流与合作，有助于沿线整体性的人口与产业的增长。同时，市域铁路为沿线地方和相关行业带来就业岗位，促进了人才、信息、资本之间的流动，对振兴地方经济有着重要的催化和促进作用。此外，市域铁路与城市建设同步规划发展，使城市产生空间延展效应，并合理开发沿线土地，拓展发展空间，从而实现城乡统筹、区域协调发展，对城市的新建和改造以及郊区建设有着重要意义。

在未来城市发展中，市域铁路作为调整城市产业结构、引导居民迁移、实现经济可持续发展的重要手段，对城市发展起到了快速的推动作用，有利于形成以城带乡、以乡促城、城乡互动、市域一体化的发展格局。市域铁路可以把城市与周边县市连接起来，形成发展走廊，并将城市带转变成一个扩大了的功能区，最终形成区域一体化。

此外，市域铁路的建设对土地使用性质、土地开发强度、城市用地空间形态均有比较大的影响，从而引起城市规划调整以及新一轮的物业开发建设。其中，市域铁路站点结合物业开发，是铁路建设资金筹措的手段，也是城市沿线发展的必然趋势。市域铁路建设为城市建设提供了良好的契机和条件，而物业开发的引入促进了市域铁路的建设，同时也促进了城市的发展。市域铁路及沿线物业开发的建设意味着市域铁路站点及其周边地区的改善与重建,从更广泛的意义上来说,这也是对城市发展的鼓励与促进。在满足交通功能的前提下,应充分发挥市域铁路站点及周边地区的城市开发功能,以其为载体灵活开发商业、旅游和居住等功能空间,进行综合开发利用,推动沿线城市建设,形成城市新形象。

②政策性支持明显

2014年,中共中央、国务院印发《国家新型城镇化规划(2014—2020年)》,明确提出:城镇化是现代化发展的必由之路,以城市群为主体形态推动城镇化发展,增强中心城市辐射带动功能,城市之间、城市和城镇之间以及城镇之间的联系将越来越密切。

2015年11月,国家发展改革委、交通运输部印发的《城镇化地区综合交通网规划》特别指出:当前城镇化地区城际交通结构不尽合理,城际铁路发展相对滞后,市域(郊)铁路规划建设基本空白,难以适应城镇化地区"人口高度聚集、经济关联紧密、资源环境约束"特点对交通的要求;城际铁路、城市轨道交通的功能定位、服务属性、技术特性难以适应中心城区与周边组团城镇化发展需求,迫切需要"面向同城化住勤出行需求、公交便捷化开行服务、一体化衔接城市综合交通、经济绿色环保"的市域铁路引导和支撑城市发展。提出重点加强城镇化地区内部综合交通网络建设,至2020年,京津冀、长江三角洲、珠江三角洲三大城市群基本建成城际交通网络,相邻核心城市之间、核心城市与周边节点城市之间实现1h通达,构建城镇化地区内部综合交通网,优先发展城市公共交通,建设城市轨道交通和市域(郊)铁路。《城镇化地区综合交通网规划》中的市域铁路规划项目见表1.3。

市域铁路规划项目 表1.3

序 号	项目名称	所在地区
1	北京、天津、石家庄市域(郊)铁路	京津冀地区
2	上海、南京、杭州、合肥市域(郊)铁路	长江三角洲地区
3	广州市域(郊)铁路	珠江三角洲地区
4	武汉、长沙、南昌市域(郊)铁路	长江中游地区
5	重庆、成都市域(郊)铁路	成渝地区
6	福州、厦门、温州市域(郊)铁路	海峡西岸地区
7	济南、青岛市域(郊)铁路	山东半岛地区
8	哈尔滨、长春市域(郊)铁路	哈长地区
9	沈阳、大连市域(郊)铁路	辽中南地区
10	郑州等市域(郊)铁路	中原地区
11	大西安地区市域(郊)铁路	关中—天水地区
12	建设南宁市域(郊)铁路	北部湾地区
13	太原市域(郊)铁路	太原地区
14	昆明市域(郊)铁路	滇中地区
15	贵阳市域(郊)铁路	黔中地区
16	呼和浩特市域(郊)铁路	呼包鄂榆地区
17	乌鲁木齐市域(郊)铁路	天山北坡地区

2017年6月20日,国家发展改革委、住房和城乡建设部、交通运输部、国家铁路局、中国铁路总公司联合印发《关于促进市域(郊)铁路发展的指导意见》(发改基础〔2017〕1173号)。意见指出,至2020年,京津冀、长江三角洲、珠江三角洲、长江中游、成渝等经济发达地

区的超大、特大城市及具备条件的大城市,市域(郊)铁路骨干线路基本形成,构建核心区至周边主要区域的1h通勤圈;其余城市群和城镇化地区具备条件的城市启动市域(郊)铁路规划建设工作。要采取"先行先试、复制推广"的原则,在重点城市选择一批重点项目实施市域(郊)铁路发展的试点工程,明确试点工程内容,系统总结实践经验,以期形成可推广、可借鉴、可复制的发展模式。市域(郊)铁路第一批示范项目见表1.4。

市域(郊)铁路第一批示范项目　　　　　表1.4

序　号	项目名称	所在省(区、市)	项目类型
1	副中心线(北京西站至通州站)	北京	利用既有铁路开行列车
2	S5线(黄土店站至怀柔北站)	北京	
3	金山铁路(莘庄站至金山卫站)	上海	
4	天津至蓟州	天津	
5	北京至蓟州	北京、天津	
6	天津至于家堡	天津	
7	诸暨至杭州东	浙江	
8	宁波至余姚	浙江	
9	福田至深圳坪山	广东	
10	温州S1线一期工程(温州南至半岛)	浙江	利用既有通道新建铁路
11	虹桥机场至浦东机场	上海	新建铁路

2019年9月,中共中央、国务院印发《交通强国建设纲要》,在"发展目标"中提出:到2035年,基本建成交通强国。基本形成"全国123出行交通圈"(都市区1h通勤、城市群2h通达、全国主要城市3h覆盖)。在"基础设施布局完善、立体互联"中提出构建便捷顺畅的城市(群)交通网。建设城市群一体化交通网,推进干线铁路、城际铁路、市域(郊)铁路、城市轨道交通融合发展,完善城市群快速公路网络,加强公路与城市道路的衔接。

2020年4月9日,国家发改委印发《2020年新型城镇化建设和城乡融合发展重点任务》的通知,明确要大力推进都市圈同城化建设,以轨道交通为重点健全都市圈交通基础设施,有序规划建设城际铁路和市域(郊)铁路,推进中心城市轨道交通向周边城镇合理延伸,同时支持重点都市圈编制多层次轨道交通规划。

③建设和规划规模巨大

目前国内已运营的市域(郊)铁路56条,在建的80条,规划获批的33条,其他的(规划中、拟建等)50条。

已运营的56条市域(郊)铁路线路中,京津冀11条、长三角15条(上海5条、南京5条、浙江5条)、珠三角9条、成渝地区6条、其他15条。

在建的80条市域(郊)铁路线路中,京津冀13条、长三角20条(江苏9条、浙江11条)、珠三角17条、成渝地区5条、其他25条。

规划获批的33条市域(郊)铁路线路中,京津冀2条、长三角15条(上海3条、苏州8条、浙江4条)、珠三角3条、成渝地区1条、长江中游城市群4条、其他8条。

长三角地区在已经运营、在建、规划获批、其他(规划中、拟建等)各项中都具有明显领先的优势,另外,珠三角、京津冀地区的市域铁路发展势头也非常强劲。随着大量市域铁路建设的启动,相应的装备产业也迎来了大发展的机遇。多个地区将面向市域铁路的轨道装备产业作为重点发展方向,并提出千亿级的目标。

1.3 温州市域铁路发展建设概况

1.3.1 规划背景

温州是具有滨海山水特色的历史文化名城,我国民营经济发展的先发地区,改革开放的前沿阵地。温州市现辖鹿城、龙湾、瓯海和洞头4个市辖区,瑞安、乐清2两个县级市,以及永嘉、平阳、苍南、文成、泰顺5个县,总面积22784km²,其中陆域面积12065km²。温州是典型的地少人多城市,在自然地理条件方面,温州有瓯江、飞云江、鳌江三大水系和众多山体,山水阻隔、土地稀少,水文地质上属于典型的深厚软土地区,市区轨道交通建设条件差、难度大。其人口分布呈现组团式的特点,2017年末温州市常住人口为921.5万人,城镇化率达69.7%,主城区面积狭小,道路拥挤、老旧房屋密集。温州市产业呈现块状式、组团式分布,主要包括市区的服装和鞋革、乐清的电子电器、瑞安的汽摩配、永嘉的泵阀、苍南的包装印刷、平阳的塑编等,城镇之间、城镇与市区之间交流联系密切。

温州市城市总体规划于2017年重新修订,其总体布局为"一主两副三级多点",强化各级中心城市集聚整合的网络型市域城镇体系空间结构。市域铁路作为城市空间布局的重要支撑,作为中心城区连接周边城镇组团及其城镇组团之间的通勤化、快速度、大运量的城市轨道交通系统,是最契合温州当前城市发展的轨道交通方式。与国内大部分城市轨道交通先市区后市域的建设模式不同,为了拉大城市框架,温州先修建外围市域线来串联沿线城镇群。这种建设模式有利于满足城市交通需要,疏导中心城区客流;有利于引导集约化利用土地,美化城市环境;有利于推进新型城镇化发展,促进产业集群发展。

1.3.2 发展理念

(1)温州新型城镇化建设

温州以新型城镇化为动力,优化城市总体空间布局:构建以温瑞平原一体化为主中心,以乐清和平(阳)苍(南)为副中心,以永嘉、文成、泰顺县城为山区发展带动极,以中心镇为城市化的重要节点的"一主两副三极多点"大都市区布局。城镇化地区综合交通具有"高强度、多样化、高频次、强时效"的特征。温州新型城镇化建设迫切需要市域铁路,构建温州大都市区"一主两副三极多点"的组团型的空间发展格局,优化大都市区城镇等级结构,促进市域城镇协调发展,推进人口市民化进程。

(2)温州TOD发展理念

温州市域铁路规划建设以"轨道交通+新型城镇化"为核心理念,对新型城镇化建设和TOD(以公共交通为导向的开发)引导起到了巨大的推进作用。

长期以来温州城市空间结构主要围绕中心城区发展,城市组团之间通达性较弱,导致中心城市对周边区域辐射能力较弱,空间迟迟难以拓展。温州新型城镇化迫在眉睫,需要引进TOD理念,通过市域铁路建设,串联鹿城主中心以及四个沿海副中心,有效连接潘桥、永强、黄田和飞云四大客运综合交通枢纽和高铁、机场枢纽,促进各种交通方式无缝衔接。市域铁路建设将促进温州"跨江面海"发展模式,带动瓯江北岸城市带、瓯江口新区等新兴功能区建设;促进副中心城市发展,引导资源向副中心集聚,扩大副中心城市魅力;积极引导城市向新区、郊区、中心城镇发展,拉大城市框架,加快推进"一主两副三极多点"大都市区布局。市域铁路贯穿市区及郊区,途经地段必然引起人口集聚、带动站点周边建设,进而促进城市发展。铁路站点结合物业开发,是铁路建设资金筹措的手段,也是城市沿线发展的必然趋势。

1.3.3 规划线路

温州市域轨道交通线网规划了 4 条 S 线,其中近期建设三条,即 S1、S2、S3,如图 1.7 所示。

图 1.7 温州市轨道交通线网规划示意图

(1)S1 线是构建未来温州大都市核心区两大中心(中心城和瓯江口新城)的快速联系通道,承担都市区范围内东西向组团间快速交通联系功能,串联瓯海中心区、中心城区、龙湾中心与永强机场和半岛,并服务温州高铁站、永强机场;东西走向,西起沿海铁路温州南站南端潘桥镇,东至灵昆半岛,远期至洞头区洞头岛;线路全长 77.0km,规划设站 29 座,其中换乘站 6 座,平均站间距 2.8km。

(2)S2 线是构建未来温州大都市核心区沿海产业发展带的快速联系通道,承担都市区范围内沿海地带南北向组团间快速交通联系功能,是串联乐清辅城、瓯江口新城、瑞安辅城的主要通道。东北—西南走向,北起沿海铁路雁荡山站,经乐清、温州至瑞安 S3 线莘阳大道站;线路全长 88.9km,共设站 20 座,其中换乘站 4 座,平均站间距 4.68km。

(3)S3 线是构建中心城区与永嘉、瑞安、平阳、鳌江副中心城区间快速连接的通道。南北走向,北起于永嘉高铁站,向南经瑞安、平阳、鳌江引入鳌江高铁站;线路全长 56.2km,设站 23 座,其中换乘站 4 座,平均站间距 2.6km。

1.3.4 建设进展

温州市域铁路 S1 线一期工程项目可行性研究报告(以下简称工可)于 2012 年 11 月经浙江省发改委批复,6 月温州市发改委批复 S1 线初步设计;2014 年 9 月被国家发改委列入"国家战略新兴产业示范线工程",12 月国务院批复项目建设用地;2015 年全线进入全面建设阶段,2019 年开通运营。S2 线 2015 年 12 月工可获得省发改委的批复,2016 年 10 月初步设计批复,计划 2021 年开通运营;S3 线在深化项目前期,开展工可及相关专题编制工作。温州市域铁路建设进展及计划如图 1.8 所示。

图 1.8　温州市域铁路建设进展及计划

1.3.5 示范效应

温州、台州作为市域铁路在新型城镇化、盘活既有铁路资源、多组团大空间城市分布、经济发达中等规模城市的应用,在全国具有一定的广泛性,为未来市域铁路拓展起到良好的示范效应。在市域铁路发展探索和应用方面,得到了国家发改委的充分认可。

2016 年 6 月 2 日,中华人民共和国国家发展和改革委员会、中华人民共和国住房和城乡建设部、国家铁路局与浙江省人民政府签订《协同推进市域(郊)铁路示范项目建设合作框架协议》,协同推进市域(郊)铁路共建示范项目,将在规划建设、装备应用、技术标准、投融资改革、运营管理五大关键领域全面深化合作,共同推动我国市域(郊)铁路加快发展,拓展城市发展空间、实现城乡统筹发展。相信随着市域铁路的不断探索和新型城镇化的推进,其发展空间潜力巨大。

1.4　温州市域铁路 S1 线轨道设计概况

1.4.1 工程概况

温州市域铁路 S1 线为东西走向,连接甬台温铁路温州南站、温州站、永强机场和半岛,是构建未来温州大都市核心区两大中心——中心城和瓯江口新城的快速联系通道,承担都市区范围内东西向组团间快速交通联系功能,串联瓯海中心、中心城区、龙湾中心与半岛,并服务于温州南站、温州站、永强机场。

温州市域铁路 S1 线一期工程位于温州市中心区,西起甬台温铁路温州南站南端潘桥镇,向东北绕出至温州西站,沿既有金温铁路通道至温州东站,过温州东站后线路折向西南沿龙湾区南洋大道、前房路至机场,在机场航站楼西侧设机场站,出站后向北跨瓯江南口至灵昆岛折向东至近期工程终点半岛二站,远期继续向东经霓屿岛延伸至洞头区洞头岛。

温州市域铁路 S1 线一期工程线路全长 53.507km,其中路基 3.029km、桥梁 7 座 39.112km、越岭双线隧道 2 座 1.323km、地下线 10.043km,桥隧比 94.34%。全线近期设置车站 17 座,其中地面车站 2 座,高架车站 12 座,地下车站 3 座,预留车站 3 座,近期工程平均站间距 3.13km,远期平均站间距 2.73km;于桐岭站位置设车辆段一处,半岛二站东端设停车场一处,温州站附近设控制中心。温州市域铁路 S1 线路走向如图 1.9 所示。

图 1.9　温州市域铁路 S1 线路走向平面示意图

1.4.2　全线主要技术标准

(1)铁路等级:市域铁路。

(2)正线数目:双线。

(3)速度目标值:120km/h(局部地段限速)。

(4)正线线间距:4.0m。

(5)最小曲线半径:一般地段 800m,困难地段 700m。限速地段根据实际情况和速度时间曲线模拟确定。

(6)最大坡度:一般地段 20‰,困难地段 30‰。

(7)牵引种类:电力、交流。

(8)车辆选型:市域动车组。

(9)站台长度:140m。

(10)站台宽度:按客流计算确定,侧式 4~9.5m,岛式 11~13.5m。

(11)行车指挥系统:列车自动监控系统(ATS)。

(12)列车运行控制方式:初近期点式 ATC 系统,远期 CBTC 系统。

1.4.3　轨道主要技术标准

(1)轨距:采用 1435mm 标准轨距。

（2）超高：曲线外轨超高采用抬高外轨的全超高方式设置。区间超高最大值不得超过150mm，车站范围超高最大值不得超过15mm。欠、过超高允许值一般不大于70mm，困难条件下不大于90mm。

（3）超高顺坡：曲线超高值应在缓和曲线全长范围内递减顺接。当120km/h＜V≤160km/h时（V为设计速度），超高顺坡率一般不大于1/10V，困难条件下应不大于1/8V；当100km/h＜V≤120km/h时，高顺坡率一般不大于1/9V，困难条件下应不大于1/7V；且不应大于2‰。

（4）轨底坡：1∶40。

（5）钢轨类型：正线、辅助线、出入段线、试车线均采用60kg/m钢轨。车场线采用50kg/m钢轨。

（6）扣件及轨枕：正线扣件采用WJ-7B型扣件及配套桁架双块式轨枕。高架线无砟轨道采用WJ-7B型小阻力扣件。

（7）轨道类型：地下线、高架线、短路基地段采用无砟轨道，地面线采用有砟道床。车场库外线采用有砟轨道，库内线采用整体道床。

（8）道岔：正线、辅助线均采用60kg/m钢轨12号道岔，车辆段采用50kg/m钢轨9号道岔。

（9）无缝线路：正线轨道应按一次铺设跨区间无缝线路设计。车场线铺设有缝线路。

（10）轨道结构高度：全线轨道结构高度见表1.5。

轨 道 结 构 高 度 表1.5

序 号	轨 道 类 型	高度(mm)
1	高架桥地段双块式无砟轨道	560
2	地下线及隧道地段双块式无砟轨道	560
3	短路基地段双块式无砟轨道	815
4	橡胶隔振垫减振无砟轨道	610
5	橡胶隔振垫减振无砟轨道	780

（11）轨道静态铺设精度。

正线有砟轨道静态铺设精度标准应符合表1.6的规定。

正线有砟轨道静态铺设精度标准（单位：mm） 表1.6

序 号	项 目		容许偏差		备 注
			V=100km/h、120km/h	V=140km/h、160km/h	
1	轨距	相对于标准轨距	+6 −2	+4 −2	
2	轨向	弦长10m	4	4	
3	高低	弦长10m	4	4	
4	水平		4	4	不含超高值
5	扭曲	基线长3m	3	3	不含超高顺坡

正线无砟轨道静态铺设精度标准应符合表1.7的规定。

正线无砟轨道静态铺设精度标准（单位：mm）　　　表1.7

序号	项目		容许偏差		备注
			$V=100$km/h、120km/h	$V=140$km/h、160km/h	
1	轨距	相对于标准轨距	+3 -2	±2	
2	轨向	弦长10m	4	2	
3	高低	弦长10m	4	2	
4	水平		4	2	不含超高值
5	扭曲	基线长3m	3	2	不含超高顺坡

正线有砟道岔静态铺设精度标准应符合表1.8的规定。

正线有砟道岔静态铺设精度标准（单位：mm）　　　表1.8

设计速度	高低	轨向		水平	轨距		扭曲（基线长3m）
		直线	支距		尖轨尖端	其他	
$V=100$km/h、120km/h	4	4	2	4	±1	3 -2	3
$V=140$km/h、160km/h	4	4	2	4	±1	3 -2	3
测量弦长	10m						—

正线无砟道岔静态铺设精度标准应符合表1.9的规定。

正线无砟道岔静态铺设精度标准（单位：mm）　　　表1.9

设计速度	高低	轨向		水平	轨距		扭曲（基线长3m）
		直线	支距		尖轨尖端	其他	
$V=100$km/h、120km/h	4	4	2	4	±1	3 -2	3
$V=140$km/h、160km/h	2	2	2	2	±1	±2	2
测量弦长	10m						—

1.4.4　轨道设计情况

（1）轨道类型

正线高架、地下线及短路基（长度小于150m）地段铺设双块式无砟轨道，长度大于150m的地面线铺设有砟轨道，全线轨道结构类型分布见表1.10。

第1章 概 述

轨道结构类型分布   表1.10

序号	起点里程	终点里程	线路长度(m)	轨道类型	轨下基础
1	DIKO+277.14	DIKO+385.7	108.56	有砟	桐岭大桥
2	DIKO+385.7	DIKO+000.73	819.62（长链）	有砟	路基
3	DIK1+000.73	DK1+030.73	30.0	无砟	路基
4	DK1+030.73	DK5+209.58	4178.85	无砟	潘桥特大桥
5	DK5+209.58	DK5+239.58	30.0	无砟	路基
6	DK5+239.58	DK6+041.05	827.33	有砟	路基
7	DK6+041.05	DK6+071.05	30.0	无砟	
8	DK6+071.05	DK23+610.69	17593.56	无砟	温州特大桥
9	DK23+610.69	DK24+198.75	588.06	无砟	石坦隧道
10	DK24+198.75	DK26+246.35	2047.6	无砟	西台特大桥
11	DK26+246.35	DK26+974.7	734.03	无砟	龙湾隧道
12	DK26+974.7	DK31+272.3	4297.600	无砟	南洋大道特大桥
13	DK31+272.3	DK41+058.0	9988.780	无砟	龙湾地下线
14	DK41+058.0	DK41+231.97	173.970	无砟	路基
15	DK41+231.97	DK53+458.27	12226.300	无砟	灵昆特大桥

（2）无砟轨道结构设计

①钢轨

采用定尺长25m、60kg/m、U75V无螺栓孔新钢轨。钢轨的形式尺寸及技术条件应符合《43kg/m～75kg/m钢轨订货技术条件》(TB/T 2344—2012)的规定。

②扣件

无砟轨道地段采WJ-7B型扣件，桥上采用WJ-7B型小阻力扣件。

③轨枕

无砟地段采用双块式轨枕，双块式轨枕混凝土强度等级为C60，由两个轨枕块用两组钢筋桁架连接而成，轨枕内设置箍筋，箍筋与钢筋采用固定件定位。轨枕间距一般取625mm，不宜小于600mm。

④高架桥地段双块式无砟轨道

高架上道床板为分块结构，道床采用C40混凝土现浇结构，高305mm，宽2800mm，每块道床板长度一般为5～7m，板与板之间设100mm的伸缩缝。道床板与桥梁之间通过预埋套筒和钢筋连接。高架桥地段双块式无砟轨道结构高度为560mm，横断面如图1.10所示。

⑤地下线及隧道地段双块式无砟轨道

地下线双块式无砟轨道采用C40混凝土连续结构，高305mm，宽2800mm，直接浇筑在隧道底或仰拱回填层上。地下线及隧道地段双块式无砟轨道结构高度为560mm，横断面如图1.11所示。

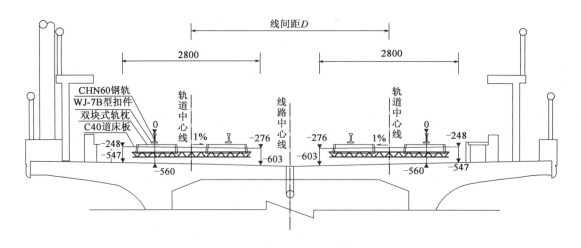

图1.10 高架桥地段双块式无砟轨道横断面图(尺寸单位:mm)

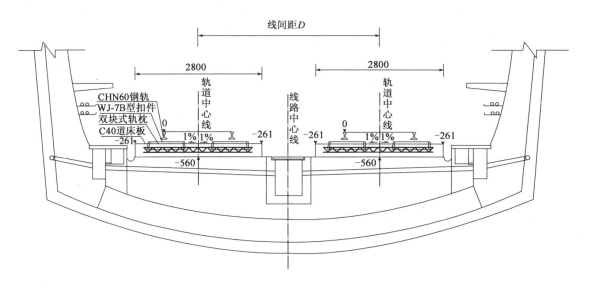

图1.11 地下线及隧道地段双块式无砟轨道横断面图(尺寸单位:mm)

⑥短路基地段双块式无砟轨道

道床板采用分块浇筑,采用C40混凝土现浇结构,道床板宽度为2800mm,厚度为290mm,长度一般为5~7m,板与板之间设100mm的伸缩缝。每块道床板设两个凸向底座方向的限位凸台,限位凸台在高度方向成四棱台形,上、下表面的尺寸分别为1022mm×700mm、1000mm×678mm。凸台高度为110mm。底座在路基面现场构筑并分段设置,底座宽度为3400mm,每3块道床板对应长度设置宽度为20mm的伸缩缝,底座之间设纵向传力杆。短路基地段双块式无砟轨道结构高度为815mm,横断面如图1.12所示。

(3)道岔及道床

高架段正线及辅助线采用12号可动心轨辙叉道岔,地下线采用12号固定辙叉道岔。

温州市域铁路 12 号可动心轨道岔容许通过速度为:直向 160km/h,侧向 50km/h。全长 43.200m,前长 16.592m,后长 26.608m。道岔扣压件采用Ⅱ型弹条。道岔应适用于跨区间无缝线路。轨下基础采用混凝土长岔枕无砟轨道。道岔按采用分动外锁闭装置设计,尖轨和心轨设两个牵引点。道岔区采用桁架式长岔枕式整体道床。

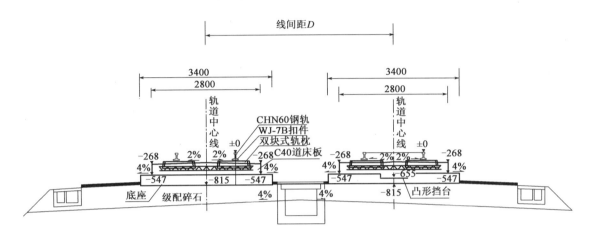

图 1.12　短路基地段双块式无砟轨道横断面图(尺寸单位:mm)

(4)无缝线路设计

①无缝线路类型:正线轨道一次铺设跨区间无缝线路。辅助线、出入段线及试车线采用区间无缝线路。

②钢轨焊接:钢轨焊接采用移动接触焊现场焊接,道岔区钢轨采用铝热焊。

③桥上无缝线路:桥梁为最大跨度(60+100+100+60)m 的连续梁,根据桥上无缝线路的检算,不需设置钢轨伸缩调节器。

④桥上无缝道岔:铺设桥上道岔(含辅助线道岔)40 组,道岔梁梁型有(4×35)m、(5×35)m、(6×35)m 的连续梁及(7×20)m 的刚构桥四种。桥上的无缝道岔布置满足以下要求:

a.正线无缝道岔应尽量布置在一联梁上。正线道岔全长范围的梁部应采用连续结构。桥上道岔岔头和岔尾距梁缝不小于 18m。

b.站线道岔在困难条件下可以在道岔连接部分设置梁缝,但道岔的转辙器和辙叉部分不应设置在梁缝处。

c.为减小梁轨相对位移及钢轨附加纵向力,相邻两联连续梁之间应布置一孔以上的简支梁。

⑤设计锁定轨温:温州地区最高轨温为 59.3℃,最低轨温为 -4.5℃,铺设无砟轨道地段设计锁定轨温为(27±5)℃。

(5)减振设计情况

根据环评报告要求及沿线规划敏感点和上盖物业环境敏感点等资料,温州市域铁路 S1 线采用的轨道减振措施为:中等减振地段采用自主研发的双层非线性减振扣件;高等减振地段采用橡胶隔振垫减振无砟轨道,全线减振措施统计见表 1.11。

减振措施统计表　　　　　　　　　　　　　　　表1.11

类　型	轨道减振措施	长度(km/双线)	备　注
中等减振	双层非线性减振扣件	24.416	—
高等减振	橡胶隔振垫减振无砟轨道	8.535	轨道结构高度为780mm地段长度为4.415km/双线,轨道结构高度为610mm地段长度为4.120km/双线

1.5 温州市域铁路轨道系统关键技术

1.5.1 研发背景

轨道是行车的基础,直接影响市域铁路的安全、平稳和舒适,轨道系统是市域铁路的重要基础设施和核心技术之一。在温州市域铁路建设之初,我国在市域铁路轨道技术研究方面基础薄弱,关键设计尚未突破,缺乏与设计、施工相关的技术标准。市域铁路的运营特点决定了其轨道系统不能照搬高铁和地铁轨道技术标准,必须结合温州实际情况研发技术先进、安全可靠、经济适用的新型市域铁路轨道系统,因此温州市域铁路成立了由设计、建设、制造等多家单位组成的产学研协作的轨道技术创新团队,开展市域铁路轨道系统关键技术及核心装备的研发。温州市域铁路轨道系统技术创新的目标是:突破速度100~160km/h、17t轴重市域铁路新型无砟轨道、减振降噪、桥上无缝道岔等关键技术;研制市域铁路扣件、道岔、减振产品等轨道核心装备;建立我国具有自主知识产权的市域铁路轨道成套技术,为我国市域铁路轨道系统设计、施工和运维提供技术储备。

温州市域轨道关键技术研究与创新具有完全自主知识产权,填补了国内空白,主要成果已纳入《市域铁路设计规范》(T/CRS C0101—2017)、《市域快速轨道交通设计规范》(T/CCES 2—2017),为打造我国市域铁路标准体系提供了技术支撑,对我国市域铁路轨道工程建设具有重要的指导作用。

1.5.2 市域铁路新型无砟轨道技术

(1)研发了桥上新型无底座双块式无砟轨道

温州市域铁路S1线穿越城市人口稠密地区,全线以桥梁、隧道为主,桥隧比为94.34%,对沉降控制较为有利;对桥梁景观和环境保护要求较高,要求轨道二期恒载小和少维修,故温州市域铁路S1线轨道结构采用无砟轨道。

市域铁路相对高铁而言速度较低,无砟轨道选型和结构设计在满足安全的前提下,应尽量结构简单、二期恒载小、经济性好。在借鉴高铁双块式无砟轨道结构设计理念的基础上,结合温州市郊铁路轴重和行车速度等实际情况,开展了无砟轨道结构创新设计,研发了一种桥上新型无底座双块式无砟轨道,保留了双块式轨枕和道床结构稳定、施工方便的特点,取消混凝土底座,道床直接构筑在桥面上,减少了轨道二期恒载,降低了工程造价。

(2)研发了市域铁路无挡肩双块式轨枕

双块式轨枕质量轻,搬运方便,钢桁架可精确保持轨道几何形位,轨枕与现浇道床间的新老混凝土接合面小,轨枕和道床之间的连接牢固可靠,在目前国内高铁及城际铁路中广泛应用。双块式轨枕分有挡肩和无挡肩两种形式,有挡肩轨枕抗横向力能力较好,在高铁上应用较多,但不适用于市域设置减振扣件地段。温州市域穿越中心城区,大量采用减振扣件,因此针对减振扣件的需求研发了市域铁路无挡肩双块式轨枕。

市域铁路无挡肩双块式轨枕的优点是对扣件接口的适应性强,同一种轨枕的预埋套管可以同时满足普通和减振两种扣件的安装需求,全线只需采用一种类型轨枕,便于制造、施工和维保,有利于标准化和简统化。温州市域铁路沿线预留了大量后期物业待开发地块,需要预留轨道减振等级升级改造的条件,该枕可以实现运营后普通扣件快速更换为减振扣件,改善开发物业的环境条件,这对于市域铁路沿线和站点的土地利用及综合开发是非常重要的。

1.5.3 市域铁路 60kg/m 钢轨 12 号可动心轨道岔技术

道岔结构直接影响到市域铁路行车的安全、平稳和舒适,是轨道系统的关键核心技术装备。结合温州市域铁路工程需求,按照技术先进、安全可靠、舒适平稳、养护维修工作量少的设计原则,国内首次自主研发了市域铁路 60kg/m 钢轨 12 号可动心轨辙叉无砟道岔,对道岔的平面线形、零部件结构、扣件系统、工电接合部、轨下基础等方面进行集成创新,以满足减振降噪、动车组折返频繁、无缝化、无砟轨下基础等要求。

(1) 道岔平面线形的优化

市域铁路服务于旅客运输,道岔设计应该以人为本,充分考虑旅客乘坐舒适性。道岔的平面线形与列车侧向通过道岔时的舒适度密切相关,在国铁 12 号道岔成熟技术的基础上,为了进一步提高道岔舒适性和延长其使用寿命,优化了市域道岔平面线形,确定了道岔平面总布置图。考虑到市域铁路动车侧向过岔频率较高,曲线尖轨磨耗较快,应力求增加曲线尖轨粗壮度,通过曲线尖轨方案优化,宽度为 10.5mm 的断面粗壮度增加了 10% 以上,延长了使用寿命。

(2) 道岔区大调整量扣件研发

为了适应温州地区软弱地层可能引起的道岔区不均匀沉降和变形,研发了弹条Ⅱ型分开式道岔扣件系统,可实现大的调高量和轨距调整量。弹条Ⅱ型分开式道岔扣件系统具有以下特点:上硬下软的双刚度设计。扣件轨下胶垫和板下弹性垫板设计采用"上硬下软"的无挡肩双层弹性设计。无砟道岔扣件既具有良好的弹性,又保证了约束钢轨的能力。采用复合偏心套技术方便扣件调距,实现了轨距 -8~+4mm 的调整范围,同时复合偏心套具有缓冲岔枕螺栓受力的作用。扣件调高量大,通过在铁垫板下增减或更换不同厚度的调高垫板来实现道岔的调高,调高范围为 -4~+26mm,便于下部基础沉降和变形后的养护与维修。

(3) 道岔刚度的均匀化研究

由于道岔结构本身的特殊性和复杂性,其纵向的轨道刚度是不均匀的。为提高列车运行的平稳性、平顺性、舒适性、安全性,减缓对轨件的冲击,延长设备寿命,道岔刚度均匀化对于服务旅客运输的市域铁路尤为重要。

根据市域铁路的运营条件,从舒适性、应力、变形、振动和部件刚度匹配 5 个方面,运用车辆—道岔空间耦合动力学理论研究了市域铁路道岔合理刚度取值。根据我国扣件系统"上硬下软"的原则及道岔结构的不同,对道岔划分了不同区域,对不同结构区域进行有限元分析,实现了刚度均匀化。

(4)桁架式钢筋混凝土长岔枕的研发

温州市域铁路岔枕引入高速铁路的先进设计理念,在高铁岔枕基础上开展了优化设计和再创新。考虑市域铁路运营条件及特点,研发了温州市域铁路道岔区无砟轨道用桁架式混凝土长岔枕,采用低预应力混凝土设计和下部外露钢筋桁架式结构,对岔枕的形式尺寸进行了优化设计,确定了岔枕的长度、截面尺寸、钢筋类型及配置,根据运输、施工及运营工况下的设计荷载,对岔枕混凝土和钢筋受力进行了检算,并开展了岔枕静载抗裂试验,结果表明,岔枕性能满足设计要求。

1.5.4 市域铁路轨道减振技术

温州市域铁路S1线通过人口密集地区,且后期需要进行物业开发的站点较多,对轨道减振降噪要求较高,轨道减振降噪技术及措施是轨道系统的关键技术之一。根据环境评价报告要求,温州市域主要有中等减振(0~5dB)和高等减振(5~8dB)两种轨道减振需求,但国内外对此均没有成熟的应用经验,需要开发适用于市域铁路的新型轨道减振技术和产品。

(1)市域铁路双层非线性减振扣件研发

温州市域铁路S1线根据环境保护和下阶段物业开发的要求,中等减振地段长度约为24.416km/双线。根据市域铁路运量大、速度快、间隔时间短、车辆轴重大、减振要求高等特点,研发了适用于轴重17t、速度160 km/h市域铁路的双层非线性减振扣件,通过轨下橡胶垫板和中间橡胶减振垫板双层弹性元件实现扣件减振,上、下铁垫板的锁紧机构中间弹性垫板实现固定,整个结构无硫化、黏结,安装维修简便,造价合理,中间弹性垫板易于更换,符合绿色环保、循环经济的发展要求。

为了验证温州市域铁路减振扣件的安全可靠性和减振效果,开展了扣件300万次组装疲劳性能和落锤试验。试验结果表明,经300万次荷载循环后,扣压力、纵向阻力、静刚度等各项指标满足设计要求,扣件各零部件均未发现伤损现象。落锤试验结果为:与非减振扣件(WJ-7B型扣件)相比,在距道床板边缘25cm地面处减振扣件的减振效果为5.1dB。

(2)桥上橡胶隔振垫减振无砟轨道研究

根据环境影响评估报告的要求,温州市域铁路S1线桥梁高等减振地段共有8.535km/双线,轨道结构需要减振5~8dB。此前,国内对于开行17t动车组、速度100~160km/h的市域铁路高等减振技术研究尚属空白。结合温州市域铁路的运营特点,研究了一种市域铁路新型桥上橡胶隔振垫减振无砟轨道。该新型桥上橡胶隔振垫减振无砟轨道属于浮置板式轨道结构,是一种质量—弹簧—阻尼系统,减振原理是在道床板和底座插入一个固有频率较低的弹性减振元件(满铺橡胶隔振垫),来缓冲列车通过时所产生的振动和冲击。建立市域动车组—减振型双块式无砟轨道耦合动力学有限元分析模型,开展了减振垫合理刚度及减振效果研究,计算结果表明,市域铁路速度为120~160km/h,减振垫的合理刚度应取为$0.019N/mm^3$,减振轨道结构垂向固有频率为27Hz左右。根据4~200Hz振动加速度的1/3倍频程分析结果,市域铁路线路桥上橡胶隔振垫减振无砟轨道减振效果可达到10dB,满足温州市域高等减振地段的需求。

(3)市域铁路轨道减振测试与评估

根据环境影响评估报告,采用了两种减振措施:双层非线性减振扣件和橡胶隔振垫无砟轨道。为了评估温州市域铁路 S1 线双层非线性减振扣件和橡胶隔振垫无砟轨道的减振效果,2018 年 11—12 月,在温州市域铁路 S1 线试运营期间开展了轨道减振现场实车测试及效果评估。直线地段减振扣件的减振效果为 5.3dB,曲线地段减振效果为 5.9dB。曲线地段轨道高度为 610mm 的橡胶减振垫道床的减振效果为 9.5dB。直线地段轨道高度为 780mm 的橡胶减振垫道床的减振效果为 10.4dB,曲线地段减振效果为 10.2dB。

1.5.5 市域铁路无缝线路和无缝道岔技术

温州市域铁路 S1 线桥上无缝道岔的关键技术及难点在于高架站位于人口密集地段,城市景观要求较高,梁部和桥墩设计都力求轻盈美观。结合市域环境特点,研究提出桥墩纵向水平线刚度合理取值,为优化墩台结构设计,改善桥梁景观效果,降低工程造价提供了支撑。

温州市域铁路 S1 线其中的 7 座高架车站共 40 组道岔铺设在桥上,桥上无缝道岔设计是关系列车运行安全性、平稳性、舒适性的轨道核心技术。从道岔、桥梁墩台、道岔布置、接口等方面系统研究了道岔和桥梁的相互作用关系,建立了"岔—梁—墩一体化"计算模型,分析了无缝道岔和桥梁的受力与变形,提出了桥上无缝道岔计算理论和设计方法。温州市域桥上无缝道岔设计技术先进、安全可靠,减少了列车过岔轮轨噪声,提高了轨道平顺性和旅客舒适度。

1.5.6 市域铁路轨道施工技术

市域铁路轨道施工技术标准和工艺工法都不同于传统的城轨系统,其特点是技术标准高、轨道产品新、测量精度严。本书结合市域的轨道结构及施工环境特点,开展轨道施工方案、工艺流程、质量控制和验收标准等轨道施工技术深化研究,提出双块式无砟轨道、无砟道岔、无缝线路的施工方法和质量控制措施,并在工程实践中得到验证,取得了良好的效果,为市域铁路轨道施工积累了宝贵的经验。

第 2 章 市域铁路减振扣件研究

本章结合温州市域铁路 S1 线的运营特点和环保需求,提出了市域铁路无砟轨道减振扣件技术要求和设计参数,在 WJ-7B 型扣件基础上研制开发了一种适用于市域铁路的双层非线性减振扣件,通过有限元分析以及动力学仿真分析,确定了减振扣件的合理刚度,完成了减振扣件的结构设计、产品试制及室内试验,测试结果表明,减振扣件各项性能满足市域铁路运营要求,研究成果在温州市域铁路 S1 线取得了良好的应用效果。

2.1 概 述

2.1.1 研发背景

扣件是轨道结构的主要组成部分,是联结钢轨与轨下基础的重要部件。扣件的主要功能是:保持和调整轨距和轨向,提供纵向阻力,防止钢轨爬行和钢轨折断时断缝过大;提供弹性,减小振动和冲击;增大轨道横向刚度,防止胀轨跑道;使轨道绝缘,保证钢轨有足够的对地电阻;基础变形时钢轨有高低和轨向调整能力。

扣件在轨道结构中占有极其重要的地位,发挥着重要作用。无砟轨道的弹性几乎完全来自钢轨扣件系统,无砟轨道的精度也全靠扣件系统来保持和调整。城市轨道交通扣件仅能满足列车速度为 100km/h、轴重小于 14t 的运营条件,显然不能满足市域铁路的需求。国内外高速铁路无砟轨道扣件技术都比较成熟,我国高速铁路自主研发了 WJ-7B 型和 WJ-8B 型两种无砟轨道扣件,累计铺设里程达 2 万 km 以上。由于高速铁路扣件的批量化生产,成本已大幅度减小,目前高速铁路扣件的造价已基本和地铁扣件相当,其在市域铁路应用具有技术成熟、安全可靠、性价比高的优势。因此,温州市域铁路 S1 线选用了 WJ-7B 型无挡肩扣件。

温州市域铁路 S1 线根据环境保护和沿线物业开发的要求,铺设减振扣件总长度为 24.4km/双线。地铁常用的几种减振扣件不能适用于温州市域铁路动车组轴重 17t、速度 120~160km/h 的运营条件,WJ-7B 型扣件亦不能达到 S1 线环评的需求。国内对市域铁路减振扣件研究与应用还处于空白,国外也很少见相关报道,温州市域铁路工程建设和环境保护迫切需要研究一种适用于市域铁路的减振扣件。

2.1.2 国内无砟轨道扣件技术概况

我国扣件系统的研究与开发已有五十多年的历史,开发了多种类型的扣件。我国从 20 世纪 60 年代开始无砟轨道扣件系统的研究,采用过多种类型的扣件,如 TF-M 型扣件,TF-Y 型弹性扣件,64-Ⅲ型扣件,秦岭隧道整体道床用可调式弹性扣件,弹条Ⅰ、Ⅱ、Ⅲ型弹性分开式扣件,WJ-1 型扣件,WJ-2 型扣件等。随着高速铁路的建设又研发了 WJ-7 型扣件和 WJ-8 型扣件。

(1) TF-Y 型弹性扣件

TF-Y 型弹性扣件(图 2.1)主要适用于铺设 50kg/m 钢轨、钢筋混凝土支撑块式整体道床线路。该扣件属分开式弹性扣件,由预埋塑料套管与螺旋道钉配合紧固铁垫板,采用楔形轨距块调整轨距,铁垫板上设有 T 形螺栓插入座,由 T 形螺栓紧固弹条扣压钢轨,弹条由直径为 14mm 的弹簧钢制造,扣压力较大。该扣件的主要优点是轨距调整量大(直线地段为 -16~+12mm,曲线地段增加了丙型楔形轨距块,调整量为 -20~+8mm),扣压力大,铁垫板下设塑料垫板,可减小列车荷载对钢筋混凝土支撑块的冲击。但使用中发现塑料套管与螺旋道钉配合出现问题,塑料套管不易养护,加之部件通用性差,给养护维修带来困难。

(2) 弹性整体道床用可调式弹性扣件

弹性整体道床用可调式弹性扣件(图 2.2)是为秦岭特长隧道内弹性支承块式无砟轨道上使用而研发的。它是一种预埋铁座、无挡肩、不分开、可调式弹条扣件,由 ω 形弹条、轨距挡板、绝缘轨距块、轨下胶垫、预埋铁座、T 形螺栓、平垫圈、盖型螺母及调高垫片等组成。

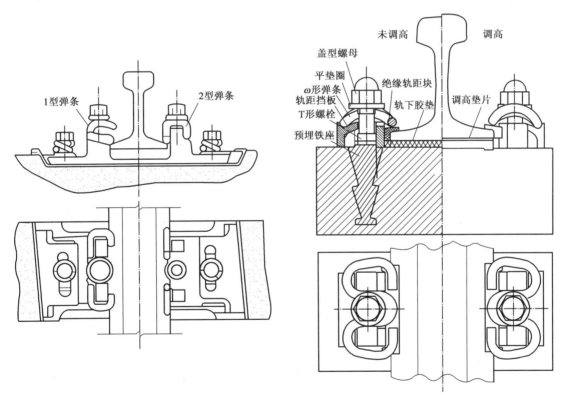

图 2.1 TF-Y 型弹性扣件　　图 2.2 弹性整体道床用可调式弹性扣件

秦岭隧道整体道床采用弹性支承块式轨道结构,混凝土支承块周围设橡胶套靴,支承块底部设有缓冲减振垫层,为弹性整体道床结构,该结构与法国无砟轨道结构类似。混凝土支承块上扣件结构为无挡肩不分开式弹性扣件。扣压件采用圆形截面的 ω 形弹条,钢轨与混凝土支承块间设橡胶垫板,固定螺栓的预埋铁座预埋在混凝土支承块中,用 T 形螺栓紧固弹条,轨距挡板起支承弹条和调整轨距的作用,绝缘轨距块既起绝缘作用又可调整轨距,该扣件弹条扣压力为10kN,弹程达到11mm,钢轨纵向阻力为12kN,可承受横向力60kN,钢轨调高量为10mm,轨距调整量为-12~+8mm。这种类型的扣件已经铺设在宝天线的白清隧道和西康线的秦岭特长隧道的整体道床中,整体运营性能较好。

(3)弹条Ⅱ型弹性分开式扣件

弹条Ⅱ型弹性分开式扣件结构为带铁垫板的弹性分开式扣件(图2.3),先期用于渝怀线鱼嘴2号隧道,后来也在个别隧道整体道床轨道中采用。其主要结构特征为:

①钢轨与铁垫板间及铁垫板与基础间均设橡胶垫板,双层弹性。

②采用Ⅱ型弹条作为扣压件,也可安装Ⅰ型扣件B型弹条。

③铁垫板上设T形螺栓插入铁座,通过拧紧T形螺栓的螺母而紧固弹条。

④T形螺栓插入铁座与钢轨间设置轨距块以调整轨距,轨距调整量为-8~+4mm。

⑤铁垫板上开有螺栓孔,锚固螺栓与预埋于混凝土基础中的绝缘套管配合紧固铁垫板;螺栓与铁垫板间设置弹簧垫圈。

⑥钢轨高低调整通过在轨下及铁垫板下垫入调高垫板来实现,轨下调整量为10mm,铁垫板下调整量为10mm,总计可调整20mm。

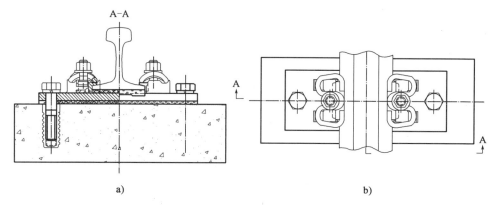

图2.3 弹条Ⅱ型弹性分开式扣件

(4)WJ-1型扣件

针对在九江长江大桥上无砟无枕预应力混凝土梁铺设无缝线路的工程特点,20世纪70年代末研制了WJ-1型小阻力弹性扣件。如图2.4、图2.5所示,WJ-1型扣件为带铁垫板的弹性分开式扣件,属小阻力扣件。由预埋于混凝土短轨枕的塑料套管和锚固螺栓配合紧固铁垫板,铁垫板上设有T形螺栓座,扣压件采用弹片形式,由T形螺栓紧固弹片扣压钢轨,轨下使用粘贴不锈钢板的复合胶垫以降低摩擦系数,铁垫板与承轨台间设置5mm厚的绝缘缓冲垫板。扣件钢轨调高量为40mm,通过在铁垫板下和轨下垫入调高垫板来实现。单股钢轨左右位置调整量为±10mm,通过移动带有长圆孔的铁垫板来实现,为连续无级调整。弹片设计扣压力为4kN,前端弹程为7mm,T形螺栓螺母扭矩为80N·m。

由于弹片扣压件工作时主要利用材料的弯曲变形性能,加工相对简易,造价也往往较低,但由于为使螺栓紧固而开孔,在该部位容易出现应力集中,而且弯矩最大处也是截面削弱最大处。在九江长江大桥上使用时也发现有弹片开裂现象,后来采取在弹片上附加一补强弹片的措施来减少主弹片螺栓孔处的应力。

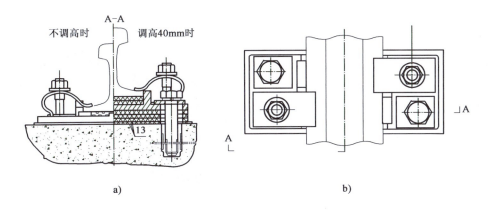

图 2.4 WJ-1 型扣件组装图

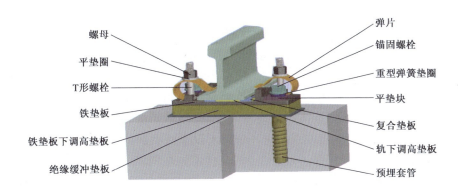

图 2.5 WJ-1 型扣件效果图

(5) WJ-2 型扣件

WJ-2 型扣件按 60kg/m 钢轨设计,适用于桥上无砟轨道结构,属于小阻力扣件,钢轨高低和左右位置调整量大,如图 2.6 所示,已铺设在秦沈客运专线沙河桥长枕埋入式无砟轨道结构上,经受了速度为 321km/h 的高速列车试验,性能良好。

该扣件结构与 WJ-1 型扣件相似,只是将弹片扣压件改用弹条扣压件,该弹条设计扣压力为 4kN,前端弹程为 11.5mm。扣件主要设计参数与特点如下:

① 扣件调高量为 40mm,钢轨高低调整通过在轨下和铁垫板下垫入调高垫板来实现,轨下调整量为 10mm,铁垫板下调整量为 30mm。

② 扣件左右位置调整量为每轨 ±10mm,调整轨距通过移动带有长圆孔的铁垫板来实现,为连续无级调整。

③ 扣件设计最大承受横向力为 50kN(疲劳荷载),混凝土承轨台不设挡肩。

④ 铁垫板上设置 1:40 的轨底坡。

⑤ 扣件节点刚度为 40~60kN/mm。

⑥ 扣件 T 形螺栓的螺母不采用松紧搭配方式布置,要求松紧程度一致,使扣件均匀受力,T 形螺栓的螺母扭矩为 90~100N·m。

⑦锚固螺栓拧紧扭矩为300N·m。
⑧预埋绝缘套管抗拔力大于100kN。

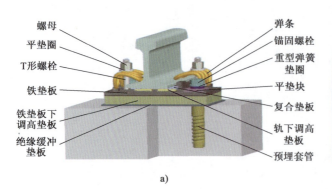
a)

b)

图2.6 WJ-2型扣件

(6)高速铁路用WJ-7型扣件

WJ-7型扣件(图2.7)系统是为适应铺设各类无挡肩无砟轨道,满足高速铁路扣件系统的技术要求而研发的一种无砟轨道扣件系统,是在原WJ-1型和WJ-2型无砟轨道扣件系统的基础上优化而成的。该扣件系统在桥上、隧道内和路基上的轨枕埋入式(双块式轨枕和长轨枕)和板式无砟轨道均可应用。针对高速铁路无砟轨道扣件系统需要解决的高弹性、高绝缘、结构通用性强、弹条扣压力衰减小和疲劳强度高、与基础可靠联结、钢轨高低和左右位置调整量大等关键技术问题,本扣件系统研究中做了以下几方面的优化改进。

①提高了扣件结构的通用性。
②提高了扣件系统的绝缘性能。
③降低了弹条扣压力的衰减,提高了其疲劳强度。
④提高了扣件系统与基础联结的可靠性。
⑤降低扣件系统的刚度。
⑥提高了T形螺栓在铁垫板中固定的可靠性。

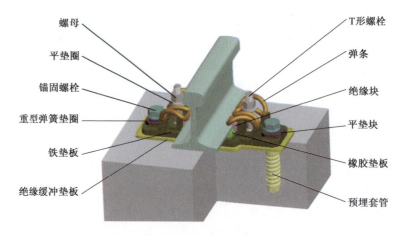

图2.7 WJ-7型扣件结构

WJ-7型扣件为带铁垫板的无挡肩弹性分开式结构,具有以下结构特征:

①混凝土轨枕或轨道板承轨槽不设混凝土挡肩,铁垫板上设置1∶40的轨底坡,混凝土轨枕或轨道板承轨面为平坡,既可用于轨枕(双块轨枕、长枕)埋入式无砟轨道,又可用于板式无砟轨道,列车传来的横向荷载主要由铁垫板的摩擦力克服。

②钢轨轨底与铁垫板间设橡胶垫板,实现系统的弹性。通过更换不同刚度的轨下垫板可分别适应350km/h客运专线和250km/h高速铁路(兼顾货运)的运营条件。

③垫板上设有T形螺栓插入座和钢轨挡肩,通过拧紧T形螺栓的螺母紧固弹条。配套设计的弹条比我国既有弹条弹程大(各种弹条弹程均为14mm),疲劳强度高,在采用较低刚度轨下弹性垫层时弹条的扣压力衰减小。

④铁垫板上钢轨挡肩与钢轨间设有绝缘块,用以提高扣件系统的绝缘性能。

⑤铁垫板与混凝土枕或轨道板间设绝缘缓冲垫板,缓冲列车荷载对混凝土枕或轨道板的冲击,同时提高系统的绝缘性能。绝缘缓冲垫板周边设凸肋并留有排水口,可有效地提高水膜电阻。

⑥同一铁垫板可安装常规扣压力弹条和小扣压力弹条,配合使用摩擦系数不同的轨下垫板(橡胶垫板或复合垫板)可获得不同的线路阻力,既可用于要求大阻力的地段,又可用于要求小阻力的地段,满足各种线路条件下铺设无缝线路的要求。

⑦铁垫板通过锚固螺栓与预埋于混凝土枕或轨道板中的绝缘套管配合紧固。预埋套管上设有螺旋筋定位孔,便于螺旋筋准确定位。混凝土枕或轨道板中的预埋套管中心对称布置,便于混凝土枕或轨道板的布筋设计。

⑧调整轨向和轨距时,通过移动带有长圆孔的铁垫板来实现,且为连续无级调整,可精确设置轨向和轨距,且作业简单方便。

⑨钢轨高低位置调整量大,满足无砟轨道的使用要求,在轨下垫入充填式垫板可实现高低的无级调整。

(7)高速铁路用WJ-8型扣件

WJ-8型扣件(图2.8)为有挡肩、带铁垫板、弹性不分开式无砟轨道扣件,研发重点在以下几个方面:

①扣件系统的结构稳定且合理。

②在同一结构上既可安装常规扣压力弹条又可安装小扣压力弹条。以满足路基、隧道、桥梁上铺设无缝线路纵向阻力要求的技术措施。

③提高扣件系统的绝缘性能。

④提高系统弹性的技术措施,并配套研发长寿命高弹性减振垫层及与之相适应的高疲劳强度弹条。

WJ-8型扣件系统结构特征:

①扣件系统为带铁垫板的弹性不分开式扣件,混凝土轨枕或轨道板承轨槽设混凝土挡肩,由钢轨传递而来的列车横向荷载通过铁垫板和轨距挡板,最后传递至混凝土挡肩,降低了横向荷载的作用位置,使结构更加稳定。

②铁垫板上设挡肩,挡肩与钢轨之间设置尼龙绝缘块,不仅可以缓冲钢轨对铁垫板的冲击,而且能大幅提高扣件系统的绝缘性能,尤其是提高系统在降雨时的绝缘电阻。

③铁垫板与混凝土挡肩间设置工程塑料制成的轨距挡板,用以保持和调整轨距,同时起绝缘作用。

④同一铁垫板可安装常规扣压力弹条和小扣压力弹条,配合使用摩擦系数不同的轨下垫板(橡胶垫板或复合垫板)可获得不同的线路阻力,既可用于要求大阻力的地段,又可用于要求小阻力的地段,满足各种线路条件下铺设无缝线路的要求。

⑤扣件组装紧固螺旋道钉时,以弹条中肢前端接触轨底为准,避免了在钢轨与铁垫板间垫入调高垫板时弹条扣压力不足或弹条应力过大。

⑥采用与 WJ-7 型扣件相同的弹条,弹程大,疲劳强度高,在采用较低刚度的弹性垫层时弹条的扣压力衰减小。

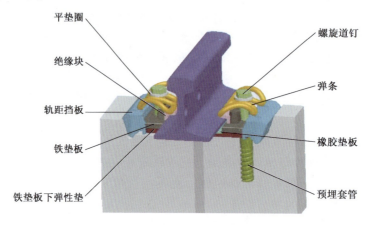

图 2.8　WJ-8 型扣件结构

(8)主要扣件归纳总结

无砟轨道常用扣件系统技术参数对比总结如表 2.1 所示。

各主要类型无砟轨道扣件系统结构分析　　表 2.1

扣件类型		WJ-1 型扣件	WJ-2 型扣件	WJ-7 型扣件		WJ-8 型扣件	
系统分类		带铁垫板(厚15mm)弹性分开式	带铁垫板(厚15mm)弹性分开式	带铁垫板(厚16mm)弹性分开式		带铁垫板(厚16mm)弹性不分开式	
承受横向力方式		主要由铁垫板下摩擦力克服				由混凝土挡肩承受	
与基础联结方式		预埋塑料套管					
预埋件抗拔力		不小于 70kN	不小于 100kN	不小于 100kN		不小于 60kN	
扣压件	类型	WJ-1 型弹片	WJ-2 型弹条	W1 型	X2 型	W1 型	X2 型
	扣压力	4kN	4kN	>9kN	6kN	>9kN	6kN
	弹程	7mm	11.5mm	14mm	12mm	14mm	12mm
	紧固方式	有螺栓紧固					
	紧固扭矩	60~80N·m	80~100N·m	120N·m	80N·m	160N·m	110N·m
钢轨纵向阻力		4kN	4kN	>9kN	4kN	>9kN	4kN
铁垫板紧固扭矩		300N·m	300N·m	300~350N·m		—	

续上表

扣件类型		WJ-1 型扣件	WJ-2 型扣件	WJ-7 型扣件		WJ-8 型扣件	
垫板	设置	轨下设置弹性垫层(橡胶垫板或复合胶垫),铁垫板下设缓冲垫层(绝缘缓冲垫板)				轨下设缓冲垫层(橡胶垫板或复合胶垫),铁垫板下设弹性垫层(热塑性弹性体发泡垫板)	
	尺寸	轨下复合胶垫:169mm×149mm×11.2mm;绝缘缓冲垫板:390mm×170mm×5mm	橡胶垫板:195mm×149mm×10mm;复合胶垫:195mm×149mm×11.2mm;绝缘缓冲垫板:390mm×215mm×5mm	A 类 轨下胶垫:169mm×168mm×12mm(复合厚13.2mm)	B 类 橡胶垫板:169mm×168mm×14mm(复合厚15.2mm)	A 类 轨下胶垫:175mm×156mm×4mm	B 类
				绝缘缓冲垫板:486mm×204mm×5mm		铁垫板下弹性垫板:285mm×150mm×12mm	
轨下垫层刚度		60~80kN/mm	40~60kN/mm	30~40kN/mm	20~30kN/mm	>300kN/mm	
板下垫层刚度		>1000kN/mm	>1000kN/mm	>1000kN/mm		30~40 kN/mm	20~26 kN/mm
钢轨高低	轨面高	209.2mm	橡胶垫板208mm;复合胶垫209.2mm	A 类 橡胶垫板211mm;复合胶垫212.2mm	B 类 橡胶垫板213mm;复合胶垫214.2mm	208mm	
	调整量	40mm		26mm		26mm	
	调整方式	通过在钢轨与铁垫板间和铁垫板与基础间垫入调高垫板分别实现10mm和30mm的调整量。采用充填式垫板可无级调整		通过在钢轨与铁垫板间和铁垫板与基础间垫入调高垫板分别实现10mm和20mm的调整量。采用充填式垫板可无级调整		通过在钢轨与铁垫板间垫入调高垫板实现10mm的调整量;在轨枕承轨槽上加垫调高垫板实现20mm的调整量。采用充填式垫板可无级调整	
轨距	调整量	±12mm				±10mm	
	调整方式	通过移动带有长圆孔的铁垫板来实现,调整无须备件				通过更换不同规格的轨距挡板实现	
	调整级别	为连续无级调整				有级调整,级别1mm	
钢轨接头处理		通用	接头处采用接头弹条	通用		一般情况下通用,轨距调整量很大时更换接头轨距挡板	
适用无砟轨道		无挡肩无砟轨道结构				有挡肩无砟轨道结构	
图号及标准		研线 9301	研线 9705	研线 0603		研线 0604	
应用条件		<120km/h	<250km/h	250km/h 兼顾货运客专	350km/h 客运专线	250km/h 兼顾货运客专	350km/h 客运专线

2.1.3 国外市域铁路扣件概况

（1）欧洲标准《铁路应用—轨道—扣件系统的性能要求》（EN 13481）对扣件的分类

欧洲扣件技术标准《铁路应用—轨道—扣件系统的性能要求》（EN 13481）从扣件的使用条件，如轴重、速度、最小半径、钢轨断面等方面将扣件分为 A、B、C、D 和 E 共五类扣件。

A 类扣件为城市轻轨和一些工业轨道设计的扣件系统：最大轴重为 13t，最小曲线半径为 40m，时速 100km。

B 类扣件为城市地铁扣件系统：最大轴重为 18t，最小曲线半径为 80m，时速 140km。

C 类扣件为客货共线铁路扣件系统：最大轴重为 26t，最小曲线半径为 150m，时速 250km。

D 类扣件为高速铁路扣件系统：最大轴重为 26t，最小曲线半径为 400m，时速 350km。

E 类扣件为重载铁路扣件系统：最大轴重为 35t，最小曲线半径为 150m，时速 200km。

（2）福斯罗（Vossloh）DFF MC 扣件

Vossloh 公司是世界著名的铁路扣件生产厂商，已经有着 100 多年的历史，我国京沪高速铁路、武广高速铁路采用了 Vossloh 300-1 扣件。Vossloh DFF MC 扣件（图 2.9、图 2.10）适用于城市轨道交通非减振地段，适用线路最大轴重为 18t，最小半径为 80m，设计速度≤140km/h，垫板刚度为 35kN/mm。

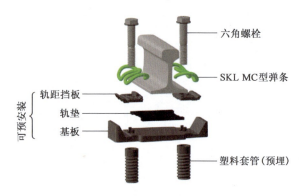

图 2.9　扣件结构组成　　　　　　图 2.10　扣件实物图

①主要性能及技术参数

a. 无砟轨道上采用无挡肩的混凝土轨枕。

b. 采用国内地铁通用的套管螺栓（30mm 的螺栓）。

c. 轴重为 18t，速度为 140km/h，轨道半径为 80m。

d. 弹条的扣压力约为 9kN。

e. 防爬阻力大于 4kN。

f. 刚度≥30kN/mm。

g. 高度调整为 30mm。

h. 轨距调整为 ±12mm。

ⅰ.电阻>5kΩ。

②技术特点

a. 钢轨由 SKL MC 型弹条扣压,具有持久的高扣压力。

b. 具有防钢轨倾覆的双保险:弹条中圈环及轨距挡板。

c. 具有高绝缘性能:除弹条、锚固螺栓外,其余零部件均采用高分子材料,绝缘性好。

d. 支持预安装,使得操作更方便快捷。

e. 采用高弹性、质量轻的系统,安装方便。

f. 塑料部件的使用降低了生锈概率。

g. 高弹性元件位于基板和钢轨之间,可减振和降低结构的噪声。

h. 所有零部件可更换。

ⅰ. 所有的零部件均可实现厂内预安装,减少现场施工工作量。

j. 单层铁垫板设,结构简单,避免开脱和离缝现象,可靠性高。

③SKL MC 型弹条

DFF MC 扣件采用 SKL MC 型弹条,如图 2.11 所示,该弹条具有以下特点:

a. 弹条采用两点接触,即正常扣压状态下只有弹条的两弹臂与钢轨接触扣压(第一刚度),弹条中圈环与钢轨不接触;高弹程约为 17mm,高扣压力为 9kN。

b. 弹条采用中圈环可提供第二刚度,防止钢轨倾覆及钢轨旋转,同时避免弹臂过度受载和塑性变形。

c. 弹条具有较高的疲劳极限(≥3.0mm),保证了弹条持续扣压的耐久性。

④弹性垫板

弹性垫板采用微孔发泡的高分子材料,相对传统橡胶制品在同样受压情况下,横向变形小,边缘处不会膨胀溢出,无塑性变形;耐久性好,抗水解,对天气、紫外线等有防护

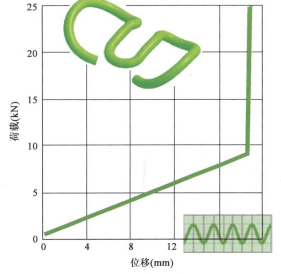

图 2.11 SKL MC 型弹条

作用,抗老化,抗化学制剂;随温度变化刚度变化量比较稳定;弹性垫板刚度较低,弹性高,静刚度为 35kN/mm,低动静刚度比<1.3;有效地减弱了冲击荷载,可提供相对安静舒适的乘车环境,减少了对道床的冲击和振动。

(3)福斯罗(Vossloh)336 SD 扣件

Vossloh 336 SD 扣件系统适用于城市轨道交通无砟轨道,为无挡肩弹性分开式有螺栓扣件,设计速度为 140km/h,最大轴重≤18t,最小曲线半径≤80m。

①Vossloh 336 SD 型扣件组成

Vossloh 336 SD 型扣件(图 2.12)可与 60kg/m 或 50kg/m 钢轨匹配,适合自上而下的施工方式,扣件零部件组成见表 2.2。

a)   b)

图 2.12　Vossloh 336 SD 型扣件

Vossloh 336 SD 型扣件零部件   表 2.2

序 号	部 件	数 量	序 号	部 件	数 量
1	弹条 SKL24	2	7	绝缘缓冲垫板 Zwp	1
2	垫圈 Uls6	2	8	平垫圈 Uls10	4
3	T 形螺栓配六角螺母 Hs32-55	2	9	弹簧垫圈 Fe28	4
4	轨垫 Zw	1	10	绝缘衬套 Fbu6	4
5	带肋铁垫板 Rph	1	11	螺栓带自锁螺母 AsM27×288	4
6	弹性垫板 Zwp	1	12	塑料套管 SdÜT-155	4

②主要技术参数

扣件主要技术参数见表 2.3。

主 要 技 术 参 数   表 2.3

序 号	名 称	单 位	参 数
1	弹条扣压力	kN	SKL24（常）10；SKLB（小）7
2	防爬阻力	kN	SKL24（常）不小于 9；小阻力扣件不小于 4
3	绝缘性能	Ω	≥5000
4	弹性垫板	kN/mm	正线 17；岔区 22.5
5	动静刚度比	—	≤1.1
6	调高量	mm	标准量 20，配 D2 套管调高最大值 40
7	调距量	mm	336SD 为 ±10，336Duo 两种方式配合为 ±16
8	轴重	t	≤18
9	速度	km/h	≤140
10	曲线半径	m	≥80

③主要技术特点

该扣件为压缩型、可分离式减振扣件,具有较好的减振降噪性能,对比现有的普通扣件可减振 5~8dB。采用 EPDM 压缩型弹性垫板,相对橡胶硫化一体的设计,散热良好,减缓了老化,避免了橡胶件开胶脱离;单层铁垫板设计,避免了离缝问题;弹条冷弯成型,增强了韧性;独特的"两点接触"设计,使得在运营过程中螺栓无须复拧,减少了养护维修工作量,所有零部件均可现场更换,不需要特殊工具。

④SKL 24 型弹条

SKL 24 型弹条荷载—位移曲线如图 2.13 所示,该弹条具有以下特点:

a. 弹条弹臂具有高扣压力和高弹程。
b. 中圈环第二刚度可抗钢轨翻转、倾覆、旋转。
c. 避免弹臂过度受载和塑性变形。
d. 高疲劳极限 2.5mm。

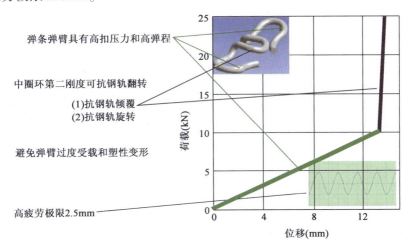

图 2.13 弹条荷载—位移曲线

⑤预加载

336 SD 扣件通过偏心衬套高度控制弹性垫板预压力,如图 2.14 所示。锚固螺栓紧固到位后,偏心衬套则与绝缘垫板接触,偏心衬套高度 39mm 使弹性垫板的预加载得以实现,确保了弹性垫板能够达到预计刚度,避免了过大的预压力损失。

⑥偏心衬套

Vossloh336 SD 扣件系统通过偏心衬套(图 2.15)实现 ±5mm 的轨距调整。

(4)福斯罗(Vossloh) 336 Duo 扣件

Vossloh 336 Duo 扣件是为中国市场开发的减振扣件,适用于60kg/m 或50kg/m 钢轨、有轨枕式施工方式。

①Vossloh 336 Duo 扣件系统组成

Vossloh 336 Duo 扣件系统结构组成如图 2.16 所示,扣件组装图如图 2.17 所示,扣件零部件组成见表 2.4。

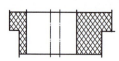 

图 2.14　扣件预压控制　　　　　图 2.15　偏心衬套

a)　　　　　　　　　　　　　　b)

图 2.16　Vossloh 336 Duo 扣件系统结构组成

Vossloh 336 Duo 型扣件零部件　　　　　表 2.4

序　号	零部件名称	数　量	序　号	零部件名称	数　量
1	预埋套管	2	7	贝式垫圈	4
2	锚固螺栓 T30	2	8	轨垫	1
3	绝缘缓冲垫板	1	9	绝缘轨距块	2
4	弹性垫板	1	10	T 形螺栓(带螺母)	2
5	铁垫板	1	11	弹条 SKL 24	2
6	偏心衬套(带有刻度 0~5mm)	2	12	垫圈	2

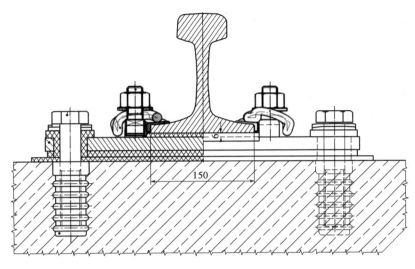

图 2.17　Vossloh 336 Duo 扣件组装图(尺寸单位:mm)

②Vossloh 336 Duo 扣件预加载设计

控制预加载(图 2.18)原理:锚固螺栓紧固到位后,偏心衬套则与绝缘垫板接触,不会造成弹性垫板过压;偏心衬套高度使弹性垫板的预加载得以实现,确保弹性垫板能够达到预期刚度。碟形垫片用于防止螺栓紧固不到位,使衬套和缓垫板接触,确保拧紧后弹性垫板刚度不变。

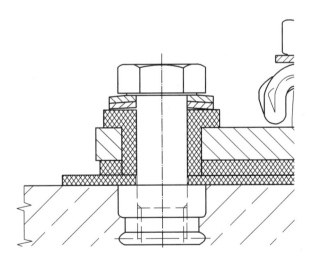

图 2.18　扣件预加载

③Vossloh 336 Duo 扣件轨距调整

Vossloh 336 Duo 扣件轨距调整通过轨距块和偏心衬套(图 2.19)来实现,钢轨左右调整量为 ±8mm,轨距调整量为 ±16mm。

一级轨距调整时更换轨距块:调整量为 ±3mm,调级 1mm。

二级轨距调整时旋转偏心衬套:调整量为 ±5mm,调级 1mm。

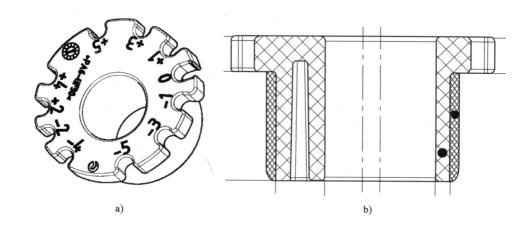

a)   b)

图 2.19 偏心衬套

④弹性垫板

弹性垫板微孔发泡结构（图 2.20），可以提供较高弹性，静刚度为 17kN/mm；横向变形小，塑性变形小，如图 2.21 所示；可有效地减弱冲击荷载；抗水解，对紫外线等有防护作用；抗老化，抗化学制剂。

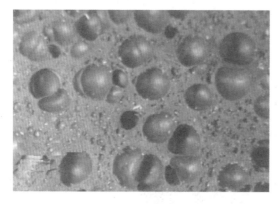
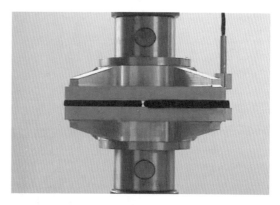

图 2.20 微孔发泡结构   图 2.21 荷载作用下横向变形

⑤减振降噪性能

降低车辆运行对周边居民、建筑的噪声和振动影响，测试结果表明频率为 50~1000Hz 时加权平均插入损失值为 12dB，如图 2.22 所示。

⑥组装疲劳性能

德国慕尼黑工业大学对于 Vossloh 336 Duo 进行了组装疲劳试验，测试结果见表 2.5。根据 EN 13146-4:2012，对 Vossloh 336 Duo 扣件系统进行 300 百万次加载的疲劳试验。加载力为 5~55kN，加载频率 $f=4$Hz，测试角度为 38.6°，钢轨（CHN60）高度减少值 $x=100$mm。重复荷载前后垂直刚度、扣压力和纵向阻力的数值变化在允许范围内。

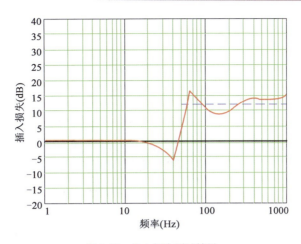

图 2.22 插入损失测试结果

慕尼黑工业大学试验结果 表2.5

项 目	疲劳试验前	疲劳试验后	变 化 率	EN 13481-5 允许值
静刚度 k (kN/mm)	20.0	21.5	8%	≤25%
扣压力 P_c (kN)	22.5	21.4	5%	≤20%
最大纵向阻力的平均值 F (kN)	14.1	13.8	2%	≤20%

同济大学对于 Vossloh 336 Duo 进行了组装疲劳试验,钢轨纵向阻力、静刚度和动静刚度比试验结果见表2.6。在300万次组装疲劳试验后,扣件系统状态完好,没有发现系统和部件有损坏现象。落轴试验如图2.23所示,在40~200Hz范围、20mm落轴高度时平均减振效果约为5.9dB。

试 验 结 果 表2.6

项 目	疲 劳 前	疲 劳 后	疲劳前后变化率	允 许 值
钢轨纵向阻力(kN)	9.97	11.81	18.4%	≤20%
静刚度(kN/mm)	19.02	19.97	5.0%	≤25%
动刚度(kN/mm)	21.80	21.11	5.0%	—
动静刚度比	1.146	1.057	—	1.5

(5)潘德路(Pandrol) FC-15A 扣件

Pandrol 公司是英国铁路扣件的研发机构和生产厂商,以生产系列无螺栓弹条扣件而闻名。Pandrol FC-15A 快速弹条扣件是一款适用于无砟轨道的低成本快速弹条扣件系统,采用无铸铁底板和螺栓锚固式底座,继承了传统快速弹条扣件的优点,并简化了扣件垂向和侧向调节方式。

①结构组成

Pandrol FC-15A 快速弹条扣件的结构组成如图2.24所示,与下部基础的接口需要设置预埋

图 2.23 落轴试验

套管(图 2.25)。

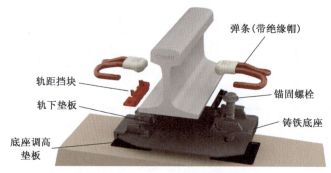

图 2.24　FC-15A 扣件的结构组成

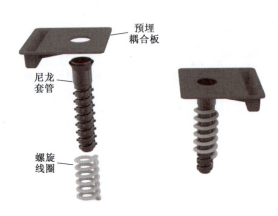

图 2.25　预埋套管

②适用范围

最大轴重为 18t,最小曲线半径为 80m,设计速度为 160km/h。

③主要技术参数

a. 组装扣压力≥16kN。

b. 纵向阻力≥9kN。

c. 垫板静刚度为 20 ~ 40kN/mm。

d. 动静刚度比 <1.5。

e. 预埋套管抗拔力≥60kN。

f. 调高量为 -4 ~ +56mm。

g. 轨距调整量为 -12 ~ +8mm。

④技术特点

a. 结构简单,无铸铁底板,造价低。

b. 受力合理,横向荷载传递至轨枕凹槽,螺栓不受横向剪切。

c. 调整量大,适用范围广。

d. 施工方便,适用于自动化或机械化施工。

e. 维修工作量小,免涂油、免复拧。

⑤试验验证

根据《高速铁路扣件系统试验方法》(TB/T 3396.1 ~ 3396.7—2015),开展了 Pandrol FC-15A 扣件扣压力、钢轨纵向阻力、垫板静刚度、预埋套管抗拔力、绝缘电阻、300h 盐雾试验,各项试验结果见表 2.7。300 万次组装疲劳试验荷载参数见表 2.8,试验装置如图 2.26 所示,疲劳试验结果见表 2.9。试验结果表明,Pandrol FC-15A 扣件的各项性能满足我国铁路扣件相关技术标准的要求。

扣件性能试验结果　　表 2.7

序号	检测项目		单位	技术要求	检测结果	综合评定
1	组装扣压力	1 号	kN	≥16	20.85	合格
		2 号			20.53	

续上表

序号	检测项目		单位	技术要求	检测结果	综合评定
2	钢轨纵向阻力	1号	kN	≥9	16.26	合格
		2号			16.02	
3	垫板静刚度	1号	kN/mm	20~40	37.98	—
		2号			37.38	
4	动静刚度比	1号	—	≤1.5	1.39	合格
		2号			1.40	
5	预埋套管抗拔力	1号	kN	≥60	60.3kN 预埋件未见损伤,预埋件周边混凝土无肉眼可见裂缝	合格
		2号			60.5kN 预埋件未见损伤,预埋件周边混凝土无肉眼可见裂缝	
6	绝缘电阻		Ω	5000	8734	合格
7	抗盐雾腐蚀		—	300h 盐雾试验后,用手工拆卸工具能顺利拆卸和安装扣件	300h 盐雾试验后,用手工拆卸工具能顺利拆卸和安装扣件	合格

疲劳试验荷载参数 表2.8

参数	$P_V/\cos\alpha$	α	X	P_V	P_L
取值	70kN	26°	15mm	62.9kN	30.7kN

图 2.26 疲劳试验装置

组装疲劳试验结果　　　　　　　　　表2.9

序号	检测项目		单位	技术要求	检测结果	综合评定
1	标准状态下扣件组装疲劳性能（300万次）	疲劳试验前后静刚度变化率 1号	%	≤25	12.55	合格
		疲劳试验前后静刚度变化率 2号			12.51	
		疲劳试验前后钢轨纵向阻力变化率 1号	%	≤20	14.19	合格
		疲劳试验前后钢轨纵向阻力变化率 2号			13.56	
		疲劳试验前后组装扣压力变化率 1号	%	≤20	14.00	合格
		疲劳试验前后组装扣压力变化率 2号			13.80	
		疲劳试验前后单边轨距扩大量	mm	≤3.0	1.16	合格
		疲劳试验后各零部件状态	—	扣件各零件不应损伤	扣件各零件无损伤	合格
2	最大调高状态下扣件组装疲劳性能（300万次）	疲劳试验前后单边轨距扩大量	mm	≤3.0	1.53	合格
		疲劳试验后各零部件状态	—	扣件各零件不应损伤	扣件各零件无损伤	合格

⑥应用情况

英国爱丁博格（Edinburgh）至特威班克（Tweedbank）铁路改造线的波香克斯（Bowshanks）隧道，采用 Pandrol FC-15A 扣件（图2.27）及雷达双块式无砟轨道（图2.28），2014年4月开始运营，使用4年多扣件系统基本免维护。

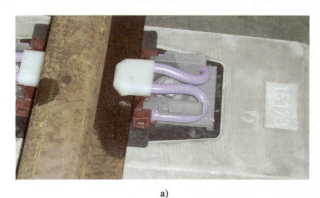

a)　　　　　　　　　　　　　　　　b)

图2.27　Pandrol FC-15A 扣件

2.1.4　温州市域铁路 S1 线扣件选型

市域铁路无砟轨道扣件的选择必须与其运营条件（设计速度为 120～160km/h、动车组轴重 17t、高密度、大运量）相匹配。温州市域铁路采用无砟轨道结构，线路敷设方式包含高架、地下、地面三种，国内地铁扣件难以满足以上要求。

通过综合技术经济比较，温州市域铁路 S1 线采用 WJ-7B 型扣件，在高架线上的 WJ-7B 型扣件采用小阻力弹条和轨下复合垫板，扣件组装如图2.29所示。扣件系统由 T 形螺栓、螺母、平垫圈、弹条、绝缘块、铁垫板、绝缘缓冲垫板、轨下垫板、锚固螺栓、重型弹簧垫圈、平垫块和定位于混凝土轨枕或轨道板的预埋套管组成。钢轨高低调整时采用调高垫板（分轨下调高垫板和铁垫板下调高垫板）。该扣件是我国针对高速铁路研发的无砟轨道无挡肩扣件，可与双块式轨枕或板式无砟轨道匹配，具有成熟的产品技术标准和运营经验。

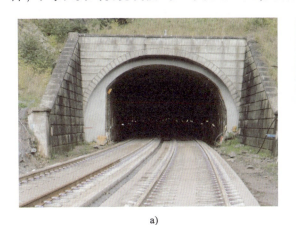
a)

b)

图 2.28 雷达双块式无砟轨道

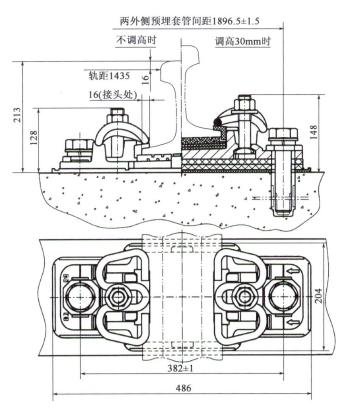

图 2.29 WJ-7B 型扣件组装图（尺寸单位：mm）

（1）WJ-7B 型扣件主要技术参数

①适用轨距：1435mm。

②轨底坡：在铁垫板上设置1:40的轨底坡。

③钢轨纵向阻力：地下线常阻力地段大于9kN（每组扣件），高架线小阻力地段为4kN（每组扣件）。

④节点刚度：垫板静刚度为20~30kN/mm，扣件系统节点静刚度为35kN/mm。

⑤钢轨左右位置调整量：单股钢轨左右位置调整量为-6~+6mm；轨距调整量为-12~+12mm，连续无级调整。

⑥钢轨高低位置调整量为-4~26mm，调整级别为1mm。

⑦弹条扣压力及弹程：地下线W1型弹条：扣压力大于9kN，弹程为14mm；高架线X2型弹条：扣压力为6kN，弹程为12mm。

⑧预埋套管抗拔力：不小于100kN。

（2）应用情况

WJ-7B型扣件已在广深港高铁、沪宁城际铁路、哈大高铁等项目广泛使用，运营情况良好，完全可以满足市温州市域铁路的运营要求。

（3）经济性分析

根据对扣件价格市场调研，目前国内地铁用扣件种类多，由于用量少，生产成本高，扣件价格约为350元/套；由于WJ-7B型扣件在国铁用量大，已经批量化生产，成本显著下降，经济性优于地铁扣件。

综上所述，WJ-7B型扣件具有成功的运营经验、技术成熟、安全可靠、性价比高，完全可以满足温州市域铁路运营要求。

2.2 减振扣件的设计原则和技术要求

2.2.1 扣件设计原则

根据环境影响评估报告和沿线物业开发的需求，温州市域铁路S1线需铺设减振扣件总长度为24.4km/双线，要求减振扣件相对非减振地段达到3~5dB的减振效果。目前，国内外均无成熟的市域铁路减振扣件，研发市域铁路减振扣件，需要解决两项关键技术：①大轴重和高速度下行车安全性和减振效果的协调；②扣件刚度与动态变形的协调。

根据市域铁路运量大、速度快、高密度、车辆轴重大、减振要求高等特点，结合国外市域铁路扣件的运营经验，确定了减振扣件的主要设计原则：

（1）扣件具有足够的扣压力和稳定性，在保证扣件减振效果的同时，应兼顾轨道的稳定问题，使得轨道在产生最大变形时，扣件仍能保证足够的扣压力，钢轨横向能保持稳定，确保运营安全。

（2）减振垫层应具有良好的减振效果，同时垂向变形小、成本低、寿命长。

（3）扣件的结构简单，零部件少，通用件多，易于拆卸维修，以减少后期养护维修工作量。

（4）扣件应具有较大的轨距和水平调整量，以适应结构沉降对轨道平顺性的影响。

（5）具备常阻力和小阻力扣件通用性，以适应多种线路敷设方式。

（6）具有良好的绝缘性能，满足轨道电路正常传输或杂散电流防护的要求。

2.2.2 技术路线

温州市域铁路 S1 线减振扣件研发的技术路线如图 2.30 所示。

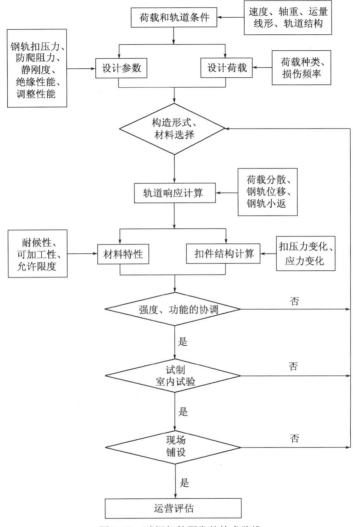

图 2.30 减振扣件研发的技术路线

2.2.3 减振扣件设计的难点

(1) 运营条件的兼容性

市域铁路设计速度等级分为 100km/h、120km/h、140km/h、160km/h,温州市域铁路 S1 线设计速度为 120km/h,S2 线设计速度为 140km/h。市域铁路车辆类型包括了市域 A 型、市域 B 型和市域 D 型,车辆轴重为 15~17t。为了便于统一结构形式,减振扣件设计速度按最高速度 160km/h、设计荷载按最大轴重 17t 设计,不再做差异化的细分,市域铁路减振扣件按最高速度、最大轴重进行包容性设计。

(2) 结构选型的统一性

温州市域铁路全线选用了技术成熟的 WJ-7B 型扣件,为了保证扣件结构选型的统一性,减振扣件是在 WJ-7B 型扣件基础上设计研发的,在部件上保证了弹条、预埋套管、螺旋道钉与 WJ-7B 型扣件的一致性、通用性和互换性,便于施工及运维管理。在轨枕接口上与 WJ-7B 型扣件一致,实现了全线轨枕结构类型的统一,便于轨枕生产施工和管理,得到了施工和建设单位的高度认可,同时也为将来运营后非减振地段升级改造为减振扣件预留了条件,随着市域铁路沿线土地的开发,这种减振升级改造需求出现的可能性很大。

(3) 减振性能和钢轨变形的协调性

为了使扣件的减振性效果最佳,势必要降低轨下扣件节点的刚度。扣件节点刚度直接影响列车通过时钢轨的垂向动位移,动位移是评价安全性和舒适性的重要指标,同时也是影响轨道养护维修工作量的关键参数。扣件节点刚度太低不仅会加大钢轨的受力和变形,而且加快了钢轨的磨耗速率,可能产生非正常的波磨,增加轨道养护维修工作量。根据国内外运营经验,列车荷载作用下钢轨动位移一般不超过 1.5mm,此时钢轨的养护维修工作量比较经济。国内地铁发生过由于减振扣件刚度设置过低,造成钢轨产生严重的非正常正常波磨,这些教训是深刻的。因此,减振扣件的刚度不能设置的太低,要考虑减振性能和钢轨变形的平衡与协调。温州市域铁路减振扣件设计首次提出钢轨动位移控制指标,即钢轨垂向动态位移量 <1.5mm,对减振扣件设计理论和方法是一个有益的补充和完善。

2.2.4 扣件设计接口要求

(1) 减振扣件的弹条采用与 WJ-7B 型扣件一致的弹条,路基及隧道地段弹条采用 W1 型弹条;桥梁地段弹条采用 X2 型弹条。

(2) 减振扣件的预埋套管采用与 WJ-7B 一致的 D2 套管。

(3) 减振扣件锚固螺栓的钉孔距与 WJ-7B 型扣件一致,采用 (382±1)mm。

2.3 扣件结构设计

2.3.1 结构组成

根据市域铁路运量大、速度快、行车间隔时间短、车辆轴重大、减振要求高等特点,结合国内外地铁减振扣件的运营经验,设计了双层非线性减振扣件结构,它由弹条、T 形螺栓、螺母、绝缘轨距块、轨下垫板、上层铁垫板、减振垫板、下层铁垫板、绝缘缓冲垫板、螺旋道钉组成,如图 2.31 所示。该扣件通过轨下橡胶垫板和中间橡胶减振垫板双层弹性元件实现扣件减振,如图 2.32、图 2.33 所示,上、下铁垫板的锁紧机构可实现对中间弹性垫板的固定,整个结构无硫化、无黏结,安装维修简便,造价合理,中间弹性垫板易于更换,符合绿色环保、循环经济的发展要求。

2.3.2 扣件主要技术参数

(1) 适用的运营条件

市域铁路速度为 120～160km/h,轴重为 17t。

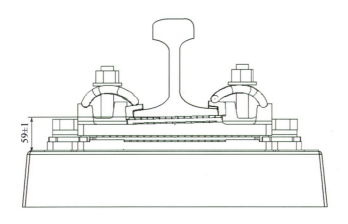

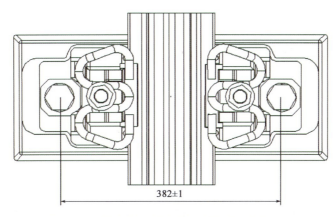

图 2.31 双层非线性减振扣件组装图(尺寸单位:mm)

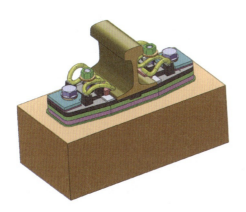 

图 2.32 双层非线性减振扣件效果图　　图 2.33 双层非线性减振扣件实物

(2) 钢轨纵向阻力

一般地段,每组扣件钢轨纵向阻力应大于 9kN;小阻力地段,每组扣件钢轨纵向阻力为 4kN。

(3) 节点静动刚度

根据最高速度 160km/h,轴重 17t 动车组;钢轨垂向动态位移量<1.5mm;预期减振效果

3~5dB,综合确定节点静动刚度为(18±3)kN/mm。

(4)疲劳性能

扣件按《铁路应用—轨道—扣件系统的性能要求 第5部分:无砟轨道扣件系统》(EN 13481-5)扣件类型D工况进行试验,经300万次荷载循环后各零部件不得损伤,轨距扩大应小于6mm,且扣件压力、钢轨纵向阻力和节点静刚度应满足以下要求:扣压力变化≤20%;钢轨纵向阻力变化≤20%;垂向静刚度变化≤25%。

(5)绝缘电阻

扣件按《铁路应用—轨道—扣件系统的试验方法 第5部分:电阻测定》(EN 13146-5)进行测试,两轨间绝缘电阻大于3Ω·km。

(6)恶劣环境条件影响

扣件经《铁路应用—轨道—扣件系统的试验方法 第6部分:恶劣条件的影响》(EN 13146-6)所述300h盐雾试验之后,用手工拆卸工具能顺利拆卸。

(7)轨距调整量

轨距调整量为±10mm。

(8)钢轨高低调整量

钢轨高低位置调整量为0~40mm。

(9)预埋套管抗拔力

预埋套管抗拔力应不小于100kN。抗拔试验后在预埋套管周边没有可见的裂纹,但在靠近预埋套管处允许有少量砂浆剥离。

(10)减振性能

列车通过减振扣件地段时铅垂向Z振级[《环境影响评价技术导则 城市轨道交通》(HJ 453—2018)]比普通扣件减少3dB或以上(振动的频率范围为4~200Hz)。

2.3.3 结构特点

(1)非黏结可分离式结构

地铁轨道某些减振扣件多采用螺栓锚固或整体硫化成型,有以下明显的缺点:一是螺栓锚固式扣件受结构影响,当锚固螺栓拧紧时,铁垫板下橡胶垫被压实(扭矩为300N·m时,其刚度可达400kN/mm),致使橡胶垫几乎丧失弹性,实际上只有轨下垫层的弹性变形在起作用,扣件减振降噪的效果不能充分发挥;二是整体硫化成型减振扣件是把橡胶垫硫化在铁垫板上的,一旦扣件失效需维修或更换,橡胶垫无法与铁垫板剥离,整体更换则成本太高,增加了扣件的维修工作量。

市域铁路双层非线性减振扣件系统采用独特的分开式结构设计——"自锁式结构",如图2.34所示,解决了上、下铁垫板之间的连接问题,不用螺栓锚固,也不用硫化、黏结,便能传递纵、横向力和翻转力矩;能方便地更换失效的中间橡胶垫而铁垫板可继续使用,大大降低了维护费用,也符合"循环经济"的要求。

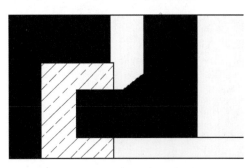

图2.34 自锁式结构示意图

(2)非线性弹性垫板

双层非线性减振扣件采用了两层弹性垫板——双层"非线性高扭抗橡胶垫板",如图2.35所示,这种橡胶弹性垫板具有"低载荷低刚度,高载荷高刚度"的非线性特性(图2.36),而且橡胶垫板从无负载开始工作,不受螺栓紧固力的影响,充分利用了橡胶的弹性,可以最大限度地获得低动态刚度,具有良好的减振降噪效果。

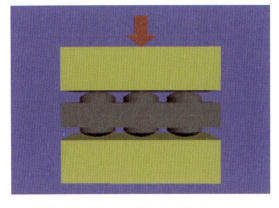 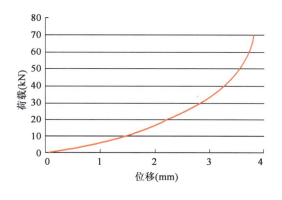

图2.35　双层"非线性高扭抗橡胶垫板"　　　图2.36　非线性刚度曲线

"非线性高扭抗橡胶垫板"同时提高了其用来扭转刚度的优化设计垫板。垫板采用了橡胶钉柱式设计,受压力后,柱钉截面积增加,高度降低,垂直方向刚度非线性增加;当轨道在垂向载荷作用下,同时承受横向荷载时,垫板的一侧变形增加、刚度提高,而另一侧变形减少、刚度降低,从而有效地提高了垫板的扭转刚度。钉柱的非均匀布置设计也在一定程度上提高了垫板的扭转刚度。

(3)低剪切底部连接结构

扣件与基础的连接一般都通过道钉锚固系统来实现。地铁扣件系统设计为轨下橡胶垫板和铁垫板下弹性垫板同时提供弹性,受荷载作用时扣件下垫板变形较大,需依靠道钉来承受绝大部分横向剪切荷载,对道钉的使用寿命造成了极为不利的影响,据统计90%的道钉是因剪切损坏的。

在铁垫板下设计一层聚乙烯垫板,即绝缘耦合垫板,对下层铁垫板与轨枕顶面的刚性接触起耦合作用,其刚度较大(几百千牛每毫米),不是提供弹性的元件,在受荷载作用时变形极小,绝大部分横向剪切力被耦合垫板与铁垫板、轨枕顶面间的摩擦力抵消,有效降低了道钉承受的剪切力,增加了道钉的使用寿命和安全性。

(4)调高和调距能力大

为克服由于土建工程施工误差、桥梁徐变上拱、桥墩不均匀沉降和路基不均匀沉降等原因造成的轨道不平顺,无砟轨道的调整能力几乎完全由扣件来实现,因此要求扣件系统必须具备较大的调整钢轨高低和左右位置的能力。

双层非线性减振扣件系统通过定位调距块进行调距,最大可实现±10mm的轨距调整量;调高通过在扣件下加入调高垫板来实现,最大可达+40mm的调高量,可以满足温州市域铁路的要求。

(5) 多重绝缘技术

扣件良好的绝缘性能能有效抑制钢轨和扣件中金属部件的电化学腐蚀,延长使用寿命。对于谐振式轨道电路,钢轨不仅是走行轨,同时也是信号电流通道,良好的绝缘性能可防止信号电流泄露,确保轨道电路的正常工作。对于直流供电制式电路,良好的扣件绝缘性能可加大轨道对地的电阻,防止杂散电流泄漏。

双层非线性减振扣件系统除采用了常规的绝缘轨距块、尼龙套管外,其"锁定机构"的尼龙部件也能有效绝缘。而且由于"锁定机构"被置于上、下铁垫板之间,雨雪尘露影响小,绝缘效果更佳。经检测,该扣件绝缘电阻大于 $1×10^8 \Omega$,满足相关技术标准的要求。

(6) 防腐性能好

温州地处沿海地区,环境条件对扣件的防腐性能要求很高。为了保证的防腐性能,各零部件表面防腐措施见表 2.10,扣件经《铁路应用—轨道—扣件系统为试验方法 第 6 部分:恶劣条件的影响》(EN 13146-6)所述 300h 盐雾试验之后,用手工拆卸工具能顺利拆卸。

各零部件表面防腐措施 表 2.10

零部件	防腐方式	零部件	防腐方式
铁垫板	静电喷涂	T形螺栓及螺母	镀锌
弹条	静电喷塑	锚固螺栓	达克罗

2.4 扣件力学性能检算

2.4.1 结构强度计算

减振扣件的上层铁垫板是薄弱环节,由于板下橡胶垫刚度较低,在列车荷载作用下上层铁垫板易发生断裂。为了检算双层非线性减振扣件上层铁垫板的强度,采用 ABAQUS 软件进行计算,考察在静态工况荷载作用下铁垫板是否会发生失效破坏。

为了简化计算模型,在模型中仅考虑上铁板、中间橡胶垫、C 型尼龙套,而对于钢轨、轨下垫、下铁板则不在模型中体现,计算模型如图 2.37 所示。在计算分析中,对上层铁垫板施加如图 2.38 所示的荷载。

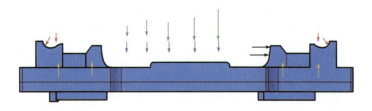

图 2.37 计算模型

在计算模型中,上层铁板采用球墨铸铁 QT450 材料,C 型套采用尼龙材料,中间橡胶垫采用硫化天然胶材料。

球墨铸铁的材料参数:杨氏模量为 174000MPa,泊松比为 0.28。

尼龙材料的力学性能参数:杨氏模量为 2500MPa,泊松比为 0.35。

橡胶材料参数:杨氏模量为 4.5MPa,泊松比为 0.48。

经计算,扣件最大主应力位于上层铁垫板弹条座底部,最大主应力为110MPa,应力分布云图如图2.38所示。参考球磨铸铁QT450的力学性能,其屈服强度在320MPa以上,铁垫板强度安全系数接近3,上层铁垫板强度满足设计要求。

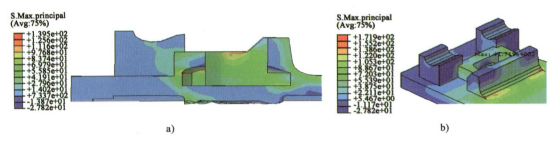

图2.38 应力分布云图

2.4.2 节点刚度设计

(1)设计原则

减振扣件的节点刚度设计至关重要,它直接影响了产品的减振性能和安全性。减振扣件节点刚度设计需要考虑以下几个因素:

①安全性

减振扣件的节点刚度设计应避开列车运行特征频率。地铁车辆高速运行会引起车辆和轨道系统较大的动态响应,特别是在一些特征频率附近时,车体垂向、横向加速度,车辆轮轨力,以及轨道系统振动噪声等明显增大。因此,在特定车辆和轨道基本参数的条件下,应考虑通过合理的刚度设计使得轨道共振频率避开列车运行特征频率。

②轨道几何变形要求

温州市域铁路减振扣件钢轨动位移控制指标:钢轨垂向动态位移量<1.5mm。

③减振性能要求

温州市域铁路S1线采用的WJ-7B型扣件的垫板刚度为35kN/mm,减振扣件相对WJ-7B型扣件要达到3~5dB的减振效果,必须采用较低的扣件刚度。低刚度是减振扣件的主要研发技术方向,为降低扣件节点刚度,必须在扣件中增设弹性减振部件。

(2)动力学模型建立

采用轨道交通专业计算软件Simpack软件进行车辆建模和计算,在动力学软件中,车辆模型由车体、转向架、轮对3种共7个刚体组成,一、二系弹簧视为无元。车辆动力学模型如图2.39所示,共有22个自由度。车型的主要计算参数见表2.11。

列车的几何特征 表2.11

转向架间距 (m)	轮轴间距 (m)	轮轴总重 (kN)	轮轴非悬挂质量 (kg)	扣件间距 (m)	车辆长度 (m)
15.7	2.5	170000	1700	0.6	22m

在计算模型中,钢轨视为连续的弹性点支撑基础上的Euler梁,扣件采用弹簧—阻尼单元模拟,道床视为弹性体,如图2.40所示。

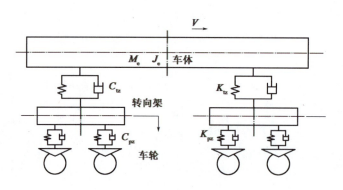

图 2.39　车辆动力学模型

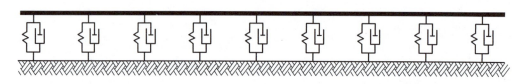

图 2.40　轨道系统动力学模型

(3) 计算结果

①扣件特征频率

当车速为 120km/h 和 140km/h 时,车辆和轨道特征频率见表 2.12。

不同车速下的车辆和轨道特征频率　　表 2.12

车速(km/h)	转向架(Hz)	轮轴(Hz)	扣件(Hz)
120	2.1	13.3	55.5
140	2.5	15.5	64.8

共振频率范围一般为固有频率 f_0 的 0.8～1.2 倍,取为 $(0.8～1.2)f_0$,列车荷载作用下轨道的固有频率应避开特征频率的共振范围,根据表 2.12,轨道的固有频率范围应为 18.6～44.4Hz,或者 77.8Hz 以上,则上述频率对应的扣件刚度范围为 2～25kN/mm,或者 120kN/mm 以上。

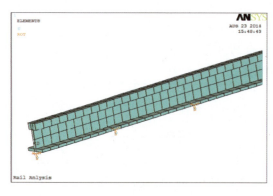

图 2.41　有限元模型

②轨道动态变形

为模拟实际钢轨在轮轨力下的变形情况,采用有限元软件,建立 120m 长的钢轨实体模型,如图 2.41 所示,采用梁单元模拟,将扣件简化为弹簧单元,通过调整扣件的刚度区间来控制钢轨下沉量。

扣件安装后应保证钢轨垂向位移小于 1.5mm,选择不同的扣件刚度,垂向荷载为 95kN,计算对应刚度下的钢轨位移,计算结果见表 2.13。

钢轨位移计算结果					表2.13
刚度(kN/mm)	20	21	25	30	35
位移(mm)	1.50	1.44	1.27	1.10	0.98

由于施加的荷载模拟了车辆实际运行的动态荷载,因此计算出来的刚度也是扣件的动态刚度,根据表2.13的计算结果,为保证钢轨的动态位移小于1.5mm,扣件垂向动刚度应大于或等于21kN/mm,由于扣件的动静刚度比一般为1.2~1.3,扣件的静刚度应大于或等于17kN/mm。

③减振性能

依据公式$VL_A = 20\lg(a/a_0)$计算扣件的刚度相比于WJ-7B型扣件(静刚度为35kN/mm)所对应的减振效果,结果见表2.14。

静刚度对应的减振量(相比于WJ-7B型扣件)					表2.14
静刚度(kN/mm)	15	18	20	22	25
减振量(dB)	7.36	5.78	4.86	4.03	2.92

根据计算结果可知,当静刚度不大于25kN/mm时,可以满足减振效果>3dB的要求。

④弹性元件的刚度分配

根据刚度和减振效果的核算,扣件节点刚度设计在17~25kN/mm范围可同时满足动态下沉量和减振效果的要求。轨下弹性垫板的垂向静刚度范围为35~45kN/mm,荷载区间为20~70kN;中间弹性垫板的垂向静刚度范围为25~35kN/mm,荷载区间为5~55kN。扣件各零部件及扣件节点的刚度设计范围见表2.15。

各零部件及节点刚度设计范围		表2.15
部件	设计刚度(kN/mm)	荷载范围(kN)
轨下垫板	35~45	20~70
中间层弹性垫板	25~35	5~55
扣件节点静刚度	17~25	5~55

2.5 扣件零部件材料设计

2.5.1 材料选择

扣件零部件材料的选择是扣件设计的重要环节,它不仅关系到扣件结构的技术性能,而且对扣件的造价影响也很大。通过技术和经济的综合比选,确定了扣件各主要零部件材料,见表2.16。

2.5.2 材料技术要求

(1)中间橡胶垫板

①原材料

中间橡胶垫板的原材料应符合设计及相关规定。

主要零部件材料 表2.16

序号	零件	材料	序号	零件	材料
1	上铁板	QT450-10	5	轨下垫板	天然橡胶
2	下铁板	QT450-10	6	回形套	玻纤增强尼龙66
3	调距扣板	QT450-10	7	C形套	玻纤增强尼龙66
4	中间橡胶垫	天然橡胶	8	耦合垫板	橡塑

②外观

中间橡胶垫板的表面应光滑平整,无裂纹,无缺胶和海绵状物,垫板的表面应光滑平整、修边整齐、毛边不大于1mm。垫板两个工作面上因杂质、气泡、水纹造成的缺胶面积不得大于$9mm^2$,深度不得大于0.5mm,每块不得超过两处。

③物理性能

中间橡胶垫板的物理性能应符合表2.17的规定。

中间橡胶垫板的物理性能 表2.17

序号	项目		单位	要求
1	拉伸强度	老化前	MPa	≥6
		老化后[热空气老化(70℃、72h)后]	MPa	≥5
2	拉断伸长率	老化前	—	≥200%
		老化后[热空气老化(70℃、72h)后]	—	≥140%
3	恒定压缩永久变形(700C、24h、压缩35%)		—	≤25%
4	工作电阻		Ω	≥10^8
5	体积膨胀率		—	≤25%

④静刚度

中间橡胶垫板的静刚度应为25~35kN/mm。

⑤动静刚度比

中间橡胶垫板的动静刚度比不应大于1.35。

(2)绝缘缓冲垫板

①原材料

绝缘缓冲垫板的原材料为橡塑。

②形式尺寸

绝缘缓冲垫板的形式尺寸应符合设计图的规定,垫板上、下两工作面应压花处理。

③外观

绝缘缓冲垫板的表面应光滑平整,无缺胶和裂纹,修边整齐。垫板上直径为0.5~0.8mm的气泡、有机杂质,每片不得超过两处。

④硬度

绝缘缓冲垫板的硬度应为 40~65(邵氏 D)。

⑤断裂强度

绝缘缓冲垫板的断裂强度应大于或等于 6MPa。

⑥体积电阻率

绝缘缓冲垫板的体积电阻率不应小于 $1 \times 10^8 \Omega$。

⑦断裂伸长率

绝缘缓冲垫板的断裂伸长率不应小于 150%。

(3)绝缘轨距块

①原材料

绝缘轨距块的原材料为玻璃纤维增强聚酰胺 66 或不低于其性能的其他材料。原材料的物理机械性能应符合表 2.18 的规定。

绝缘轨距块物理机械性能　　　　表 2.18

序号	项目	单位	要求
1	密度	g/cm³	1.30~1.45
2	熔点	℃	255~270
3	拉伸强度	MPa	≥150
4	弯曲强度	MPa	≥200
5	无缺口冲击强度	kJ/m²	≥80
6	体积电阻率	Ω·cm³	≥ 1×10^{14}(干态)
7			≥ 1×10^{10}(湿态)
8	玻纤含量	—	30%~35%

②外观

绝缘轨距块表面应色泽一致,清洁平整,无可见缺陷、气孔或焦痕,无飞边和毛刺。

③排水率

绝缘轨距块应吸水调制。经吸水调制后的绝缘轨距块的排水率不应小于 0.5%。

④硬度

绝缘轨距块的硬度不应小于 105HRR。

⑤抗剪性能

绝缘轨距块两端边耳经 4.5kN 力剪切试验后不应破损。

⑥冲击韧性

绝缘轨距块在温度为(20±5)℃的冲击试验后不得破裂。

⑦内部空隙

绝缘轨距块的内部不应有气泡或空隙。

⑧绝缘电阻

绝缘轨距块的绝缘电阻应大于 $1 \times 10^8 \Omega$。

(4)轨下橡胶垫板

①原材料

橡胶垫板和复合垫板中橡胶部分的原材料以天然橡胶或合成橡胶为主要成分,不得使用再生胶。各种原材料的技术要求应符合相关规定。

②外观

表面应光滑、平整、修边整齐,不允许存在缺角。两个工作面上因杂质、气泡、水纹、闷气造成的缺胶面积不大于$4mm^2$,深度不得大于0.5mm,每块不得超过两处。工作面上不应有海绵状物,毛边不大于1mm。

③物理性能

橡胶垫板的物理性能应符合表2.19的规定。

橡胶垫板的物理性能　　　　表2.19

序号	项目		单位	要求
1	硬度		邵氏A	≥65
2	拉伸强度	老化前	MPa	≥12.5
		老化后	MPa	≥10
		变化率	—	≤30%
3	扯断伸长率	老化前	—	≥250%
		老化后	—	≥180%
		变化率	—	≤40%
4	200%定伸应力	老化前	MPa	≥7.0
5	永久变形	拉伸永久变形(50%,100℃,24h)	—	≤25%
		压缩永久变形(50%,100℃,24h)	—	≤30%
6	耐油性(46号机油,常温,22h,质量变化率)		—	≤20%
7	工作电阻		Ω	≥$1×10^8$

④黏合剥离强度

复合垫板不锈钢板与橡胶部分的黏合破坏形式为R,剥离强度不应小于4kN/m。

⑤静刚度

橡胶垫板的静刚度应为35~45kN/mm。

⑥动静刚度比

橡胶垫板和复合垫板的动静刚度比不应大于1.5。

⑦疲劳性能

橡胶垫板经300万次疲劳试验后,不应破裂,永久变形不应大于10%,静刚度变化率不应大于20%。

⑧压缩耐寒系数

在低于-20℃环境温度地区采用时,橡胶垫板的压缩耐寒系数应不小于0.5。

(5) 铁垫板

①原材料

铁垫板的材质为 QT450-10,球墨铸铁用生铁的技术要求应符合《球墨铸铁用生铁》(GB/T 1412—2005)的规定。

②外观

a. 铁垫板的外观应符合《球墨铸铁件》(GB/T 1348—2019)的规定。

b. 铁垫板表面应干净,浇冒口残余、沾砂、氧化皮及其他残余物均应清除,浇冒口残余凸出或凹入均不得超过 2mm。

c. 承轨面应无分型面和翘曲,中部不允许凸出,平面度小于 1mm。

d. 铁垫板四角应平稳,其中一角翘起高度不得超过 1mm。

③机械性能

铁垫板的机械性能应符合《球墨铸铁件》(GB/T 1348—2019)的规定。

④球化级别

铁垫板的球化级别不得低于 3 级。

(6) 锚固螺栓

①原材料

锚固螺栓的原材料为 Q235A 或不低于其性能的其他材料,其技术要求应符合《碳素结构钢》(GB/T 700—2006)的规定。

②外观

a. 螺纹不应有妨碍螺纹通止规自由旋入的碰伤和毛刺,以及影响使用的双牙尖、划痕和丝扣不完整。

b. 螺纹表面不应有锻造裂纹及影响使用的凹痕、毛刺、浮锈、飞边、烧伤和氧化皮。

c. 锚固螺栓的外观应符合《紧固件表面缺陷 螺栓、螺钉和螺柱 一般要求》(GB/T 5779.1—2000)的规定。

③拉伸强度

锚固螺栓应进行实物拉力试验,当荷载为 150kN 时螺栓不得拉断。

④冷弯性能

防锈处理后的锚固螺栓螺纹部分经冷弯 15° 后不得出现裂纹。

⑤防锈性能

锚固螺栓的表面应进行防锈处理,处理层在正常运输和安装中不应出现脱落现象,经 360h 中性盐雾(NSS)试验后保护级不应低于 9 级。

(7) T 形螺栓

①原材料

T 形螺栓的原材料为 Q235A 或不低于其性能的其他材料,其技术要求应符合《碳素结构钢》(GB/T 700—2006)的规定。

②形式尺寸

T 形螺栓的螺纹为普通螺纹,基本尺寸应符合《普通螺纹 基本尺寸》(GB/T 196—2003)的规定,螺纹公差参照《普通螺纹 公差》(GB/T 197—2018)中 8g 精度制造。

③外观

a. 螺纹不应有妨碍螺纹通止规自由旋入的碰伤和毛刺,以及影响使用的双牙尖、划痕和丝扣不完整。

b. 螺纹表面不应有裂纹和影响使用的凹痕、毛刺、浮锈、飞边、烧伤和氧化皮。

c. T 形螺栓的头部与杆身连接处不应有折叠和褶皱。

④防锈性能

T 形螺栓的表面应进行防锈处理。处理层在正常运输和安装中不应出现脱落现象。防锈处理后的 T 形螺栓应满足螺纹精度要求,经 360h 中性盐雾(NSS)试验后保护级不应低于 9 级。

2.6 减振扣件室内试验研究

2.6.1 试验内容

为适应温州市域铁路减振要求,设计研发了一种新型双层非线性减振扣件。扣件上道使用前,对其使用性能和结构强度进行了室内试验验证。

(1) 扣件系统性能试验

扣件系统性能试验包括钢轨纵向阻力、静刚度、绝缘性能、组装疲劳试验,以及盐聚试验、静强度试验。

(2) 扣件系统减振效果测试

通过落轴试验,与普通扣件对比测试减振扣的轨道结构振动传递特性及减振效果。试验包括以下具体内容:

①钢轨垂向力测试。

②钢轨垂向位移测试。

③钢轨垂向加速度测试。

④轨道板垂向位移测试。

⑤轨道板垂向加速度测试。

⑥基础垂向加速度测试。

2.6.2 试验方法

(1) 扣件系统性能试验验方法

扣件系统性能试验参考以下方法:

①《铁路应用—轨道—扣件系统的性能要求 第 5 部分:无砟轨道扣件系统》(EN 13481-5)(以下简称 EN 13481-5)。

②《铁路应用—轨道—扣件系统的试验方法 第 1 部分:钢轨纵向阻力的测定》(EN 13146-1)。

③《铁路应用—轨道—扣件系统的试验方法 第 4 部分:重复加载的影响》(EN 13146-4)。

④《铁路应用—轨道—扣件系统的试验方法 第 6 部分:恶劣条件的影响》(EN 13146-6)(以下简称 EN 13146-6)。

⑤《铁路应用—轨道—扣件系统的试验方法 第 7 部分:扣压力的测定》(EN 13146-7)。

(2)扣件系统减振效果测试方法

①测试指标

测试指标主要是轨道结构的加速度、位移以及钢轨垂向力。加速度测点主要布置在轨道中部横断面位置上,钢轨加速度测点设置在两股钢轨轨底上表面,道床加速度测点设置在板中,地表加速度设置在离轨道中心线一定距离的位置。钢轨位移测点设置在加速度测点对应的轨底底面位置,道床板位移在板中和板端分别设置一个测点,位置在钢轨外侧。钢轨垂向力测点在钢轨加速度测点对应位置的轨腰上。

②试验流程

a. 传感器安装。分别在板中和板端两个位置进行落轴试验,先板中后板端。按照测点布置方案,在板中、板端分别布置相应的传感器,包括轮轨力测试装置、位移计、加速度计,并连通动态采集系统。

b. 落轴架的安装。将落轴架安装在板中,固定好轴架位置,确保在落轴试验过程中试验装置的稳定性。

c. 落轴的起吊。落轴试验装置如图2.42所示。通过落轴架上的锁链及滑轮起吊落轴,利用预先制作的高度标定件控制两侧轴踏面与钢轨顶面的距离,起吊高度为20mm。

d. 释放车轴,使车轴自由下落。利用大力钳剪断垂直钢筋,让车轴在指定高度自由下落,冲击钢轨。动态采集系统实时记录各个测点的数据。

e. 进行对照组试验。按同样的流程进行落轴试验。

图2.42 落轴试验装置

③试验仪器

落轴试验所需的仪器设备见表2.20。

落轴试验仪器设备　　　　表2.20

设　备	数　量	备　注
车轴	1个	
落轴架(含滑轮、钢索等)	1个	
钢筋(剪断落轴用,两端带钩)	100根	长30cm,直径12mm
标准高度件	各2个	铁块
加速度计	8个	500g(4)、50g(2)、5g(2)
垂向位移计	4个	
应变花	20个	轮轨垂向力
垂向力标定架	1套	
数据采集系统(IMC)	2台	
恒流源	1个	
Lemo接头	16根	
笔记本电脑	1台	

2.6.3 试验结果

(1) 扣件静刚度试验结果

扣件刚度及纵向阻力测试数据见表 2.21。

扣件刚度及纵向阻力测试数据　　　表 2.21

测试项目	测试结果	要　求	测试条件
轨下垫静刚度	45.69kN/mm	—	20~70kN
中间垫静刚度	35.44kN/mm	—	5~55kN
扣件静刚度	20.47kN/mm	17~25kN/mm	5~55kN
纵向阻力	12kN	≥9kN	

由测试结果可知,扣件静刚度及纵向阻力满足设计技术要求。

(2) 扣件绝缘性能及盐雾试验

按照 EN 13146-6,扣件工作电阻为 12.96Ω·km,满足工作电阻 >3Ω·km 的技术要求,经 300h 盐雾试验后可以顺利安装拆卸,满足双层非线性减振扣件的技术要求。

(3) 组装疲劳性能

组装疲劳试验按 EN 13481-5 扣件类型 D 工况进行试验,试验装置如图 2.43 所示。扣件组装时采用最大调高量 40mm。试验荷载参数:$P_v/\cos\alpha = 60\text{kN}$,$L/V = 0.5$,$\alpha = 26°$,$X = 15\text{mm}$。300 万次组装疲劳试验结果见表 2.22。

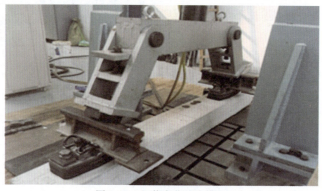

图 2.43　组装疲劳试验装置

扣件疲劳性能测试结果　　　表 2.22

测试试件	扣件静刚度变化率(5~55kN)	扣压力变化率	纵向阻力变化率	轨距扩大量
1号	6%	8%	9.7%	3.0mm
2号	4.1%	1.2%	6.7%	2.7mm
技术要求	<25%	<20%	<20%	<6mm

经 300 万次荷载循环后各零部件无损伤,轨距扩大 3mm,扣压力变化 8%;钢轨纵向阻力变化 9.7%,垂向静刚度变化率 6%,均符合扣件技术要求。

(4) 垂向位移试验

试验采用单节点扣件加载,以 0.3~0.5kN/s 的加载速度进行静压,在扣件承轨槽两端安放两个位移传感器,检测扣件的垂向变形量。当垂向变形量达到1.5mm时,停止加载,并保持30s,记录此时的加载力大小,试验重复三次。

经过试验检测,当扣件垂向变形量达到1.5mm时,加载力为28~29kN,大于按列车轴重170kN计算的轨道单节点最大垂向力26kN,验证了轴重170kN作用下扣件垂向变形量小于1.5mm的结论,符合设计要求。

(5)减振效果测试

2015年1月14日—24日,中国铁道科学研究院高速铁路轨道技术国家重点实验室对双层减振扣件与WJ-7B型扣件进行了落锤冲击对比试验,落锤冲击试验机锤重50kg。时域分析结果:与WJ-7B型扣件相比,在距整体道床边缘25cm地面处双层减振扣件的减振效果为5.1dB。频域分析结果:相对于WJ-7B型扣件,双层减振扣件在125~800Hz频带的减振效果为0.6~12.9dB,最大减振效果12.9dB出现在频率160Hz处。扣件减振效果符合3~5dB的要求。

广州计量院的落轴试验测试结果为:与WJ-7B型扣件相比,双层非线性减振扣件在距离道床25cm处减振效果为5.88dB,符合技术条件的要求。

第3章　市域铁路无砟道岔设计与应用

道岔是机车车辆从一股轨道转入或越过另一股轨道的线路设备，是市域铁路轨道的重要组成部分。道岔也是线路上的薄弱环节，是养护维修的重点和难点，是影响列车运行速度和安全的关键设备，是市域铁路轨道工程的关键技术。因此结合温州市域铁路项目的建设需求，国家铁路局和中铁第四勘察设计院集团有限公司研制了12号可动心轨道岔和固定辙叉道岔，在国铁道岔成熟技术的基础上优化了道岔平面线形，研发了大调高量扣件和桁架式岔枕，开展了道岔刚度均匀化研究与设计，道岔各项性能指标满足市域铁路需求。

3.1 概　　述

市域道岔区别于地铁道岔之处在于其系统复杂，技术难度大，性能要求高，需要解决道岔结构设计、制造组装、运输铺设、养护维修等各个环节中的关键技术问题，其技术性能主要体现在以下几方面：

(1) 速度冗余

市域铁路道岔要求直向容许通过速度与区间线路保持一致，不能成为市域铁路线上的限速设备；侧向容许通过速度也相对较高，不能影响高折返能力。而且为确保其安全性，直向设计速度尚需预留10%的安全余量，侧向设计速度尚需预留10km/h的安全余量，比如直向容许通过速度为160km/h、侧向容许通过速度为50km/h的12号道岔，其直向设计速度应为176km/h，侧向设计速度应为60km/h。这些要求一般地铁道岔是达不到的。

(2) 安全性

市域铁路道岔要求列车以设计速度直侧向通过时，其减载率、脱轨系数等安全性指标与区间线路相同；尖轨及可动心轨的开口量在容许限度内，不得发生车轮撞击尖轨及心轨尖端的事故；道岔转换设备显示正常，不得出现信号异常现象。

(3) 平稳性

市域铁路道岔要求动车组以运营速度直侧向过岔时，不出现明显的"晃车"现象，在横向上与区间线路具有相同的旅客乘坐舒适度。实践表明，道岔的高平稳性要求是所有技术性能中最难实现的，需要通过轮轨关系的创新以及制造、组装、铺设及维护等各方面的技术保障才能得以实现。

(4) 舒适性

列车过岔时在竖向上旅客乘坐舒适度与区间线路接近，不会在进出岔时出现类似于桥头的"跳车"现象，不会在岔区内因轨道整体刚度的分布不均而出现过大的竖向振动。因此要求道岔进行岔区轨道刚度的均匀化设计、道岔与区间线路轨道刚度的过渡设计。

(5) 平顺性

道岔在转辙器和辙叉部位本身存在几何不平顺，尤其固定辙叉还存在"有害空间"，要求道岔优化结构设计,提高加工精度、铺设质量和道岔几何平顺性。

(6)可靠性

市域铁路采用白天全线封闭运行、夜间开"天窗"维修养护的运营模式,要求道岔具有更高的可靠性,运行期间尽量不出现影响行车的病害。

(7)稳定性

在市域列车及温度等荷载的作用下要求道岔有足够的强度储备,发生的残余变形可控,具有较高的结构稳定性和较小的养护维修工作量。道岔稳定性对部件耐久性提出了更高要求:钢轨及铁件受环境影响小,不易锈蚀,轨下基础结构稳定可靠,不易产生较大的累积沉降变形;扣件系统保持轨距和方向能力强,不易产生较大的轨道不平顺积累;电务转换设备工作稳定、可靠,各部件磨耗磨损慢,故障率低;橡胶及尼龙件损伤、老化速率低。

(8)可维修性

轨道结构具有边运营、边变形、边维修的工作特点,道岔部件严重伤损需要进行维修、更换时,应能在开"天窗"时间内方便快捷地进行处理,道岔扣件系统应具备较大的调高量与调距量,以适应下部基础的沉降。

(9)经济性

市域铁路道岔的需求量大,对轨道工程的造价影响较大,因此只有道岔具有较好的经济性,通过道岔的标准化设计和批量化生产才能有效降低成本,因此,市域铁路道岔研发不能再采用地铁道岔"各自为政"的技术路线。

综上所述,市域铁路列车轴重大、运行速度高,对道岔技术提出了更严格的要求,地铁道岔难以满足市域铁路的运营条件,高速铁路道岔技术标准和造价高,亦不适用于市域铁路。目前国内没有可适用于速度为120~160km/h、轴重为17t的市域铁路无砟道岔。

3.2 国内道岔研究与应用现状

3.2.1 城市轨道交通9号道岔

60kg/m钢轨9号单开道岔是我国城市轨道交通正线及配线中广泛采用的道岔,其技术比较成熟。城市轨道交通60kg/m钢轨9号单开道岔主要采用固定辙叉,很少采用可动心轨辙叉。

(1)尖轨形式

目前城市轨道交通60kg/m钢轨9号单开道岔尖轨形式主要有跟端活接头的直线尖轨道岔和弹性可弯曲尖轨道岔两种类型。

①直线尖轨道岔

尖轨的工作边为一直线,它与基本轨工作边所成的交角称为转辙角,转辙角与尖端角相等,也与车轮轮缘冲击尖轨工作边的角相等,示意图如图3.1所示。直线尖轨道岔是国内地铁早期使用的道岔类型,其主要特点如下:列车逆向进岔对道岔尖轨冲击较大,影响旅客的旅行舒适性,尖轨使用寿命短;刨切加工简单、尖轨削弱部分较短,断面较粗壮,尖轨耐磨性较好;尖轨一般较短(6.45m),只

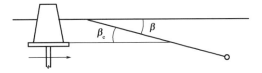

图3.1 直线尖轨示意图

需一台转辙机,节省电务转换设备投资;尖轨跟端采用活接头连接,结构相对较为薄弱,易出现部件磨损、尖轨跳动及接头病害等,并难以用于跨区间无缝线路;直线尖轨道岔导曲线半径为180m,其侧向容许通过速度为30km/h,影响线路折返效率;直线尖轨道岔一般宜采用联动内锁装置,分动外锁不利于转辙器整体框架结构的保持,道岔使用中病害较多。左右股尖轨可通用互换,减少现场备品数量,便于铺设和更换。

② 曲尖轨道岔

该类道岔的导曲线半径较大,可提高道岔的侧向通过速度,改善旅客的乘坐舒适度;曲线尖轨采用弹性可弯结构,可减少现场的养护维修工作量,采用焊接或冻结接头,可实现跨区间无缝线路;缺点是需设两个牵引点,增加了转辙设备和信号系统的投资。曲尖轨主要有切线型、半切线型以及相离型三种。

a. 切线型尖轨

切线型尖轨工作边的理论起点与基本轨相切,在实际应用中,为加强尖轨尖端和缩短尖轨长度,在尖轨断面宽5mm前取一段长100～300mm的直线段(直线段与尖轨曲线不相切),如图3.2所示。

b. 半切线型尖轨

半切线型尖轨的理论起点也与基本轨相切,但在尖轨某一断面(一般小于40mm)处作切线,将尖轨前端部分取直,如图3.3所示。

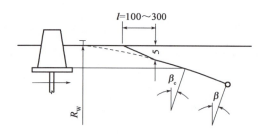

图3.2 切线型尖轨示意图(尺寸单位:mm)

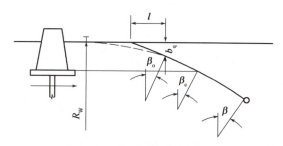

图3.3 半切线型尖轨示意图

c. 相离线型曲线

相离线型曲线尖轨理论起点与距离基本轨内侧某一直线相切,并在尖轨某一断面作切线,将尖轨前端取直,如图3.4所示。

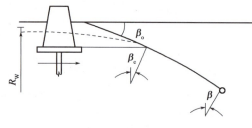

图3.4 相离线型尖轨示意图

图3.5为切线型尖轨、半切线型尖轨、相离(负割)型曲线尖轨车轮轨迹图。采用切线型尖轨道岔的列车通过平顺性较好,逆向进岔时车轮对尖轨冲击较小,但在列车侧向出岔时,轮对沿 ABC 曲线运动,尖轨前部难以承受车轮在离心力作用下的横向挤压,造成尖轨前部易破损,切线型尖轨适用于直向通过速度较高的道岔。采用半切线型尖轨的道岔将尖轨前部轨头适当加粗,列车侧向出岔时,既有在惯性作用下沿 ABC 曲线运动的趋势,又有在离心力作用下向 AF 线靠拢的趋势,虽然横向力在 AF 距离内得到放散,但对 C

点左、右一段基本轨造成冲击，半切线型尖轨主要适用于直、侧向行车均较频繁的中等号数道岔。切线型尖轨和半切线型尖轨在实际使用中尖轨侧磨、破损快，尖轨维修、更换频繁高，目前新建线路已不再采用。

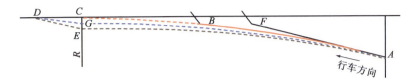

图 3.5　切线型尖轨、半切线型尖轨、相离（负割）型曲线尖轨车轮轨迹图
注：AB-切线型尖轨；AF-半切线型尖轨；AE-相离（负割）型尖轨。

对于相离型曲尖轨，列车侧向出岔时，既有在惯性作用下沿 AE 曲线运动的趋势，又有在离心力作用下向 AF 线靠拢的趋势，列车的实际运行轨迹是 AG 线，横向力在 AG 间得到放散，又在 GD 间得到放散，相离型曲尖轨可较好地解决尖轨的侧磨。

因此，在道岔设计中采用相离型（负割）曲线尖轨，并采用适当的割距，则可兼有弹性可弯曲线尖轨整体性好、养护维修工作量少、旅客舒适度高和尖轨耐磨性好的优点，国铁多年的成功使用已充分证明其技术的先进性和成熟性，在设计、铺设、使用上已积累了丰富的经验，近年全国各城市新建地铁中亦广泛应用相离型曲尖轨道岔，实践表明相离型曲尖轨道岔既保留了侧向行车时旅客舒适度好的特点，又从根本上解决了曲线尖轨的侧磨问题。此外，对于 9 号单开道岔而言，采用曲尖轨道岔导曲线半径可达 200m，侧向容许通过速度可提高到 35km/h，有利于线路的快速折返。

③尖轨线形的比较

直线尖轨及相离型曲尖轨道岔的优缺点对比见表 3.1。

尖轨线型优缺点对比表　　　　　　　　　　　　　表 3.1

项　目		类　型	
		直线尖轨道岔	相离型曲尖轨道岔
导曲线半径（m）		180	200
侧向通过速度（km/h）		30	35
是否可焊（或冻结）		否	是
尖轨	尖轨长度（m）	6.45	10.68 以上
	互换性	可互换	不能互换
	耐磨性	好	好
	舒适性	差	好
	制作工艺	线形简单、刨切量少	加工较复杂
	参考单价（元/根）	0.4 万～0.6 万	1 万～1.2 万
	转辙机数量（台）	1	2
道岔参考总价（元/组）		19 万～21 万	21 万～23 万
道岔成熟性		北京、广州、南京、深圳、武汉等早期线路，天津、沈阳等	北京、广州、上海、南京、武汉、深圳等近期线路，杭州、西安、苏州等

（2）辙叉形式

目前城市轨道交通 60kg/m 钢轨 9 号单开道岔尖轨形式主要有固定辙叉和可动心轨辙叉。

①固定辙叉道岔

我国城市轨道交通60kg/m钢轨9号单开道岔都大部分都采用固定辙叉,表3.2为我国城市轨道交通常用固定辙叉道岔的主要参数对比,可以看出采用固定辙叉的9号单开道岔其全长在27.773~29.569m之间,各种道岔几何参数差异较大,没形成标准化设计。

城市轨道交通9号单开道岔参数对比　　　　表3.2

序号	开发单位	过岔速度直/侧（km/h）	导曲线半径（m）	道岔全长（m）	前长（m）	后长（m）	尖轨尖端至岔前轨缝中心长q值（m）
1	铁科院	90/30	180	29.569	13.839	15.730	2.650
2	中铁咨询	85/35	200	27.773	12.043	15.730	2.620
3	中铁咨询	100/35	200	28.300	12.570	15.730	2.620
4	北京城建	100/35	200	29.054	13.011	16.043	2.620
5	铁四院	100/35	200	29.569	13.839	15.730	2.620
6	铁二院	100/35	200	28.300	12.570	15.730	2.62

②可动心轨辙叉

60kg/m钢轨9号单开道岔因号码较小、长度较短,不利于可动心轨辙叉单开道岔的设计,目前国内仅在广州地铁4号线出入段线上和首都机场线上铺设过9号可动心轨道岔。

广州地铁4号线上铺设的整体道床60kg/m钢轨9号可动心轨辙叉单开道岔（CZ2530）的主要参数如下:

a. 全长36.414m,前长a为13.839m,后长b为22.575m。

b. 道岔容许通过速度:直向为100km/h,侧向为35 km/h。

c. 采用相离22mm、半径R为200m的单圆曲线平面线形。

d. 可动心轨辙叉采用模锻长翼轨及叉跟尖轨结构,短心轨后端为斜接头滑动端。为防止心轨侧磨,可动心轨辙叉侧线设置护轨。

e. 尖轨设两个牵引点,可动心轨辙叉设一个牵引点。

f. 道岔区不设置轨底及轨顶坡。

g. 道岔轨下基础为合成轨枕。

h. 扣件采用Ⅲ型弹条。

首都机场线上铺设的9号可动心轨道岔现场铺设图如图3.6所示,其主要参数如下:

a. 道岔直向容许通过速度为110km/h,侧向容许通过速度为35km/h。

b. 道岔全长35.184m,前长a为13.011m,后长b为22.575m。导曲线半径R为200m单圆曲线平面线形,导曲线实际起点在曲线尖轨34.3mm断面处。

c. 可动心轨辙叉的心轨理论尖端至弹性可弯中心距离为5982mm,可动心轨辙叉的弹性可弯中心距长心轨跟端为4624mm。

d. 道岔转辙器采用负割线型60AT弹性

图3.6　首都机场线9号可动心轨道岔

可弯曲线尖轨,设置限位器结构。辙叉为钢轨拼装式可动心轨辙叉,侧股设减磨护轨,护轨采用 UIC33 槽型钢轨制造。

e. 采用弹性分开式无螺栓扣件,基本轨、护轨内侧设弹片扣压,钢轨轨下设 12mm 厚的橡胶垫板,铁垫板下设 8mm 厚的塑料垫板。

f. 单渡线线间距为 4.8m。

综上所述,国内 9 号固定辙叉道岔直向最高允许速度为 100km/h,不满足市域铁路最高允许速度 160km/h 的要求,且列车通过固定辙叉的噪声较大,而 9 号可动心轨道岔直向容许速度达不到 160km/h,目前国内铺设数量较少,技术成熟度、产品可靠度有待检验,同时也不适用。

(3)应用情况

目前国内城市轨道交通道岔未形成统一标准,且技术标准较低,基本上未采用高速、重载道岔中的新技术。道岔结构不统一,型号多达数百种,导致道岔养护维修工作量大,尤其折返线上的道岔转换频繁、行车密度大,尖轨等薄弱部件伤损严重,使用寿命短。

城市轨道交通道岔主要病害及出现的原因:

①道岔水平状态不良,轨道横向刚度不够,基本轨产生严重磨耗。

②由于列车反复制动和岔区不平顺,以及尖轨材质硬度不足,导致尖轨产生严重磨耗与剥离掉块。

③道岔几何尺寸不良,列车过岔时冲击高锰钢辙叉甚至心轨尖端,且高锰钢辙叉材质不够致密,承受不了列车的冲击摩擦,出现辙叉不均匀磨耗。

3.2.2　国铁 12 号道岔

12 号道岔在我国城市轨道交通中应用较少,但它是我国普通速度铁路中的主型道岔,从 20 世纪 50 年代发展至今,大致经历了 55 型、57 型道岔,75 型道岔,92 型道岔和提速道岔四代的发展(表 3.3),其直向过岔速度已由 80km/h 发展至 200km/h,侧向速度由 45km/h 发展至 50km/h,固定辙叉道岔全长约为 37.8m,可动心轨辙叉道岔全长约为 43.2m,都能满足市域铁路直向 160km/h、侧向 50km/h 的过岔速度要求。

12 号单开道岔发展的几个阶段　　　　　表 3.3

时间 (型号)	平面线型	道岔结构	容许速度(km/h) 直向	容许速度(km/h) 侧向	设计方法	转换与锁闭
20 世纪 50~60 年代(55 型、57 型)	单圆曲线 直线尖轨 直线辙叉	切底式、爬坡式尖轨组合固定辙叉钩头道钉式　木岔枕	80	45	静态	一机多点 内锁闭
20 世纪 70 年代(75 型)	单圆曲线 直线尖轨 直线辙叉	爬坡式尖轨　锰钢固定辙叉 刚性扣件　木岔枕	100	45	静态	一机多点 内锁闭
20 世纪 80 年代(92 型)	单圆曲线 直线、曲线尖轨 直线辙叉	AT 尖轨　锰钢固定辙叉 单肢可动心轨辙叉(试验) 刚性扣件　混凝土岔枕	110	50	静态	一机多点 内锁闭
1996 年(提速道岔)	单圆曲线 曲线尖轨 直线辙叉	AT 尖轨　锰钢固定辙叉 单肢可动心轨辙叉 弹性扣件　混凝土岔枕	120~200	50	静态 动态	多机多点 外锁闭

提速12号单开道岔的主要技术标准如下：

(1) 导曲线线形

道岔导曲线线形由方案比选确定，无特殊需要时宜采用圆曲线线形。导曲线与直股轨线的连接线形由方案比选确定。

(2) 轨距

道岔各部轨距均为1435mm。尖轨局部范围对应的侧股允许有构造加宽。

(3) 轨顶坡

道岔各钢轨件的车轮滚动轨面均设有1∶40的轨顶坡。

(4) 轨下基础

加大岔枕断面、减少岔枕铺设根数(由1840根/km降为1666根/km)。岔枕间距均匀一致，全部为600mm。岔枕均按垂直于道岔直股钢轨布置。木岔枕断面尺寸为260mm×160mm。转辙器部位的木岔枕最短长度为2.7m。混凝土岔枕的承载能力应大于或等于Ⅱ型混凝土轨枕。

(5) 钢轨接头

道岔直股钢轨全部采用焊接接头。高锰钢辙叉趾跟端采用冻结接头。道岔侧股钢轨接头，对于混凝土岔枕道岔原则上应采用焊接，以延长岔枕使用寿命。铺于跨区间超长无缝线路区段时，道岔侧股钢轨接头采用焊接或冻结，应根据具体铺设情况确定。道岔绝缘接头设于侧股钢轨，优先采用胶接绝缘结构。

(6) 转辙器

尖轨用60AT轨制造，跟端为弹性可弯式。尖轨尖端按藏尖设计。跟部设限位器，取消辙跟间隔铁。

(7) 可动心轨辙叉

心轨用60AT轨拼装制造。长心轨跟端为弹性可弯式，短心轨跟端为滑动端。采用长翼轨，用60kg/m钢轨制造。长翼轨尾部与长心轨跟部为间隔铁式联结。直股不设护轨，侧股设防磨护轨。

(8) 固定型辙叉

采用高锰钢整铸辙叉，趾跟端为全鱼尾板联结。翼轨缓冲段冲击角减小为34′。护轨用50kg/m钢轨制造，采用分开式结构(H形)，护轨顶面高出基本轨12mm。直向护轨缓冲段冲击角减小为30′。

(9) 淬火

道岔各钢轨件轨头顶面均进行全长淬火，尖轨心轨淬火起点为轨头宽5mm处。

(10) 扣件

采用Ⅱ型弹条分开式扣件。滑床板、护轨垫板的基本轨内侧采用弹片扣压，扣压力应与Ⅱ型弹条匹配。

(11) 道岔转换系统

尖轨采用分动转换方式，两尖轨之间不设联结杆。尖轨、心轨转换采用与S700K型电动转辙机和ZY7型电液转辙机相配套的两点牵引外锁闭装置。尖轨、心轨转换阻力不得大于6kN。

(12) 垫板

混凝土岔枕时采用预埋塑料套管及螺栓,不采用硫黄锚固。

(13) 弹性垫层

道岔各部分钢轨下(除尖轨、心轨外)及垫板下均应设有弹性缓冲垫层。垫层静刚度值应能使道岔与区间线路弹性保持连续。

综上所述,国内提速12号固定辙叉和可动心轨辙叉道岔直侧向允许过岔速度能适应市域铁路,但其轨下基础为有砟轨道,不能满足市域铁路全线无砟轨道的要求。

3.3 道岔设计方法和设计内容

3.3.1 道岔组成

道岔类型主要有单开、对称、交分、渡线、交叉、组合道岔等。单开道岔应用最为广泛,由转辙器、连接部分、辙叉及护轨组成,如图3.7所示。

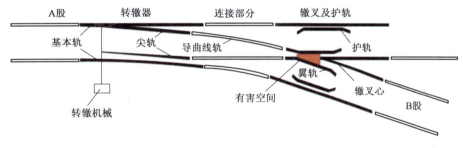

图3.7 单开道岔的组成

(1) 转辙器

转辙器是依靠尖轨的扳动,引导机车车辆沿直线方向或侧线方向行驶的线路设备,由两根基本轨、两根尖轨、连接零件及道岔转换设备组成。

(2) 基本轨

基本轨直股为直线,侧股按转辙器各部分的轨距在工厂事先弯折成规定的曲线形。

(3) 尖轨

尖轨在平面上分为直线形和曲线形,直线形尖轨在左开或右开道岔上可通用,便于铺设和更换,制造简单,尖轨前端的削弱部分短,横向刚度大,需要的尖轨动程和根端轮缘槽小,但尖轨冲击角较大,易使列车产生摇晃。曲线形尖轨冲击角较小,导曲线半径大,列车进出侧线比较平稳,但左右开道岔不能通用。曲线形尖轨又分为切线形、半切线形、割线形、半割线形尖轨。

尖轨可采用普通钢轨断面或特种断面钢轨制成,如图3.8、图3.9所示。普通断面钢轨在尖轨前端需加补强板来增加横向刚度。特种断面钢轨断面粗壮,整体性强,刚度大,稳定性比普通断面钢轨好。特种断面钢轨高度与基本轨高度相同的称为高型特种断面钢轨,较矮的称为矮型特种断面钢轨,我国广泛使用的是矮型特种断面钢轨(AT轨)。

尖轨根端可采用间隔铁鱼尾板式(活接头)和弹性可弯式结构。间隔铁鱼尾板式结构主要由间隔铁、根端夹板及连接螺栓等组成。该结构尖轨根端不能固定,形成活接头,扳动灵活,但稳定性差;弹性可弯式尖轨通过在尖轨根端前部一定位置削弱轨底,增加了尖轨的弹性,实现了尖轨的扳动。

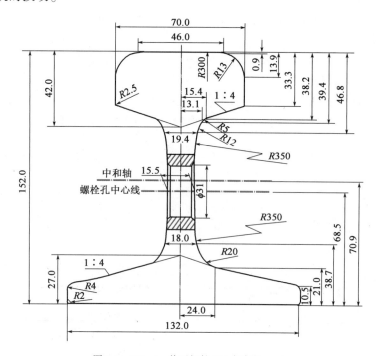

图 3.8 50kg/m 普通钢轨(尺寸单位:mm)

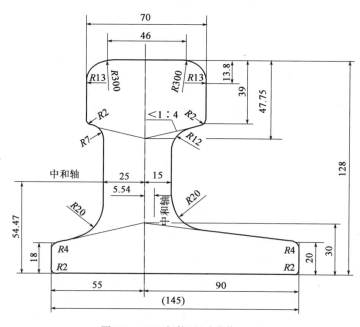

图 3.9 50AT 钢轨(尺寸单位:mm)

(4)零配件

滑床板:在整个尖轨长度范围内,要有承托尖轨和基本轨的滑床板(图 3.10)。

轨撑:防止基本轨倾覆、扭转和纵横向移动,轨撑(图 3.11)安装在基本轨外侧。

顶铁：尖轨刨切部位密贴基本轨，其他部位依靠顶帖将尖轨所有横向水平力传递给基本轨，防止尖轨受力弯曲。

图3.10　滑床板　　　　　　　　　　　图3.11　轨撑

（5）辙叉

辙叉是使车轮由一股钢轨越过另一股钢轨的设备。辙叉有岔心、翼轨和连接零件组成。按平面线形分为直线辙叉和曲线辙叉；按构造分为固定辙叉和活动辙叉。地铁单开道岔上，主要采用的是直线固定辙叉。固定辙叉分整铸辙叉和钢轨拼接式辙叉。

高锰钢整铸辙叉（图3.12）心轨和翼轨同时浇铸，整体性和稳定性好，使用寿命长，养护维修方便。在跨区间无缝线路上，高锰钢辙叉与区间钢轨可进行冻结。目前道岔厂可通过在高锰钢辙叉末端焊接一段中间介质后运到现场与钢轨焊接，但在钢轨探伤检测中显示有裂纹。

合金钢拼接式辙叉（图3.13）将心轨、翼轨通过连接零件拼装在一起，心轨采用贝氏合金钢熔炼后加工而成，翼轨及心轨后钢轨采用普通钢轨加工制成。

图3.12　高锰钢整铸辙叉　　　　　　　　图3.13　钢轨拼接式辙叉

可动辙叉分为可动心轨式辙叉（图3.14）、可动翼轨式辙叉。可动辙叉消除了固定辙叉存在的有害空间，提高了过岔容许速度和运行舒适度。

（6）连接部分

连接部分是转辙器和辙叉之间的连接线路，即导曲线。导曲线平面线形可为圆曲线、缓和曲线或复曲线。地铁道岔导曲线均为圆曲线，当转辙器尖轨或辙叉为曲线形时，尖轨或辙叉本身也是导曲线的一部分。导曲线一般不设超高和轨底坡。

（7）护轨

护轨设置在固定辙叉中，制约车轮走向，使车轮安全通过辙叉有害空间，同时可起到减少钢轨零件磨损等作用。目前采用的护轨主要为33kg/m槽形护轨（图3.15）。

图3.14　可动心轨辙叉　　　　　　图3.15　槽形护轨

（8）岔枕

国内地铁道岔的轨下基础可以采用直接灌筑式道床、混凝土短轨枕、混凝土长岔枕和合成树脂枕等。其中无枕式混凝土道床施工难度大，对道岔也有较高的要求，一般情况下不宜采用。

短枕式整体道床（图3.16）是目前地铁道岔普遍采用的轨下基础结构形式，结构简单、造价低。但道岔的组装不方便，组装精度不高，适用于速度不高的道岔。道岔的混凝土短轨枕国内有丰富的使用经验，技术也较为成熟。

混凝土长岔枕（图3.17）是目前国铁道岔采用的主要形式，强度高、稳定性好、道岔组装精度高。用于无砟轨道时，预应力会造成岔枕徐变上拱，岔枕与道岔间容易出现松动。目前，国内已开发钢筋桁架式的混凝土岔枕，采用较小的预应力，通过钢筋桁架与道床实现牢固的连接，技术较为成熟。地铁隧道内施工空间狭窄，采用混凝土长岔枕时，运输困难，成本较高。

图3.16　短枕式整体道床　　　　　　图3.17　混凝土长岔枕

3.3.2 道岔设计的主要内容

道岔设计工作主要包括:道岔总图设计和道岔结构设计。一般设计过程为:首先设计道岔总图,然后根据所给定的主要尺寸再进行零部件的结构设计。

道岔总图设计的内容包括确定道岔主要尺寸、确定道岔各部轨距、确定岔枕布置及数量、计算配轨长度、计算导曲线支距、确定岔枕布置及数量、计算材料数量等,它是道岔设计中的重要一环,集中体现了整组道岔设计的技术是否先进和经济是否合理,直接关系到列车通过道岔时的运行技术状态,并涉及铺设、养护及加工制造等一系列的问题,需要道岔平面线形设计、轮轨接触关系、转换计算、机车内接计算等设计理论的支撑。

道岔结构设计的内容包括选择各零部件的结构形式,确定零部件的布置及数量,确定零部件的断面形式、尺寸及材质等,应根据机车车辆运行条件、加工制造的实际可能及养护维修要求等条件来进行设计,需要道岔动力学、轮轨关系、轨道刚度、无缝道岔、部件动力强度等设计理论的支撑。

3.3.3 道岔设计的技术要求和指标

道岔的总图设计及结构设计应以满足列车的运行要求为前提,在任何情况下,应保证列车以规定的速度通过道岔时有足够的安全性、稳定性以及较好的旅客舒适度;道岔各部轨距及间隔尺寸应保证在最不利条件下也能使机车车辆轮对顺利通过;道岔各零部件及其相关的机件在任何情况下均不得侵入建筑限界;道岔转换机构应保证转辙设备的正确安装;绝缘接头的设置应保证联锁信号能正确地显示;道岔结构零部件应有足够的强度与刚度,断面形式应尽可能地做到简单合理,节省材料,易于工厂成批生产,并提高道岔零部件的互换性,为道岔铺设养护提供便利条件;道岔长度应尽量缩短,以减少占地面积或土建工程量。

道岔设计主要技术要求见表3.4。

主要技术要求 表3.4

主要技术要求		设计时控制因素	主要设计参数
列车以容许速度安全、平稳通过	安全、稳定	道岔平面线形、导曲线半径	(1)道岔号数; (2)侧向容许通过速度; (3)未被平衡离心加速度容许值——欠超高; (4)未被平衡离心加速度增量容许值——欠超高时变率
	舒适	尖轨、翼轨、护轨冲击角	动能损失容许值
	不超过建筑限界	护轨顶面加高和导曲线外轨超高	

续上表

主要技术要求		设计时控制因素	主要设计参数
机车车辆走行部能顺利通过道岔各部位	固定转向架上各轮对自由内接或正常强制内接	轨距加宽	(1)固定转向架轴距; (2)曲线半径; (3)轮对宽
	车轮轮缘不撞击钢轨	道岔间隔	(1)轮缘厚度、容许磨耗限度; (2)轮对内侧距离、容许公差; (3)轮轴与轴箱间的横向移动量
电务设备正常安装	转辙设备正确安装	拉杆中心位置,岔枕间距长度	转辙器设备种类及安装要求
	轨道电路连锁信号	绝缘接头,拉杆、连杆、通长垫板及轨距杆应设绝缘	轨道电路绝缘接头设置方式
道岔构件强度	符合线路标准	钢轨类型与邻接线一致。轨枕间距为同类线路标准的95%	(1)钢轨断面形式尺寸; (2)钢轨标准长度及缩短轨长度; (3)鱼尾板形式尺寸; (4)鱼尾螺栓、螺母及弹簧垫圈尺寸形式
	零部件不弯折、不断裂	零部件断面和材质	
	轨距弹性变形	转辙器、导曲线及辙叉部分设置足够的横向支撑	
便于制造、铺设及养护	零部件互换性	道岔全长、各部件尺寸与同号道岔保持一致;零部件尺寸统一	(1)道岔制造技术; (2)金属材料及物理力学性能; (3)有关标准件及通用零件的设计图纸
	便于加工制造	减少零件种类	

3.3.4 道岔设计的基础资料

道岔设计必须具备充分可靠的基础资料作为计算的依据,按设计资料的性质可分为基础资料和参考资料两类,道岔设计基础资料见表3.5。

道岔设计基础资料 表3.5

类型	名称	资料内容
基本资料	设计原始依据	(1)轨距宽度及钢轨类型; (2)道岔号数; (3)道岔侧向通过速度; (4)控制机车或车辆的型号; (5)道岔全长、中线尺寸或部件主要尺寸(更换道岔); (6)转折设备种类及信号连锁方式
	设计参数	(1)动能损失容许值; (2)未被平衡离心加速度容许值; (3)未被平衡离心加速度增量容许值
	机车	(1)机车车辆固定转向架全轴距与分轴距; (2)车轮轮箍他面形式尺寸及容许磨耗限度; (3)轮缘厚度及容许磨耗限度; (4)固定转向架各轮对的轮轴与轴箱间的横向移动量; (5)轮对内侧距离及容许公差; (6)车轮踏面中圈直径
	钢轨	(1)钢轨断面形式尺寸; (2)钢轨标准长度及缩短轨长度; (3)鱼尾板形式尺寸; (4)鱼尾螺栓、螺母及弹簧垫圈尺寸形式
	转辙器及电务设备	(1)转辙器设备种类及安装要求; (2)轨道电路绝缘接头设置方式
参考资料	机车车辆其他资料	(1)机车或车辆通过线路曲线的最小半径; (2)机车构造速度; (3)机车或车辆轴重或全重
	线路技术标准	(1)线路上部建筑类型及其标准; (2)线路养护维修技术要求
	其他	(1)道岔制造加工厂技术状况、设备能力及加工工艺等; (2)道岔制造技术; (3)金属材料及物理力学性能; (4)有关标准件及通用零件的设计图纸

3.4 市域铁路道岔主要技术创新

3.4.1 市域铁路道岔的主要技术特征

通过国内城市轨道交通和国铁道岔技术的总结,结合市域铁路的运营条件和环境特点,提出市域道岔的主要技术特征:

(1)满足市域铁路轴重为17t、最高速度为160km/h的运营条件。
(2)轨下基础采用无砟轨道结构。

(3)适应跨区间无缝线路。
(4)考虑环境保护、减振降噪的要求。
(5)结构设计系列化、标准化、简统化。
(6)积极采用新材料、新技术、新工艺。

3.4.2 市域铁路道岔选型

市域铁路道岔选型应该体现先进性、适用性和经济性的原则。市域铁路设计速度等级涵盖 100～160km/h,线路敷设形式包括地面线、地下线和高架线,由于速度等级和线路敷设方式不同,市域铁路道岔适用条件和选型面临多样化的需求。

(1)设计速度和线路敷设方式

从设计速度来看,设计速度为 120km/h 和 160km/h 对道岔技术要求是不同的,若市域铁路统一采用 160km/h 的设计速度,道岔能满足市域铁路技术需求,但对 120km/h 的设计速度则技术标准过高,不经济。从线路敷设方式来看,对道岔的需求也不一样,高架线要求道岔具有良好的平顺性,以减少振动和噪声对周边环境的干扰,采用可动心轨道岔消除有害空间,减小列车通过道岔时轮轨的振动和冲击,对高架线具有明显的技术优势,但是同一号码道岔可动心轨道岔长度要大于固定型辙叉;地下线要求道岔长度尽量短,以降低土建工程造价,对减振和降噪则没有明显的需求,地下线采用固定型辙叉是比较合适的。综上所述,若市域铁路道岔选型采用单一型号的道岔,则技术标准过高,经济性和适用性比较差;若考虑各种不同工况分别选择道岔,则会造成道岔型号和种类过多,不利于标准化和简统化。

(2)环境影响和减振需求

由于可动心轨辙叉不存在"有害空间",消除了列车通过辙叉时产生的强烈振动和冲击,使列车运行的平稳性得到了很大改善,能大幅降低列车通过辙叉时的噪声,而市域铁路运营繁忙、距离居民区近、对减振降噪要求高,因此在正线的非地下线地段推荐采用 12 号可动心轨辙叉单开道岔;由于固定辙叉相比可动心轨辙叉,其道岔长度较短,而地下线地段,缩短道岔长度能大幅降低工程投资的总造价,因此在正线的地下线地段推荐采用 12 号固定辙叉单开道岔。在辅助线等非正线的地下线地段可采用 9 号固定辙叉单开道岔,高架线地段可采用 9 号可动心轨辙叉单开道岔。

针对不同速度等级和线路敷设方式,以功能需求为导向,形成市域铁路系列常用道岔型号,实现不同工况道岔类型的灵活选择,充分体现了适用性、经济性。温州市域铁路 S1 线研发了 12 号和 9 号两大类型道岔共四种道岔型号,见表 3.6,完全可以满足各种工况对道岔的需求,做到了统而不独、全而不繁,这种技术思路可为其他市域铁路道岔选型提供参考和借鉴。

市域铁路道岔型号　　　　表3.6

道岔号码	设计速度(km/h)	线路敷设方式	辙叉类型
12号	160、140、120	地下线	固定型辙叉
		高架线	可动心轨
9号	120	地下线	固定型辙叉
		高架线	可动心轨

3.4.3 12号可动心轨辙叉道岔平面线形设计优化

(1)道岔平面线形对比

道岔平面线形直接反映道岔整体的技术状态,决定道岔技术是否先进、结构是否合理。为保证道岔具备最佳的平面线形,在60kg/m钢轨12号可动心轨辙叉单开道岔方案设计中,对满足道岔容许速度、前后长、扣件系统、电务接口等要求的国铁常用60kg/m钢轨12号可动心轨辙叉单开道岔的平面线形进行梳理,以便进行综合比选,详见表3.7。

60kg/m钢轨12号可动心轨辙叉单开道岔平面线形对比表 表3.7

序号	图号	直向速度(km/h)	全长(m)	前长(m)	后长(m)	Q值(mm)	基本轨(mm)	尖轨(mm)	平面线形(mm)	牵引点数量及动程(mm)
1	GLC(08)01	200	43.2	16.592	26.608	1946	18592	14250	复曲线半切线形,$R_1=450717.5$,$R_2=350717.5$,R_1相离9.5,R_2相离25。R_1实际起点在尖轨33.08断面处,公切点处支距为79.3	尖轨2点牵引,动程为160、91;心轨2点牵引,动程为122.9、75.9
2	CZ2516	200	43.2	16.592	26.608	3191	16792	13600	复曲线半切线形,$R_1=330717.5$,$R_2=350717.5$,R_1相离11.64,R_2相切。R_1实际起点在尖轨28.06断面处,公切点处支距为204.2	尖轨2点牵引,动程为160、75;心轨2点牵引,动程为132、69
3	客专线(10)017	250	43.2	16.592	26.608	2551	16192	13640	相离半切线形,$R=350717.5$,相离11.95,导曲线实际起点在尖轨27.5断面处	尖轨2点牵引,动程为160、82;心轨2点牵引,动程为113、57
4	SC325	200	43.2	16.592	26.608	1996	16192	14200	复曲线半切线形,$R_1=550717.5$,$R_2=350717.5$,R_1相离11.64,R_2相切。R_1实际起点在尖轨20断面处,公切点支距为75	尖轨3点牵引,动程为160、114、55;心轨2点牵引,动程为100.8、57.8
5	铁联线001	160	43.2	16.592	26.608	2916	16792	13880	切线形,导曲线$R=350717.5$,导曲线实际起点在尖轨2断面处	尖轨2点牵引,动程为160、75;心轨2点牵引,动程为117、70
6	铁联线002	160	43.2	16.592	26.608	2916	16792	13880	切线形,导曲线$R=350717.5$,导曲线实际起点在尖轨2断面处	尖轨2点牵引,动程为160、75;心轨2点牵引,动程为117、70

上述 6 种道岔的平面线形均可满足市域铁路列车直向 160km/h、侧向 50km/h 的过岔速度要求，且 6 种道岔的道岔全长都为 43.2m、前长都为 16.592m、后长都为 26.608m，不同之处主要在导曲线半径、基本轨、尖轨、牵引点数量及动程方面。

考虑到市域铁路折返频率较高，曲线尖轨磨耗较快，对上述 6 种 60kg/m 钢轨 12 号可动心轨辙叉单开道岔的曲线尖轨粗壮度进行对比，详见表 3.8，力求设计较粗壮的曲线尖轨，延长道岔的使用寿命。

60kg/m 钢轨 12 号可动心轨辙叉单开道岔的曲线尖轨粗壮度对比表（单位：mm）　　表 3.8

距尖轨尖端距离 （mm）	图　号					
	GLC(08)01	CZ2516	客专线 (10)017	SC325	铁联线 001	铁联线 002
0	0	0	0	0.5	0	0
300	3.1	3.0	2.8	3.2	2.0	2.0
600	6.1	6.0	5.6	5.9	3.1	3.1
900	9.2	9.0	8.5	8.5	4.5	4.5
1200	12.3	12.0	11.3	11.2	6.2	6.2
1500	15.3	15.0	14.1	13.9	8.1	8.1
1800	18.4	17.9	16.9	16.6	10.3	10.3
2100	21.5	20.9	19.7	19.3	12.7	12.7
2400	24.5	23.9	22.6	22.0	15.4	15.4
2700	27.6	26.9	25.4	24.9	18.3	18.3
3000	30.7	30.0	28.2	28.0	21.5	21.5
3300	33.8	33.3	31.2	31.2	25.0	25.0
3600	37.0	36.8	34.5	34.7	28.7	28.7
3900	40.4	40.7	38.0	38.3	32.7	32.7
4200	44.0	44.8	41.8	42.1	36.9	36.9
4500	47.8	49.2	45.9	46.1	41.4	41.4
4800	51.8	53.8	50.2	50.2	46.1	46.1
5100	56.0	58.7	54.7	54.6	51.1	51.1
5400	60.4	63.9	59.5	59.1	56.3	56.3
5700	65.1	69.4	64.6	63.8	61.8	61.8
6000	69.9	整轨头	69.9	68.7	67.6	67.6
6300	整轨头	整轨头	整轨头	整轨头	整轨头	整轨头

通过 6 种 12 号可动心轨单开道岔尖轨粗壮度对比表可知，在曲线尖轨 40mm 断面以前，图号为 GLC(08)01 的道岔曲线尖轨断面明显粗壮，有利于市域铁路列车的高频率折返，在国铁有成熟的运营经验，性能安全可靠，使用效果良好，故市域铁路 12 号可动心轨单开道岔平面线形可在 GLC(08)01 基础上进一步优化。

（2）尖轨粗壮度优化

以 GLC(08)01 道岔的平面线形为基础，以改善尖轨粗壮度、提高曲尖轨耐磨性为目标，对市域铁路的 12 号可动心轨单开道岔的平面线形进一步优化。

①方案一

道岔平面尺寸与 GLC(08)01 相同，道岔全长、前长、后长值保持不变。采用复曲线半切线形，R_1 为 450717.5mm，R_2 为 350717.5mm，R_1 相离 9.5mm，R_2 相离 25mm。R_1 实际起点在曲线尖轨 33.08mm 断面处，公切点处支距为 79.3mm，方案一尖轨线形如图 3.18 所示。

②方案二

道岔平面线形尺寸与方案一相同，为了加强尖轨粗壮度，尖轨尖端实际顶宽设计为 2mm，从顶宽 2mm 处向 R_1 曲线作切线，R_1 实际起点在曲线尖轨 30.1mm 断面处，曲线尖轨尖端实际顶宽为 2mm，方案二尖轨线形如图 3.19 所示。

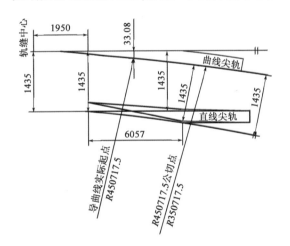

图 3.18　方案一尖轨线形(尺寸单位:mm)

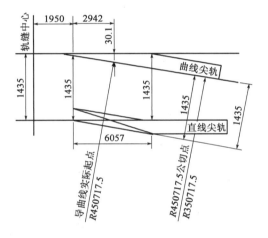

图 3.19　方案二尖轨线形(尺寸单位:mm)

③方案比选

方案一与方案二主要平面尺寸相同，主要区别在于方案二的曲线尖轨尖端实际顶宽为 2mm，方案一导曲线实际起点在尖轨的 33.08mm 断面处，方案二导曲线实际起点在尖轨的 30.1mm 断面处，在曲线尖轨 33.08mm 断面以后，两种方案的尖轨轨头宽度完全一致，对两种方案曲线尖轨 33.08mm 断面以前的粗壮度进行对比，见表 3.9。

曲线尖轨宽度对比表　　　　表 3.9

距尖轨尖端距离(mm)	方案一尖轨宽度(mm)	方案二尖轨宽度(mm)	增长率(%)
0	0	0	0
300	3.1	4.8	54.8
600	6.1	7.7	26.2
900	9.2	10.5	14.1
1200	12.3	13.4	8.9

续上表

距尖轨尖端距离(mm)	方案一尖轨宽度(mm)	方案二尖轨宽度(mm)	增长率(%)
1500	15.3	16.3	6.5
1800	18.4	19.2	4.3
2100	21.5	22.0	2.3
2400	24.5	24.9	1.6
2700	27.6	27.8	0.72
3000	30.7	30.6	−0.03
3300	33.8	33.8	0

由表3.9可知,在曲线尖轨27.8mm断面以前,方案二的曲线尖轨粗壮度明显高于方案一,特别是在曲线尖轨10.5mm断面以前,断面增长率达到10%以上。故温州市域铁路12号可动心轨单开道岔尖轨线形采用方案二。

综上所述,尖轨线形优化后,市域铁路12号可动心轨道岔曲线尖轨粗壮度明显改善,有利于减缓因车辆折返频繁曲线尖轨磨耗严重的问题。

3.4.4 道岔区大调整量扣件研发

(1)弹条Ⅱ型分开式扣件研发

扣件是轨道结构的重要组成部件,在无砟轨道结构中,轨道弹性和调整能力主要依靠扣件提供。扣件设计也是无砟道岔设计的关键内容,其结构形式和性能直接关系到道岔结构的优良。

为了适应温州地区软弱地层可能引起的道岔区不均匀沉降和变形,研发了弹条Ⅱ型分开式道岔扣件系统,可实现大的调高量和轨距调整量。扣件由弹条、轨下胶垫、铁垫板、板下弹性垫板、调高垫板、岔枕螺栓、复合套多个部件组成,如图3.20、图3.21所示。

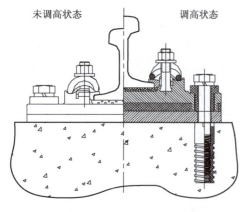

图3.20 无砟道岔扣件组装图

图3.21 无砟道岔扣件

弹条Ⅱ型分开式道岔扣件系统具有以下特点:

①上硬下软的双刚度设计。扣件轨下胶垫和板下弹性垫板设计采用"上硬下软"的无挡

肩双层弹性设计。无砟道岔扣件既具有良好的弹性,又保证了约束钢轨的能力。

②采用复合偏心套技术方便扣件调距。采用复合偏心套技术,实现轨距 $-8\sim+4\text{mm}$ 的调整范围,同时复合偏心套具有缓冲岔枕螺栓受力的作用。

③扣件调高量大。铁垫板下增减或更换不同厚度的调高垫板可实现道岔调高,调高范围为 $-4\sim+26\text{mm}$,便于下部基础沉降和变形后的养护维修。

(2)板下弹性垫层技术方案研究

目前国内外无砟扣件系统结构形式多样,但都采用"上硬下软"的双层弹性结构,德国 BWG 无砟道岔扣件系统采用硫化垫板,国产高速道岔也采用硫化垫板,这两种扣件系统都存在制造工艺复杂、生产周期长、成本高的特点。弹性垫层一旦失效,需与垫板整体更换,导致维护成本较高。

为实现无砟道岔扣件的低刚度和保证扣件约束钢轨的能力,满足岔区钢轨件几何形位及扣件调整能力,扣件设计采用轨下胶垫和板下弹性垫板"上硬下软"的双层弹性设计。

国内研究表明,关于板下垫层低刚度的实现问题,单纯采用调节沟槽的方式来获得低刚度是难以实现的,国内也曾探索过采用阶梯式开槽、部分开槽的方式来解决低刚度问题,实践表明这两种方式都存在刚度分布不均匀及对结构整体性不利的问题。

下面对空心钉橡胶弹性垫层、三元乙丙橡胶平板弹性垫层两种方案进行比选。

①方案一:板下弹性垫层采用橡胶材质的空心钉结构

板下弹性垫层采用橡胶材质的空心钉结构,如图 3.22 所示。板下弹性垫层:总厚度为 20mm,上、下面设有高度为 5mm 的空心钉结构的橡胶垫层,刚度为 25kN/mm。铁垫板下部设有高度为 16mm 的下凸台,轮载作用下空心钉弹性垫层最大可压缩 4mm。

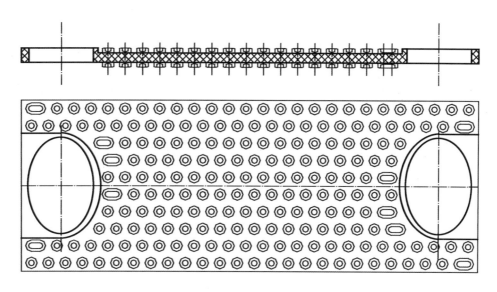

图 3.22 空心钉式橡胶垫层

②方案二:板下弹性垫层采用三元乙丙橡胶(EPDM)微孔发泡的平板结构

板下弹性垫层采用三元乙丙橡胶(EPDM)的平板扣件系统,如图3.23所示。板下弹性垫层采用厚度为10mm的发泡橡胶平板,静刚度为25kN/mm,相对于20mm厚的空心钉弹性垫板将岔枕螺栓横向力作用点下降10mm。铁垫板下部设有高度为6mm的圆形下凸台,轮载作用下弹性垫层最大可压缩4mm。

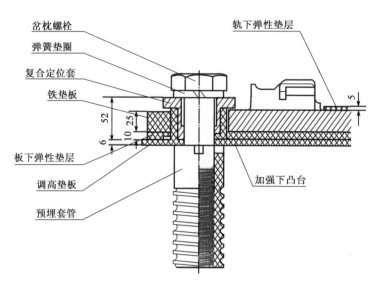

图3.23 三元乙丙橡胶的平板扣件系统(尺寸单位:mm)

三元乙丙橡胶(EPDM)是乙烯、丙烯以及非共轭二烯烃的三元共聚物,其最主要的特性就是具有优越的耐氧化、抗臭氧和抗侵蚀能力。由于三元乙丙橡胶属于聚烯烃家族,具有极好的硫化特性。在所有橡胶当中,EPDM比重最低。它能吸收大量的填料和油而影响特性不大,因此可以制作成本低廉的橡胶化合物,可以很好地满足低刚度要求。EPDM用作板下弹性垫层材料时能提供较小的刚度,具有耐腐蚀、耐生物老化、耐候性等优良性能。

③板下弹性垫层方案对比

方案一的空心钉弹性垫板在满足强度要求的前提下,通过调节空心钉的内外直径、高度及布置方式来调整刚度,可实现低刚度目标,目前在时速200km的工联岔、广珠城际等无砟道岔中广泛应用,有一定的应用经验,但也存在一些问题。如空心钉弹性垫板对安装要求较高,在与垫板安装时,一旦没对正,承载后就会导致弹性垫板扭曲、错位、局部外翻、端头外鼓等,滑床板和平垫板下弹性垫板尤为突出(图3.24)。此外,该空心钉弹性垫板模具规格很多,属于专利产品,目前独家拥有制造权限,成本较高。

方案二的三元乙丙橡胶(EPDM)弹性垫板在国内外已被广泛应用于地铁、城际、高速道岔领域,以前价格也不菲,但目前随着技术发展和工艺改进,价格有降低的趋势,产品质量比较高。该三元乙丙橡胶弹性垫板具有以下优势:平板结构外形规整、美观;生产工艺简单,可以采用剪裁的方式直接生产同类不同规格的弹性垫板;弹性压缩均由微孔橡胶内微孔的压缩与剪切实现,试验验证不存在挤出、鼓出问题;刚度易于调整和实现。

综上所述,市域铁路无砟道岔扣件系统板下弹性垫层推荐采用微孔发泡三元乙丙橡胶(EPDM)弹性垫板。

a) b)

图 3.24 空心钉弹性垫板端头扭曲、外鼓

(3)扣件调距和调高方式研究

①扣件调距

普通垫板处的轨距调整主要是依靠调整多个规格轨距块(图 3.25)来实现,较容易达到轨距 -8 ~ +4mm 的调整范围;对于只有一个轨距块的滑床板和护轨垫板,可通过复合偏心套(图 3.26)实现垫板的横向移动,同时复合偏心套具有缓冲岔枕螺栓受力的作用。

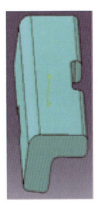 

图 3.25 轨距块　　图 3.26 复合偏心套

复合偏心套(定位套)的钢套内孔为梯形结构,可降低岔枕螺栓横向力作用点高度,改善岔枕螺栓受力状态。复合偏心套为偏心结构,如图 3.27 所示,具有调距功能,通过旋转或调换偏心套规格,可以解决滑床板、护轨垫板处轨距调整问题。复合定位套安装如图 3.28 所示,复合偏心套可使岔枕螺栓轴向紧固力直接作用于调高垫板,保证弹性垫层功能的正常发挥。

②扣件调高

无砟道岔安装初始状态时,弹性垫板下设置 6mm 厚的调高垫板,根据调高要求,无砟扣件系统通过板下增减或更换不同厚度的调高垫板(图 3.29)实现道岔调高,调高量为 30mm,调高范围为 -4 ~ +26mm。

③岔枕螺栓及套管

岔枕螺栓(图3.30)直径为30mm,长度分两级,A型长192mm,B型长207mm,调高量大于15mm时用B型螺栓。岔枕预埋复合套管由塑料套管与不锈钢套管组合,可实现失效塑料套管的快速更换。

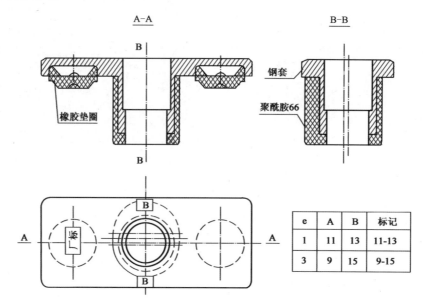

图3.27 复合偏心套结构

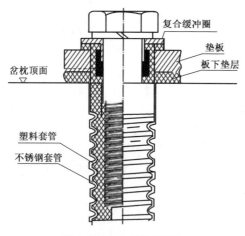

图3.28 复合定位套安装

图3.29 调高垫板

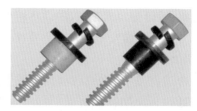

图3.30 岔枕螺栓

3.4.5 道岔刚度的均匀化研究

由于道岔结构本身的特殊性和复杂性,其纵向的轨道刚度是不均匀的。为提高列车运行的平稳性、舒适性、安全性,减缓对轨件的冲击,延长设备使用寿命,道岔刚度均匀化对于服务旅客运输的市域铁路尤为重要。

(1) 设计原则

①轨道刚度取值合理

合理的轨道刚度能提高列车运行舒适性,改善轮轨关系,降低轨道结构振动强度,延长轨道部件使用寿命,减少养护维修工作量。不同的运营条件和不同的线路条件对应不同的合理轨道刚度值。根据运营条件和线路条件,考虑车体振动加速度、轴箱振动加速度、轮轨相互作用力、钢轨位移、钢轨振动加速度、枕上压力、轮载波动等因素,通过轮轨系统动力学分析,可从理论上确定轨道刚度的合理取值。

轨道刚度过小,会导致钢轨变形过大,道岔线形不稳定,钢轨应力提升,轨道不平顺,不增反高;轨道刚度过大,则会导致轮轨相互作用力较大,机车、轨道振动加剧,轨道失效、变形和破损加快。为保证轨道各部件物尽其用,延长轨道结构的使用寿命,也使轨道结构具有良好的动力效果,应调整好轨道各部件的刚度匹配。

②刚度纵向变化率合理

岔区轨道刚度受众多因素影响,并且有些因素是不可避免的,如间隔铁的影响,因此,即使对岔区轨道刚度进行均匀化处理,也难以使岔区轨道刚度保持在同一水平线上。轨道整体刚度的变化率控制在一定的范围内,则轨道刚度的不平顺对行车的安全性、轨道结构的振动强度、轨道几何形位的保持等影响较小。因此,对于不同的运营条件,存在一个合理的轨道刚度变化率。为保证市域铁路道岔的平顺性,由轨道整体刚度差引起的轨道挠曲变化率(指钢轨挠度曲线的斜率)应控制在 0.3mm/m 范围内。

③工程上便于实现

钢轨抗弯刚度、轨下胶垫、板下胶垫和道床支承刚度等均可影响到轨道结构的整体刚度。道岔结构设计时,考虑强度、使用寿命和制造工艺等因素对各种钢轨进行选型,一旦钢轨类型选定,其抗弯刚度就确定了,刚度优化时是不能改变的。

市域铁路道岔扣件设计中,轨下胶垫一般不提供弹性,设置它主要是为了缓冲钢轨和铁垫板的直接联结。市域铁路道岔刚度均匀化措施主要通过改变铁垫板下胶垫的刚度来实现。扣件铁垫板下的橡胶垫板是扣件系统的弹性主体,改变其刚度可以改变轨道刚度,通过合理设置板下胶垫的刚度可以实现岔区轨道刚度均匀变化,并且板下胶垫刚度改变较容易实现。为了铺设和更换方便,在均匀化过程中,将板下胶垫的刚度分级设置,并且垫板规格应尽可能少,以便于生产、施工及运维管理。

(2) 均匀化方法

为保证旅客列车行车舒适性,市域铁路无砟轨道道岔宜采用较低的扣件系统刚度。根据市域铁路道岔扣件系统"上硬下软"的原则,根据道岔结构的不同对道岔划分了不同区域,对不同结构区域建立道岔刚度均匀化有限元分析模型(图3.31),通过变化铁垫板下弹性垫板刚度等实现刚度均匀化。

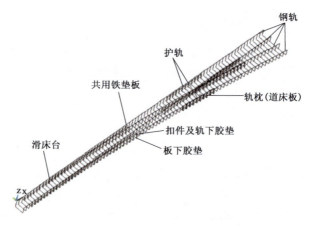

图 3.31　刚度均匀化分析有限元模型

（3）均匀化措施

温州市域铁路 12 号可动心轨道岔均匀化时轨下胶垫的刚度均保持 200kN/mm 不变，因而将普通铁垫板下的胶垫刚度设为 25kN/mm。对于共用铁垫板下的胶垫刚度，采用岔区轨道刚度计算模型对多种方案进行分析，然后根据均匀化原则进行比选，确定最优方案。

道岔区扣件节点刚度与作用钢轨断面有很大关系，道岔不同区段钢轨的惯性矩差异较大，钢轨惯性矩大的区段（如辙叉区），该区段扣件节点的刚度应设置的低一些，这样才能保证整个岔区纵向刚度均匀。为实现岔区刚度均匀化，具体设计时应对钢轨惯性矩、铁垫板大小等进行分析，以轨道刚度相同或均匀为设计依据，确定扣件节点的刚度取值，针对每一节点对弹性垫层具体设计。道岔区钢轨结构复杂，为便于设计，按刚度接近的原则划分成几个区段，同一区段内采用统一的刚度。

（4）均匀化效果

均匀化前后直向过岔和侧向过岔轨道整体刚度分布规律如图 3.32 所示，钢轨挠度沿线路纵向变化率如图 3.33 所示。表 3.10 为均匀化前后轨道的整体刚度、纵向变化率、刚度比和钢轨挠度变化率。

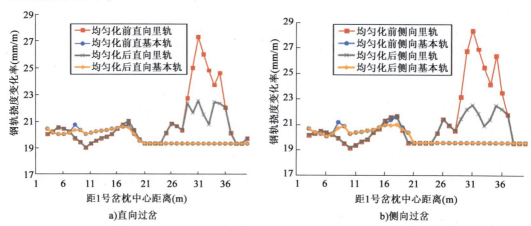

图 3.32　均匀化前后轨道整体刚度对比

第3章 市域铁路无砟道岔设计与应用

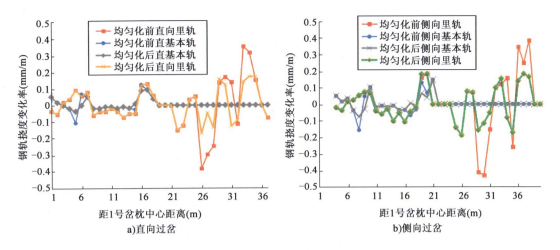

图 3.33 钢轨挠度变化率

岔区轨道刚度均匀化前后计算结果比较　　　　　　　　　　　　表 3.10

指　标	过岔方向	钢轨类型	均　匀　前	均　匀　后
刚度 （kN/mm）	直向	直基本轨	20.7	20.55
		里轨	27.3	22.5
	侧向	曲基本轨	21.5	20.93
		里轨	28.3	22.46
最大刚度比	直向		1.41	1.16
	侧向		1.45	1.15
最大纵向刚度 变化率 （%）	直向	直基本轨	103	101
		里轨	136.5	112
	侧向	曲基本轨	103	101
		里轨	140	109
挠度变化率 最大值 （mm/m）	直向	直基本轨	0.12	0.09
		里轨	0.38	0.17
	侧向	曲基本轨	0.15	0.14
		里轨	0.43	0.18

由图 3.30、图 3.31 和表 3.10 可以看出：

①直、侧向里轨的整体刚度均匀后沿线路纵向分布也较为均匀，基本轨的刚度沿线路纵向变化也较为均匀。

②直、侧向里轨的挠度变化率均匀，前后最大值分别从 0.38mm/m 和 0.43mm/m 降至 0.17mm/m 和 0.18mm/m，均匀后的钢轨挠度变化率满足要求。

③通过合理设置扣件板下胶垫的刚度，可使道岔直、侧向轨道整体刚度较为均匀分布，提高列车过岔舒适性。

(5) 均匀化方案

市域铁路 12 号可动心轨道岔不同区段板下胶垫刚度均匀化方案见表 3.11。

板下胶垫刚度均匀化方案 表 3.11

胶垫所在位置	板下胶垫刚度(kN/mm)	胶垫所在位置	板下胶垫刚度(kN/mm)
尖轨前端	25	辙叉部位	20、22.5
滑床板地段	25	护轨地段	25
尖轨跟端支距垫板部位	25、22.5	道岔前后过渡段	25
导曲线部位	25		

3.4.6 楔形调整弹片式滑床板研发

滑床板作为道岔的重要零件，在尖轨扳动范围内承托尖轨、扣压基本轨。为确保列车行车的安全，滑床板的扣压必须稳定可靠，具有足够的扣压力和防爬阻力，以克服基本轨受到机车动载作用产生的横向倾覆和受到温度力作用产生的纵向爬行。目前我国常用的滑床板有三种类型，具体如下：

(1) 提速道岔滑床板

提速道岔滑床板采用弹片与销钉组合方式弹性扣压基本轨内侧(图 3.34)，但由于受基本轨与 AT 轨高差的限制，而且弹片后端与底板相顶，弹片易产生过变形，导致弹片和销钉的强度削弱，现场发现个别弹片和销钉有损伤。根据多年的运营实践，该滑床板在时速 160km 以下道岔有足够的强度储备，可安全应用。

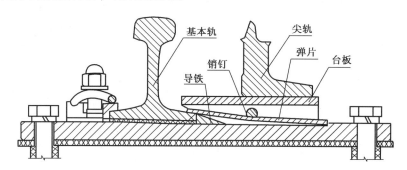

图 3.34 提速道岔用弹片销钉滑床板

(2) 客运专线滑床板

我国高速铁路滑床板(图 3.35)采用瑞士施维格的弹性夹(图 3.36)扣压基本轨内侧轨肢，该弹性夹结构独特，扣压力稳定、安装简单，但价格昂贵，较大程度地增加了道岔成本。

(3) 工联岔道岔滑床板

为了提高提速滑床板扣压基本轨的能力，研发了楔形调整弹片式滑床板(图 3.37)，弹片前端扣压在基本轨轨底上，后端用楔形调整块抬高支撑，当弹片抬高到位后，台板内腔的支撑凸台下压紧固弹片，后端的楔形块支撑弹片，弹片为基本轨提供 12kN 的扣压力。

该楔形调整弹片式滑床板能持久、可靠地扣压基本轨轨肢，该扣件自 2007 年以来大面积应用在工联岔系列时速 200km 的道岔中，提高了列车过岔的安全性，方便线路养护维修，应用效果良好。

图 3.35　高速铁路滑床板

图 3.36　施威格弹性夹

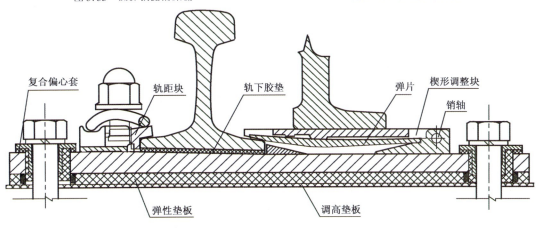
图 3.37　楔形调整弹片式滑床板

鉴于楔形调整弹片式滑床板性价比较高,相对销钉式道岔滑床板,它能为基本轨提供较大的扣压力,弹片有较大的强度储备;相对于客运专线滑床板,它较大幅度地降低了道岔成本,新型弹片替代了进口弹性夹,而且该滑床板制造比较简单。

综上所述,时速 160km 的 12 号可动心轨辙叉单开道岔滑床板推荐采用楔形调整弹片式结构。

3.4.7　减摩滚轮系统及尖轨防跳装置

(1)设置带减摩滚轮的滑床板

为了减小尖轨扳动阻力,变滑动摩擦为滚动摩擦,采用道岔用辊轮滑床板技术,在尖轨扳动部分设置两对双轮辊轮和两对单轮辊轮装置,如图 3.38 所示。

图 3.38　滚轮滑床板

(2)尖轨防跳装置

道岔尖轨密贴时,在密贴段前尖轨与基本轨轨头下颚配合防跳;道岔尖轨斥离时,尖轨间隔设置带防跳限位装置的滑床板,如图 3.39 所示。

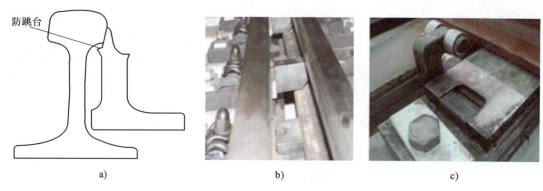

图 3.39 尖轨防跳限位装置

3.4.8 桁架式钢筋混凝土岔枕的研发

温州市域铁路岔枕引入高速铁路的先进设计理念,考虑市域铁路运营条件及特点,开展了优化设计和再创新,研发了温州市域铁路道岔区无砟轨道用桁架式混凝土长岔枕。

(1)岔枕结构设计

采用低预应力混凝土设计和下部外露钢筋桁架式结构,如图 3.40 所示,对岔枕的形式尺寸进行了优化设计,确定岔枕的长度、截面尺寸、钢筋类型及配置。

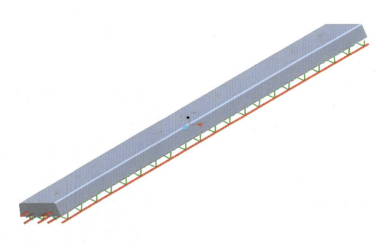

图 3.40 桁架式钢筋混凝土长岔枕

(2)桁架式岔枕结构分析模型

桁架式岔枕埋入下部混凝土道床中,施工完毕后的轨枕与混凝土道床共同受力,建立了包含轨枕、混凝土道床板以及轨枕内钢筋的有限元分析模型,如图 3.41 所示。

第3章 市域铁路无砟道岔设计与应用

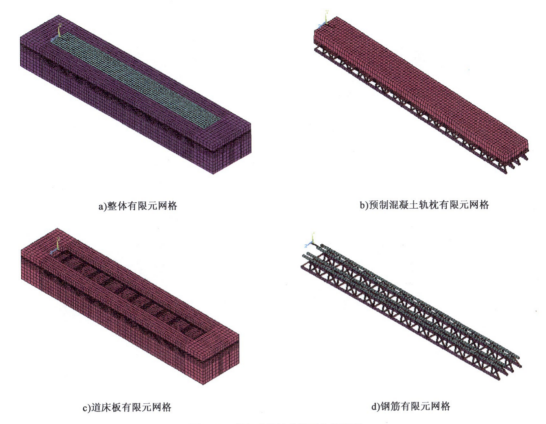

a) 整体有限元网格

b) 预制混凝土轨枕有限元网格

c) 道床板有限元网格

d) 钢筋有限元网格

图3.41 桁架式岔枕有限元分析模型

模型中轨枕及道床板均采用混凝土单元 solid65 模拟,钢筋采用杆单元 link8 模拟,轨枕及道床板接触部位按黏结考虑。为在轨枕表面施加横向力和纵向力,在轨枕表面承轨部位采用 surf54 单元进行划分,道床板底部设置线性弹簧以模拟地基的弹性作用。

(3) 桁架式岔枕结构受力分析

①温度荷载作用

仅考虑温度荷载,不考虑列车荷载作用,施加 $2 \times 20kN$ 的作用力于轨枕顶面,计算轨枕与道床板界面之间开裂后的应力状态,轨枕与道床应力和位移云图如图3.42～图3.46所示。

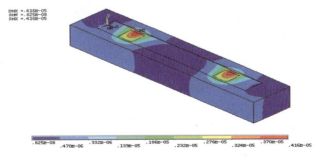

图3.42 轨枕与道床板位移分布

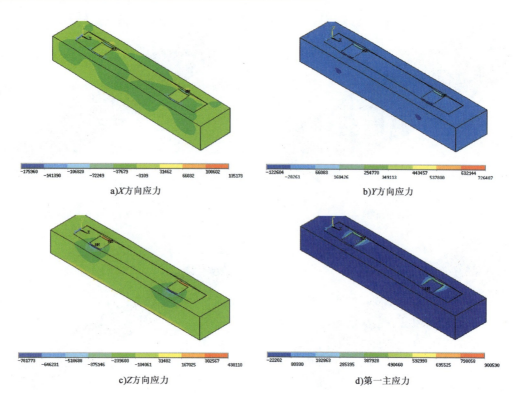

图 3.43　轨枕与道床板应力分布

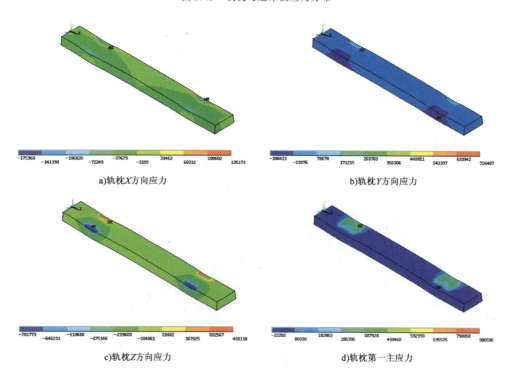

图 3.44　轨枕应力分布

第3章 市域铁路无砟道岔设计与应用

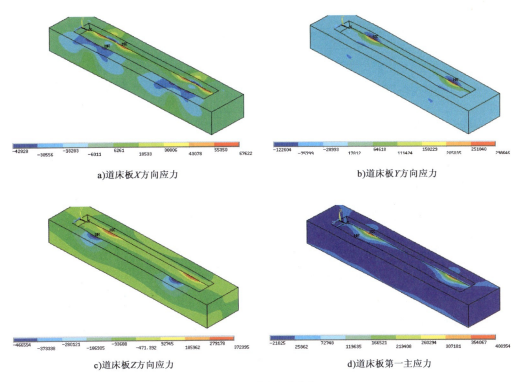

图3.45 道床应力分布

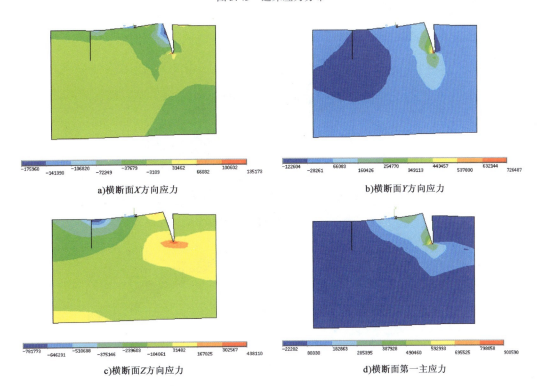

图3.46 结合部应力

轨枕与道床位移和应力计算结果见表3.12、表3.13。

表3.12 温度荷载作用下位移分析结果

计算部位	U_x(mm)		U_y(mm)		U_z(mm)	
	max	min	max	min	max	min
整体结构	5.82×10^{-4}	-5.82×10^{-4}	2.04×10^{-3}	-9.11×10^{-4}	3.88×10^{-3}	-3.87×10^{-4}
轨枕	5.82×10^{-4}	-5.82×10^{-4}	2.04×10^{-3}	-9.11×10^{-4}	3.88×10^{-3}	-1.27×10^{-5}
道床板	2.62×10^{-4}	-2.62×10^{-4}	1.29×10^{-3}	-8.92×10^{-4}	1.56×10^{-3}	-3.87×10^{-4}

表3.13 温度荷载作用下应力分析结果

计算部位	σ_x(MPa)		σ_y(MPa)		σ_z(MPa)		σ_1(MPa)	
	max	min	max	min	max	min	max	min
整体结构	0.135	-0.176	0.726	-0.123	0.438	-0.782	0.901	-0.022
轨枕	0.135	-0.176	0.726	-0.106	0.438	-0.782	0.901	-0.022
道床板	0.676	-0.043	0.299	-0.123	0.372	-0.467	0.401	-0.021

通过分析可知,轨枕与道床板界面开裂后,在纵向温度力的作用下,轨枕与道床板的受力状态发生了较大变化,在轨枕一侧混凝土受压,其应力状态同开裂前相差不大,而在另一侧,由于开裂面不再承受拉应力,裂缝在温度力作用下底部应力比较集中,第一主应力达0.901MPa,但由于应力水平较低,在20kN纵向力作用下的裂缝开展量为0.00377mm,裂缝宽度较小,不影响其正常使用。

②列车荷载和温度荷载共同作用

考虑在列车荷载和温度荷载共同作用下,计算轨枕与道床板在界面出现裂缝的情况下的受力状况,轨枕与道床应力和位移云图如图3.47~图3.52所示。

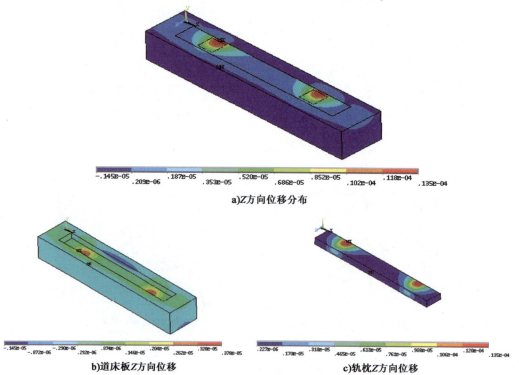

图3.47 轨枕与道床板位移分布

第 3 章 市域铁路无砟道岔设计与应用

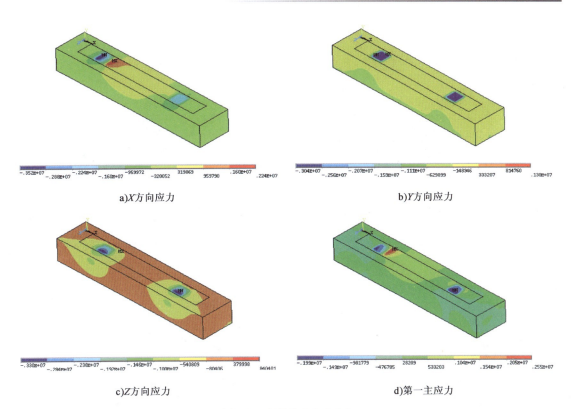

图 3.48 整体结构应力分布

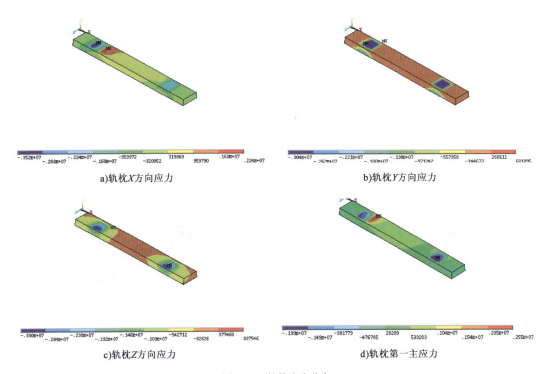

图 3.49 轨枕应力分布

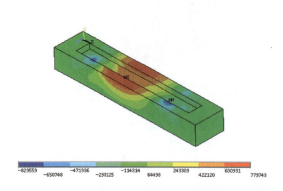
a)道床板X方向应力

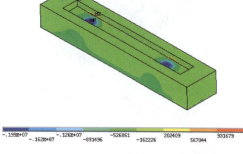
b)道床板Y方向应力

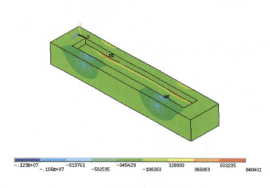
c)道床板Z方向应力

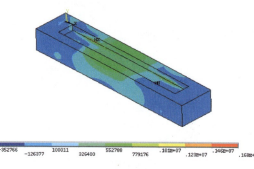
d)道床板第一主应力

图3.50 道床应力分布

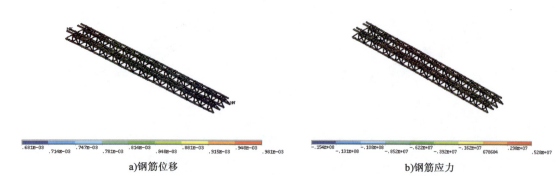

a)钢筋位移　　　　　　　　　　　　　　b)钢筋应力

图3.51 钢筋应力和变形

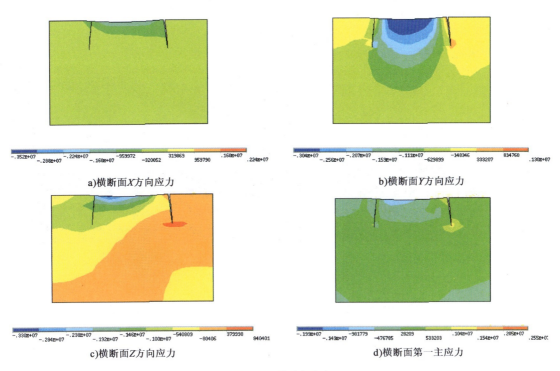

图 3.52 结合部应力

轨枕与道床位移和应力计算结果见表 3.14、表 3.15。

位 移 分 析 结 果　　　　　　　　　　　　　　　表 3.14

计算部位	U_x(mm)		U_y(mm)		U_z(mm)	
	max	min	max	min	max	min
整体结构	0.000	−0.070	−0.065	−1.023	0.014	−0.001
轨枕	−0.030	−0.070	−0.680	−0.980	0.014	0.000
道床板	0.000	−0.063	−0.646	−1.023	0.004	−0.001

应 力 分 析 结 果　　　　　　　　　　　　　　　表 3.15

计算部位	σ_x(MPa)		σ_y(MPa)		σ_z(MPa)		σ_1(MPa)	
	max	min	max	min	max	min	max	min
整体结构	2.240	−3.520	1.300	−3.040	0.840	−3.300	2.550	−1.990
轨枕	2.240	−3.520	0.682	−3.040	0.838	−3.300	2.550	−1.990
道床板	0.780	−0.830	1.300	−1.990	0.840	−1.290	1.680	−0.353
钢筋	5.280	−15.400						

通过分析可知,在列车荷载和温度荷载共同作用下轨枕及道床板受力状态更为复杂,轨枕与道床板裂缝宽度达 0.013mm,裂缝底部第一主应力达 2.55MPa,已达到混凝土设计抗拉强度,应对裂缝部位进行加强。

(4)岔枕静载试验

根据运输、施工及运营工况下的设计荷载对岔枕混凝土和钢筋受力进行了检算,并开展了岔枕静载抗裂试验,如图 3.53 所示。试验结果(表 3.16)表明,正弯矩荷载 50kN 和负弯矩荷载 40kN 时岔枕混凝土均未出现开裂,静载抗裂性能满足设计要求。

a)

b)

图 3.53 岔枕静载抗裂试验

岔枕静载试验结果　　　　　表 3.16

设 计 值	设计荷载时结果	开 裂 荷 载
正弯矩荷载 50kN	静停 120s,未开裂	75～81kN
负弯矩荷载 40kN	静停 180s,未开裂	52～54kN

3.5　市域铁路 12 号可动心轨辙叉单开道岔设计

3.5.1　设计依据

(1)《铁路车站及枢纽设计规范》(TB 10099—2017)。
(2)《铁路道岔号数系列》(TB/T 3171—2007)。
(3)《铁路道岔的容许通过速度》(TB/T 2477—2006)。
(4)《标准轨距铁路道岔技术条件》(TB/T 412—2014)。

3.5.2　主要性能指标

(1)道岔容许通过速度:直向 160km/h,侧向 50km/h。
(2)动车组轴重 17t,全轴距长 15.7m。
(3)轨距为 1435mm。
(4)岔区设置 1:40 的轨顶坡或轨底坡。
(5)岔枕间距原则按照 600mm 设计。
(6)未被平衡离心加速度 $\alpha \leq 0.6\text{m/s}^2$。
(7)未被平衡离心加速度增量允许值 $\beta \leq 0.5\text{m/s}^3$。
(8)动能损失 $\gamma \leq 0.65\text{km}^2/\text{h}^2$。

3.5.3 主要技术特点

温州市域铁路 60kg/m 钢轨 12 号可动心轨道岔具有以下结构特点：

(1) 平面线形

道岔平面线形如图 3.54 所示。

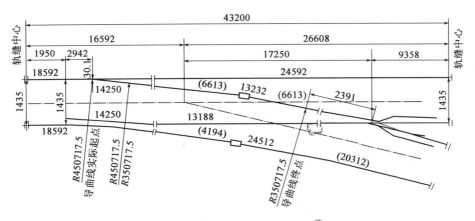

图 3.54 60kg/m 钢轨 12 号可动心轨辙叉道岔平面线形（尺寸单位:mm）

道岔的几何参数见表 3.17。

道岔几何参数　　　　　　　　表 3.17

道岔全长	道岔前长	道岔后长	导曲线半径
43.200m	16.592mm	26.608mm	复曲线(450m、350m)

(2) 钢轨

基本轨、导轨、岔跟轨采用 60kg/m、U75V 钢轨，尖轨、心轨用采用 60AT 钢轨。岔区设置 1:40 的轨顶坡或轨底坡。

(3) 扣件

采用分开式 Ⅱ 型弹条扣件，轨距调整量为 −8 ~ +4mm，扣件调高量为 −4 ~ +26mm。

(4) 尖轨跟端及心轨结构

尖轨跟端的传力结构采用限位器，辙叉采用可动心轨结构。

(5) 辙叉结构

辙叉采用可动心轨辙叉结构。

(6) 滑床板结构

尖轨区域采用无销钉滑床板弹性扣压基本轨。尖轨区域滑床板间隔设置减摩滚轮装置。

(7) 锁闭装置及牵引点数量

采用分动外锁闭装置设计，尖轨、心轨均设两个牵引点。

(8) 岔枕

岔枕采用桁架式钢轨混凝土长岔枕。

(9)无缝道岔

适用于跨区间无缝线路。

3.5.4 道岔各部间隔的检算

道岔中各部位钢轨的正确间隔是保证机车车辆轮对能顺利通过的必要条件,间隔设置得不合理,就可能产生车轮撞击钢轨或使钢轨磨耗加剧的后果,甚至引导脱轨事故。

道岔间隔目前仍采用的是最不利因素组合法,即在计算道岔某一部位的间隔时,将影响计算值的诸因素均按其出现的最不利情况来考虑,该计算方法虽然可以保证在任何最不利情况下机车车辆轮对均能顺利通过该部位,但是有可能会导致间隔规定的过宽或过窄而加剧列车过岔时的晃车现象,因此有过尝试采用概率统计方法来确定道岔的各部间隔,但因无法准确确定所能容许的脱轨事故率,而未能被广泛接纳。

在计算道岔各部间隔时,轨距和车轮尺寸除了选用容许的最大或最小值外,还要考虑在动荷载作用下,轨距或轮对发生弹性变形的影响。市域铁路车辆的轴距为2500mm,在检算时与车辆有关的参数按表3.18进行取值。

检 算 参 数　　　　　　表3.18

序号	名称	符号	计算值(mm)
1	轮对内侧距最大值	T_{max}	1356
2	轮对内侧距最小值	T_{min}	1350
3	轮缘最大厚度	d_{max}	33
4	轮缘最小厚度	d_{min}	22
5	轮对因荷载作用弯曲后内侧距动态增大值	ε_1	2
6	轮对因荷载作用弯曲后内侧距动态减少值	ε_2	2
7	轨距动态扩大值	ε_3	2~4
8	轨距正公差	ε_4	3
9	轨距负公差	ε_5	2
10	护轨侧面磨耗值	δ_h	2
11	转向架固定轴距	L	2500

根据以上设计参数,道岔各部分间隔计算结果如下:

(1)查照间隔

辙叉查照间隔应保证辙叉心轨工作边至护轨工作边的距离,在车轮轮对最不利条件下,护轨制约一侧车轮时,而不使另一侧车轮冲击辙叉心,按式(3.1)计算:

$$D_x \geq (T_{max} + \varepsilon_1) + d_{max} \tag{3.1}$$

根据市域铁路车辆的相关参数,计算得查照间隔 $D_x \geq 1356+2+33=1391$ mm。

(2)护背距离

辙叉翼轨工作边至护轨工作边的距离,其值应保证在车轮轮对最不利条件下,车轮不被卡在翼轨和护轨之间,按式(3.2)计算:

$$D_y \leq T_{min} - \varepsilon_2 \tag{3.2}$$

查照间隔和护背距离是道岔维修上的最小值和最大值，不得有正负公差，如图3.55所示。当辙叉有轨距加宽时，护轨平直段也应做相应加宽，以保证查照间隔及辙叉轮缘槽宽度要求不变。

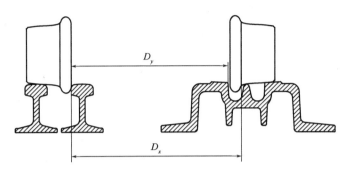

图3.55 辙叉部分查照间隔与护背距离

根据市域铁路车辆的参数，计算得护背距离 $D_y \leq 1350 - 2 = 1348$ mm。

（3）护轨平直段轮缘槽

护轨的主要作用是防止车轮通过辙叉时，车轮轮缘撞击心轨，即要保证辙叉的查照间隔满足要求，如式（3.3）所示，当辙叉部分轨距加宽时，护轨平直段轮缘槽也应做同样的加宽。

$$t_h \leq S - D_x - \delta_h \tag{3.3}$$

为满足辙叉查照间隔 $D_x \geq 1391$ mm 的要求，计算得 $t_h \leq 42$ mm，12号可动心轨辙叉只在曲股设有护轨，因此，曲股护轨平直段轮缘槽都取为42mm。

（4）辙叉轮缘槽

在护轨平直段轮缘槽已确定的条件下，辙叉轮缘槽应能使具有最小内侧距的轮对自由地通过辙叉，即满足护背距离的要求，如式（3.4）所示。

$$t_2 \geq S - (D_y + t_h) \tag{3.4}$$

为满足辙叉查照间隔 $D_y \leq 1348$ mm 的要求，有 $t_2 \geq 45$ mm，取46mm。

辙叉咽喉轮缘槽应保证在最不利条件下，即轮对一侧车轮紧贴基本轨时，另一侧车轮能够顺利通过，而不冲击翼轨咽喉弯折点，计算可得 $t_2 = 66$ mm。

（5）辙叉咽喉轮缘槽

辙叉咽喉轮缘槽应保证在最不利条件下，即轮对一侧车轮紧贴基本轨时，另一侧车轮能够顺利通过，而不冲击翼轨咽喉弯折点，按式（3.5）计算：

$$t_1 \geq (S + \varepsilon_3 + \varepsilon_4) - (T_{\min} - \varepsilon_2) - d_{\min} \tag{3.5}$$

计算可得 $t_1 \geq 65$ mm。

（6）翼轨及护轨缓冲段末端轮缘槽

翼轨及护轨缓冲段末端轮缘槽应保证和辙叉咽喉轮缘槽有同样的轮对通过条件，且当辙叉部分有轨距加宽时，应做同样的加宽，按式（3.6）计算：

$$t_3 = t_1 \tag{3.6}$$

即翼轨及护轨缓冲段末端轮缘槽宽取65mm。

（7）翼轨及护轨开口段末端轮缘槽

翼轨及护轨开口段末端轮缘槽应保证在最大允许的轨距宽度时，考虑到所有的公差，仍

能使轮对顺利通过,而不冲击翼轨及护轨末端开口,且当辙叉部分有轨距加宽时,应做同样的加宽,按式(3.7)计算:

$$t_4 \geq (S_{max} + \varepsilon_3) - (T_{min} - \varepsilon_2) - d_{min} \tag{3.7}$$

计算得 $t_4 = 80\text{mm}$,实际应用取值为 80mm。

3.5.5 道岔参数检算

(1)动能损失

当列车侧逆向通过侧股、直逆向通过直股和直顺向通过直股时,车轮的轮缘会分别冲击曲尖轨、直尖轨和曲基本轨,迫使车轮改变方向,此时将有一部分动能转变为轮轨相互积压和横向弹性变形的位能,即动能损失,如图3.56所示。假设列车为一质点,并忽略轮轨相互作用的弹性变形,则这一动能可由式(3.8)表示:

$$\omega = V^2 \sin^2 \beta_{冲} \tag{3.8}$$

式中:ω——动能损失;

V——列车运行速度;

$\beta_{冲}$——车轮轮缘对尖轨或曲基本轨的冲击角。

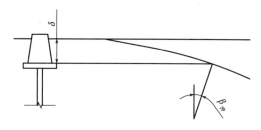

a)列车侧逆向通过侧股时冲击角示意图

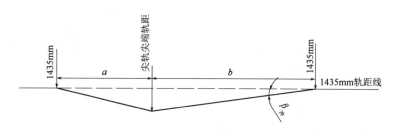

b)列车直逆向通过直股时冲击角示意图

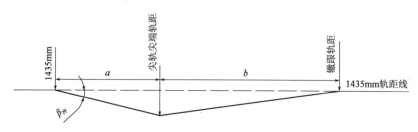

c)列车直顺向通过直股时冲击角示意图

图3.56 冲击角示意图

道岔导曲线半径采用350m,导曲线实际起点设在尖轨30.1mm断面处,尖轨前端(30.1mm断面之前)冲击角$\beta=0.678°$,如图3.19所示。其动能损失为:$\gamma=V_{侧}^2\times(\sin\beta_{冲})^2=50^2\times\sin^2(0.678)=0.350\text{km}^2/\text{h}^2<0.65\text{km}^2/\text{h}^2$,满足要求。

(2)未被平衡离心加速度

当列车按规定速度通过道岔侧股时,由于导曲线没有设置超高,其所产生的未平衡离心加速度可按式(3.9)计算。

$$\alpha=\frac{V^2}{3.6^2R} \tag{3.9}$$

式中:V——列车运行速度(km/h);

R——导曲线股道中心的半径(m)。

当列车按规定速度通过道岔侧股时,其所产生的未平衡离心加速度为:$\alpha=V_{侧}^2/(3.6^2\times R)=50^2/(3.6^2\times350)=0.551\text{m/s}^2<0.6\text{m/s}^2$,满足要求。

(3)未被平衡离心加速度增量

车辆由直线进入圆曲线或者相反时,未平衡离心加速度是逐渐增大或减小的,其在单位时间内的增量可按式(3.10)计算。

$$\psi=\frac{V^3}{3.6^3Rb} \tag{3.10}$$

式中:b——车辆定距,取15.7m。

车辆由直线进入圆曲线或者相反时,在道岔的入口处未平衡离心加速度在单位时间内的增量为:$\psi=50^3/(3.6^3\times450\times15.7)=0.379\text{m/s}^3<0.5\text{m/s}^3$,满足要求。

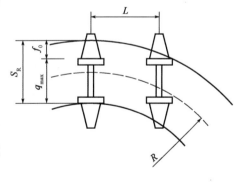

图3.57 导曲线轨距检算

(4)轨距加宽

道岔导曲线轨距的检算与普通曲线地段类似,其前轴外轮轮缘与外轨的作用边接触,后轴占据曲线垂直半径的位置,如图3.57所示,自由内接形式所需最小轨距见式(3.11)。

$$S_R=q_{max}+f_0 \tag{3.11}$$

式中:S_R——自由内接所需轨距;

q_{max}——最大轮对宽;

f_0——外矢距,其值为$f_0=(L+C)^2/(2R)$;

L——转向架固定轴距;

R——曲线半径;

C——轮缘与轨头的接触点至轮轴中线的距离,因其值非常小,可忽略不计。

根据式(3.11),自由内接形式所需最小轨距为:$S_R=q_{max}+f_0=1420+L^2/(2R)=1430\text{mm}$,轨距不需要加宽。

综上所述,经检算各项指标符合设计技术要求。

3.5.6 主要结构设计

(1)转辙器

①尖轨

尖轨采用长14250mm的60AT钢轨,尖端为藏尖式,跟端为弹性可弯式,尖端与其后一根岔枕中心相距125mm,以满足尖轨伸缩和减磨辊轮安装的需要。

②尖轨跟端的传力结构

道岔尖轨跟端采用双限位器传力机构设计(图3.58),子母块间隙为15mm,在适应跨区间无缝线路温度力传递的同时,使得道岔保持良好的线形。

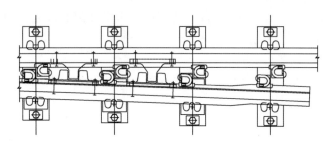

图3.58 尖轨跟端双限位器传力机构

③尖轨、基本轨跟端的扣压

因受空间限制,尖轨跟端的基本轨内侧、尖轨外侧通过Ⅲ型弹条扣压轨肢,基本轨外侧、尖轨内侧采用Ⅱ型弹条扣压轨肢,实现了尖轨、基本轨跟端全部弹性扣压。

④滑床板结构

为了提高滑床板扣压基本轨的能力,采用滑床板按楔形调整弹片式结构设计。

⑤设置带减摩滚轮的滑床板

为了减小尖轨扳动阻力,变滑动摩擦为滚动摩擦,采用地铁道岔用辊轮滑床板专用技术,在尖轨扳动部分设置2对双轮辊轮和2对单轮辊轮装置。

⑥尖轨防跳装置

道岔开通时,在密贴段前尖轨与基本轨轨头下颚配合防跳;道岔斥离时,尖轨间隔设置带防跳限位装置的滑床板。

⑦尖轨降低值

直线尖轨和曲线尖轨降低值略有不同,见表3.19,直线尖轨的降低值主要考虑平顺性,曲线尖轨主要考虑寿命问题。

尖 轨 降 低 值　　表3.19

类　　型	尖端	5mm 断面	20mm 断面	35mm 断面	50mm 断面
直线尖轨	23	15	4	2	0
曲线尖轨	23	15	4	1.8	0

⑧牵引点

尖轨设 2 个牵引点(图 3.59),第一个牵引点动程为 160mm,第二个牵引点动程为 91mm,采用分动钩型外锁闭装置,两牵引点相距 4.8m,最后一个牵引点至固定位置的距离为 6.875m。

⑨轨距加宽

不设轨距加宽。

图 3.59 转辙器两点牵引

(2)可动心轨辙叉结构

①翼轨结构

翼轨采用工厂轧制的特种断面钢轨。

②心轨结构

可动心轨辙叉分单肢和双肢两种结构形式,单肢弹性可弯结构由长心轨、短心轨、叉跟尖轨组成,短心轨跟端沿着叉跟尖轨滑动,国铁可动心轨辙叉从 12 号到 42 号道岔,心轨均为单肢弹性可弯结构。双肢弹性可弯结构由长心轨、短心轨组成,取消叉跟尖轨和滑动端,轨距线连续,能够通过较大的侧向行车速度,但需要较长的心轨长度。本次设计的 60~12 号可动心轨辙叉道岔侧向行车速度为 50km/h,采用单肢弹性可弯结构,长心轨、短心轨采用 60AT 钢轨,叉跟尖轨采用 60kg/m 钢轨。

③翼轨跟端结构

由于市域铁路采用跨区间无缝线路,因此采用长翼轨,以传递无缝线路的纵向力。翼轨跟端结构主要是抵抗线路传递的温度力,参考国内外道岔结构形式,翼轨跟端结构采用大间隔铁,分别与长心轨、叉跟尖轨铰接,如图 3.60 所示。

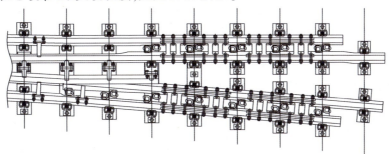

图 3.60 翼轨跟端结构

④护轨

为减轻侧股侧磨,侧向设置防磨护轨,护轨采用分开可调式槽型钢,护轨高出基本轨顶面 12mm。

⑤护轨垫板

采用无销钉弹片式护轨垫板,弹性扣压基本轨内、外侧轨肢,如图 3.61 所示。

图 3.61 楔形调整弹片式护轨垫板

⑥牵引点

心轨设 2 个牵引点,采用钩型外锁闭装置,各点设计动程分别为 122.9mm、75.9mm,两牵引点相距 2.375m,最后一个牵引点至弹性可弯中心的距离为 3.842m。

⑦弹性可弯中心

弹性可弯中心位置与心轨的转换力和道岔的结构设计有关,在有条件的情况下,应尽量缩短可动部分的长度,以减少心轨后端的不足位移,确保转换安全可靠。道岔弹性可弯中心位置距轨距线交点 4825mm。

(3)轨下基础

为适应无砟轨道技术要求,道岔采用桁架式钢筋混凝土长岔枕,岔枕横断面图和平面图如图 3.62、图 3.63 所示。岔枕均垂直于道岔直股,岔枕间距一般按 600mm 布置,根据电务转换方式,牵引点处的岔枕间距均采用 650mm。

桁架式钢筋混凝土长岔枕的主要技术要求为:

①混凝土粗集料必须选用碎石,粗径不得大于 20mm。

②混凝土设计强度等级不低于 C50。

③施加预应力时混凝土强度不低于 38MPa。

④预应力钢丝采用 φ7.0mm 螺旋肋预应力钢丝。

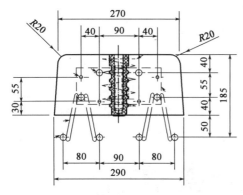

图 3.62 岔枕横断面图(尺寸单位:mm)

⑤纵向普通钢筋采用 HRB400 级 φ14mm 钢筋。

⑥波纹普通钢筋采用 CRB550 级 φ8mm 钢筋。

⑦箍筋采用 φ6mm 低碳钢丝。

⑧螺旋筋采用 φ5mm 低碳冷拔钢丝,各种性能及技术要求应符合《一般用途低碳钢丝》(YB/T 5294—2009)的规定。

⑨岔枕预埋套管采用复合套管,即预埋螺旋壳体塑料套管加钢套管。
⑩当采用蒸汽养护时,蒸汽养护温度不得大于60℃。
⑪预应力钢丝的初始总张拉力为100kN。

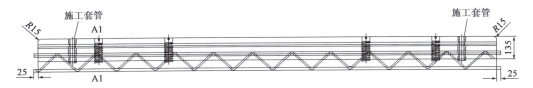

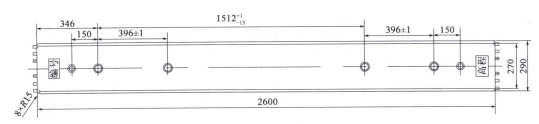

图3.63 桁架式钢筋混凝土长岔枕平面图(尺寸单位:mm)

3.6 道岔试制与试铺

3.6.1 试制准备工作

为保证产品质量,道岔试制前做了充分的技术准备,对研发、销售、生产、质管、物资、储运、售后等部门进行技术交底,结合该道岔制造验收技术条件,分析道岔结构特征、试制难点,确保操作人员清楚主要技术要求和试制的关键控制点。

在试制准备中,针对不同部件制定详细的工艺性文件,编制机械加工工艺过程卡片、主要零件机械加工工序卡片、组装工艺卡片、材料消耗定额明细表等。根据试制情况,准备了轨件加工专用刀具、检测量具、工艺装备和检测样板。

(1)加工刀具

根据产品设计定制多把专用加工刀具(图3.64),保证了产品加工的精度。

a)　　　　　b)　　　　　c)

图3.64 轨件加工刀具

（2）工艺装备

特制了垫板钻孔、焊接划线样板,轨件加工工装(图3.65),轨件扭斜工装(图3.66),钢轨件顶弯样板,可动心轨辙叉组装平台。

（3）检测量具

定制了垫板1∶40斜度检测尺(图3.67)和钢轨工作边直线度检测装置(图3.68)。

（4）检测样板

制作了加工检测样、板长心轨密贴段加工检测样板,如图3.69、图3.70所示。

图3.65　轨件加工工装

图3.66　轨件扭斜工装

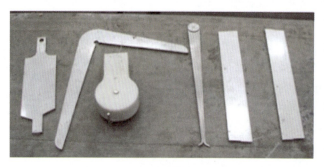

a)

b)

图3.67　加工检测样板

图3.68　垫板1∶40斜度检测尺

图3.69　钢轨工作边直线度检测装置

3.6.2 主要零部件的加工

（1）重难点

道岔试制的难点是可动心轨组合辙叉的加工、组装，试制时各轨件的机械加工均在数控铣床、数控钻床上完成。工艺编制重点为以下事项：

图 3.70　长心轨密贴段加工检测样板

①细化工艺，将重要零部件、关键工序对各生产班组进行工艺交底。

②制定合理的工艺流程，保证尺寸精度。

③采用专用吊具、卡具吊装，减少吊装变形。

④制作轨件、板件专用加工、检测样板，保证零件加工精度，重点控制工电接合部轨件加工尺寸。

⑤制作专用人字尖、辙叉组装平台，提高组装效率和精度。

（2）工艺流程

主要零部件工艺流程如下：

①基本轨

号料→锯切→钻孔→铣藏尖段→顶弯→除锈→组装。

②尖轨

号料→锯切→压成型段→正火→二次下料→锯切→调直→划线、铣压型段轨底→打磨、探伤→数控钻孔→调直钢轨全长及精调钢轨 1∶40 斜面→铣工作边及非工作边轨肢、弹性可弯段→铣轨腰螺栓槽→铣轨头非工作边→铣轨头工作边→铣轨顶降低值及通长 1∶40 斜面→铣钢轨压型段轨顶面→跟端热处理→振动时效→精调→除锈→组装。

③翼轨

号料→锯切→调直→钻孔→铣工作边轨肢→铣后段轨头→铣咽喉前段轨头工作边轨顶轮廓→铣轨头非工作边假轮缘→铣翼轨趾端 450mm 范围内两侧轨腰→顶翼轨各段弯折及扭趾端 1∶40 斜面→刨翼轨趾端 1m 范围内轨顶轮廓→铣藏尖段→精调翼轨各弯折点支距→除锈→组装。

④长心轨

号料→锯切→压成型段→正火→二次下料→锯切→调直→划线、铣压型段轨底→打磨、探伤→数控钻孔→调直钢轨全长及精调钢轨 1∶40 斜面→铣工作边及非工作边轨肢、弹性可弯段→铣前段轨底台→铣前段轨头防跳台→铣轨头非工作边→铣轨头工作边→铣轨顶降低值及通长 1∶40 斜面→铣密贴段→铣钢轨压型段轨顶面→跟端热处理→振动时效→精调→除锈→与短心轨组装。

⑤短心轨

号料→锯切→数控钻孔→调直钢轨全长→铣工作边及非工作边轨肢→铣轨头非工作边→铣轨头工作边→铣轨顶降低值及通长 1∶40 斜面→铣钢轨后段轨顶 10mm 降低值→顶弯→铣后段密贴段→刨轨底 $R25$ 圆弧→精调→除锈→与长心轨组装。

⑥叉跟尖轨

号料→锯切→钻孔→铣轨头非工作边→铣轨头工作边→铣轨顶面降低值→顶弯→除锈→组装。

⑦护轨

下料锯切→号孔→钻孔→铣轨肢及倒角→铣工作边、轨顶降低值→淬火→时效→矫调→除锈。

⑧垫板

底板下料→调平→划孔中心线→制孔→打印标记→焊接铁座、台板等→调平→防锈处理→组装、包装。

3.6.3 产品的试铺

道岔的组装分两部分:可动心轨辙叉组装、整组道岔组装。

(1) 可动心轨辙叉组装

为保证辙叉组装质量,制作辙叉组装工作台及试铺工作台,在辙叉组装中重点控制以下内容:

①直股工作边的直线度。

②曲股工作边线形。

③咽喉宽度尺寸,趾、跟端开口距离。

④心轨实际尖端至直股翼轨趾端距离。

⑤牵引点位置翼轨框架尺寸。

⑥心轨与翼轨高差及密贴间隙。

⑦心轨轨底与台板表面间隙。

⑧顶铁与心轨轨腰间隙。

(2) 整组道岔组装

道岔组装(图3.71)分初装、精调、工电联调三个步骤。

a) 转辙器

b) 辙叉

图3.71 道岔厂内试铺

①道岔初装

道岔初装主要完成试装台架调整、岔枕摆放、部件连接等,为避免误差积累,重点控制岔枕的方正、水平,轨件、板件连接的正确性。

② 道岔精调

道岔精调主要完成道岔方向、线形、轨距、密贴、吊板等的调整。

③ 工电联调

工电联调,测试各牵引点的转换力。

3.7 道岔应用

3.7.1 现场铺设情况

温州市域铁路 S1 线一期工程共铺设市域铁路 60kg/m、12 号可动心单开无砟道岔 11 组、4.3m 线间距单渡线 11 组、6.5m 线间距交叉渡线 2 组,均铺设在高架线路上。表 3.20 为温州市域铁路 S1 线道岔统计表。2017 年 6 月全线开始铺设道岔,现场铺设情况如图 3.72 所示,于 2019 年 9 月开通运营。

图 3.72 12 号可动心轨道岔

温州市域铁路 S1 线道岔统计(单位:组)　　　　表 3.20

车　站	60kg/m、12 号道岔					60kg/m、9 号道岔
	市域无砟可动心轨辙叉			市域无砟固定型辙叉		无砟固定型辙叉
	单开道岔	4.3m 线间距单渡线	6.5m 线间距交叉渡线	单开道岔	4m 线间距单渡线	
桐岭站						
温州南站		1				
温州西站		1				
龙霞路站		4				
上江路站		1				
龙腾路站		4				
奥体中心站				2	4	
机场站				2		
灵昆站	5					4
半岛二站	4		1			
半岛三站	2		1			
合计	11	11	2	4	4	4

3.7.2 道岔综合联调情况

2019 年 7 月,温州市域铁路 S1 线开展了联合调试,包括车辆、线路轨道、供电、信号、通信、安全门等各系统的现场联合调试试验,验证与运行有关的线路、轨道、供电、信号、通信及限界能否满足车辆运行和设计要求,使其达到应有的功能,满足运营安全、可靠、可用的要求。

(1)测试时间和区段

测试时间:2019年7月18日~2019年7月20日。

测试地点:奥体—双瓯大道(上、下行)。

(2)试验列车

图3.73 温州市域动车组

采用自主研发的温州市域动车组(图3.73),动车组编组: +TC - MP - MP - TC +。

(3)试验速度

正线运行试验分5个速度级:60km/h、80km/h、100km/h、110km/h、120km/h。通过道岔等限速区段,以最高允许速度通过,最高试验速度以线路允许最高速度为限。动车组从桐岭站运行至双瓯大道站用时54.9min,从双瓯大道站运行至桐岭站用时57.2min。

(4)测试项目

①运行安全性试验

a.主要目的

检验动车组在正常运营条件下,与轮轨力相关的运行安全性指标是否满足技术条件和相关标准要求。

b.试验评定标准

正线运行安全性试验结果应满足以下要求:

(a)脱轨系数:$Q/P \leq 0.80$。

(b)轮重减载率:$\Delta P/P \leq 0.65$。

(c)轮轴横向力:$H \leq 10 + P/3$。

(d)轮轨最大垂向力:$P_{\lim} \leq 170$kN。

(e)轮轴横向力限值:见表3.21。

轮轴横向力限值(单位:kN)　　　　表3.21

位置	车号			
	整备载荷		超员载荷	
	4车	3车	4车	3车
1轴	49.38	45.02	62.60	61.80
2轴	48.80	45.06	61.90	61.60

c.测试内容

采用测力轮对测量轮轨力,计算与轮轨力有关的各项运行稳定性指标,统计计算时每6s取一次最大值。

d.测试结果

列车运行安全性试验结果见表3.22。

温州市域 S1 线列车运行安全性试验　　　　表 3.22

测试项目	温州市域 S1 线列车运行安全性试验							
测试地点	温州 S1 线东段				测试日期		2019 年 7 月 15 日	
线况	脱轨系数	速度（km/h）	轮重减载率	速度（km/h）	轮轴横向力（kN）	速度（km/h）	轮轨垂直力（kN）	速度（km/h）
直线	0.27	110	0.4	110	36.9	110	133	110
R400mm	0.19	80	0.27	80	24.5	80	107	80
R700mm	0.24	120	0.40	120	33.9	120	120	120
R800mm	0.24	120	0.36	120	36.2	120	126	120
R1000mm	0.19	120	0.42	120	28.5	120	114	120
R1500mm	0.2	80	0.17	80	18	80	95	80
R3500mm	0.13	120	0.26	120	16.2	120	110	120
评定标准	0.8	—	0.6	—	48.8	—	170	—

由试验结果可知,动车组以速度 110~120km/h 通过时,脱轨系数、轮重减载率、轮轴横向力、轮轨最大垂向力各项安全指标均满足安全限值要求。

②横向稳定性试验

a. 主要目的

检验市域动车组正常运行时,横向稳定性指标是否符合试验评定标准的要求。

b. 试验评定标准

正线横向稳定性试验结果评定为当构架横向加速度在 0.5~10Hz 滤波时,不得出现连续振动 6 次以上峰值达到或超过 8m/s²。

c. 测试内容

在轴箱上方的构架上安装横向加速度计,测量构架横向加速度。

d. 测试结果

列车横向稳定性试验结果见表 3.23。

温州市域 S1 线列车横向稳定性试验　　　　表 3.23

测试项目	温州市域 S1 线列车横向稳定性试验			
测试地点	温州 S1 线东段		测试日期	2019 年 7 月 15 日
线况	一位构架		二位构架	
	横向加速度（m/s²）	速度（km/h）	横向加速度（m/s²）	速度（km/h）
直线	2.45	120	1.18	120
R400mm	1.57	80	2.87	80
R700mm	1.86	120	1.96	120
R800mm	2.55	120	1.37	120
R1000mm	1.57	120	1.47	120
R1500mm	1.57	80	0.88	80
R3500mm	0.78	120	0.88	120
评定标准	8	—	8	—

由试验结果可知,构架横向加速度最大值为 2.87m/s², 小于限值 8m/s², 横向稳定性指标符合评定标准要求。

③运行品质试验

a. 主要目的

检验市域动车组正常运行时,运行品质是否符合试验评定标准的要求。

b. 测试内容

在车体地板面上安装加速度计,测量车体横向加速度。

c. 试验评定标准

正线运行品质试验结果评定为:在分析频率为 0.5~40Hz 时,正线试验在 110km/h 及以下各试验速度级下的车体横向加速度和车体垂向加速度均不能超过 2.5m/s²。

d. 测试结果

列车运行品质试验结果见表 3.24。

温州市域 S1 线列车运行品质试验 表 3.24

测试项目	温州市域 S1 线列车运行品质试验					
测试地点	温州 S1 线东段		测试日期		2019 年 7 月 15 日	
线况	车体一位		车体中部		车体二位	
	横向加速度 (m/s²)	速度 (km/h)	横向加速度 (m/s²)	速度 (km/h)	横向加速度 (m/s²)	速度 (km/h)
直线	0.49	110	0.29	110	0.69	110
R400mm	0.49	80	0.20	80	0.69	80
R700mm	0.39	120	0.39	120	0.59	120
R800mm	0.39	120	0.29	120	0.49	120
R1000mm	0.39	120	0.39	120	0.49	120
R1500mm	0.29	80	0.39	80	0.29	80
R5000mm	0.39	120	0.20	120	0.39	120
评定标准	2.5	—	2.5	—	2.5	—

由试验结果可知,分析频率为 0.5~40Hz 时,正线试验在 60km/h、80km/h、100km/h、110km/h、120km/h 试验速度级下的车体横向加速度均满足要求。

④运行平稳性试验

a. 主要目的

通过线路动力学性能试验,评定车辆在实际运营线路上的运行舒适性和平稳性。

b. 测试内容

根据运行平稳性型式试验要求,布置车体加速度传感器、构架加速度传感器、轴向加速度传感器、位移传感器、速度传感器。在不同的速度级下,测量车体的垂向振动,评定车辆的垂向稳定性。

c. 试验评定标准

正线运行平稳性和乘坐舒适度的评定标准为:在分析频率为 0.5~40Hz 时,运行平稳性指标在120km/h及以下各试验速度级下,客室≤2.5,司机室≤2.75。

d. 测试结果

列车运行平稳性试验结果见表3.25。

温州市域S1线列车运行平稳性试验　　　　　　　　　　表3.25

测试项目	温州市域S1线列车运行平稳性试验					
测试地点	温州S1线东段			测试日期	2019年7月15日	
线况	车体一位		车体中部		车体二位	
	垂向平稳性	速度(km/h)	垂向平稳性	速度(km/h)	垂向平稳性	速度(km/h)
直线	1.62	120	1.71	110	1.81	120
R400mm	1.60	80	1.61	80	1.60	80
R700mm	1.32	120	1.36	120	1.45	120
R800mm	1.77	120	1.80	120	1.78	120
R1000mm	1.43	120	1.46	120	1.62	120
R1500mm	1.36	80	1.45	80	1.36	80
R5000mm	1.63	120	1.71	120	2.02	120
评定标准	2.5	—	2.5	—	2.5	—

由试验结果可知,在分析频率为0.5~40Hz时,运行平稳性指标在120km/h及以下各试验速度级下,客室≤2.5,司机室≤2.75,满足要求。

(5)综合联调结论

在线路和轨道联合调试中,以最高允许速度通过道岔区段,即线路允许最高速度。温州市域动车组以120km/h的速度通过道岔时各项动力学指标满足技术要求,列车运行安全、平稳、舒适,达到道岔设计的预期目标。

第4章 市域铁路无砟轨道结构设计与应用

无砟轨道具有高平顺性、高稳定性、少维修的特点，是市域铁路轨道结构体系的重要组成部分。本章在充分吸收和借鉴国内外无砟轨道相关研究成果的基础上，结合市域铁路特点，提出了市域铁路无砟轨道计算理论和设计方法，研发了一种市域铁路新型桥上双块式无底座无砟轨道结构，并进行参数敏感性分析和结构设计检算，初步形成了市域铁路无砟轨道设计理论体系，为市域铁路无砟轨道结构设计提供了理论支撑。

4.1 国内外无砟轨道发展概况

4.1.1 国外无砟轨道

国外高速铁路大多采用无砟轨道作为主要的结构形式，以日本板式无砟轨道和德国雷达双块式无砟轨道为代表。

（1）日本板式无砟轨道

日本板式轨道研发始于1965年，由钢轨、扣件、轨道板、CA砂浆和混凝土底座组成。轨道为单元式结构，轨道板采用工厂预制，可保证制造质量和精度，板下设置CA砂浆方便施工维修，施工进度和质量容易保证。日本各条新干线板式轨道共铺设了2700km，其中东北、上越新干线板式轨道分别占全线的90%和93%，目前A型板式轨道和A型框架板式轨道已经完成标准定型，作为高速铁路的基本轨道结构加以推广应用。日本针对不同的环境条件，研发了不同的板式轨道。温暖地区大都采用钢筋混凝土轨道板，厚度为160mm。严寒地区采用预应力轨道板，厚度为190mm。后续又研发了A型框架板式轨道板，可以节约混凝土和钢筋，减轻自重和翘曲应力。为适应环境对减振降噪的要求，还研发了G型防振轨道板。

（2）德国无砟轨道

德国铁路由德国铁路公司制定统一的无砟轨道设计基本要求，由公司、企业主导研制开发，无砟轨道需经5年的试铺运营考验，并经德国联邦铁路管理局（EBA）审定通过后，方可正式投入应用。因此，德国企业投入研发无砟轨道的积极性很高。1959—1988年是德国无砟轨道研发和试铺的高峰期，试铺了多种无砟轨道，经过不断改进、优化和完善，形成了德国铁路的七大系列40多种无砟轨道，建立了比较成熟的技术规范与管理体系。到2003年，德国铁路无砟轨道铺设总长度超高了600km，主要结构形式有雷达、旭普林和博格板等。除此之外，德国还研发和试铺过Geteac、Sato、ATD、BTD、Walter等结构形式的无砟轨道。

1972年德国铁路在雷达车站铺设了长枕埋入式无砟轨道，由慕尼黑工业大学陆地交通工程试验中心研发，因此称为雷达型无砟轨道。雷达型无砟轨道在使用过程中不断优化、改进，发展为最新的Rheda 2000型轨道。Rheda 2000型轨道自上而下分别为钢轨、扣件、桁架式双块轨枕、混凝土道床和底座或水硬性支承层。带有桁架的双块式轨枕可以保证钢轨正确的几何形位,轨枕下部伸出的桁架加强了轨枕与道床的连接,提高了无砟轨道的稳定性和耐久性。

旭普林无砟轨道于1974年研发,在结构上与雷达型无砟轨道颇为相似,主要区别在于旭普林无砟轨道提供了一种高度机械化的施工方法,通过振动法将双块式轨枕压入道床混凝土中,并采用了一种精确的轨枕定位方式。这种结构双块式轨枕的钢桁架不外露,道床上层不配置纵向钢筋。该结构于1999年获得了德国联邦铁路管理局的建造许可。

博格板式无砟轨道的前身是1977年铺设在德国卡尔斯菲尔德—达豪试验段的一种预制板式轨道,采用数控磨床加工预制板式上的承轨台,提高了轨道铺设精度,通过纵向连接锁件将轨道板纵向连接,限制轨道板的翘曲,板下充填层采用弹性模量较高的高性能水泥沥青砂浆层。2000年博格板式无砟轨道系统取得EBA的许可证,在纽伦堡至英格施塔特高速铁路铺设了5km,并于2006年投入运营。

4.1.2 国内无砟轨道

自2005年起,通过无砟轨道技术引进、消化、吸收和再创新研究,并结合工程实践应用,目前我国无砟轨道结构形式主要有双块式无砟轨道、CRTS Ⅰ型板式无砟轨道、CRTS Ⅱ型板式无砟轨道和CRTS Ⅲ型板式无砟轨道。

(1) 双块式无砟轨道

双块式无砟轨道是直接将双块式轨枕浇筑在混凝土道床中,并适应ZPW-2000轨道电路的无砟轨道结构形式,主要由钢轨、弹性扣件、双块式轨枕、道床板、底座板/支承层等组成,结构示意图如图4.1所示。

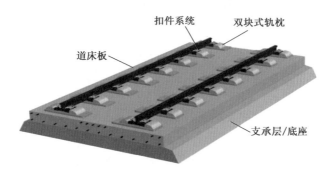

图4.1 双块式无砟轨道结构图

双块式无砟轨道的主要结构特点是:

①与不同类型线下基础工程的适应性较好。"桥上单元结构、路基和隧道连续结构"是双块式无砟轨道的主要结构特征。桥梁地段道床板、底座采用单元分块结构,在梁缝处断开,与纵向连续结构相比,无砟轨道与桥梁的接口处理大大简化,其施工性和经济性较好。道床板与底座形成凹凸限位,隔离层使轨道在特殊情况下具有可修复性。路基地段道床板纵向连续,其下设纵向连续、横向设置假缝的支承层结构,纵向刚度均匀性和经济性较好。隧道地段道床板直接在隧道仰拱回填层或底板上构筑,经济性较好。

②道床主体结构现场浇筑成型。

③路基上双块式无砟轨道为连续结构,结构整体性及横向稳定性强,结构整体平顺性较

好,连续道床板端部设置端梁结构。

④双块式无砟轨道结构分层设计,受力明确。

⑤道床板、支承层或底座采用现场浇筑,施工灵活,适应性强。

⑥双块式轨枕采用桁架钢筋连接,工厂化生产,精度高;路基上采用水硬性支承层结构摊铺,轨道结构刚度从上至下逐层递减。

⑦路基与隧道地段双块式无砟轨道,道床板采用连续结构,轨道结构整体性强。

⑧桥上双块式无砟轨道,道床板为单元分块结构,道床板与底座间设置中间隔离层,并采用凹槽限位。

⑨无砟轨道主体结构只包含道床板与底座或支承层两层,造价相对较低。

(2) CRTS Ⅰ型板式无砟轨道

CRTS Ⅰ型板式无砟轨道是采用水泥沥青砂浆,将预制轨道板铺设在现场浇筑的具有凸形挡台的钢筋混凝土底座上,并适应 ZPW-2000 轨道电路的单元轨道板无砟轨道结构形式,主要由钢轨、扣件系统、轨道板、水泥乳化沥青砂浆、混凝土底座、凸形挡台及其周围填充树脂等组成,如图 4.2 所示。

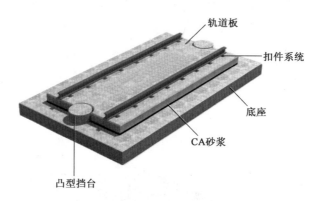

图 4.2 CRTS Ⅰ型板式无砟轨道

CRTS Ⅰ型板式无砟轨道的主要结构特点是:

①路基、桥梁、隧道内的结构组成基本相同,利于标准化设计和建造。

②轨道板与底座间设置 CA 砂浆,采用砂浆袋装灌注,可修复性较强。特殊情况下的轨道板更换方便。

③轨道系统采用单元结构,受整体温度升降引起的温度荷载影响较小。轨道板、底座均为单元结构,凸形挡台提供轨道板纵、横向限位。

④轨道板一般采用双向预应力结构,耐久性较好。

⑤轨道板预制必须配备专用制造设备和运输机具等成套设施,施工机械化程度要求较高。

(3) CRTS Ⅱ型板式无砟轨道

CRTS Ⅱ型板式无砟轨道(图 4.3)是将预制轨道板通过水泥沥青砂浆调整层,铺设在现场摊铺的混凝土支承层或现场浇筑的钢筋混凝土底座(桥梁)上,适应 ZPW-2000 轨道电路的连续轨道板无砟轨道结构形式。路基、隧道地段 CRTS Ⅱ型板式无砟轨道主要由钢轨、弹性扣件、预制轨道板、水泥乳化沥青砂浆充填层及支承层等部分组成。桥上轨道结构与路基地段有所不同,轨道板仍进行纵向联结,下部设连续浇筑的钢筋混凝土底座,并在底座与梁面保护层之间设置滑动层,底座板两侧设置侧向限位挡块。

CRTS Ⅱ型板式无砟轨道结构的主要特点是:

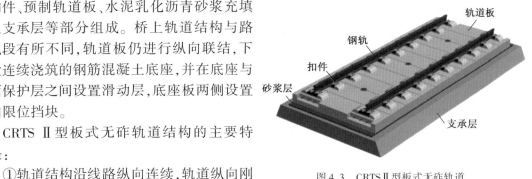

图4.3　CRTS Ⅱ型板式无砟轨道

①轨道结构沿线路纵向连续,轨道纵向刚度均匀性较好。轨道系统纵向连续,其稳定性和耐久性受整体温度升降引起的温度荷载影响较大,桥梁地段施工难度较大。低温条件下,轨道板(预裂缝处)、底座板、支承层等均会产生裂缝,使用范围有一定局限性。若施工和运营维护阶段处理不当,高温季节易产生上拱。对于桥梁地段,底座板混凝土浇筑段的纵连锁定有严格的温度要求,施工难度相对较大。

②轨道板采用工厂化预制,通过布板软件计算出轨道板布设、制作、打磨、铺设等工序所需的全部轨道几何数据,实现了设计、制造和施工的数据共享。

③轨道板相互之间通过纵向精轧螺纹钢筋和张拉锁件紧密连接。

④轨道板承轨部位进行打磨处理,轨道板对应精确定位铺设,可一定程度减少后期轨道精调工作量,轨道平顺性较高。轨道板采用数控机床打磨工艺,打磨精度可达0.1 mm,通过高精度的测量和精调系统,轨道板铺设后即可获得高精度的轨道几何线形,最大限度降低铺轨精调工作,大幅度提高综合施工进度,但轨道板施工工艺和成本相对较高。

⑤桥上底座板不受桥跨的限制,为跨越梁缝的纵向连续结构,桥上的轨道板与路基、隧道内的一致,均为预制轨道板,利于工厂化、标准化生产,便于质量控制,同时简化了轨道板的安装和铺设。

⑥摩擦板、端刺结构是桥上CRTS Ⅱ型板式无砟轨道系统的锚固体系,通过摩擦板和端刺将温度力和制动力传递到路基。

⑦梁面铺设滑动层,减小梁轨的相互作用,可适应的桥梁温度跨度较大,减少了钢轨伸缩调节器的数量;桥上轨道板、底座板跨梁缝连续铺设,有利于轨道板制造、铺设和扣件系统的标准化。与桥上CRTS Ⅰ型板式无砟轨道相比,非标准板的数量较少。

⑧一般情况下,在桥梁固定支座上方,桥梁和底座板间设置剪力齿槽、预埋件,将制动力和温度力传递至墩台。

⑨在梁缝处设置高强度挤塑板,减小梁端转角对无砟轨道结构的影响。

⑩在底座板两侧设置侧向挡块进行横向、竖向限位。

⑪路基、隧道地段轨道板下部支承基础采用无配筋的支承层,支承层采用水硬性材料或素混凝土,不需要配筋,结构简单,施工方便,同时可减少工程投资。

(4)CRTS Ⅲ型板式无砟轨道

CRTS Ⅲ型板式无砟轨道是我国自主研发的一种新型无砟轨道结构,吸收和借鉴了国内外无砟轨道的优点,在预制轨道板和底座之间浇筑自密实混凝土,提高了轨道结构耐久性和

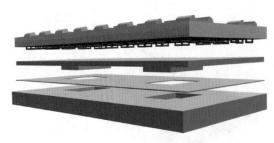

图 4.4　CRTS Ⅲ型板式无砟轨道

可维修性,主要由钢轨、扣件、轨道板、自密实混凝土、钢筋混凝土底座等部分组成。结构组成如图4.4所示。

CRTS Ⅲ型板式无砟轨道的主要结构特点是:

①预制轨道板(板底预设连接钢筋)与下部充填的自密实混凝土形成"复合板"结构。上部采用预制结构,充分利用板式无砟轨道现浇混凝土数量少、混凝土品质和施工工效高、美观整洁等优点。

②采用自密实混凝土作为充填层材料,并与上部预制件成为复合结构,不仅改善了预制轨道板的受力条件,还提高了结构耐久性和环境适应性。

③"复合板"与混凝土底座形成凹凸限位结构,为轨道提供水平限位。轨道结构稳定,水平传力明确,耐久性较好。

④"复合板"结构与底座间设置中间隔离层,为轨道维修提供了条件。

⑤轨道系统采用单元结构,不同线下基础上轨道结构组成基本相同,利于标准化设计、制造和施工。

(5)我国无砟轨道应用情况

我国高速铁路无砟轨道的技术研发始于20世纪90年代初期,结合秦沈、赣龙、遂渝、武汉等无轨道试验段工程建设,经历了无砟轨道技术引进、消化、吸收、再创新及无砟轨道自主研发,在无作轨道设计理论和方法、结构设计技术、特殊工程材料技术、制造和施工技术、质量检测技术等方面取得了系列研究成果,逐步形成了枕式和板式两大类、多种形式的无砟轨道系统(即双块式无砟轨道、CRTS Ⅰ型板式无砟轨道、CRTS Ⅱ型板式无砟轨道和CRTS Ⅲ型板式无砟轨道),为我国高速铁路建设提供了技术支撑。我国已开通运营及在建的高速铁路无砟轨道结构线路累计铺设里程达2万多公里,位居世界第一,结构类型及应用概况见表4.1。

我国高速铁路无砟轨道主要结构类型及应用　　　　表4.1

无砟轨道结构类型		应用线路
板式无砟轨道	CRTS Ⅰ型板式无砟轨道	沪宁城际,广珠城际,广深港、哈大、宁安、哈齐、成绵乐(成眉段)、海南东环高铁等
	CRTS Ⅱ型板式无砟轨道	京津、京沪、沪杭、宁杭、杭长、京石武、合蚌、合福(江北段)、津秦高铁等
	CRTS Ⅲ型板式无砟轨道	武汉城市圈城际铁路、盘营、成灌、成绵乐(眉乐段)、沈丹、郑徐高铁等
枕式无砟轨道	双块式无砟轨道	武广、郑西、兰新、太中银、包西、合福(江南段)、沪昆(长昆段)、成渝、大西、贵广、汉十、郑万高铁等

4.1.3 市域铁路无砟轨道的研究思路和技术路线

我国市域铁路建设刚刚起步,科学合理的无砟轨道的建设理念对市域铁路的健康、持续、稳定发展是非常重要的。在市域铁路发展之初我们应该提前做好无砟轨道技术发展的顶层设计以及系统规划,明确其功能定位、发展思路和技术路线。市域铁路无砟轨道技术发展应重视以下问题:

(1)在继承和发展高速铁路无砟轨道设计体系的基础上,形成市域铁路无砟轨道设计理论和方法。市域铁路无砟轨道是我国无砟轨道结构体系的完善和补充,没有必要另外发展一套新的理论体系,应该在我国现有无砟轨道计算理论体系和设计方法的基础上,结合市域铁路运营条件和技术特点进行优化和完善,提出适用市域铁路无砟轨道结构的理论体系。

(2)充分体现经济性和适用性的特点,研发经济适用型无砟轨道结构。市域铁路无砟轨道选型及设计在满足使用功能的前提下,宜采用结构简单和施工方便的结构形式,不宜盲目照搬高速铁路的技术标准,也没有必要追求"高大上"和不计成本的高精度、高平顺,应充分考虑各地区和城市的经济实力和建设运营管理水平,尽量降低市域铁路无砟轨道的建设成本。

(3)市域铁路无砟轨道部件宜简统化、标准化,以降低运营、维修及管理成本。

(4)无砟轨道设计应高度重视环境保护。市域铁路穿越城市环境敏感地区时,对轨道减振降噪提出了更高的要求,减振降噪应该作为轨道结构设计考虑的重要因素。

4.2 市域铁路无砟轨道力学分析模型和计算方法

4.2.1 设计荷载

无砟轨道结构受力分析和结构设计检算是无砟轨道结构设计理论的基础。我国无砟轨道力学分析和计算方法研究的起步较晚,针对高速铁路无砟轨道,原铁道部重大专项"客运专线无砟轨道再创新"项目中系统开展"无砟轨道设计理论和方法研究",充分消化吸收国内外无砟轨道设计理论和设计方法,结合我国高速铁路无砟轨道的实践提出了我国自主创新的无砟轨道设计理论体系与设计方法,有效指导了我国高速铁路无砟轨道的建设。虽然高速铁路设计速度和轴重等运营条件不同于市域铁路,但是可以借鉴其建立的无砟轨道计算原理、设计理论和方法。

无砟轨道结构设计荷载包括列车荷载、疲劳检算荷载、温度荷载等,同时考虑下部基础变形对轨道结构的影响。对于列车荷载、疲劳检算荷载、温度荷载的取值,国内已基本形成共识,并已纳入《铁路轨道设计规范》(TB 10082—2017)。此外,对于基础变形对无砟轨道结构设计的影响,主要考虑桥梁挠曲变形与路基不均匀沉降。在无砟轨道结构设计中,桥梁挠曲变形作为主力设计荷载,与列车检算荷载等组合对结构进行强度与裂缝宽度检算。路基不均匀沉降作为特殊设计荷载,与列车检算荷载等组合对结构仅进行强度的检算。线下基础变形计算方法通常采用刚性基础法,桥梁与无砟轨道通过预埋钢筋进行连接,属于刚性连接,无砟轨道变形与桥梁变形保持一致,采用刚性基础法计算较为合理。路基与无砟轨道之间依靠摩擦力传递荷载,当路基发生不均匀沉降时,无砟轨道作为具有一定刚度的刚性结构,其结构变形与路基变形存在差异性。

因此,市域铁路无砟轨道设计荷载研究同样要考虑列车荷载、温度荷载、混凝土收缩以及基础变形的影响,需要结合市域铁路的运营条件和环境特点确定其合理取值。

(1) 列车荷载

列车荷载通常包括设计或最大轮载(用于单独考虑轮载作用时的设计与检算)、常用轮载(用于考虑多种荷载组合时检算)和疲劳荷载(用于疲劳检算)。一般可对实际线路进行动轮载实测,对数据进行统计分析,计算出平均值及均方差,取1~3倍均方差加平均值作为常用轮载,并考虑一定的安全系数来确定设计轮载。常用轮载可以通过轨道谱进行动力学计算获得。设计(最大)轮载也可以根据特殊情况(如车轮扁疤及焊接不平顺)通过动力学计算确定。

《铁路轨道设计规范》(TB 10082—2017)中规定无砟轨道竖向设计荷载应按式(4.1)计算:

$$P_d = \alpha \cdot P_j \tag{4.1}$$

式中:P_d——竖向设计荷载(kN);

P_j——静轮载(kN);

α——动载系数。

考虑到无砟轨道主要为钢筋混凝土结构,其结构或部件一旦损坏,修复相对困难,在确定竖向设计荷载时,采用较大的强度安全储备是必要的。动载系数与列车速度、线路平顺性、列车及线路维修状态有关,综合考虑车轮扁疤和钢轨焊接不平顺的轮轨冲击效应,根据目前国内无砟轨道列车实测动载数据统计分析结果,列车最大动载系数在1.5~2.0之间。结合我国行驶速度160km/h以下的城际铁路及客货共线铁路轮轨动力测试结果,市域铁路无砟轨道的设计轮载可取为静轮载的2.0倍。

考虑到我国市域铁路无砟轨道建设及养护维修的具体情况,建议无砟轨道的常用轮载和疲劳轮载取为静轮载的1.5倍。

横向设计荷载应按式(4.2)计算:

$$Q = 0.8 P_j \tag{4.2}$$

式中:Q——横向设计荷载(kN)。

关于列车荷载图式,日本在设计中采用实际轮载布置,德国则采用UIC71荷载图式。我国市域车辆类型及轮载比较复杂,但对设计影响较大的轨道正弯矩而言,单轮作用效应一般大于群轮作用,且多轮不可能同时达到最大轮载,多轮作用时需要考虑多轮群的动力系数,较为复杂,因此,我国市域铁路无砟轨道设计中,列车荷载宜采用单轴荷载形式。轮对作用位置依据具体工况可能出现的最大值确定。

(2) 温度荷载

温度荷载是无砟轨道设计的主要荷载之一,受整体温度荷载、温度梯度以及混凝土收缩的影响。无砟轨道作为一种混凝土结构,除了承受列车荷载外,还承受温度荷载的影响。温度荷载表现为日照温度变化、骤然降温变化和年温度变化。水泥混凝土是体积敏感性材料，同时也是热传导性能差的材料，温度状况的变化使混凝土板相应的出现伸长、收缩和翘曲变形。这些变形受到钢轨、扣件等板上部结构及板下基层、接触面的摩阻力、基层反力、板自重和相邻板等的约束作用时，板内便产生温度应力。温度应力是使混凝土板产生裂缝，影响轨道结构安全的重要因素之一。另外由于混凝土结构本身的特性，其收缩徐变的影响也不容忽视。

温度荷载一方面是轨道结构受整体温度变化而对结构产生轴向伸缩应力，另一方面是轨道结构在高度方向的不均匀温度的存在即温度梯度所引起的翘曲温度应力。混凝土本身的收缩特性在力学上与混凝土降温相似，因此在设计上考虑成轴向降温荷载。

①整体温度变化荷载

我国幅员辽阔，不同区域环境气候条件差异较大，目前《铁路轨道设计规范》(TB 10082—2017)和《高速铁路设计规范》(TB 10621—2014)为了设计标准的统一性，针对全国高速铁路无砟轨道温度荷载采取统一取值，未考虑不同地区环境气候条件的差异。将南方温暖地区的无砟轨道设计温度荷载与北方部分极端气候地区取为统一值，虽然方便了设计，但也增加了工程造价。

本书在分析国内外无砟轨道温度场和温度变形相关资料的基础上，结合温度监测数据和我国各地气候规律，分析了不同环境区域无砟轨道温度场特征，根据我国无砟轨道温度区域划分方案，提出不同温度区域轨道结构的温度荷载设计取值。

基于全年平均气温及冬季低温的影响，将全国划分为3个温度区域，分别为严寒地区(夏热冬寒)、寒冷地区(夏炎冬冷)和温暖地区(夏炎冬暖)三个区域。各区域气候特征见表4.2。

温度区域特征　　　　　　　　　　　　　　表4.2

温度区域	气候特征
严寒地区	冬季寒冷，极端低温≤ -30℃
寒冷地区	夏季炎热，冬季寒冷，最低气温为 -10 ~ -30℃
温暖地区	季炎热，冬季温暖，最低气温为 -10℃以上

无砟轨道直接暴露在自然环境之中，随着环境温度的周期变化，无砟轨道内部产生温度应力和伸缩变形。温度应力是无砟轨道设计中应考虑的重要因素，对无砟轨道温度应力有较大影响的温度变化，主要是无砟轨道板或道床板的最大年温度差。无砟轨道设计中最大温度应力依据设计使用寿命周期内的最大年温度差进行计算。

根据我国无砟轨道板温实测统计数据分析，无砟轨道最大年温度差与最大气温差有关，严寒地区板温与气温最大温差为16.9℃，寒冷地区板温与气温最大温差为12.9℃，南方温暖地区板温与气温最大温差为15.7℃，西南地区板温与气温最大温差为12.3℃。无砟轨道最高板温可按最高气温 +15℃取值，最低板温可按最低气温 -5℃取值。混凝土施工温度为10 ~25℃，且不宜高于当地60年统计内最低平均气温 +40℃。我国市域铁路无砟轨道整体温度荷载推荐值见表4.3。

隧道内的整体温度变化一般都比较小，其整体温度变化取值暂取为15℃。

整体温度荷载　　　　表4.3

区　域	主要城市	设计最大降温
严寒地区	满洲里、乌鲁木齐、哈尔滨、长春、呼和浩特、沈阳、银川	60℃
寒冷地区	北京、天津、石家庄、太原、西安、南京、上海、合肥、兰州、西宁、拉萨、济南、郑州、武汉	50℃
温暖地区	长沙、杭州、南昌、贵阳、成都、昆明、重庆、福州、南宁、台北、广州、香港	40℃

②温度梯度

无砟道床板或轨道板在太阳照射下，其上表面温度高、下表面温度低，由于混凝土的热传导性能差导致轨道板在厚度方向上存在温度差，道床板在不均匀温度作用下的热胀冷缩致使轨道板发生翘曲变形。温度梯度即无砟轨道道床结构在高度方向的线性温度差，将使道床板受到翘曲温度力。无砟道床板或轨道板上表面温度高、下表面温度低时形成正温度梯度，反之则为负温度梯度。

根据我国无砟轨道轨道板温度梯度实测数据，严寒地区最大正温度梯度为92.2℃/m，最大负温度梯度为-50.7℃/m；寒冷地区最大正温度梯度为71.8℃/m，最大负温度梯度为-39.6℃/m；温暖地区最大正温度梯度为-67.4℃/m，最大负温度梯度为-28.0℃/m。

建议我国市域铁路不同区域无砟轨道最大正温度梯度按表4.4取值，最大负温度梯度可按照最大正温度梯度的一半取值。对于非标准厚度无砟轨道，温度梯度采用修正系数修正，见表4.5。

无砟轨道温度梯度建议值（标准板厚200mm）　　　　表4.4

温度场区域	最大正温度梯度建议值(℃/m)	温度场区域	最大正温度梯度建议值(℃/m)
严寒地区	95	寒冷地区	85
温暖地区	80		

不同厚度无砟轨道温度梯度修正系数　　　　表4.5

轨道结构厚度(mm)	160	180	220	240	260	280	300
修正系数	1.11	1.06	0.95	0.90	0.85	0.80	0.75

(3)混凝土收缩

我国无砟轨道道床板的混凝土收缩可参考《铁路桥涵设计规范》(TB 10002—2017)，对于双块式无砟轨道道床板、底座和单元板式无砟轨道的混凝土底座的混凝土收缩可按照等效降温15℃考虑，对于单元板式无砟轨道的轨道板的混凝土收缩可按照等效降温10℃考虑。

(4)基础变形

基础变形对无砟轨道受力影响显著，在无砟轨道设计中应充分考虑。基础变形主要包括路基不均匀沉降、桥梁挠曲变形、梁端转角与墩台沉降等。

①路基不均匀沉降

路基不均匀沉降多发生在路基与桥梁、隧道、涵洞等结构物的过渡段,在高填路基、堤堑过渡段、软弱路基等地段也容易发生。路基不均匀沉降会使无砟轨道产生附加弯矩。在设计过程中,因路基的不均匀沉降属偶然现象,在轨道结构设计检算中应将其视为轨道结构中出现概率较小的特殊荷载。

根据路基不均匀沉降的变形特点,路基不均匀沉降可假定为余弦曲线,如图4.5所示。

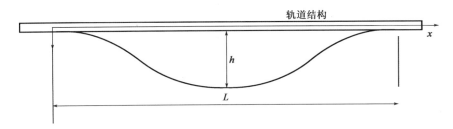

图4.5 路基部均匀沉降变形的假定曲线

余弦曲线的函数可按式(4.3)计算:

$$y = \frac{h}{2}[1 - \cos(2\pi x/L)] \tag{4.3}$$

式中:L——全波长;

h——全波幅。

无砟轨道在结构设计中,路基不均匀沉降一般按照15mm/20m取值。

曲率最大点发生在波谷或波峰处($x = 0, x = L/2$ 和 $x = L$ 处),按式(4.4)计算:

$$\kappa_{\max} = h\frac{2\pi^2}{L^2} \tag{4.4}$$

②桥梁挠曲变形

桥梁承受列车荷载时的挠曲变形与列车荷载总是同时发生(图4.6),因此桥梁挠曲变形应作为与列车荷载一样的主力进行组合。挠曲变形值宜取桥梁实际变形值计算,若无实际变形值,则根据相关规范挠跨比限值进行取值。

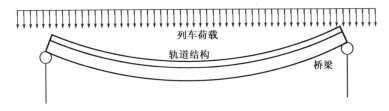

图4.6 桥梁结构与轨道结构的变形

桥梁的挠曲变形可假设为余弦函数曲线,按式(4.5)计算:

$$y = \delta[1 - \cos(\pi x/L)] \tag{4.5}$$

则桥梁变形的最大曲率为:

$$\kappa_{\max} = \frac{\mathrm{d}^2 y}{\mathrm{d}x^2} = \delta \cdot \frac{\pi^2}{L^2} \tag{4.6}$$

式中：δ——桥梁的最大挠度；

L——余弦曲线半周期范围内的长度。

4.2.2 列车荷载计算模型

(1)弹性地基二重叠合梁理论的计算方法

无砟轨道在列车荷载的作用下，轨道结构的受力计算可采用弹性地基上的二重叠合梁理论的计算方法进行计算。

一般的二重叠合梁如图 4.7 所示，设 x 为上梁(钢轨)和下梁(轨下基础)的底线，y_1 和 y_2 分别为上、下梁的挠度函数。$E_1 J_1$ 和 $E_2 J_2$ 分别为上、下梁的抗弯刚度。用 k_1 和 k_2 分别表示使上梁和下梁支承弹簧的单位长度产生单位沉陷时所需的力。

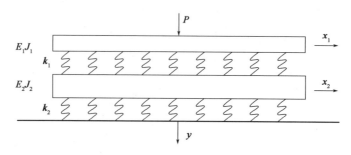

图 4.7 弹性地基叠合梁计算模型

(2)弹性地基三重叠合梁理论的计算方法

无砟轨道在列车荷载的作用下，为更能反映轨道结构的各功能层，同时使计算精度更高，轨道结构的受力计算可采用弹性地基上的三重叠合梁理论的计算方法进行计算。

轨道结构的静力计算，在轨道纵向采用弹性地基三重叠合梁法，横向采用弹性地基二重叠合梁法。采用该方法便于无砟轨道荷载力矩的确定，也可判断过渡段刚度设计的合理性。

无砟轨道沿纵向挠曲变形及内力的计算，可把一股钢轨连同半宽的混凝土道床板、底座联结成一整体，并作为弹性地基三重叠合梁而放置在弹性地基上。根据弹性地基叠合梁的基本原理，并考虑到实际轨道钢轨的接头和道床板、底座的接缝应错开，而机车车辆轮载作用于钢轨接头时为最不利条件，故可采用如图 4.8 所示的计算模型。该模型主要假设如下：

①钢轨、道床板、混凝土底座均视为支承在连续弹性基础上的梁，各梁均符合连续均匀、各向同性、小变形的假设。

②模型中作用于道床板、底座及弹性基础上的压力，与由此而产生的弹性沉陷之间成正比例关系。

③设计荷载只考虑竖向轮载，以机车静轮载乘以动载系数得到。

④钢轨、道床板和混凝土底座、扣件、支撑弹簧和底座支撑弹簧均对称于轨道的中心线，因此，取轨道纵向的一半作为研究对象。

⑤模型中不考虑钢轨和道床板、混凝土底板的自重。

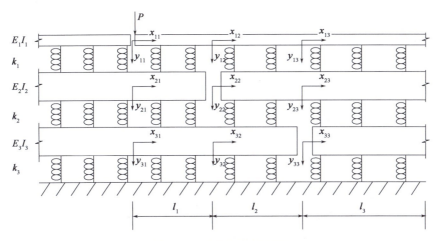

图4.8 三重叠合梁计算模型

(3)弹性地基上的"梁—板"理论的有限元计算方法

无砟轨道大多采用层状结构的分层设计,钢轨可作梁处理,因此无砟轨道在列车荷载作用下可采用梁板理论的计算方法。

钢轨采用弹性点支承梁模型,扣件采用线性点支承弹簧,轨道板(或道床板)与底座板(或支承层)由于在其厚度方向上的尺寸远小于长度和宽度方向上的尺寸,符合弹性薄板的结构特点,采用弹性薄板进行模拟,CA砂浆层以及基础的支承采用面弹簧模拟。

① 双块式无砟轨道的"梁—板"模型

路基上的双块式无砟轨道,其钢轨、道床板、支承层形成弹性地基上的"梁—板—板"计算模型。隧道内、桥上双块式无砟轨道,如不设置支承层,钢轨、道床板形成弹性地基上的"梁—板"计算模型(图4.9)。

图4.9 "梁—板"有限元模型

钢轨简化为竖直面内的弹性可弯梁,截面绕水平轴的惯性矩按新轨取值。扣件简化为线性弹簧,弹簧线刚度取为扣件的动刚度。道床板简化为弹性薄板。厚度取为轨下位置的板厚,当两轨下厚度不等时,取两轨下厚度的平均值。支承层简化为弹性薄板,厚度和宽度取值方法类似于道床板。

底座与下部基础间的支承简化为均布线性弹簧,弹簧面刚度依据下部基础的性质进行计算确定。道床板与支承层间简化为均布线性弹簧,弹簧面刚度依据支承层的弹性模量和厚度计算得到。

考虑支承层开裂影响,支承层的弹性模量取为计算弹性模量值。因隧道和桥面属坚实基础,对道床板的支承刚度较大,支承刚度的取值对道床板弯矩的计算结果影响很小,道床板下支承面刚度分别取为隧道和桥上的计算面刚度值。

② 板式无砟轨道的"梁—板"模型

板式轨道的钢轨、轨道板、砂浆层、底座板及下部基础,形成弹性地基上的"梁—板—板"

计算模型。

钢轨简化为竖直面内的弹性可弯梁;扣件简化为线性弹簧,弹簧线刚度取为扣件的动刚度。轨道板简化为弹性薄板。砂浆层简化为均布线性弹簧,弹簧面刚度先依据砂浆弹性模量和厚度计算砂浆面刚度,再依据底座混凝土弹性模量和底座厚度计算底座面刚度,而后按串联弹簧计算总的面刚度。底座板简化为弹性薄板,厚度和宽度取值方法类似于轨道板。底座与下部基础间的支承简化为均布线性弹簧,弹簧面刚度依据下部基础的性质进行计算确定。

(4)弹性基础上的"梁—体"理论的有限元计算方法

无砟轨道结构可以采用弹性基础上的"梁—体"理论进行计算分析,"梁—体"模型计算适用于各种类型的无砟轨道结构,模型与实际最为接近,同时还可计算分析细部结构和部件的受力,分析温度荷载对无砟轨道结构的受力影响。但其单元数比较多、计算时间比较长,随着计算机的迅速发展,目前计算时间大大缩短,该计算方法可以进行推广应用。

① 双块式无砟轨道的"梁—体"模型

双块式无砟轨道采用"梁—体"模型分析,如图4.10~图4.12所示,钢轨采用梁单元,可用于承受拉、压、弯、扭的单轴受力单元;扣件采用弹簧单元,具有非线性功能的单向单元,可对此单元输入广义的力—变形曲线;道床板与路基上支承层或桥上底座板采用三维实体单元。

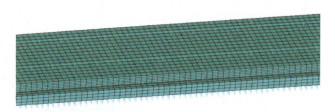

图4.10 路基上"梁—体"有限元分析模型

图4.11 桥上"梁—体"有限元分析模型

图4.12 隧道内"梁—体"有限元分析模型

路基与桥上双块式无砟轨道采用"梁—体"模型,其中道床板、支承层、底座板均采用三维实体单元;道床板实体单元与支承层或底座实体单元采用弹簧连接,该弹簧单元能够传递垂向压力,但不能传递拉力;路基与桥梁采用弹簧模拟,该弹簧单元能够传递垂向压力,但不能传递拉力。

隧道内双块式无砟轨道采用"梁—体"模型,道床板采用三维实体单元,隧道内仰拱回填层或钢筋混凝土底板结构采用弹簧模拟,该弹簧单元能够传递垂向压力,但不能传递拉力。

②板式无砟轨道的"梁—体"模型

单元板式无砟轨道采用"梁—体"模型分析,如图4.13所示。钢轨采用梁单元,可用于承受拉、压、弯、扭的单轴受力单元;扣件采用弹簧单元,具有非线性功能的单向单元,可对此单元输入广义的力—变形曲线;轨道板与底座板采用三维实体单元;CA 砂浆或 CA 砂浆+板下胶垫采用弹簧模拟;路基、桥梁与隧道也采用弹簧模拟,该弹簧单元只能够传递垂向压力,但不能传递拉力。

图4.13　路基与隧道内"梁—体"有限元分析模型

路基上与隧道内单元板式无砟轨道"梁—体"模型如图4.13所示,模型建立了4块轨道板,底座板在中间轨道板缝处分开。

桥上单元板式无砟轨道"梁—体"模型如图4.14所示,模型建立了4块轨道板,底座板缝与轨道板板缝对齐。

图4.14　桥上"梁—体"有限元分析模型

(5)几种方法的对比分析

列车荷载作用下的计算方法可采用弹性地基二重叠合梁理论的计算方法、弹性地基三重叠合梁理论的计算方法、弹性地基上的"梁—板"理论的计算方法和弹性基础上的"梁—体"理论的计算方法等,从工程应用角度来看,以上几种理论和计算方法均能满足无砟轨道的设计要求。

①叠合梁理论在计算横向弯矩时忽略了相邻枕跨的约束作用,从而使得结果略偏大,但采用该方法计算无砟轨道受力方法简单,计算速度快,目前也有完整的理论公式的推导,但微分方程组的推导和求解比较困难和烦琐。

②"梁—板"理论中的轨道板、底座板采用弹性地基板进行模拟,较为符合无砟轨道的结构特点与受力特点,可有效地反映轨道板、底座板的空间弯曲变形,在钢轨上直接施加设计轮载即可同时得到轨道板、底座板的纵、横向弯矩,适应性比叠合梁理论更强,但该模型不能进行轨道板温度梯度的模拟分析。

③"梁—体"有限元计算理论除具有"梁—板"有限元计算理论的优点外,与实际无砟轨道更贴近,是无砟轨道仿真计算模型中最接近无砟轨道真实结构的模型,该模型能够模拟道床板结构中的钢筋、配筋率等,同时还能够完成对道床板温度力的仿真分析,但建模较为复杂、自由度数目多、计算时间较长。目前随着计算机的发展,有限元商业软件日趋成熟,计算时间也大大缩短。"梁—体"有限元计算理论代表了无砟轨道研究的技术进步和发展方向,成为国内无砟轨道列车荷载作用下受力分析的主要手段,在研究市域铁路无砟轨道技术时无疑应该与时俱进,首选"梁—体"有限元计算理论。

4.2.3 温度荷载计算方法

对于路基上连续式道床板,它受板底的摩阻力、钢轨扣件阻力、端刺和门型钢筋阻力的作用,其最大拉压应力按式(4.7)计算:

$$\sigma_0 = \sigma_x = \sigma_y = \frac{E_c \alpha_t \Delta T}{1-\nu} \tag{4.7}$$

式中:E_c——道床板混凝土刚度折减后弹性模量;

ΔT—— 平均板温的变化量(℃);

α_t——混凝土的线膨胀系数(℃);

ν——道床板混凝土的泊松比。

连续道床板结构由于混凝土的开裂,在计算温度荷载作用下道床板受到的温度力时,混凝土的弹性模量采用折减弹性模量。弹性模量的折减系数一般取为 1/3~1/2,当道床板的开裂裂缝较宽时折减系数可取为 0.3,当道床板的开裂裂缝较小时折减系数可取为 0.6。

对于分段长度 20m 左右的大单元轨道板、底座或道床板,结构受整体温度变化而对结构产生轴向温度伸缩力,应考虑板底的摩阻力、扣件阻力等因素进行具体计算。

分段式结构的整体温度、混凝土收缩作用效应按式(4.8)进行计算。

$$P = \frac{F_k N_k}{2} + \frac{W_g L}{2} f_w \tag{4.8}$$

式中:P——结构所受轴向温度力;

F_k——每组扣件纵向阻力;

N_k——扣件组数;

W_g——单位长度无砟轨道重量;

L——底座长度;

f_w——底座与下部基础的摩擦系数,路基地段摩擦系数取为 1.2,隧道地段摩擦系数取为 0.8。

4.2.4 温度梯度计算方法

(1) 理论公式计算方法

翘曲温度应力可根据 1927 年 H. M. Westergaard 采用 Winkler 地基板模型导出的温度翘曲应力计算公式,该公式迄今仍被广泛应用,其基本假设为:

① 温度沿板厚的分布为线形,板表面的温度比板底面低,也即板边向上翘起。

② 板厚和顶底面温度差在全板各点均相同。

③ 板下基础的反力仅为竖向,并与该点的挠度成正比,板与板下基础始终保持接触,即使在板边向上翘曲时也是如此。

④ 不计板的自重。

对于列车通过道床板时,可认为道床板的翘曲变形完全受约束,此时道床板上、下面受到的拉压应力见式(4.9)。

$$\sigma_{wqx} = \sigma_{wqy} = \frac{E\alpha_t \Delta T_w}{2(1-\nu)} \tag{4.9}$$

式中:σ_{wqx}、σ_{wqy}——道床板的纵、横向翘曲温度应力;
E——混凝土的弹性模量;
ΔT_w——道床板上、下面温度梯度差。

道床板的翘曲温度力引起的翘曲弯矩见式(4.10)。

$$M_{wqx} = M_{wqy} = \frac{\sigma_{wqx} h^2}{6} \tag{4.10}$$

式中:M_{wqx}、M_{wqy}——床板的纵、横向翘曲温度力引起的弯矩;
h——道床板的厚度。

(2) 有限元仿真计算方法

温度梯度荷载作用下,无砟轨道道床板的翘曲应力可通过计算机仿真分析,建立有限元温度仿真模型(图 4.15)进行计算。有限元的仿真计算可以真实地模拟钢轨、扣件、板下基础等对道床板的约束作用,从而计算出温度梯度荷载作用下道床板的翘曲应力。

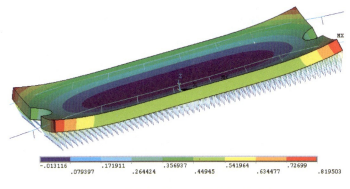

图 4.15 轨道板翘曲应力有限元分析模型

4.2.5 线下基础变形计算

参考我国前期无砟轨道及德国、日本无砟轨道对于线下基础变形的计算方法,并结合目前有限元技术的发展,线下基础变形的计算方法一般可采用以下两种方法进行计算:理论推导的刚性基础法,有限元的弹性基础法。

(1)刚性基础法

采用刚性基础法计算基础不均匀沉降是将基础假设为刚性,基础变形引起的无砟轨道的弯矩可按式(4.11)计算:

$$M = EI\kappa \tag{4.11}$$

式中:E——混凝土的弹性模量;

I——无砟轨道结构层的惯性矩;

κ——基础变形的曲率,计算时取最大值,见式(4.4)和式(4.6)。

(2)弹性基础法

采用弹性基础法将路基假定为弹性,有限元模型如图 4.16 所示,采用弹性地基上的"梁—板"理论的计算方法,其中钢轨采用弹性点支承梁模型,扣件采用线性点支承弹簧模拟,轨道板(或道床板)与底座板(或支承层)由于在其厚度方向上的尺寸远小于长度和宽度方向上的尺寸,符合弹性薄板的结构特点,采用板壳单元进行模拟,CA 砂浆层以及基础的支承采用面弹簧模拟,钢轨上所施加的荷载为列车检算荷载。计算时为了充分考虑路基的不均匀沉降,模型中底座板(支承层)在没有达到不均匀沉降的路基表面时,道床板将不受到地基的支承反力,道床板直到接触路基后才受到路基的反力。

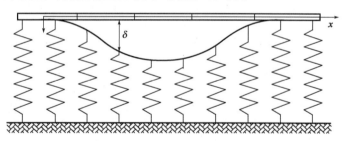

图 4.16 路基不均匀沉降模型

若采用有限元计算时将道床板与路基连接为非线性弹簧,其刚度与变形的关系如图 4.17 所示,不同部位非线性弹簧中的变形量 δ 由其所在不均匀沉降的位置进行确定。

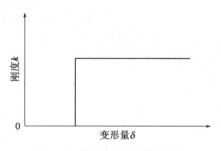

图 4.17 路基支承的非线性弹簧

4.3 市域铁路无砟轨道结构设计方法

4.3.1 设计流程

无砟轨道是长期反复承受列车荷载及温度荷载、铺设于弹性地基上的带状结构物,与桥梁、房屋结构相比,其特殊性在于长期处于列车高频动荷载的工作环境中。为了保证轨道结构的高平顺和高稳定,要求在反复动荷载作用下,轨道各主体结构始终处于弹性工作状态,因此无砟轨道的结构设计宜采用容许应力法。目前国内正在开展铁路无砟轨道设计由"容许应力法"向"极限状态法"的转轨工作,已经取得阶段成果,处于试设计阶段,但尚未全面推广应用。以下关于市域铁路无砟轨道设计方法的研究基于较为成熟的容许应力法。

无砟轨道的主要承载结构的材料根据其功能需求可采用素混凝土结构、钢筋混凝土结构和预应力混凝土结构,无砟轨道的结构设计同样也要考虑混凝土结构承载力状态和正常使用状态。

容许应力法是以平面变形和材料按弹性工作的假定为基础,还应采用受拉区混凝土不参与工作和钢筋与混凝土弹性模量比为常量的这两项近似假定。利用材料力学公式,计算构件各个点在使用荷载作用下的应力值,要求任意点的应力不超过材料的容许应力,容许应力法的计算假定大体上反映了构件在受拉区混凝土开裂后,钢筋尚处在弹性工作时的应力状态。

以容许应力法为基础进行无砟轨道结构设计,在弯矩作用下,其正截面应力计算采用如下基本假定:

(1)截面保持平面。
(2)受压区混凝土的法向应力图形取为三角形。
(3)对钢筋混凝土构件,受拉区混凝土不参与工作,拉力全部由纵向钢筋承受,对要求不出现裂纹的预应力混凝土构件,受拉区混凝土法向应力图形也取为三角形。
(4)在轴力作用下,单元式无砟轨道的截面应变保持平截面,对于连续式无砟轨道,假定温度力作用下,混凝土完全退出工作,不再符合平截面假定,全部拉力由钢筋承受。

市域铁路无砟轨道设计流程如图 4.18 所示。

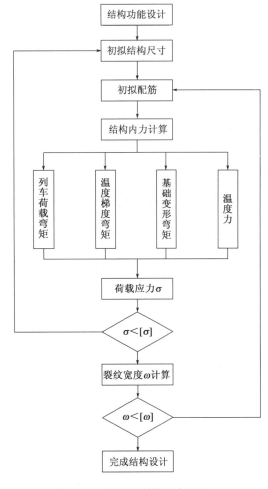

图 4.18 无砟轨道结构设计流程

4.3.2 荷载分类

无砟轨道结构设计中,将荷载按其作用性质和发生的概率分为主力、附加力、特殊荷载(表4.6)。主力是经常作用的荷载;附加力不是经常发生的荷载,或其最大值发生概率较小;特殊荷载是暂时的或者属于灾难性荷载,发生的概率是极小的。

无砟轨道的荷载分类 表4.6

荷载分类		荷载名称	荷载特性
主力	恒载	结构自重	在无列车荷载条件下,计算温度梯度或基础不均匀变形时,自重才有影响。结构自重在各项检算项目中不起控制作用,各种荷载组合中可不考虑
		混凝土收缩和徐变	单元式无砟轨道结构中混凝土收缩徐变影响小,一般不考虑。连续式结构中混凝土收缩徐变影响大,设计检算应予以考虑
	活载	列车荷载(设计轮载和常用轮载)	单独检算列车荷载时,取设计轮载,设计轮载为2倍静轮载,加载形式为单轴双轮。列车荷载与其他荷载组合时,取常用轮载,常用轮载为1.5倍静轮载,加载形式为单轴双轮
		温度应力(最大温度力和常用温度力)	在专门检算温度力的情况下,采用最大温度力,即考虑一年为周期的年温度变化。在与列车荷载组合时,采用常用温度力,以日温度变化计算
		翘曲应力	最大温度梯度是历年统计得到的最大值,若干年才出现一次,对温度梯度影响单独计算时才使用最大温度梯度。当温度梯度与其他荷载组合时,则应采用常用温度梯度,按最大温度梯度的一半取值
		梁体挠曲变形	桥梁挠曲变形与竖向列车荷载同时发生,作为主力活载。
		伸缩力或挠曲力	桥上纵连式无砟轨道结构,桥梁伸缩或挠曲变形会引起无砟轨道结构中产生伸缩力和挠曲力,设计时作为主力。单元式结构则无须考虑伸缩力或挠曲力
附加力		制动力和牵引力	制动力和牵引力发生的概率较列车竖向荷载小,故作为附加力。对于单元式结构,主体结构检算不考虑制动力和牵引力。桥上纵连式无砟轨道结构,需考虑制动力和牵引力
特殊荷载		路基不均匀沉降	路基不均匀沉降发生的概率很小,因此作为特殊荷载
		墩台不均匀沉降	墩台不均匀沉降发生的概率很小,因此单元式无砟轨道结构无须考虑
		隧道不均匀沉降	隧道不均匀沉降发生的概率很小,因此单元式无砟轨道结构无须考虑

注:桥上无缝线路挠曲力和制动力计算应选择相应的桥梁设计标准活载,根据桥梁跨度截取活载长度并换算成均布荷载。

4.3.3 荷载组合

无砟轨道结构设计计算的荷载组合原则是能够真实地反应无砟轨道的受力,对于单元式无砟轨道,列车荷载是主要的,荷载弯矩是配筋的主要依据,温度力对配筋的影响较小,基本可以不考虑;而连续式无砟轨道,温度影响与列车荷载同样重要,混凝土收缩也是影响配筋的主要因素。

考虑无砟轨道结构及受力特点,设计荷载取值及荷载组合中考虑如下因素:

(1)底座不考虑温度梯度。

(2)单元轨道板不考虑温度升降和混凝土收缩徐变。

(3) 轨道结构横向设计不考虑基础变形。
(4) 隧道内不考虑温度梯度。
(5) 整体温降洞外取40℃,洞内取15℃。
(6) 混凝土徐变降温,按照等效降温10℃考虑。
(7) 轨道板考虑路基、桥梁和隧道是统一的,正常状况下使用检算裂缝宽度及承载能力检算强度。

单元结构作用组合见表4.7,纵连结构作用组合见表4.8。

单元结构作用组合 表4.7

项 目		荷 载 组 合	检算内容
单元轨道板（路基）	主力组合Ⅰ	列车设计荷载	强度和裂缝
	主力组合Ⅱ	列车疲劳荷载+常用温度梯度	强度和裂缝
	特殊荷载组合	列车疲劳荷载+常用温度梯度+路基不均匀沉降	强度
单元轨道板（桥梁）	主力组合Ⅰ	列车设计荷载	强度和裂缝
	主力组合Ⅱ	列车疲劳荷载+常用温度梯度+桥梁挠曲	强度和裂缝
单元轨道板（隧道）	主力组合	列车设计荷载	强度和裂缝
单元底座（路基）	主力组合Ⅰ	列车设计荷载	强度和裂缝
	主力组合Ⅱ	列车疲劳荷载+整体温度+混凝土收缩	强度和裂缝
	特殊荷载组合	列车疲劳荷载+整体温度+混凝土收缩+路基不均匀沉降	强度
单元底座（桥梁）	主力组合Ⅰ	列车设计荷载	强度和裂缝
	主力组合Ⅱ	列车疲劳荷载+桥梁挠曲	强度和裂缝
单元底座（隧道）	主力组合Ⅰ	列车设计荷载	强度和裂缝
	主力组合Ⅱ	列车疲劳荷载+整体温度+混凝土收缩	强度和裂缝

纵连结构作用组合 表4.8

项 目		荷 载 组 合	检算内容
连续道床板（路基）	主力组合Ⅰ	列车设计荷载	强度和裂缝
	主力组合Ⅱ	列车疲劳荷载+常用温度梯度+整体温度+混凝土收缩	强度和裂缝
	特殊荷载组合	列车疲劳荷载+常用温度梯度+整体温度+混凝土收缩+路基不均匀沉降	强度
连续道床板（隧道）	主力组合Ⅰ	列车设计荷载	强度和裂缝
	主力组合Ⅱ	列车疲劳荷载+整体温度+混凝土收缩	强度和裂缝

4.3.4 检算项目与容许限值

无砟轨道主体结构一般采用钢筋混凝土或预应力混凝土结构,如轨道板、道床板、底座板等,检算项目主要为混凝土和钢筋强度(包括混凝土压应力、钢筋拉应力)、疲劳强度以及裂缝宽度,全预应力混凝土结构不允许开裂,部分预应力混凝土结构裂缝宽度应在容许限值内。

混凝土、钢筋应力及裂纹等主要容许限值参考《铁路桥涵混凝土结构设计规范》(TB

10092—2017)及《混凝土结构设计规范(2015年版)》(GB 50010—2010)确定,考虑到不同荷载发生的概率不同,不同荷载组合时,结构设计应有不同的安全储备,采用的安全系数应有所区别,反映在设计上的材料容许应力不同。主力作用下的安全系数要求高一些,附加力和特殊荷载则可以低一些,在设计中以主力作用时的容许应力或安全系数为基数,其他荷载组合时将容许应力分别乘以不同的系数或采用不同的安全系数。

不同荷载组合作用下,无砟轨道设计检算项目容许限值也不同。主力组合作用下的检算限值应当满足主力作用下的允许限值。主力+附加力作用下检算项目与主力组合作用下相同,各项结算指标应满足主力+附加力作用下的容许限值。主力+附加力组合检算限值按主力限值乘以1.3计算。特殊荷载作用下,检算钢筋混凝土和预应力混凝土的结构强度(包括混凝土压应力、钢筋拉压力)时不需检算裂缝宽度,使之满足特殊荷载作用下的允许限值即可。

(1)混凝土容许应力

根据《铁路桥涵混凝土结构设计规范》(TB 10092—2017),混凝土极限强度和容许应力见表4.9、表4.10。

混凝土的极限强度(单位:MPa) 表4.9

强度种类	符号	混凝土强度等级							
		C25	C30	C35	C40	C45	C50	C55	C60
轴心抗压	f_c	17.0	20.0	23.5	27.0	30.0	33.5	37.0	40.0
轴心抗拉	f_{ct}	2.00	2.20	2.50	2.70	2.90	3.10	3.30	3.50

混凝土的容许应力(单位:MPa) 表4.10

序号	应力种类	符号	混凝土强度等级							
			C25	C30	C35	C40	C45	C50	C55	C60
1	中心受压	$[\sigma_c]$	6.8	8.0	9.4	10.8	12.0	13.4	14.8	16.0
2	弯曲受压及偏心受压	$[\sigma_b]$	8.5	10.0	11.8	13.5	15.0	16.8	18.5	20.0

(2)钢筋容许应力

普通钢筋及预应力钢筋抗拉强度标准值应见表4.11。

钢筋抗拉强度标准值(单位:MPa) 表4.11

强度	种类				
	普通钢筋 f_{sk}			预应力螺纹钢筋 f_{pk}	
	HPB300	HPB400	HPB500	PSB830	PSB980
抗拉强度标准值	300	400	500	830	980

钢筋的容许应力见表4.12。

钢筋容许应力(单位:MPa) 表4.12

类别	主力	主力+附加力	施工临时荷载	主力+特殊荷载
HPB300钢筋	160	210	230	240
HPB400钢筋	210	270	297	315
HPB500钢筋	260	320	370	390

(3)裂缝宽度计算公式及容许值

无砟轨道的结构裂缝宽度检算可根据《铁路桥涵混凝土结构设计规范》(TB 10092—2017)进行计算,受弯及偏心受压构件的计算裂缝宽度可按式(4.12)~式(4.15)计算:

$$w = K_1 K_2 r \frac{\sigma_s}{E_s} \left(80 + \frac{8 + 0.4d}{\sqrt{\mu_z}}\right) \tag{4.12}$$

$$K_2 = 1 + \alpha \frac{M_1}{M} + 0.5 \frac{M_2}{M} \tag{4.13}$$

$$\mu_z = \frac{(\beta_1 n_1 + \beta_2 n_2 + \beta_3 n_3) A_{s1}}{A_{c1}} \tag{4.14}$$

$$A_{c1} = 2ab \tag{4.15}$$

式中:K_1——钢筋表面形状影响系数,对光圆钢筋 $K_1 = 1.0$,带肋钢筋 $K_1 = 0.72$;

K_2——荷载特征影响系数;

α——系数,对光钢筋取 0.5,对带肋钢筋取 0.3;

M_1——可变作用下的弯矩(MN·m);

M_2——永久作用下的弯矩(MN·m);

M——全部计算荷载作用下的弯矩(MN·m);

r——中性轴至受拉边缘的距离与中性轴至受拉钢筋重心的距离之比,对梁和板,r 可分别采用 1.1 和 1.2;

σ_s——作用组合效应下受拉钢筋重心处的钢筋应力(MPa);

E_s——钢筋的弹性模量(MPa);

d——受拉钢筋直径(mm);

μ_z——受拉钢筋的有效配筋率;

n_1、n_2、n_3——单根,两根一束,三根一束的受拉钢筋根数;

β_1、β_2、β_3——考虑成束钢筋的系数,对单根钢筋 $\beta_1 = 1.0$,两根一束 $\beta_2 = 0.85$,三根一束 $\beta_3 = 0.70$;

a——受拉区混凝土高度(mm);

b——受拉区混凝土宽度(mm);

A_{s1}——单根钢筋的截面积(m²);

A_{c1}——与受拉钢筋相互作用的受拉混凝土面积,取为与受拉钢筋重心相重的混凝土面积(m²)。

对于无砟轨道结构裂缝宽度容许值,参考《混凝土结构设计规范(2015年版)》(GB 50010—2010),保护层厚度 c 为 30mm 时,室外环境以及室内潮湿环境条件下的裂纹宽度容许值为 0.2mm,室内正常环境下的裂纹宽度容许限值为 0.3mm。当保护层厚度变化时,裂纹宽度容许值按 $0.2 \times c/30$mm 进行换算。

4.4 市域铁路桥上新型无砟轨道研究

4.4.1 市域铁路无砟轨道选型

(1)轨道结构设计原则

无砟轨道是列车运行的基础,它承载列车重量,引导列车前进并传递动荷载至轨道基础上,故轨道应有足够的强度、稳定性及弹性,才能保证列车运行的安全和平稳,并减少轮轨间的冲击与振动。因此市域铁路无砟轨道结构设计时应遵循以下原则:

①轨道选型应满足市域铁路近、远期设计输送能力的要求。

②轨道结构应具有足够的强度、稳定性和适量的弹性,确保行车安全、平稳及旅客乘车的舒适度。

③轨道结构应具有良好的耐久性,尽可能减少养护维修工作量、延长使用寿命和线路的大、中修周期。

④轨道设计应根据环境保护的要求,合理选择减振措施,减少运营中产生的振动和噪声污染,把市域列车运行产生的噪声、振动对环境的影响控制在国家环保标准允许的范围内,并有适当裕量。

⑤轨道结构设计应采用成熟、先进的技术和施工工艺。

(2)有砟与无砟轨道比选分析

市域铁路的显著特点是大客流、公交化、高密度、天窗点维修,轨道结构选型要满足平顺、舒适、少维修的要求。市域铁路轨道选型要考虑以下因素:

①减少维修工作量

市域铁路主要运营特点之一就是高密度,因此不同于传统的普速铁路在白天利用行车间隙进行轨道维修的模式,高速铁路、地铁和市域铁路轨道维修都是利用夜间"天窗"点完成。夜间维修时间短,一般不超过4h;工作环境差,夜间需要照明,工作面小;市域铁路运营后轨道养护维修条件困难,因此要求轨道结构维修工作量小。

无砟轨道结构几何形位保持能力强,运营期间维修工作主要就是扣件复拧等,基本上不需要进行大的维修,有砟轨道几何形位保持能力相对较弱。根据国内外相关维修经验,有砟轨道维修的绝大部分工作是碎石道床维修,因此,有砟轨道结构难以适应市域铁路高密度的运营特点。

②夜间维修噪声的影响

市域铁路一般穿越主城区或城镇,沿线环境敏感点多,不仅要求运营期间轮轨振动和噪声满足国家相关标准要求,而且还要考虑轨道结构维修产生的噪声对周围环境的影响。市域铁路高架段为露天结构,若采用有砟轨道,需要定期进行夜间大机养护作业,产生的振动和噪声将严重影响沿线居民的正常生活。

温州市域铁路穿越城市人口稠密地区,全线以桥梁、隧道为主,桥隧比为94.34%,对基础沉降控制较为有利,对桥梁景观和环境保护要求较高。要求轨道二期恒载小和少维修,故温州市域铁路S1线轨道结构高架和地下段采用了无砟轨道。

(3)无砟轨道结构形式比选

目前,国内国铁和城市轨道交通采用的无砟轨道(整体道床)种类较多,市域铁路轨道结构形式不能盲目照搬国铁、地铁,而应该针对市域铁路运输特点,综合分析安全性、经济性、可施工性、可维修性,通过技术经济比选来科学、合理地确定。

无砟轨道(整体道床)从施工工艺来说,可以分为预制轨道板式和现浇整体道床(包括弹性支承块、双块式、长轨枕和短轨枕道床),常见几种无砟轨道(整体道床)结构的优缺点比较见表4.13。

第4章 市域铁路无砟轨道结构设计与应用

主要无砟轨道(整体道床)结构性能比较表　　　　　　　　表4.13

名称	优点	缺点	经济性
弹性支承块式无砟轨道	(1)橡胶套靴及块下大垫板可以提供一定弹性; (2)支承块下灌浆甚至更换较方便,可维修性好	(1)不能应用于露天区间,铺设范围受限; (2)套靴及垫板采购质量控制困难; (3)轨距保持能力在速度超过160km/h时困难,结构可靠性有待运营检验	比双块式无砟轨道高,比板式轨道低
双块式无砟轨道	(1)主要结构材料为混凝土圬工,环境适应性强,结构耐久性好; (2)由下往上施工,可施工性好,与下部结构适应性强; (3)结构受力合理,计算参数明确,可靠性好	(1)路基地段若采用连续道床板结构,混凝土裂纹控制困难; (2)预制双块式轨枕与现场浇筑道床板混凝土结合面易开裂; (3)轨枕存放期桁架钢筋锈蚀	经济性好
CRTS Ⅰ型板式无砟轨道	(1)路、桥、隧地段均为单元结构,结构受力合理; (2)一定范围内沉降,可在轨道板与CA砂浆之间灌注填充材料,可维修性好	(1)结构可靠性受CA砂浆质量影响较大,而后者受气候、材料、施工工艺影响较大; (2)相比较梁中采用圆形凸台,梁端采用半圆形凸台,尤其在大跨度桥梁地段其结构设计不合理	比CRTS Ⅱ型板式无砟轨道低
CRTS Ⅱ型板式无砟轨道	(1)对于大跨度桥梁适应性好,一定范围内大跨度桥梁可以避免设置钢轨伸缩调节器,有利于线路平顺性; (2)轨道板预制精度高,可减少铺板后轨道板调整量	(1)纵连结构,尤其是在桥梁地段结构受力复杂; (2)底座板、轨道板均为纵向受力连续体,特殊情况下断板修复困难; (3)CA砂浆、"二布一膜"等有机材料均参与结构纵、横向受力,影响结构使用性,因此对其他材料性能、耐久性、施工工艺要求高	造价最高
CRTS Ⅲ型板式无砟轨道	(1)结构受力机理清晰,主要设计参数清晰; (2)自密实混凝土相比较CA砂浆等有机材料耐久性好	自密实混凝土施工质量不易控制	比双块式无砟轨道高
长枕埋入式无砟轨道	(1)结构整体性好,由下往上施工,可施工性好,与下部结构适应性强; (2)结构受力合理,计算参数明确,可靠性好	(1)主要缺点同双块式; (2)长轨枕与道床板新老混凝土接触面大,裂纹控制更加困难	与CRTS Ⅰ型板式无砟轨道相当
短枕式整体道床	(1)道床板为带状结构,圬工量少,短轨枕施工方便,结构经济性好; (2)结构受力机理清晰,主要设计参数明晰; (3)结构材料主要为钢筋混凝土圬工,结构可靠性、耐久性好	对速度为120km/h的适用性有待验证	经济性好

主要无砟轨道结构性能比较结论为：

（1）CRTS Ⅰ、CRTS Ⅱ、CRTS Ⅲ型三种板式无砟轨道都能满足市域铁路的使用要求，但其造价较高，施工工艺复杂，二期恒载较大。

（2）短枕式整体道床由于只有城市轨道交通低速应用经验，且从结构设计分析，其高速条件下轨距保持能力不足。

（3）弹性支承块式无砟轨道适用于非露天区间，使用地段受限。

（4）长枕式无砟轨道新老混凝土接触面大、侧面裂纹控制困难。

综上所述，双块式无砟轨道经济性和可施工性均较好，结构进一步优化的空间大，对市域铁路轨道减振需求适应性强，因此，温州市域铁路采用了双块式无砟轨道。

4.4.2 桥上新型双块式无砟轨道方案研究

（1）结构特点

市域铁路无砟轨道选型和结构设计在满足安全的前提下应考虑尽量结构简单、二期恒载小、经济性好。笔者在借鉴高铁双块式无砟轨道结构设计理念的基础上，结合温州市郊铁路轴重和行车速度等实际情况，研发了一种桥上新型无底座双块式无砟轨道，如图4.19、图4.20所示，开展了桥上双块式无砟轨道结构创新设计，保留了双块式轨枕和道床结构稳定、施工方便的特点，取消混凝土底座，道床直接构筑在桥面上，桥上无砟道床采用C40混凝土现浇结构。轨道结构高度为560mm，减少了轨道二期恒载，降低了工程造价。

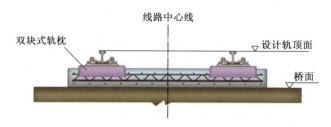

图4.19　桥上无底座双块式无砟轨道效果图

图4.20　桥上无底座双块式无砟轨道

（2）市域铁路无挡肩双块式轨枕

双块式轨枕枕重量轻，搬运方便，钢桁架可精确保持轨道几何形位，轨枕与现浇道床间的新老混凝土接合面小，轨枕和道床之间的连接牢固、可靠，在目前国内高铁及城际铁路中广泛应用。双块式轨枕分有挡肩和无挡肩两种形式，有挡肩轨枕抗横向力能力较好，在高铁上应用较多，但不适用于市域铁路和设置减振扣件的地段。温州市域铁路穿越中心城区，大量采用减振扣件，因此应针对减振扣件的需求研发市域铁路无挡肩双块式轨枕，如图4.21

所示。

无挡肩双块式轨枕的优点是对扣件接口的适应性强,同一种轨枕的预埋套管可以同时满足普通和减振两种扣件的安装需求,全线只需采用一种类型轨枕,便于制造、施工和维保,有利于标准化和简统化。温州市域沿线预留

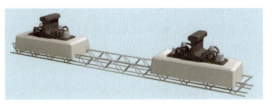

图 4.21　无挡肩双块式轨枕

了大量后期物业待开发地块,需要预留轨道减振等级升级改造的条件,该轨枕可以实现运营后普通扣件快速更换为减振扣件,改善开发物业的环境条件,这对于市域铁路沿线和站点土地利用和综合开发是非常重要的。

(3)无砟轨道设计方案

①结构组成

桥上新型无底座双块式无砟轨道由钢轨、扣件、双块式轨枕、道床板等组成,无砟轨道结构高度为 560mm。桥上双块式无砟轨道如图 4.22、图 4.23 所示。

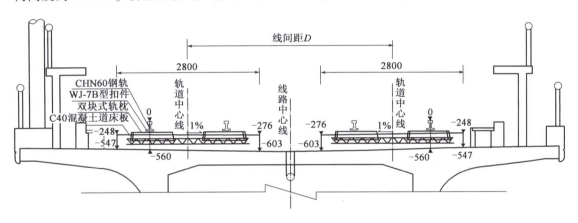

图 4.22　桥上双块式无砟轨道横断面图(尺寸单位:mm)

图 4.23　桥上双块式无砟轨道

②钢轨

采用定尺长 25m、60kg/m、U75V 无螺栓孔新钢轨。钢轨的形式、尺寸及技术条件应符合《43kg/m～75kg/m 钢轨订货技术条件》(TB/T 2344—2012)的要求。

③扣件

正线桥梁及地下线地段采用 WJ-7B 扣件,扣件应满足 WJ-7B 型扣件相关技术标准的要求。

④双块式轨枕

采用市域铁路双块式轨枕,双块式轨枕混凝土强度等级为 C60,由两个轨枕块用两组钢筋桁架连接而成,轨枕内设置箍筋,箍筋与钢筋采用固定件定位。轨枕质量符合双块式混凝土轨枕相关技术要求。轨枕间距一般取 625mm,不宜小于 600mm。

⑤道床

高架线道床板为分块结构,采用 C40 混凝土现浇结构,高 305mm,宽 2800mm,每块道床板长度一般为 5~7m,板与板之间设 100mm 宽的伸缩缝。

⑥轨道结构高度

轨道结构高度为 560mm。

⑦综合接地

无砟轨道中的接地钢筋利用道床板内结构钢筋,每块道床板设三根纵向接地钢筋,即道床板上层轨道中心处的一根钢筋和最外侧的两根钢筋。每块道床板内设一根横向接地钢筋。纵横向接地钢筋交叉点应焊接。

每块道床板两端设接地端子,接地端子间采用截面积为 200mm² 的不锈钢缆连接,每根不锈钢缆一般情况下长 0.4m,如遇到道床板间距离较大时,连接的不锈钢缆长度根据现场实际情况确定。道床板接地每 100m 形成一个接地单元,接地单元中部与"贯通地线"单点"T"形可靠连接,相邻接地单元之间的接地端子不连接。

⑧超高设置

曲线外轨超高设置的主要设计原则如下:

a. 曲线实设最大超高允许值为 150mm;曲线欠超高及过超高一般不大于 70mm,困难条件下不大于 90mm;实设超高与欠超高之和的允许值一般取 220mm,困难情况取 240mm;欠、过超高之和的允许值一般取 110mm,困难情况取 150mm。

b. 超高顺坡在缓和曲线上完成,超高顺坡率值不应大于 $1/9V_{max}$,困难条件下不应大于 $1/7V_{max}$。超高顺坡率不应大于 2‰。

c. 曲线地段超高采用外轨抬高方式设置,设置在道床板上,并均在缓和曲线全长范围内线性顺坡完成。

⑨排水设计

高架线无砟轨道地段通过设置横向伸缩缝和道床面排水横坡,结合桥面排水坡及泄水孔的设置要求综合考虑排水。无砟轨道为分块结构,每隔 5~7m 设宽度为 100mm 的伸缩缝,道床板外侧向线路中心设 1% 的单向排水坡,将桥面积水导向桥梁中部,通过梁面中心设置的泄水孔排出。

⑩底座与桥梁间连接设计

底座与桥梁间采用预埋钢筋连接。

4.4.3 设计参数影响分析

本节针对市域铁路桥梁新型无砟轨道结构开展相关参数化研究,分析道床板厚度、宽度、长度以及扣件间距和刚度对无砟轨道受力和变形的影响,为无轨轨道结构的优化设计提供技术基础。

市域铁路桥梁地段的双块式无砟轨道分析的主要计算参数:钢轨为 60kg/m 钢轨,扣件采用 WJ-7B 型扣件,桥面支承刚度取 1000MPa/m。主要考虑温度梯度荷载和列车的影响,正温度梯度取 50℃/m,负温度梯度取 25℃/m;列车荷载轴重取 17t,动载系数取 2.0。道床板采用 C40 混凝土。

(1)道床厚度的影响研究

在道床板厚度影响分析时,结合现场情况板厚分别取 265mm、285mm、305mm、325mm、345mm,板宽取 2800mm,板长取 6150mm,板缝 100mm,扣件间距 625mm,其中板厚 305mm 为标准工况。

①列车荷载作用

采用有限元模型计算了不同厚度(265mm、285mm、305mm、325mm、345mm)的道床板在列车荷载作用下的受力变形,板厚 305mm 工况道床板的受力变形云图如图 4.24 所示。

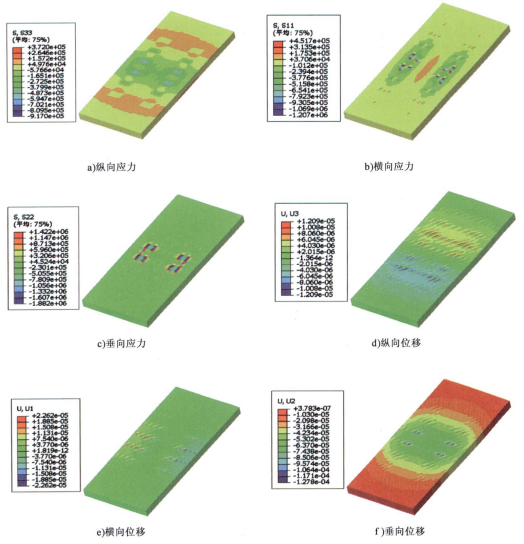

图 4.24 道床板受力变形云图

由图 4.25 可知,在列车荷载作用下,道床板对应扣件位置会出现一定程度的应力集中现象,道床板的横向和纵向位移相对较小。不同厚度的道床板在列车荷载作用下的受力和变形如表 4.14 所示。

道床板受力和变形   表4.14

板厚(mm)	纵向应力(MPa)	横向应力(MPa)	纵向位移(mm)	垂向位移(mm)
265	0.435(−0.942)	0.497(−1.281)	1.450(−1.897)	−0.132
285	0.386(−0.930)	0.482(−1.245)	1.445(−1.886)	−0.130
305	0.372(−0.917)	0.452(−1.207)	1.422(−1.882)	−0.128
325	0.332(−0.909)	0.393(−1.180)	1.420(−1.883)	−0.127
345	0.299(−0.902)	0.384(−1.156)	1.418(−1.885)	−0.126

道床板应力和垂向位移随板厚的变化曲线如图4.25、图4.26所示。道床板垂向位移随板厚的增加而增加,但整体量值较小,变化幅度也较小。主要原因在于,道床板直接铺设在桥面上,桥面的支承刚度非常大,板厚对道床板的垂向变形影响有限。

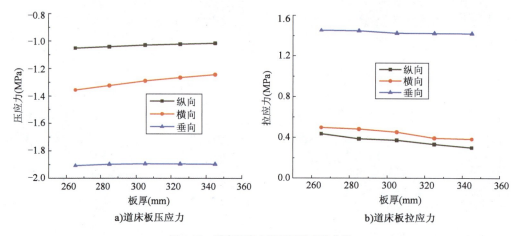

图4.25 道床板应力随板厚的变化曲线

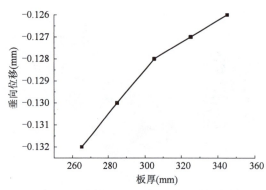

图4.26 道床板垂向位移随板厚的变化曲线

道床板在列车荷载作用下的纵向弯矩和横向弯矩随板厚的变化曲线如图4.27~图4.29所示。道床板的纵、横弯矩随着道床板厚度的增加而增大,尤其是道床板的纵向弯矩变化较为明显,纵向弯矩对板厚的增加较为敏感。虽然道床板厚度的增加会引起道床板弯矩的增大,但由于其截面的加大,对道床板各个方向的应力影响很小。

②温度梯度荷载作用

a. 正温度梯度

采用有限元模型计算了不同厚度的道床板在正温度梯度荷载作用下的受力和变形,板厚305mm时道床板的受力变形云图如图4.30所示。在正温度梯度荷载作用下,道床板的垂向拉应力相对较小。

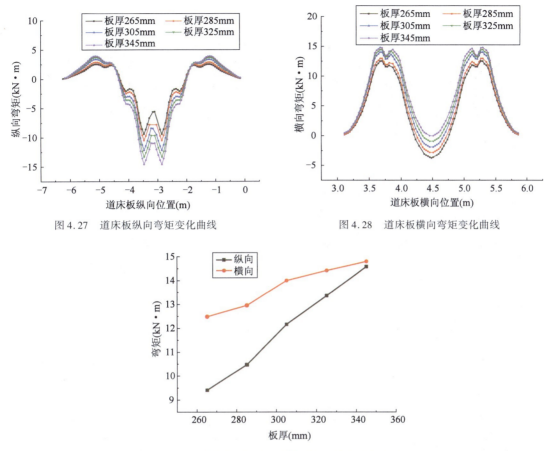

图4.27 道床板纵向弯矩变化曲线　　　图4.28 道床板横向弯矩变化曲线

图4.29 道床板纵横向弯矩最大值随板厚的变化曲线

不同厚度的道床板在正温度梯度荷载作用下的受力和变形如表4.15所示。随着板厚的增加,在正温度梯度荷载作用下道床板各个方向的变形均有所增加,道床板的纵向拉应力和压应力也有不同程度的增加,横向应力没有明显变化规律。

在正温度梯度荷载作用下道床板纵向应力和位移随板厚的变化曲线如图4.31所示。道床板的纵向压应力以及各方向的变形均随着板厚的增加整体呈线性增加的趋势,道床板的纵向拉应力呈一定的非线性增加的趋势。随着板厚的增加,道床板的横向和垂向变形增加速度相当,纵向位移增加的速度相对较大。

道床板受力和变形　　　　　　　　　　　表4.15

板厚 (mm)	纵向应力 (MPa)	横向应力 (MPa)	纵向位移 (mm)	垂向位移 (mm)	横向位移 (mm)
265	1.186(−2.531)	1.410(−1.722)	0.194	0.137	0.085
285	1.229(−2.715)	1.398(−1.762)	0.214	0.151	0.099
305	1.525(−2.893)	1.562(−1.768)	0.234	0.166	0.115
325	1.576(−3.067)	1.517(−1.770)	0.256	0.181	0.130
345	1.635(−3.235)	1.467(−1.758)	0.277	0.196	0.144

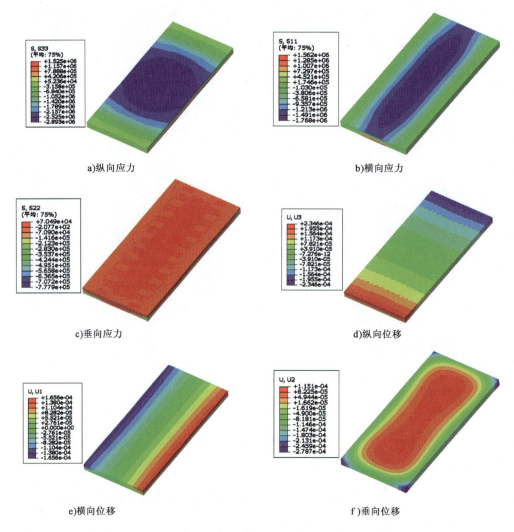

a) 纵向应力

b) 横向应力

c) 垂向应力

d) 纵向位移

e) 横向位移

f) 垂向位移

图 4.30　道床板受力变形云图

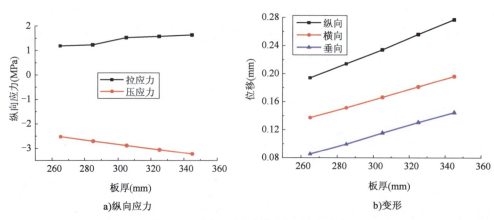

a) 纵向应力

b) 变形

图 4.31　道床板受力变形随板厚变化曲线

道床板在正温度梯度荷载作用下的纵向弯矩和横向弯矩随板厚的变化曲线如图 4.32、图 4.33 所示。道床板在正温度梯度荷载作用下的纵向弯矩和横向弯矩随板厚变化曲线如图 4.34 所示。在正温度梯度荷载作用下,板厚的增加会导致道床板横向和纵向弯矩的增大,且两者整体均呈线性变化的趋势。

b. 负温度梯度

采用有限元模型计算了不同厚度的道床板在负温度梯度荷载作用下的受力和变形,板厚 305mm 时道床板的受力变形云图如图 4.35 所示。在负温度梯度荷载作用下,道床板的垂向应力和横向位移相对较小。

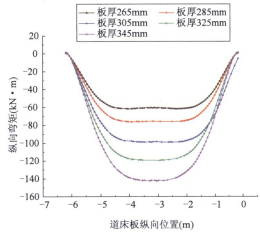

图 4.32 道床板纵向弯矩随板厚的变化曲线

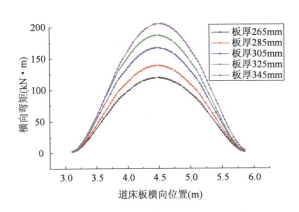

图 4.33 道床板横向弯矩随板厚的变化曲线

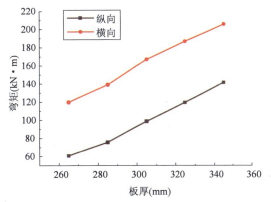

图 4.34 道床板纵横向弯矩最大值随板厚的变化曲线

不同厚度的道床板在负温度梯度荷载作用下的受力和变形如表 4.16 所示。随着板厚的增加,道床板的纵向拉应力和压应力以及纵向位移和垂向位移均有着不同程度的增加,横向应力没有明显变化规律。

道床板受力和变形 表 4.16

板厚(mm)	纵向应力(MPa)	横向应力(MPa)	纵向位移(mm)	垂向位移(mm)
265	1.263(−0.591)	0.846(−0.693)	0.097	0.105
285	1.355(−0.612)	0.864(−0.686)	0.107	0.117
305	1.444(−0.760)	0.865(−0.765)	0.118	0.131
325	1.530(−0.786)	0.865(−0.742)	0.128	0.143
345	1.614(−0.815)	0.858(−0.717)	0.139	0.156

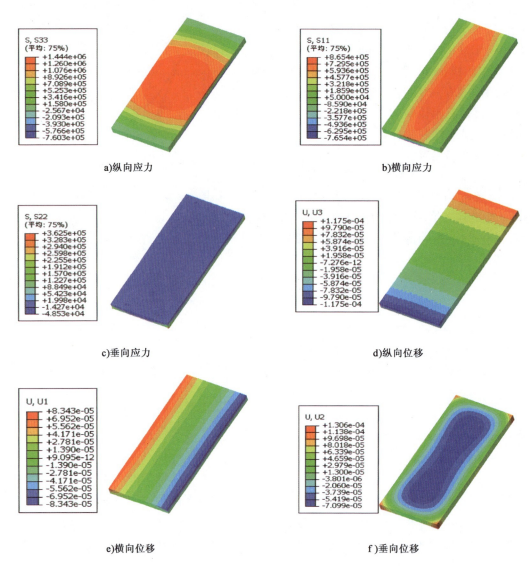

图 4.35 道床板受力变形云图

在负温度梯度荷载作用下道床板纵向应力和位移随板厚的变化曲线如图 4.36 所示。在负温度梯度荷载作用下,道床板的纵向拉应力以及纵向和垂向的变形均随着板厚的增加整体呈线性增加的趋势,道床板的纵向压应力呈一定的非线性增加的趋势。综合正负温度梯度荷载作用下道床板的受力变形情况可知,随着板厚的增加,会一定程度增加道床板的温度效应,但道床板的变形整体量值相对较小,原因是道床板通过预留套筒直接与桥面连在一起,各个方向均受桥面的约束作用,由此导致道床板各个方向整体位移均较小。

道床板在负温度梯度荷载作用下的纵向弯矩和横向弯矩随板厚的变化曲线如图 4.37、图 4.38 所示。道床板在负温度梯度荷载作用下的纵向弯矩和横向弯矩随板厚的变化曲线如图 4.39 所示。在负温度梯度荷载作用下,板厚的增加会导致道床板横向和纵向弯矩的增大,且两者整体均呈线性变化的趋势。

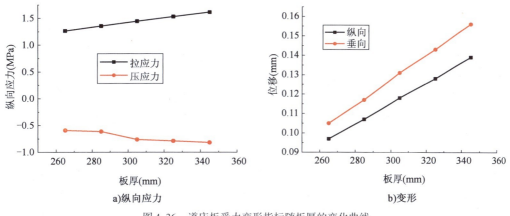

图 4.36 道床板受力变形指标随板厚的变化曲线

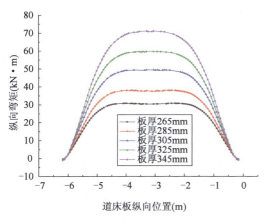

图 4.37 道床板纵向弯矩变化曲线

图 4.38 道床板横向弯矩变化曲线

(2) 道床宽度的影响研究

在道床板宽度影响分析时,板宽分别取 2600mm、2800mm、3000mm,其中 2800mm 为标准板宽。板长取 6150mm,板缝 100mm,扣件间距 625mm,板厚 305mm。

① 列车荷载作用

采用有限元模型计算了不同宽度的道床板在列车荷载作用下的受力变形,板宽 2600mm 时道床板的受力变形云图如图 4.40 所示。

不同宽度的道床板在列车荷载作用下的受力和变形计算结果如表 4.17 所示。随着板宽

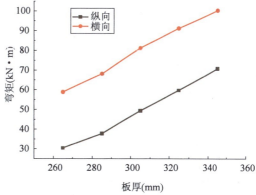

图 4.39 道床板纵横向弯矩最大值随板厚的变化曲线

的增加,道床板的纵向应力变化规律不明显,道床板的横向拉应力和压应力以及垂向拉应力和压应力均随着板宽的增加而增加,当板宽由 2600mm 增加至 3000mm 时,道床板横向拉应力增加了 12.5%,垂向拉应力增加了 5.6%,板宽的变化对道床板的横向应力变化的影响更为明显。在列车荷载作用下,随着板宽的增加,道床板的垂向位移逐渐减小,但整体量值变

化幅度相对较小。

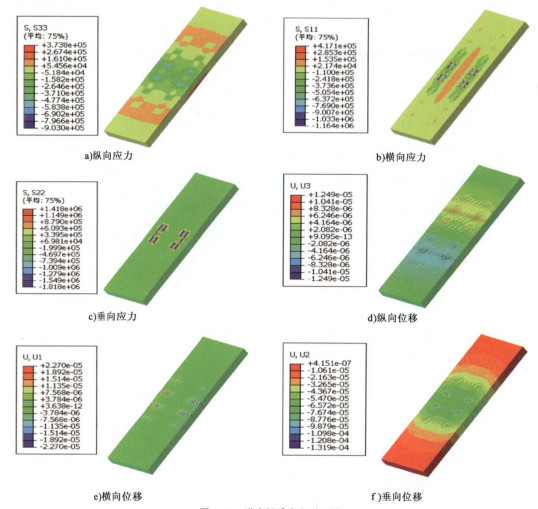

图4.40 道床板受力变形云图

道床板受力变形指标　　　　　　　　　　　　　　　　　　表4.17

板宽 （mm）	纵向应力 （MPa）	横向应力 （MPa）	纵向位移 （mm）	垂向位移 （mm）
2600	0.374（-0.903）	0.417（-1.164）	1.418（-1.818）	-0.132
2800	0.372（-0.917）	0.452（-1.207）	1.422（-1.882）	-0.128
3000	0.371（-0.925）	0.469（-1.235）	1.426（-1.921）	-0.125

　　道床板在列车荷载作用下的纵向弯矩和横向弯矩随板厚的变化曲线如图4.41、图4.42所示。随着道床板宽度的增加，道床板横向弯矩增大，而纵向弯矩变化幅度不大，道床板纵向弯矩对宽度的变化不敏感。随着道床板宽度的增加，轨下截面的横向正弯矩随之增大，板中截面的横向负弯矩随之减小，道床板宽度越宽，道床板横向正、负弯矩差别越大。

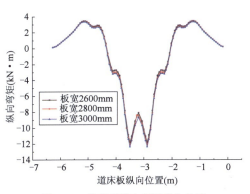

图 4.41 道床板纵向弯矩变化曲线

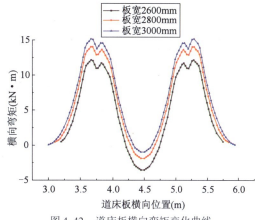

图 4.42 道床板横向弯矩变化曲线

② 温度梯度荷载作用

a. 正温度梯度

采用有限元模型计算了不同厚度的道床板在正温度梯度荷载作用下的受力和变形,板宽 2600mm 时道床板的受力变形云图如图 4.43 所示。

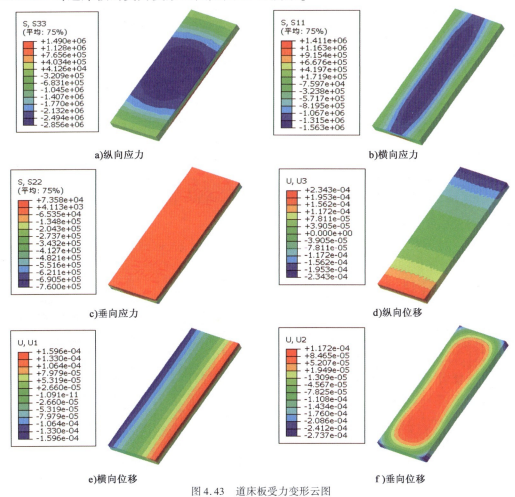

a) 纵向应力　　　　　　　　　　b) 横向应力

c) 垂向应力　　　　　　　　　　d) 纵向位移

e) 横向位移　　　　　　　　　　f) 垂向位移

图 4.43 道床板受力变形云图

不同宽度的道床板在正温度梯度荷载作用下的受力和变形如表 4.18 所示。在正温度梯度荷载作用下，随着板宽的增加，道床板的纵向和横向应力以及道床板的纵向和横向位移均随着板宽的增加而增加，而道床板的垂向位移逐渐减小。道床板的横向应力和横向位移变化幅值相对较大。

道床板受力变形指标　　　　　　　　　　表 4.18

板宽(mm)	纵向应力(MPa)	横向应力(MPa)	纵向位移(mm)	垂向位移(mm)	横向位移(mm)
2600	1.229(-2.715)	1.398(-1.762)	0.234	0.160	0.117
2800	1.525(-2.893)	1.562(-1.768)	0.235	0.166	0.115
3000	1.556(-2.926)	1.688(-1.954)	0.237	0.171	0.111

不同宽度道床板在正温度梯度荷载作用下的纵向弯矩和横向弯矩随板厚的变化曲线如图 4.44、图 4.45 所示。在正温度梯度荷载作用下，板宽的增加会导致道床板横向和纵向弯矩的增大，对横向弯矩的影响相对较大。

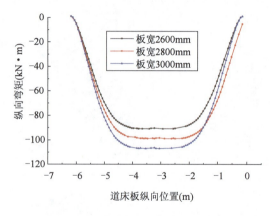

图 4.44　道床板纵向弯矩变化曲线

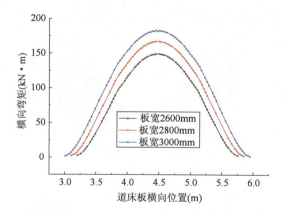

图 4.45　道床板横向弯矩变化曲线

b. 负温度梯度

采用有限元模型计算了不同宽度的道床板在负温度梯度荷载作用下的受力和变形，板宽 2600mm 时道床板的受力变形云图如图 4.46 所示。

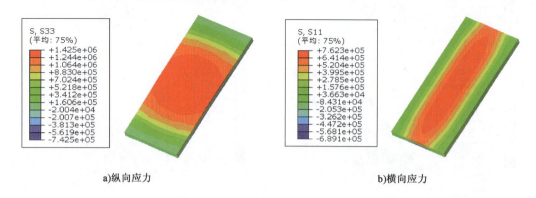

a) 纵向应力　　　　　　　　　　b) 横向应力

图　4.46

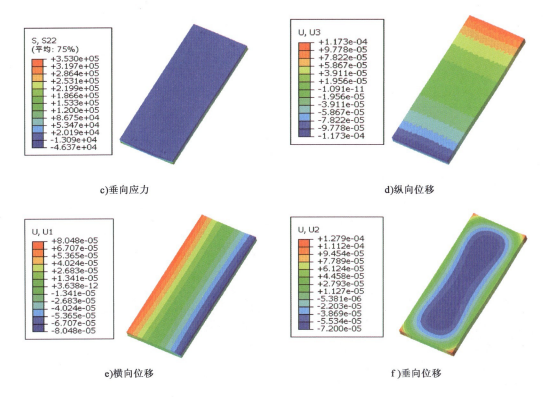

图 4.46 道床板受力变形云图

不同宽度的道床板在正温度梯度荷载作用下的受力和变形计算结果如表 4.19 所示。在负温度梯度荷载作用下,随着板宽的增加,道床板的纵向和横向应力以及道床板的纵向和垂向位移均随着板宽的增加而增加,整体变形幅值同样相对较小。

道床板受力和变形   表 4.19

板宽(mm)	纵向应力(MPa)	横向应力(MPa)	纵向位移(mm)	垂向位移(mm)
2600	1.425(−0.743)	0.762(−0.689)	0.117	0.128
2800	1.444(−0.760)	0.865(−0.765)	0.118	0.131
3000	1.460(−0.776)	0.959(−0.829)	0.119	0.132

道床板在正温度梯度荷载作用下的纵向弯矩和横向弯矩随板厚的变化曲线如图 4.47、图 4.48 所示。在负温度梯度荷载作用下,板宽的增加会导致道床板横向和纵向弯矩的增大,对横向弯矩的影响相对较大。

(3)道床单元长度的影响研究

在道床板长度影响分析时,板长分别取为 5525mm 和 6150mm。板厚取 305mm,板宽取 2800mm,板缝取 100mm。

①列车荷载作用

采用有限元模型计算了不同板长的道床板在列车荷载作用下的受力变形,板长 5525mm 时道床板的受力变形云图如图 4.49 所示。

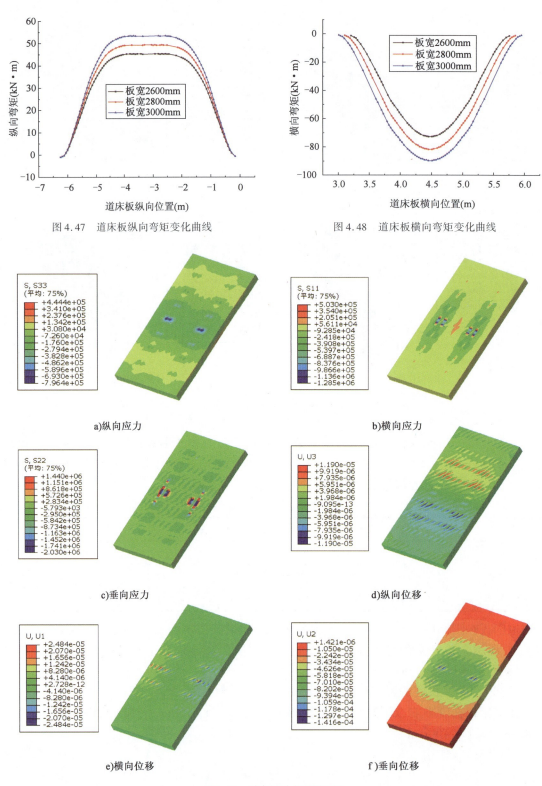

图4.47 道床板纵向弯矩变化曲线　　图4.48 道床板横向弯矩变化曲线

a)纵向应力

b)横向应力

c)垂向应力

d)纵向位移

e)横向位移

f)垂向位移

图4.49 道床板受力变形云图

不同板长的道床板在列车荷载作用下的受力和变形计算结果如表 4.20 所示。板长 6150mm 的垂向位移要小于板长 5525mm 时,减小了 9.9% 左右,横向和垂向拉应力和压应力以及纵向拉应力同样均有一定程度的减小,其中纵向拉应力减小幅值相对较大。

道床板受力和变形　　　　　　　　　　　　　　　　　表 4.20

板长(mm)	纵向应力(MPa)	横向应力(MPa)	纵向位移(mm)	垂向位移(mm)
5525	0.444(-0.796)	0.503(-1.285)	1.440(-2.030)	-0.142
6150	0.372(-0.917)	0.452(-1.207)	1.422(-1.882)	-0.128

道床板在列车荷载作用下的纵向弯矩和横向弯矩随板长的变化曲线如图 4.50、图 4.51 所示。板长的增加会导致道床板纵向弯矩的增大,而对横向弯矩基本没有影响。

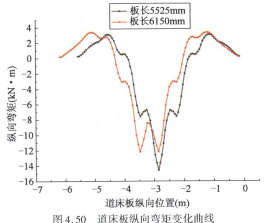

图 4.50　道床板纵向弯矩变化曲线

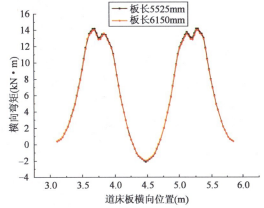

图 4.51　道床板横向弯矩变化曲线

②温度梯度荷载作用

a. 正温度梯度

采用有限元模型计算了不同板长的道床板在正温度梯度荷载作用下的受力和变形,板长 5525mm 时道床板的受力变形云图如图 4.52 所示。

不同长度的道床板在正温度梯度荷载作用下的受力和变形计算结果如表 4.21 所示。在正温度梯度荷载作用下,板长由 5525mm 增加至 6150mm 时,道床板的纵向位移和垂向位移均有不同程度的增加,纵向位移的增加幅值相对较为明显,垂向位移基本没有变化。在受力方面,随着板长的增加,道床板的纵向拉应力和横向应力均有一定程度的减小,其中纵向拉应力减小的幅值相对较大。

道床板受力和变形　　　　　　　　　　　　　　　　　表 4.21

板长(mm)	纵向应力(MPa)	横向应力(MPa)	纵向位移(mm)	垂向位移(mm)	横向位移(mm)
5525	1.636(-2.803)	1.567(-1.773)	0.223	0.165	0.115
6150	1.525(-2.893)	1.562(-1.768)	0.234	0.166	0.115

道床板在正温度梯度荷载作用下的纵向弯矩和横向弯矩变化曲线如图 4.53、图 4.54 所示。在正温度梯度荷载作用下,板长的增加会导致道床板横向弯矩的增大,对道床板纵向弯矩的影响相对较小。

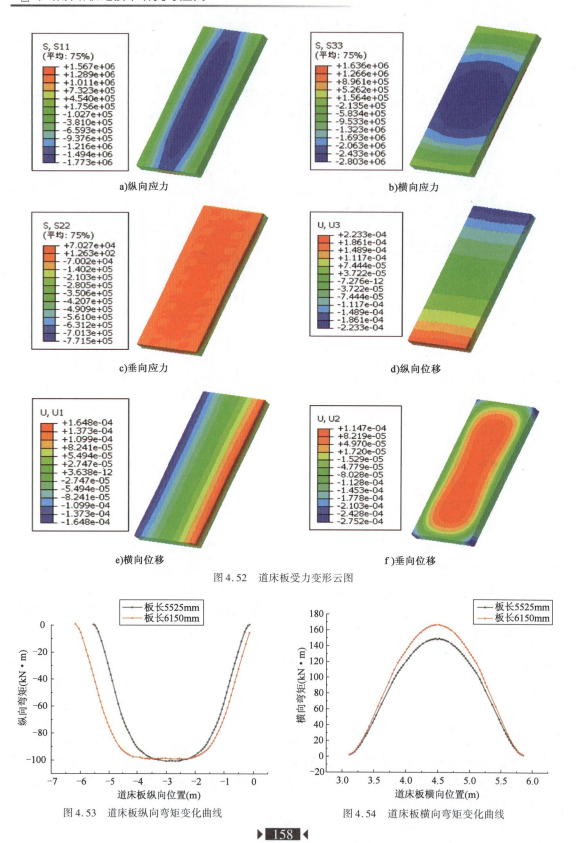

图4.52 道床板受力变形云图

图4.53 道床板纵向弯矩变化曲线

图4.54 道床板横向弯矩变化曲线

b. 负温度梯度

采用有限元模型计算了不同厚度的道床板在负温度梯度荷载作用下的受力和变形,板长 5525mm 时道床板的受力变形云图如图 4.55 所示。

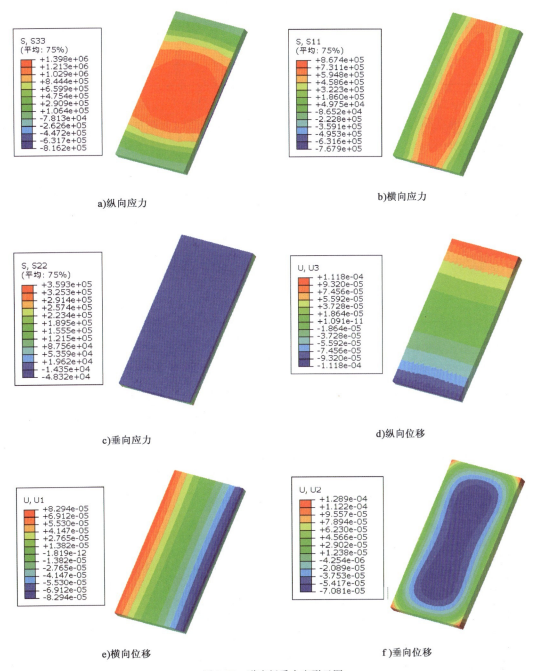

图 4.55 道床板受力变形云图

不同长度的道床板在负温度梯度荷载作用下的受力和变形计算结果如表 4.22 所示。在负温度梯度荷载作用下,板长由 5525mm 增加至 6150mm 时,道床板的纵向位移和垂向位移均有不同程度的增加,纵向位移的增加幅值相对较为明显。在受力方面,随着板长的增加,道床板的纵向拉应力和横向拉应力均有一定程度的减小,其中纵向拉应力减小的幅值相对较大。

道床板受力和变形　　　　　　　　表4.22

板长(mm)	纵向应力(MPa)	横向应力(MPa)	纵向位移(mm)	垂向位移(mm)
5525	1.398(-0.816)	0.867(-0.768)	0.112	0.129
6150	1.444(-0.760)	0.865(-0.765)	0.118	0.131

道床板在负温度梯度荷载作用下的纵向弯矩和横向弯矩变化曲线如图4.56、图4.57所示。在负温度梯度荷载作用下,板长的增加会导致道床板横向弯矩的增大,对道床板纵向弯矩的影响相对较小。

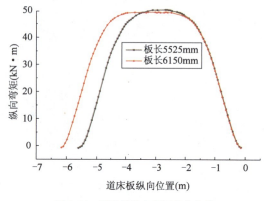 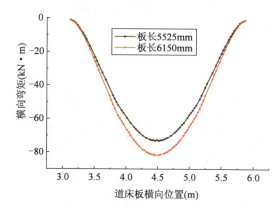

图4.56　道床板纵向弯矩变化曲线　　　　　图4.57　道床板横向弯矩变化曲线

(4)扣件间距的影响研究

在扣件间距影响分析时,扣件间距分别取600mm、625mm、650mm。板厚取305mm,板宽取2800mm,板缝取100mm。

①列车荷载作用

采用有限元模型计算了不同扣件间距的道床板在列车荷载作用下的受力变形,扣件间距600mm时道床板的受力和变形云图如图4.58所示。

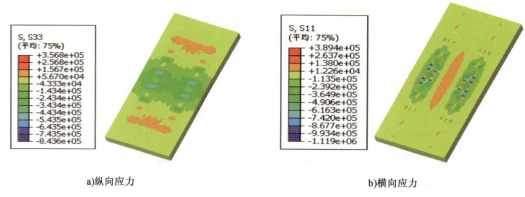

a)纵向应力　　　　　　　　　　　b)横向应力

图　4.58

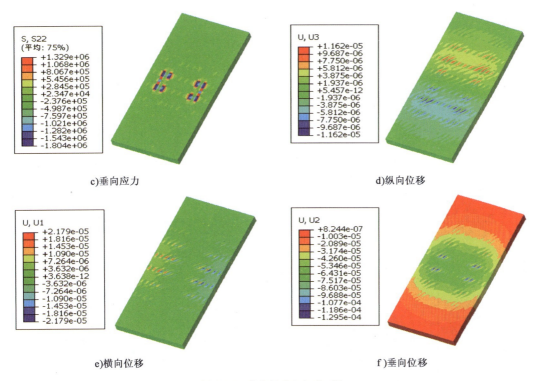

图 4.58　道床板受力变形云图

不同扣件间距的道床板在列车荷载作用下的受力和变形计算结果如表 4.23 所示。随着扣件间距的增大，在列车荷载作用下道床板的各项受力变形指标变化规律不明显，原因在于，扣件间距和道床板长度相关，分析时取单块板的扣件组数相同，均为 10 组，扣件间距 600mm、625mm、650mm 对应的板长分别为 5900mm、6150mm 和 6400mm。扣件间距的增加导致轨道整体结构的刚度降低，但增加板长，由上一节的分析知，能一定程度减小轨道结构的受力和变形，在两者的共同叠加作用下，由此导致变化规律不明显。

道床板受力和变形　　　　　　表 4.23

扣件间距(mm)	纵向应力(MPa)	横向应力(MPa)	垂向应力(MPa)	垂向位移(mm)
600	0.357(−0.844)	0.389(−1.119)	1.329(−1.804)	−0.130
625	0.372(−0.917)	0.452(−1.207)	1.422(−1.882)	−0.128
650	0.366(−0.849)	0.389(−1.085)	1.342(−1.784)	−0.129

不同扣件间距道床板在列车荷载作用下的纵向弯矩和横向弯矩变化曲线如图 4.59、图 4.60 所示。扣件间距的变化对于道床板在列车荷载作用下的纵横向弯矩值有一定影响，但整体变化幅度较小，影响很小。

②温度梯度荷载作用

a. 正温度梯度

采用有限元模型计算了不同扣件间距的道床板在正温度梯度荷载作用下的受力和变形，扣件间距 600mm 时道床板的受力变形云图如图 4.61 所示。

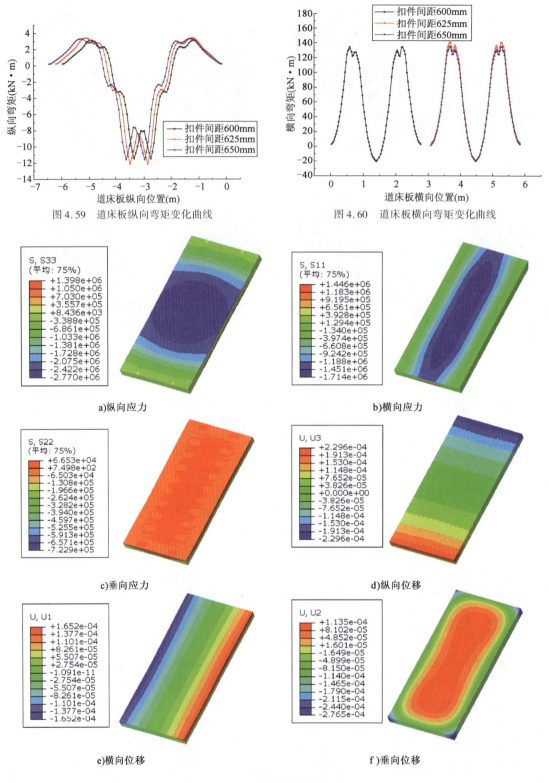

图 4.59 道床板纵向弯矩变化曲线   图 4.60 道床板横向弯矩变化曲线

a)纵向应力   b)横向应力

c)垂向应力   d)纵向位移

e)横向位移   f)垂向位移

图 4.61 道床板受力变形云图

不同扣件间距的道床板在正温度梯度荷载作用下的受力和变形计算结果如表 4.24 所示。由于扣件间距变化会一定程度地改变板长,由此导致道床板的受力变化规律不明显。但分析表 4.24 可以发现,道床板的纵向位移随着扣件的增加而增大,原因在于,扣件间距增加,但单块板扣件组数相同,扣件对道床板的总约束作用相同,但由于扣件间距的增加会导致板长的增加,由此导致道床板的温度效应增加,所以导致道床板的纵向位移随扣件间距的增加而增大。

道床板受力和变形　　　　　　　　　　表 4.24

扣件间距(mm)	纵向应力(MPa)	横向应力(MPa)	纵向位移(mm)	横向位移(mm)	垂向位移(mm)
600	1.398(−2.770)	1.446(−1.714)	0.230	0.165	0.114
625	1.525(−2.893)	1.562(−1.768)	0.234	0.166	0.115
650	1.333(−2.838)	1.442(−1.711)	0.238	0.166	0.114

不同扣件间距的道床板在正温度梯度荷载作用下的纵向弯矩和横向弯矩变化曲线如图 4.62、图 4.63 所示。扣件间距的变化对于道床板在正温度梯度荷载作用下的纵横向弯矩值有一定影响,但变化规律不明显,分析原因同样在于受板长因素的影响。

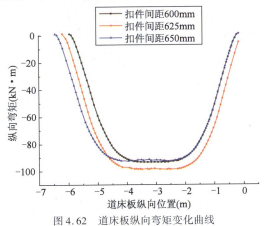

图 4.62　道床板纵向弯矩变化曲线

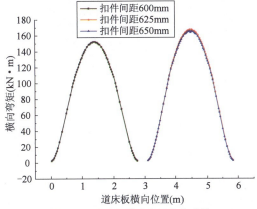

图 4.63　道床板横向弯矩变化曲线

b. 负温度梯度

采用有限元模型计算了不同扣件间距的道床板在负温度梯度荷载作用下的受力和变形,扣件间距 600mm 时道床板的受力变形云图如图 4.64 所示。

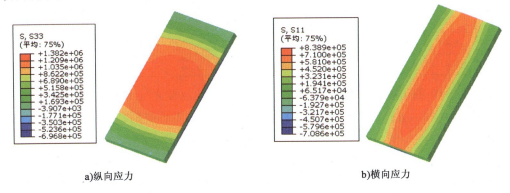

a) 纵向应力　　　　　　　　　　b) 横向应力

图　4.64

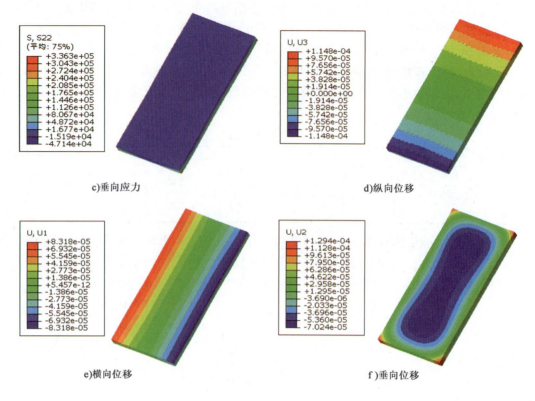

c) 垂向应力 d) 纵向位移

e) 横向位移 f) 垂向位移

图 4.64 道床板受力变形云图

不同扣件间距的道床板在正温度梯度荷载作用下的受力和变形计算结果如表 4.25 所示。负温度梯度荷载作用下道床板随扣件间距变化的规律类似,同样由于扣件间距变化会一定程度地改变板长,由此导致道床板的受力变化规律不明显。但由于扣件间距的增加会导致板长的增加,由此导致道床板的温度效应增加,所以导致道床板的纵向位移随扣件间距的增加而增大。

道床板受力变形　　　　　　　　　　　　　表 4.25

扣件间距 (mm)	纵向应力 (MPa)	横向应力 (MPa)	纵向位移 (mm)	垂向位移 (mm)
600	1.382(-0.697)	0.839(-0.709)	0.115	0.129
625	1.444(-0.760)	0.865(-0.765)	0.118	0.131
650	1.416(-0.664)	0.837(-0.707)	0.119	0.130

不同扣件间距的道床板在负温度梯度荷载作用下的纵向弯矩和横向弯矩变化曲线如图 4.65、图 4.66 所示。扣件间距的变化对于道床板在负温度梯度荷载作用下的纵横向弯矩值有一定影响,但变化规律不明显,分析原因同样在于受板长因素的影响。

(5) 扣件刚度的影响研究

在扣件刚度影响分析时,扣件动刚度分别取 50kN/mm 和 75kN/mm。板厚取 305mm,板宽取 2800mm,板缝取 100mm。

①列车荷载作用

采用有限元模型计算了不同扣件刚度的道床板在列车荷载作用下的受力和变形,扣件刚度 75kN/mm 时道床板的受力和变形云图如图 4.67 所示。

图 4.65 道床板纵向弯矩变化曲线

图 4.66 道床板横向弯矩变化曲线

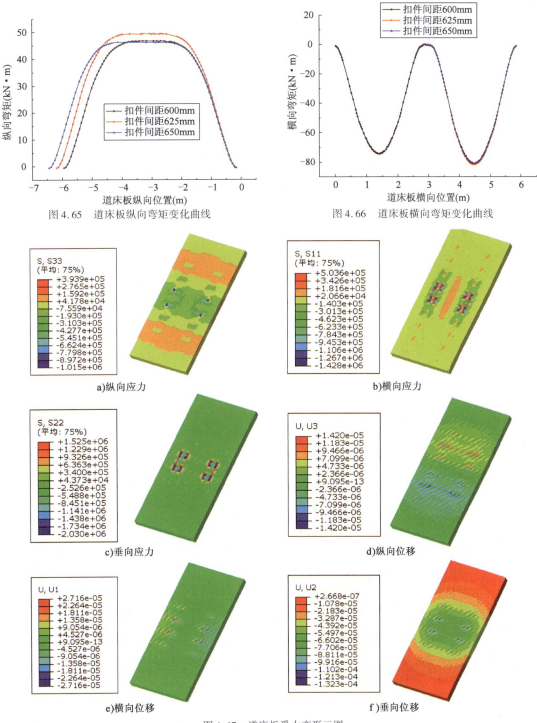

图 4.67 道床板受力变形云图

不同扣件刚度的道床板在正温度梯度荷载作用下的受力和变形计算结果如表4.26所示。随着扣件刚度的增大，道床板的受力和变形均有不同程度的增加，其中垂向应力变化增加较为明显，当扣件动刚度由50kN/mm增加至75kN/mm时，道床板垂向应力增加了7.2%。分析产生上述现象的原因在于随着扣件刚度的增加，轨道结构整体的刚度随之增大，钢轨通过扣件传递至道床板的受力和变形增加。

道床板受力变形　　　　　　　　　　表4.26

扣件刚度(kN/mm)	纵向应力(MPa)	横向应力(MPa)	垂向应力(MPa)	垂向位移(mm)
50	0.372(−0.917)	0.452(−1.207)	1.422(−1.882)	−0.128
75	0.394(−1.015)	0.504(−1.428)	1.525(−2.030)	−0.132

不同扣件刚度的道床板纵向弯矩和横向弯矩的变化曲线如图4.68、图4.69所示。道床板的纵横向弯矩均随着扣件刚度的增加而增大，扣件刚度对纵向弯矩的影响略大于横向弯矩。扣件刚度越大，荷载分散的范围越小，由此导致弯矩越大。

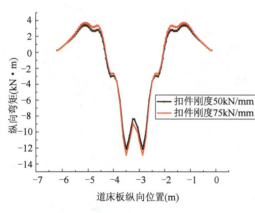

图4.68　道床板纵向弯矩变化曲线

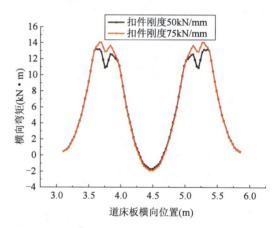

图4.69　道床板横向弯矩变化曲线

②温度梯度荷载作用

a. 正温度梯度

采用有限元模型计算了不同厚度的道床板在正温度梯度荷载作用下的受力和变形，扣件刚度为75kN/mm时道床板的受力变形云图如图4.70所示。

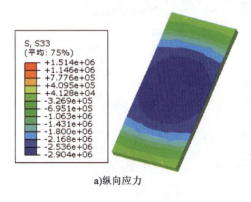

a)纵向应力

b)横向应力

图　4.70

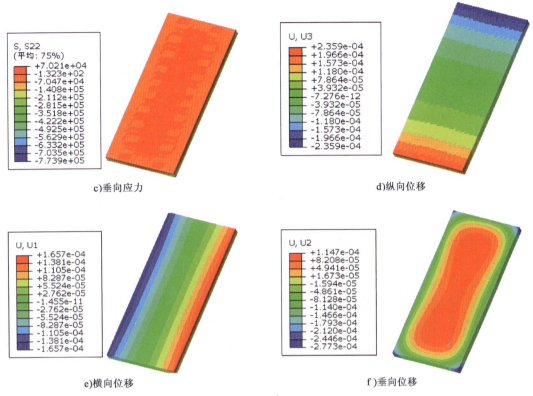

图4.70 道床板受力变形云图

不同扣件刚度的道床板在正温度梯度荷载作用下的受力和变形如表4.27所示。扣件刚度的增大对道床板在正温度梯度荷载作用下的变形影响不大,对纵向应力有一定影响,但影响幅度不大。

道床板受力和变形 表4.27

扣件刚度 (kN/mm)	纵向应力 (MPa)	横向应力 (MPa)	纵向位移 (mm)	横向位移 (mm)	垂向位移 (mm)
50	1.525(-2.893)	1.562(-1.768)	0.234	0.166	0.115
75	1.514(-2.904)	1.562(-1.768)	0.236	0.166	0.115

不同扣件刚度的道床板在正温度梯度荷载作用下的纵向弯矩和横向弯矩变化曲线如图4.71、图4.72所示。扣件刚度的变化对于道床板在正温度梯度荷载作用下的纵横向弯矩值大小基本没有影响。

b. 负温度梯度

采用有限元模型计算了不同扣件刚度的道床板在正温度梯度荷载作用下的受力和变形,扣件刚度为75kN/mm时道床板的受力变形云图如图4.73所示。

不同扣件刚度的道床板在负温度梯度荷载作用下的受力和变形如表4.28所示。与正温度梯度荷载作用的变化规律类似,扣件刚度的增大对道床板在正温度梯度荷载作用下的变形影响不大,对纵向应力有一定影响,但影响幅度不大。

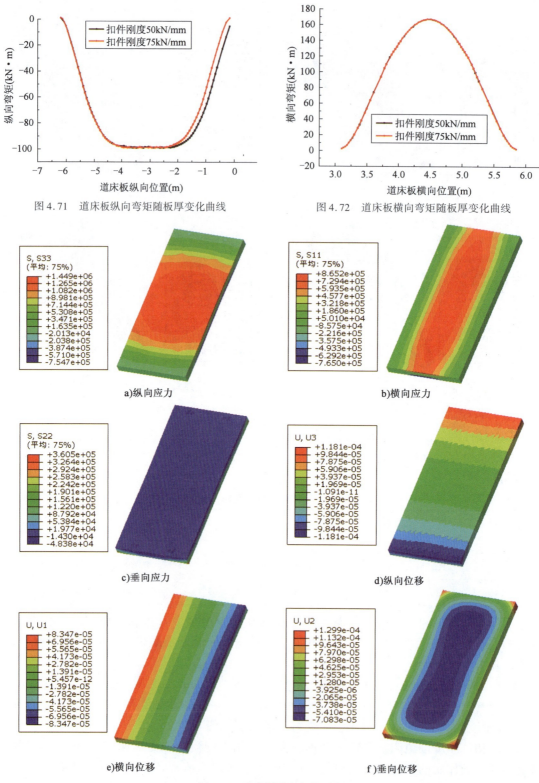

图4.71 道床板纵向弯矩随板厚变化曲线

图4.72 道床板横向弯矩随板厚变化曲线

图4.73 道床板受力变形云图

道床板受力变形指标　　　　　　　　　　　表 4.28

扣件刚度 (kN/mm)	纵向应力 (MPa)	横向应力 (MPa)	纵向位移 (mm)	垂向位移 (mm)
50	1.444(-0.760)	0.865(-0.765)	0.118	0.131
75	1.449(-0.755)	0.865(-0.765)	0.118	0.130

不同扣件刚度的道床板在负温度梯度荷载作用下的纵向弯矩和横向弯矩变化曲线如图 4.74、图 4.75 所示。扣件刚度的变化对于道床板在负温度梯度荷载作用下的纵横向弯矩值基本没有影响。

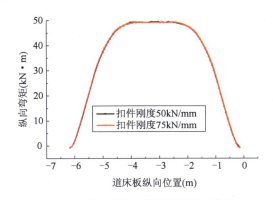

图 4.74　道床板纵向弯矩随板厚变化曲线

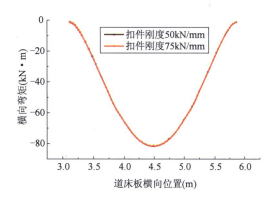

图 4.75　道床板横向弯矩随板厚变化曲线

(6) 参数影响分析的结论

通过市域铁路桥梁地段新型无砟轨道道床板厚度、宽度、长度以及扣件间距和刚度对无砟轨道受力和变形的影响分析，得到主要结论如下：

① 随着道床板板厚的增加，垂向位移有一定程度的增加，但整体量值较小，变化幅度也较小。道床板的纵、横弯向矩随着道床板厚度的增加而增大，尤其是道床板的纵向弯矩变化较为明显，说明纵向弯矩对板厚的增加较为敏感。道床板的纵向拉应力和压应力也有不同程度的增加，横向应力没有明显变化规律。综合考虑，温州市域铁路道床板桥梁地段新型无砟轨道的道床板厚度按 305mm 设计。

② 随着道床板宽度的增加，道床板的纵向和横向应力以及道床板的纵向和垂向位移均随着板宽的增加而增加，整体变形幅值相对较小。道床板的纵向应力变化规律不明显，道床板的横向拉应力和压应力以及垂向拉应力和压应力均随着板宽的增加而增加，当板宽由 2600mm 增加至 3000mm 时，道床板横向拉应力增加了 12.5%，垂向拉应力增加了 5.6%，板宽的变化对道床板的横向应力变化的影响更为明显。

随着道床板宽度的增加，道床板横向弯矩随之增大，轨下截面的横向正弯矩随之增大，板中截面的横向负弯矩随之减小，道床板宽度越宽，道床板横向正负弯矩差别越大。纵向弯矩变化幅度不大，道床板纵向弯矩对宽度的变化不敏感，道床板宽度对道床板横向弯矩的影响较大。综合考虑，温州市域铁路道床板桥梁地段新型无砟轨道的道床板宽度按 2800mm 设计。

③ 随着道床板长度的增加，横向和垂向拉应力、压应力以及纵向拉应力随着板长的增加均有一定程度的减小，其中纵向拉应力减小幅值相对较大。

板长的增加会导致道床板纵向弯矩的增大,而对横向弯矩影响相对较小。道床板的纵向位移和横向位移均有不同程度的增加,纵向位移的增加幅值相对较为明显,垂向位移基本没有变化。综合考虑,温州市域铁路道床板桥梁地段新型无砟轨道的道床板长度根据桥梁布板情况按 5000～7000mm 设计。

④扣件间距的变化对于道床板在列车荷载作用下的纵横向弯矩值有一定影响,但整体变化幅度较小,影响有限,道床板的纵向位移随着扣件间距的增加而增大。综合考虑,温州市域铁路道床板桥梁地段新型无砟轨道的扣件间距按 625mm 设计。

⑤随着扣件刚度的增大,道床板的受力和变形均有不同程度的增加,其中垂向应力变化增加较为明显。道床板的纵、横向弯矩均随着扣件刚度的增加而增大,扣件刚度对纵向弯矩的影响略大于横向弯矩,但影响程度同样有限。综合考虑,温州市域铁路道床板桥梁地段新型无砟轨道的扣件动刚度按 50kN/mm 计算,对应静刚度为 35kN/mm。

4.4.4 市域铁路桥上新型双块式无砟轨道设计检算

以温州市域铁路 S1 线桥上新型双块式无砟轨道结构为例,计算列车荷载、温度荷载、混凝土收缩徐变、桥梁挠曲变形作用下,道床板应力和设计弯矩,根据设计弯矩检算混凝土强度和裂缝宽度,进行无砟轨道配筋设计。

(1)列车荷载计算分析

①计算模型

桥上无砟轨道计算分析采用"梁—体"模型,采用有限元法进行计算。建立如图 4.76 所示桥梁地段双块式无砟轨道有限元模型,模型共模拟了 3 块道床板。钢轨采用梁单元,可承受拉力、压力、弯矩、扭矩的单轴受力单元;扣件采用弹簧单元,即具有非线性功能的单向单元;道床板采用实体单元模拟。桥梁梁面提供的弹性采用弹簧单元进行模拟,该弹簧可以承受垂向压力,但不能传递拉力。

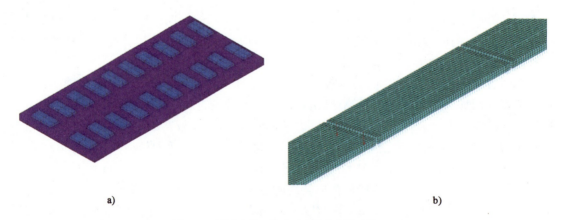

a)　　　　　　　　　　　　　　b)

图 4.76　桥梁地段双块式无砟轨道有限元模型

②列车荷载

a. 承载能力荷载

列车荷载包括竖向设计荷载[按式(4.1)取值]、横向设计荷载[按式(4.2)取值]、结构疲劳检算荷载。

市域铁路列车轴重为17t,列车速度为120km/h时,列车荷载的取值见表4.29。

列车荷载取值　　　　表4.29

荷　载	取　值	荷　载	取　值
静轮载(t)	17	竖向疲劳检算轮载(kN)	127.5
竖向设计轮载(kN)	170	横向疲劳检算轮载(kN)	34
横向设计轮载(kN)	68		

钢轨受单轴列车荷载作用,按轴重17t考虑,取动载系数为2.0,设计动轮载为170kN。为消除边界效应,计算模型选取三块单元道床板的长度进行计算,以中间道床板作为研究对象。

b. 正常使用荷载

钢轨受单轴列车荷载作用,轴重17t,其轮载大小取动载系数为1.5,设计动轮载为127.5kN。为消除边界效应,计算模型选取三块单元道床板的长度进行计算,以中间单元板作为研究对象。

③计算参数

扣件:按WJ-7B型弹性扣件取值,其静刚度为35kN/mm,扣件动刚度按1.5倍静刚度取值。

道床板:道床板为采用6500mm的板型,扣件节点间距为625mm。道床板采用C40混凝土,混凝土弹性模量为3.40×10^4MPa。提取计算结果时选择的是三块道床板中最大的应力点。

桥梁的支承面刚度可取为1000MPa/m。

表4.30列出了计算模型所用到的参数。

基 本 计 算 参 数　　　　表4.30

部　件	项　目	单　位	数　值
钢轨	断面	—	60kg/m
	弹模	MPa	2.06×10^5
	泊松比	—	0.3
扣件	静刚度	kN/mm	35
	节点间距	mm	625
道床板	弹模	MPa	3.40×10^4
	泊松比	—	0.2
	长度	mm	6500
	宽度	mm	2800
	厚度	mm	290
	板缝	mm	100
底座板	弹模	MPa	3.40×10^4
	泊松比	—	0.2
	宽度	mm	3400
	厚度	mm	270
路基	路基面刚度	MPa/m	76

根据《混凝土结构设计规范(2015年版)》(GB 50010—2010),各部件混凝土抗压、抗拉强度值见表4.31,非预应力构件的裂纹宽度容许值按30mm保护层厚度下,裂缝宽度为0.2mm控制。

混凝土抗压、抗拉强度设计值　　　　　　　　表4.31

项　　目	抗压强度设计值(MPa)	抗拉强度设计值(MPa)
道床板C40混凝土	19.1	1.71

④计算结果

a. 设计荷载作用下

设计荷载作用下的计算结果如表4.32所示。

道床板应力　　　　　　　　表4.32

纵向应力最大值(MPa)		横向应力最大值(MPa)	
拉应力	压应力	拉应力	压应力
0.73	1.40	1.15	1.35

注:表中"纵向"为结构沿线路方向的弯应力,"横向"为结构沿线路平面垂直方向的弯应力。

b. 正常使用荷载作用下

正常使用荷载作用下的计算结果见表4.33。

道床板应力　　　　　　　　表4.33

纵向应力最大值(MPa)		横向应力最大值(MPa)	
拉应力	压应力	拉应力	压应力
0.44	0.86	0.70	0.83

(2)温度荷载计算分析

①轴向温度力

由于市域铁路双块式无砟轨道桥上道床板与桥梁之间采用预埋钢筋等方式进行连接,认为道床板与桥梁之间连接紧密,则道床板温度认为与桥梁一致,道床板随桥梁发生整体的伸缩,且道床板为分块结构,道床板的轴向温度力不计。

②温度梯度

温度梯度荷载:道床板上表面热下表面冷时取90℃/mm,道床板上表面冷下表面热时取50℃/mm,温度梯度为线性变化。道床板受到的翘曲温度应力和翘曲弯矩根据式(4.9)计算,结果如表4.34所示。

道床板翘曲应力计算结果　　　　　　　　表4.34

道床板上表面热下表面冷		道床板上表面冷下表面热	
板底最大拉应力(MPa)	最大弯矩(kN·m/m)	板面最大拉应力(MPa)	最大弯矩(kN·m/m)
5.78	86.04	2.87	43.2

(3)混凝土收缩徐变计算分析

道床板受到的混凝土收缩徐变的应力按式(4.16)计算。

$$\sigma_{cs} = E\alpha_t \Delta T_c \tag{4.16}$$

式中:ΔT_c——混凝土收缩徐变的影响等效的温度变化幅度(℃)。

混凝土收缩徐变的影响按等效降温幅度 10℃考虑,折减系数取 0.6,根据式(4.16)可得:$\sigma_{cs} = 0.6 \times 3.4 \times 10^{10} \times 1.0 \times 10^{-5} \times 10 = 2.04 \mathrm{MPa}$。

(4)桥梁挠曲变形影响计算分析

①计算参数

梁体的竖向挠度限值按表 4.35 取值。

梁体的竖向挠度限值　　　　　　　　表 4.35

跨度 L	L≤40m	40m<L≤80m	L>80m
挠跨比	L/1600	L/1350	L/1100

注:L 为梁长度。

②弯矩和应力计算

桥上双块式无砟轨道的道床板挠曲力根据式(4.11)计算。桥梁挠曲变形对道床板的弯矩和应力结果见表 4.36。

桥梁挠曲变形对道床板的挠曲弯矩和应力　　　　表 4.36

计算梁型	竖向挠度限值	弯矩(kN·m/m)	应力(MPa)
20m 简支梁	L/1600	23.6	2.46
25m 简支梁	L/1600	19.7	2.05
30m 简支梁	L/1600	14.7	1.54
50m 简支梁	L/1350	11.7	1.21

不同跨度简支梁的计算结果表明,跨度为 20m 的简支梁所受的桥梁挠曲变形应力最大。

(5)荷载组合

根据 4.3.3 节所述,对于无砟轨道结构的承载能力强度检算可分Ⅰ、Ⅱ两种荷载组合,分别需对结构进行强度检算。桥梁地段道床板的荷载组合结果见表 4.37。

桥梁地段道床板荷载组合计算结果(单位:MPa)　　　　表 4.37

组合方式	纵向拉应力		横向拉应力	
	板底	板顶	板底	板顶
荷载组合Ⅰ	11.62	8.71	4.338	2.743
荷载组合Ⅱ	8.26	5.35	3.888	2.293

配筋计算以组合Ⅰ进行控制。

(6)配筋设计

根据混凝土强度、钢筋强度及混凝土裂缝宽度的检算结果,混凝土裂缝宽度控制道床板纵横向配筋数量,单元长度为 6150mm 的道床板配筋结果见表 4.38,道床板配筋设计如图 4.77、图 4.78 所示。

道床板配筋结果　　　　　　　　表 4.38

钢筋类型	纵向钢筋		横向钢筋	
	上层	下层	上层	下层
HRB400	9φ20mm	10φ20mm	20φ16mm	20φ16mm

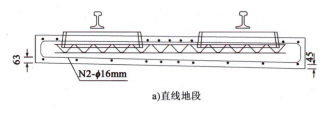

a) 直线地段

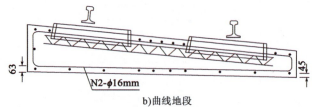

b) 曲线地段

图 4.77 道床板配筋设计横断面图(尺寸单位:mm)

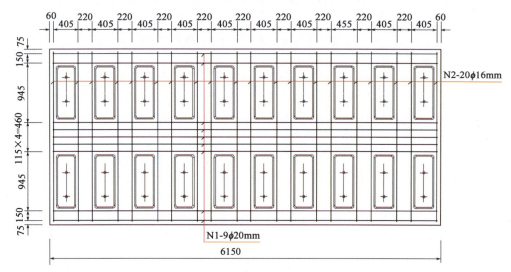

a) 顶层配筋

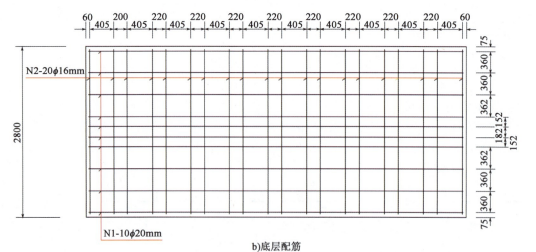

b) 底层配筋

图 4.78 道床板配筋设计平面图(尺寸单位:mm)

第5章　市域铁路桥上无缝线路设计技术

本章结合市域铁路无缝线路和桥梁结构特点,研究了温度区域和桥梁活动支座摩擦系数对于桥墩纵向水平线刚度的影响,提出了市域铁路简支梁桥墩纵向水平线刚度的合理取值,与其他设计规范取值相比,可降低工程造价,社会和经济效益显著。基于道岔与桥梁的相互作用原理,建立了"岔—梁—墩一体化"有限元计算模型,提出了市域铁路桥上无缝道岔计算理论和设计方法,完成了温州市域铁路桥上无缝道岔设计计算。

5.1 概　　述

无缝线路是将标准长度钢轨焊接形成的长钢轨线路,去除了钢轨接缝,减小了列车车辆的振动,延长了机车车辆和轨道设备的使用周期,减少了铁路线路和设备的养护维修,节约了开支和维修费用,是铁路现代化建设中的一项重要的技术创新,它以无可争议的优越性得到各国铁路的公认。几十年来,各国铁路竞相发展无缝线路,使这项新技术日臻完善,并取得巨大的经济效益和社会效益。

无缝线路已在我国铁路及地铁建设中得到了广泛应用。地铁由于岔区钢轨磨耗快、更换频繁,一般采用区间无缝线路,道岔区钢轨轨缝不焊接,道岔与区间长钢轨之间设置1～2根缓冲轨,以便于及时维修;铁路行业则推广采用跨区间无缝线路,将区间无缝线路长轨节和道岔焊接起来,轨条长度可以达到几百公里以上。跨区间无缝线路的关键技术是桥上无缝线路及桥上无缝道岔。桥上铺设无缝线路及无缝道岔与在路基上不同,钢轨除了受温度作用以外,还受到桥上纵向附加力的作用。

市域铁路对桥梁结构的景观要求较高,需要桥墩设计体量轻盈、造型优美,但桥墩结构尺寸的设计往往受到纵向水平线刚度的限制。若市域铁路完全按照高铁、城际铁路或地铁相关设计规范规定的纵向水平线刚度取值,会增加市域铁路工程造价;桥墩纵向线刚度取值不足,又会增加无缝线路的安全风险。目前,针对市域铁路桥墩纵向水平刚度限值的研究还很缺乏,本章将结合市域铁路的设计荷载及其环境温度特点,研究市域铁路简支梁桥墩纵向水平线刚度的合理取值。

市域铁路设计速度一般为 100～160km/h,相对地铁而言,速度较高,轮轨动力作用较大,振动和冲击对周围环境影响大,因此市域铁路桥上道岔设计不宜采用地铁传统的"有缝+冻结接头"模式,跨区间无缝线路技术是市域铁路无缝线路的首选。桥上道岔的无缝化是实现跨区间无缝线路的关键,涉及复杂的梁轨相互作用机理。目前,国内对于高速铁路桥上的无缝道岔进行了深入的研究,成果纳入了相关设计规范。市域铁路的道岔型号和桥梁结构与高速铁路明显不同,因此迫切需要研究市域铁路桥上无缝道岔受力和变形规律以及设计方法。

5.2 桥上无缝线路计算方法和模型

5.2.1 微分方程法

桥上无缝线路可采用微分方程法求解,其计算原理如下:
(1)力学平衡微分方程
在钢轨计算长度范围内,截取微段长度 dx,其所受纵向力如图 5.1 所示。

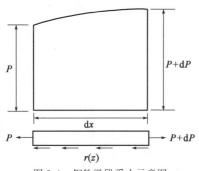

图 5.1 钢轨微段受力示意图

根据静力平衡方程:

$$P + \mathrm{d}P = P + r(z) \cdot \mathrm{d}x \tag{5.1}$$

得:

$$\frac{\mathrm{d}P}{\mathrm{d}x} = r(z) \tag{5.2}$$

式中:P——截面 x 处的钢轨纵向力(N);
$\mathrm{d}P$——微段长度的钢轨纵向力增量(N);
$r(z)$——线路纵向阻力函数;
z——梁轨相对位移(mm)。

在纵向力的作用下,钢轨微段 dx 的变形量 dy 可由式(5.3)确定。

$$\frac{\mathrm{d}y}{\mathrm{d}x} = \frac{P}{EF} \tag{5.3}$$

式中:y——钢轨位移(mm);
E——钢轨弹性模量;
F——钢轨断面面积。

对式(5.3)进行微分,得:

$$\frac{\mathrm{d}P}{\mathrm{d}x} = EF \frac{\mathrm{d}^2 y}{\mathrm{d}x^2} \tag{5.4}$$

由式(5.2)和式(5.4)得:

$$\frac{\mathrm{d}^2 y}{\mathrm{d}x^2} = \frac{r(z)}{EF} \tag{5.5}$$

(2)变形基本方程
①变形协调方程
根据梁轨相对位移为零的条件,可建立梁轨变形协调方程,见式(5.6)。

$$z = y - \Delta = 0 \tag{5.6}$$

式中:z——梁轨相对位移(mm);
y——钢轨纵向位移(mm);
Δ——梁纵向位移(mm)。

②变形平衡方程

位于无缝线路固定区的桥梁,在伸缩力和挠曲力的分布曲线范围内,钢轨拉伸和压缩变形的代数和为零,由此确定其变形平衡方程,见式(5.7)。

$$\sum y = 0 \tag{5.7}$$

5.2.2 有限单元法

(1)计算模型

基于以上微分方程理论,桥上无缝线路纵向力可采用有限单元法计算,采用目前比较通用的单层弹簧阻力模型进行分析,如图5.2所示。该模型将钢轨、桥梁离散成若干梁单元,扣件及道床纵向阻力特征采用非线性弹簧单元,桥梁下部结构纵向刚度采用线性弹簧单元。在计算模型中,考虑桥梁两端路基上一定长度范围内的钢轨及扣件单元,以消除边界条件对于桥上无缝线路纵向力和位移计算的影响。

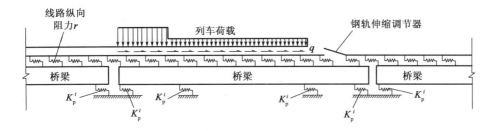

图5.2 梁轨相互作用计算模型

(2)平衡方程

有限单元的力学平衡方程见式(5.8)。

$$[K^e]\{u^e\} = \{P^e\} \tag{5.8}$$

式中:$[K^e]$——有限单元的单元刚度矩阵;

$\{u^e\}$——有限单元的位移阵列;

$\{P^e\}$——有限单元的荷载阵列。

可根据势能驻值原理由有限单元的力学平衡方程及边界条件,建立梁轨相互作用计算模型的系统力学平衡方程,见式(5.8)。

$$[K]\{u\} = \{P\} \tag{5.9}$$

式中:$[K]$——整体刚度矩阵;

$\{u\}$——整体位移阵列;

$\{P\}$——整体荷载阵列。

(3)ANSYS中建立的有限元模型

基于通用有限元软件 ANSYS,建立了钢轨—桥梁—墩台一体化有限元分析模型,模型两端为100m的路基,中间部分为桥梁,模型总体图及大样图分别如图5.3、图5.4所示。

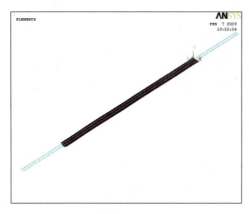 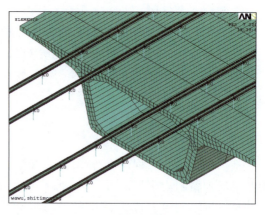

图 5.3 有限元分析模型总图　　　　图 5.4 有限元分析模型局部大样图

（4）计算假定

①假设桥梁固定支座能完全阻止梁的伸缩，其他支座形式需根据其受力特点另外进行数学简化。

②在计算伸缩力时，梁的温度变化仅为单纯的升温或降温，不考虑梁温升降的交替变化，一般取一天之内的最大梁温差计算梁的伸缩量。

③对挠曲力和伸缩力分别计算，不考虑两者的叠加影响。

④不考虑桥梁护轨对无缝线路纵向力及位移计算的影响。

⑤桥梁墩台纵向刚度假定为线性，包括支座顶面纵向水平力作用下的墩身弯曲、基础倾斜、基础平移及橡胶支座剪切变形等引起的支座顶面位移。

⑥钢轨与桥梁、钢轨与路基间的纵向约束阻力均假定为纵向弹簧约束，其位移阻力特性与梁轨间、钢轨与线路间的纵向阻力一致。

⑦桥上无缝线路若设置有伸缩调节器，假定其纵向约束阻力为零；若设置有普通接头，假定接头阻力为定值；若考虑伸缩调节器的纵向阻力时，视为普通接头。

5.3　桥墩纵向水平线刚度

5.3.1　桥墩纵向水平线刚度的定义

桥梁墩台和基础统称为桥梁下部结构，其主要作用是支撑上部结构并将上部结构传来的荷载及本身自重传递到地基。桥墩纵向水平线刚度 K 定义为下部结构顶面产生单位纵向水平位移时需要的纵向水平作用力，单位为 kN/cm，考虑墩身的弹性变形、基础的转动、基础的水平位移等因素。桥墩纵向水平线刚度按式（5.10）、式（5.11）计算，计算图式如图 5.5 所示。

$$K = \frac{H[\text{kN}]}{\sum \delta_i [\text{cm}]} \quad (5.10)$$

$$\delta_i = \delta_p + \delta_\varphi + \delta_h \quad (5.11)$$

式中：K——作用在墩台支承垫石顶的纵向水平力；

δ_p——在 H 作用下，由于墩台身弹性弯曲变形产生的支承垫石顶的位移；

δ_φ——在 H 作用下,由于基础发生倾斜变形产生的支承垫石顶的位移;
δ_h——在 H 作用下,由于基础发生水平位移产生的支承垫石顶的位移。

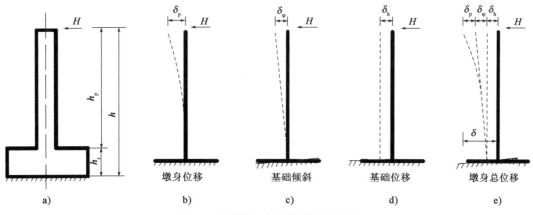

图 5.5 桥墩纵向水平线刚度计算图式

桥上无缝线路钢轨与墩台纵向力的分配及梁、轨位移的大小很大程度上取决于桥梁墩台纵向线刚度,因此,桥梁墩台纵向线刚度是影响桥梁和无缝线路设计的关键技术参数。桥梁墩台纵向水平线刚度如果取值过低,则影响结构的安全性和行车舒适度,如果取值偏高,则导致桥梁造价提高,增加工程投资。

目前国内相关设计规范对市域铁路桥墩设计刚度的取值偏于保守,实际设计中对桥梁的适用性较差,桥梁墩柱体量较普通市政桥梁下部墩柱体量增加很多,严重影响桥梁景观,工程造价提高 15% 以上。因此,根据市域铁路的特点制定合理的墩台纵向刚度限值标准,提高市域铁路桥墩工程的经济性,减少不必要的工程投资是一项十分重要的工作。

5.3.2 桥墩线刚度合理限值的评判指标

为确定桥墩刚度的合理限值,以钢轨强度条件、钢轨断缝值及制动时的快速梁轨相对位移作为评判指标。

(1) 钢轨强度条件

①作用在钢轨上的总应力

根据《铁路无缝线路设计规范》(TB 10015—2012),钢轨强度按式(5.12)检算。

$$\sigma_{\text{底d}} + \sigma_t + \sigma_f + \sigma_z \leq [\sigma] \tag{5.12}$$

式中:$\sigma_{\text{底d}}$——轨底边缘动弯应力(MPa);
σ_t——钢轨温度应力(MPa);
σ_f——钢轨附加应力(MPa);
σ_z——钢轨牵引(制动)应力(MPa);
$[\sigma]$——钢轨容许应力(MPa)。

②钢轨容许应力

钢轨容许应力按式(5.13)计算。

$$[\sigma] = \frac{\sigma_s}{K} \qquad (5.13)$$

式中：σ_s——钢轨屈服强度；

K——安全系数，考虑了钢轨疲劳应力、残余应力、焊接接头缺陷等因素的影响，取 1.3。

以温州市域铁路为例，采用 U75V 钢轨，根据《铁路无缝线路设计规范》(TB 10015—2012)，U75V 钢轨屈服强度为 472MPa。因此，按式(5.13)计算钢轨容许应力为：

$$[\sigma] = \frac{472}{1.3} = 363(\text{MPa}) \qquad (5.14)$$

③无缝线路温度应力

a. 我国温度区域划分

无缝线路温度应力应结合不同地区的具体温度进行计算，可参考《铁路工程地质手册》和《铁路混凝土结构耐久性设计规范》(TB 10005—2010)对我国气候分区。

《铁路工程地质手册》根据气候对铁路工程的影响，划分了严寒、寒冷、温暖三个地区(表5.1)，主要考虑最冷月平均气温和一年内的冻融循环次数两种因素。

铁路工程地质手册温度区域划分   表5.1

分区名称	气候条件	
	最冷月平均气温(℃)	一年内冻结和融化循环次数(次)
严寒地区	< −15	>50
寒冷地区	−5 ~ −15	20 ~ 50
温暖地区	> −5	<20

《水工混凝土结构设计规范》(SL 191—2008)也将我国划分为严寒、寒冷、温暖三级，严寒地区定义为累积年最冷月平均气温等于或低于 −10℃ 的地区；寒冷地区定义为累积年最冷月平均气温高于 −10℃、低于或等于 −3℃ 的地区；温和地区定义为累积年最冷月平均气温高于 −3℃ 的地区。

《铁路混凝土结构耐久性设计规范》(TB 10005—2010)借鉴了《水工混凝土结构设计规范》(SL 191—2008)的温度划分，但把严寒和寒冷的分界点进行了调整，将年最冷月平均气温 $t \leq -8℃$ 定义为严寒条件、$-8℃ < t < -3℃$ 定义为寒冷条件、$-3℃ \leq t \leq 2.5℃$ 定义为微冻条件，由于考虑的是冻融作用等级，因此未给出温暖条件的定义。

借鉴上述相关规范，在桥墩纵向水平线刚度分析时，将我国温度区域划分为寒冷(含严寒)、温暖两级，温度区域划分以秦岭—淮河为界线。

寒冷地区域最冷月平均气温 $\leq -5℃$。主要包括我国华北地区、西北部分地区、青藏高原地区、东北地区、新疆地区和内蒙古地区，主要气候特点为：夏季气温较高，夏季高温时间较短，冬季气温低，全年气温变化幅度较大。

温暖区域最冷月平均气温 $> -5℃$。主要包括我国华东地区、华南地区和西南大部分地区，主要气候特点为：夏季气温较高且高温持续时间较长，冬季比较温暖，季节性的冻融循环现象不突出。

b. 温度应力计算

寒冷区域地区以哈尔滨为例,最高轨温为 59.2℃,最低轨温为 -38.1℃;温暖地区以温州为例,最高轨温为 59.6℃,最低轨温为 -4.5℃。设计锁定轨温按式(5.15)计算:

$$T_e = \frac{T_{\max} + T_{\min}}{2} \pm \Delta T_k \tag{5.15}$$

式中:ΔT_k——设计锁定轨温修正值,可取 0~5℃;

$T_{\max}$——最高轨温(℃);

$T_{\min}$——最低轨温(℃)。

根据式(5.15)计算的钢轨锁定轨温分别为:

$$T_{e寒冷} = \frac{59.2 - 38.1}{2} \pm 5 = (10.6 \pm 5)(℃)$$

$$T_{e温暖} = \frac{59.6 - 4.5}{2} \pm 5 = (27.6 \pm 5)(℃)$$

钢轨最大温降幅度分别为:

$$\Delta T_{j寒冷} = 10.6 + 5 - (-38.1) = 54(℃)$$
$$\Delta T_{j温暖} = 27.6 + 5 - (-4.5) = 37(℃)$$

钢轨温度应力按式(5.16)计算:

$$\sigma_t = E\alpha\Delta T_j \tag{5.16}$$

式中:E——钢轨弹性模量(Pa),取 2.1×10^{11} Pa;

α——钢轨钢线膨胀系数,取 1.18×10^{-5};

ΔT_j——钢轨降温幅度(℃)。

综上所述,不同地区钢轨温度应力计算如下:

$$\sigma_{t寒冷} = 2.1 \times 10^{11} \times 1.18 \times 10^{-5} \times 54 = 134(\text{MPa})$$
$$\sigma_{t温暖} = 2.1 \times 10^{11} \times 1.18 \times 10^{-5} \times 37 = 92(\text{MPa})$$

④钢轨动弯应力

市域动车组按最大轴重 17t,固定轴距 2.5m 计算。设计速度为 120km/h,速度系数 $\alpha = 0.72$;最大未平衡超高按 90mm 计算,偏载系数 $\beta = 0.18$,市域铁路最小曲线半径为 300m,横向水平力系数 $f = 2.0$;采用 WJ-7B 型扣件,无砟轨道钢轨支座刚度 D 取 35kN/mm;轨枕间距 $a = 625$mm;钢轨截面参数按磨耗 6mm 计。钢轨动弯应力按式(5.17)、式(5.18)计算:

$$\sigma_{头d} = \frac{M_0(1 + \alpha + \beta)}{W_头} \cdot f \tag{5.17}$$

$$\sigma_{底d} = \frac{M_0(1 + \alpha + \beta)}{W_底} \cdot f \tag{5.18}$$

式中:M_0——钢轨静弯矩(N·mm);

α——速度系数;

β——偏载系数。

钢轨动弯应力计算结果见表 5.2。

钢轨动弯应力计算　　　　　　　　　表 5.2

动弯应力计算			计 算 参 数	
轮位	I	II	E(MPa)	210000
P_0(N)	85000	85000	I(mm^4)	28790000
x(mm)	0	2500	$W_{头}$(mm^3)	291000
kx	0	2.7775	$W_{底}$(mm^3)	375000
u_0	1.00	−0.0803	D(kN/mm)	35
$P_0 u_0$	85000.00	−6825.50	a(mm)	625
$\Sigma P_0 u_0$	78174.5		α	0.72
M_j(N·mm)	17591021		β	0.18
M_d(N·mm)	33422939		f	2.0
$\sigma_{底d}$(MPa)	160.43			
$\sigma_{头d}$(MPa)	206.74			

可知,钢轨轨底动弯拉应力 $\sigma_{底d} = 160.43$ MPa。

(2) 钢轨断缝值

无缝线路钢轨一旦折断,断缝会影响行车安全,因此应合理确定断缝允许值,确保钢轨折断时,断缝不超过允许值。在低温条件下,钢轨折断后,长钢轨被分成左右两段,从断缝处向两侧回缩,断缝不断扩大,长钢轨中的纵向力逐渐放散,同时桥梁墩台承受纵向力(即断轨力),断缝扩大至梁轨受力平衡,形成最大断缝宽 λ 和无缝线路伸缩区。

日本在 1984 年曾利用上越新干线新潟车辆基地内的出入线进行了断缝安全试验,断缝最大设置值为 100mm,轨道车运行最高速度为 70km/h。试验中,钢轨轨头的左右错位量最大为 1mm。试验结果表明,轮重减载率、横向力以及脱轨系数较小,未造成安全问题。最后日本相关标准规定,钢轨折断时允许钢轨断缝值为 [λ] = 70mm。

中国铁道科学研究院曾在北京环形试验基地进行了列车通过钢轨断缝的安全试验。试验线路采用 CHN50 型钢轨、碎石道床、木枕。在一股钢轨设置断缝,其大小由 20mm、60mm、100mm 逐次扩大,最终设置断缝 138mm,为保证试验安全,用 2 辆轴重 210kN 的货物车辆溜放通过。车辆通过断缝时速度从 20km/h、40km/h 逐次提高,最终达到 85km/h。每一速度至少试验 6 次,每次试验测定顺车轨与迎车轨形成的台阶、顺车轨所受垂向力 P、横向力 H、顺车轨的弹性挤开量 δ、迎车轨所受横向力、迎车轨的挠度 6 项参数。测定结果显示,实测弹性挤开量 δ 和台阶 z 与断缝 λ 的大小并无明显关系,而与车辆通过次数密切相关。当试验设置最大断缝为 138mm 时,车辆以速度 85km/h 通过,重复试验 6 次,车辆能够安全正常通过。测得顺车轨最大弹性挤开量 δ = 3.2mm,最大台阶 z = 6.3mm。试验证实,断缝由 20mm、60mm、100mm 逐次扩大至 138mm,并未发现因断缝的扩大而使行车安全受到威胁。通过本次试验研究,确定了我国干线无缝线路钢轨断缝允许值为:钢轨断缝允许值可取 70mm;对于采用小阻力扣件的无砟轨道,当检算断缝值不能满足上述要求时,断缝允许值可适当加大,但不能超过 90mm。

《铁路无缝线路设计规范》(TB 10015—2012)规定,钢轨断缝值一般情况下取 70mm,困难条件下取 90mm。在确定桥墩纵向水平线刚度时,钢轨断缝限值取 70mm。

(3)梁轨快速相对位移

当列车在线路上紧急制动时,车轮通过轮轨黏着作用将列车荷载传递到钢轨上,一部分纵向力传递到路基上,一部分经梁体传递到桥梁下部基础上。钢轨与桥梁间会在短时间内产生纵向相对位移,《轨道与桥梁相互作用计算规则》(UIC774-3)规定有砟轨道梁轨快速相对位移不得超过 4mm,以保证有砟道床的稳定。无砟轨道在制动力作用下梁轨相对位移过大,则会造成轨下胶垫窜出,影响轨道工作状态。在纵向水平线刚度分析时将制动荷载作用下梁轨快速相对位移作为评判标准之一。

5.4 简支梁桥无缝线路纵向水平线刚度限值计算

5.4.1 计算参数

(1)桥跨参数

温州市域铁路常用简支梁的跨度为 35m 及 30m,计算还考虑了跨度为 40m、25m、20m 的简支梁,桥跨布置分别为 10×40m、10×35m、10×30m、10×25m、10×20m 双线简支箱梁,以跨度 40m 简支梁为例,桥跨布置图如图 5.6 所示。

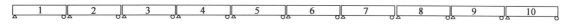

图 5.6 桥跨布置图示

(2)梁温度差

以市域铁路桥上铺设无砟轨道为例,根据《铁路无缝线路设计规范》(TB 10015—2012),混凝土桥梁温度差按年温差取 30℃。

(3)列车荷载

钢轨动弯应力按照市域铁路动车组轴重 17t、轴距 2.5m 计算。制动力计算采用 ZS 标准荷载,车辆 6 节编组长度为 140m,黏着系数取为 0.164,ZS 标准活载图式如图 5.7 所示。

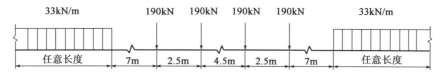

图 5.7 ZS 标准活载图式

(4)线路纵向阻力

在对简支梁纵向水平线刚度研究中,按全桥铺设小阻力扣件计算。采用 WJ-7B 型小阻力扣件,根据《铁路无缝线路设计规范》(TB 10015—2012),扣件纵向阻力取值如表 5.3 所示。

扣件纵向阻力(单位:kN/m/轨)　　　表 5.3

扣件类型	有载时机车下	有载时车辆下	无载时
WJ-7B 型小阻力扣件	$r=24.8x, x\leq 0.5\text{mm}$ $r=12.4, x>0.5\text{mm}$	$r=16x, x\leq 0.5\text{mm}$ $r=8, x>0.5\text{mm}$	$r=16x, x\leq 0.5\text{mm}$ $r=8, x>0.5\text{mm}$

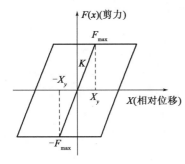

图5.8 活动支座摩阻力计算模型

(5)活动支座摩擦系数

为了简化计算,以往桥上无缝线路计算时假定桥梁活动支座可自由伸缩,忽略活动支座摩阻力的影响。实际上,桥梁在温度荷载或列车制动荷载作用下,活动支座存在较大的纵向滑动摩擦力,试验表明,活动支座摩擦系数一般为0.02~0.05。活动支座的摩擦效应可以近似采用双线性连接单元进行模拟,其计算模型如图5.8所示。

图5.8中滑动摩擦力 F_{max} 按式(5.19)计算:

$$F_{max} = uN \tag{5.19}$$

式中: F_{max}——滑动摩擦力;
  N——支座恒载轴压力;
  u——摩擦系数。

根据国内外相关试验结果,滑动摩擦系数 u 最大一般不超过0.05,在分析摩擦系数的影响时分别按0、0.02、0.05三种工况计。

5.4.2 计算工况

分别考虑不同跨长、不同活动支座摩擦系数及不同桥墩线刚度,采用桥上无缝线路有限元计算模型,对钢轨伸缩力、制动力、梁轨相对位移、寒冷及温暖地区钢轨强度及钢轨断缝值进行计算,150种计算工况见表5.4。

计算工况　　　　　　　　　　　表5.4

工况	跨长（m）	墩刚度（kN/cm/双线）	寒冷地区	温暖地区
			活动支座摩擦系数	
1	40	40、70、100、130、160、190、220、250、280、310	0	
2	35	40、70、100、130、160、190、220、250、280、310		
3	30	40、70、100、130、160、190、220、250、280、310		
4	25	40、70、100、130、160、190、220、250、280、310		
5	20	40、70、100、130、160、190、220、250、280、310		
6	40	40、70、100、130、160、190、220、250、280、310	0.02	
7	35	40、70、100、130、160、190、220、250、280、310		
8	30	40、70、100、130、160、190、220、250、280、310		
9	25	40、70、100、130、160、190、220、250、280、310		
10	20	40、70、100、130、160、190、220、250、280、310		
11	40	40、70、100、130、160、190、220、250、280、310	0.05	
12	35	40、70、100、130、160、190、220、250、280、310		
13	30	40、70、100、130、160、190、220、250、280、310		
14	25	40、70、100、130、160、190、220、250、280、310		
15	20	40、70、100、130、160、190、220、250、280、310		

5.4.3 计算结果

(1)活动支座摩擦系数为0

①跨长为40m的计算结果

跨长为40m时,桥墩纵向水平线刚度取不同值时钢轨伸缩力、制动力、梁轨相对位移、寒冷及温暖地区钢轨应力及钢轨断缝值计算结果如表5.5所示。

简支梁跨长为40m的计算结果　　　　　表5.5

墩刚度 (kN/cm/双线)	伸缩力 (kN)	制动力 (kN)	钢轨应力(MPa)		梁轨相对位移 (mm)	断缝值(mm)	
			寒冷	温暖		寒冷	温暖
40	227.9	468.1	383.9	341.9	2.983	141.69	123.766
70	238.9	427.2	380	338	2.637	123.91	109.07
100	247.4	394.2	376.8	334.8	2.376	111.34	98.721
130	254.2	366.8	374.2	332.2	2.173	101.9	90.933
160	259.8	343.5	371.9	329.9	2.012	94.49	84.804
190	264.5	323.3	369.9	327.9	1.881	88.5	79.824
220	268.6	305.8	368.2	326.2	1.768	83.53	75.669
250	272.1	290.2	366.6	324.6	1.668	79.33	72.133
280	275.3	276.4	366.1	323.2	1.588	75.72	69.071
310	278.1	264.1	364.0	322.0	1.520	72.58	66.388
340	281.2	251.3	362.8	320.8	1.496	69.20	63.485

以简支梁跨长40m、桥墩刚度280kN/cm/双线为例,钢轨及墩台伸缩力、钢轨及墩台制动包络力、制动工况梁轨相对位移包络图、寒冷及温暖地区钢轨断缝值(其中正值为拉,负值为压)计算结果分别如图5.9~图5.14所示。

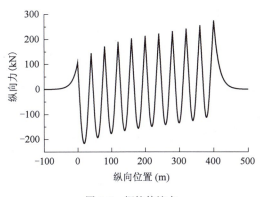

图5.9 钢轨伸缩力

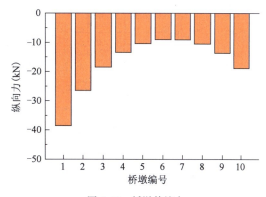

图5.10 桥墩伸缩力

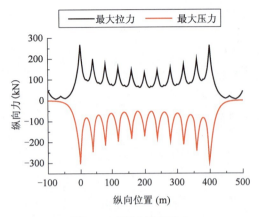
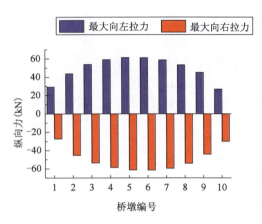

图 5.11 钢轨制动包络力　　　　　　图 5.12 桥墩制动包络力

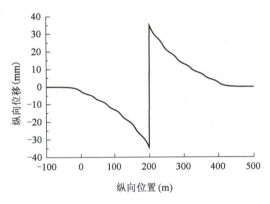
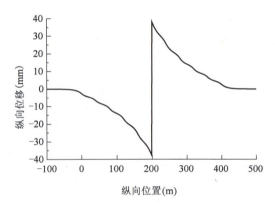

图 5.13 温暖地区钢轨断缝　　　　　图 5.14 寒冷地区钢轨断缝值

钢轨伸缩力、制动力、梁轨相对位移、钢轨应力及钢轨断缝值随简支梁桥墩刚度的变化规律如图 5.15～图 5.18 所示。

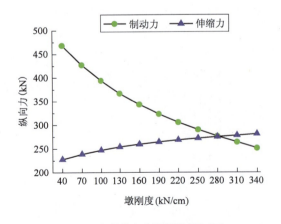
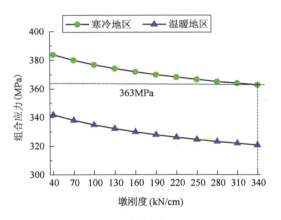

图 5.15 钢轨纵向力随墩刚度的变化　　　图 5.16 钢轨应力随墩刚度的变化

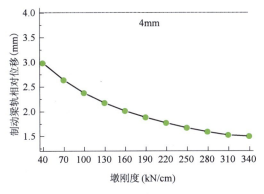

图 5.17　梁轨相对位移随墩刚度的变化

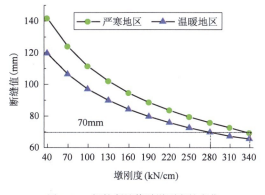

图 5.18　钢轨断缝值随墩刚度的变化

可知,对于寒冷地区,当墩刚度为340kN/cm/双线时,计算的钢轨强度值为362.8MPa,接近钢轨容许应力363MPa,此时梁轨相对位移及钢轨断缝值均满足限值要求,因此寒冷地区跨长为40m的简支梁合理刚度限值为340kN/cm/双线。

对于温暖地区,由于钢轨温度应力远小于寒冷地区,因此计算的钢轨强度值在墩刚度很小时仍满足363MPa的限值要求,钢轨强度条件不起控制作用,同样的,梁轨相对位移也不起控制作用。当墩刚度为280kN/cm/双线时,钢轨断缝值为69.1mm,已接近断缝限值70mm,由此确定,温暖地区跨长为40m的简支梁合理纵向水平线刚度限值为280kN/cm/双线。

②跨长为35m的计算结果

跨长为35m时,墩顶纵向水平线刚度取不同值时钢轨伸缩力、制动力、梁轨相对位移、钢轨应力及钢轨断缝值计算结果如表5.6所示。

简支梁跨长为35m的计算结果　　　　表5.6

墩刚度 (kN/cm/双线)	伸缩力 (kN)	制动力 (kN)	钢轨应力 (MPa)		梁轨相对位移 (mm)	断缝值 (mm)	
			寒冷	温暖		寒冷	温暖
40	197.2	422.6	374	332	2.509	133.92	117.697
70	207.3	385.5	370.5	328.5	2.237	117.79	104.278
100	215.3	355.4	367.7	325.7	2.031	106.24	94.7
130	221.9	330.2	365.3	323.3	1.872	97.48	87.432
160	227.3	308.9	363.2	321.2	1.738	90.55	81.678
190	231.9	290.5	361.4	319.4	1.623	84.91	76.978
220	235.9	274.5	359.9	317.9	1.536	80.24	73.046
250	239.4	260.3	358.5	316.5	1.462	76.26	69.686
280	242.5	247.6	357.3	315.3	1.397	72.84	66.769
310	245.3	236.3	356.2	314.2	1.339	69.85	64.213

钢轨伸缩力、制动力、梁轨相对位移、钢轨应力及钢轨断缝值随简支梁桥墩刚度的变化如图 5.19～图 5.22 所示。

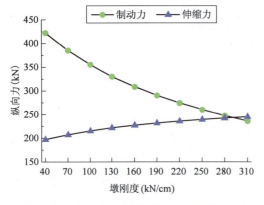

图 5.19　钢轨纵向力随墩刚度的变化

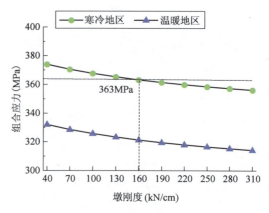

图 5.20　钢轨应力随墩刚度的变化

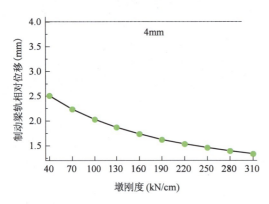

图 5.21　梁轨相对位移钢轨纵向力随墩刚度的变化

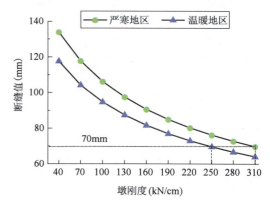

图 5.22　钢轨断缝值随墩刚度的变化

可知,对于寒冷地区,当墩刚度为 190kN/cm/双线时,计算的钢轨强度值为 361.4MPa,接近钢轨容许应力 363MPa,此时梁轨相对位移满足要求,但钢轨断缝值为 76mm。以钢轨断缝值 70mm 为控制条件,根据图 5.23 钢轨断缝值随墩刚度的变化规律,可以确定寒冷地区跨长为 35m 的简支梁合理刚度限值为 310kN/cm/双线。

对于温暖地区,钢轨强度条件、制动梁轨相对位移不起控制作用,当墩刚度为 250kN/cm/双线时,钢轨断缝值为 69.7mm,已接近断缝限值 70mm,因此,温暖地区跨长为 35m 的简支梁合理刚度限值为 250kN/cm/双线。

③跨长为 30m 的计算结果

跨长为 30m 时,桥墩顶纵向水平线刚度取不同值时钢轨伸缩力、制动力、梁轨相对位移、钢轨应力及钢轨断缝值计算结果如表 5.7 所示。

钢轨伸缩力、制动力、梁轨相对位移、钢轨应力及钢轨断缝值随简支梁桥墩刚度的变化如图 5.23～图 5.26 所示。

简支梁跨长为 30m 的计算结果　　表 5.7

墩刚度 (kN/cm/双线)	伸缩力 (kN)	制动力 (kN)	钢轨应力 (MPa)		梁轨相对位移 (mm)	断缝值 (mm)	
			寒冷	温暖		寒冷	温暖
40	166	368.1	363	321	2.02	124.65	110.292
70	175.3	336.6	360.1	318.1	1.83	110.35	98.316
100	182.7	310.8	357.7	315.7	1.675	99.95	89.645
130	188.7	289.2	355.7	313.7	1.55	91.98	82.998
160	193.9	270.7	354	312	1.46	85.64	77.7
190	198.2	254.7	352.5	310.5	1.381	80.45	73.348
220	202.1	240.6	351.2	309.2	1.313	76.11	69.687
250	205.4	228.2	350	308	1.252	72.41	66.549
280	208.4	217.3	349	307	1.199	69.22	63.822
310	211.1	207.4	348	306	1.151	66.42	61.42

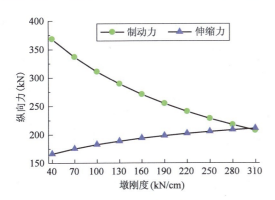

图 5.23　钢轨纵向力随墩刚度的变化

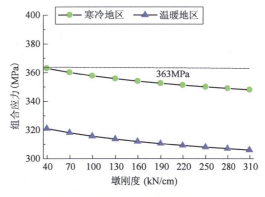

图 5.24　钢轨应力随墩刚度的变化

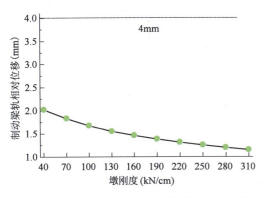

图 5.25　梁轨相对位移钢轨纵向力随墩刚度的变化

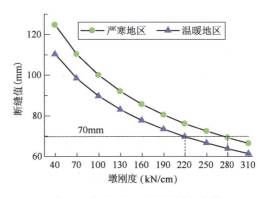

图 5.26　钢轨断缝值随墩刚度的变化

可知,寒冷地区简支梁跨长 30m 时,钢轨强度条件、制动梁轨相对位移不起控制作用,当墩刚度为 280kN/cm/双线时,钢轨断缝值为 69.2mm,已接近断缝限值 70mm,可得寒冷地区跨长为 30m 的简支梁合理刚度限值为 280kN/cm/双线。

对于温暖地区,钢轨强度条件、制动梁轨相对位移不起控制作用,当墩刚度为 220kN/cm/双线时,钢轨断缝值为 69.7mm,已接近断缝限值 70mm,可得温暖地区跨长为 30m 的简支梁合理刚度限值为 220kN/cm/双线。

④跨长为 25m 的计算结果

跨长为 25m 时,桥墩纵向水平线刚度取不同值时钢轨伸缩力、制动力、梁轨相对位移、钢轨应力及钢轨断缝值计算结果如表 5.8 所示。

简支梁跨长为 25m 的计算结果　　　　表 5.8

墩刚度 (kN/cm/双线)	伸缩力 (kN)	制动力 (kN)	钢轨应力 (MPa)		梁轨相对位移 (mm)	断缝值 (mm)	
			寒冷	温暖		寒冷	温暖
40	134.5	312.7	351.7	309.7	1.578	113.8	101.402
70	142.6	287	349.5	307.5	1.44	101.41	91.011
100	149.3	265.7	347.6	305.6	1.346	92.28	83.369
130	154.9	247.6	346	304	1.265	85.22	77.45
160	159.6	232.1	344.6	302.6	1.196	79.55	72.691
190	163.7	218.7	343.4	301.4	1.136	74.88	68.753
220	167.3	206.9	342.3	300.3	1.084	70.95	65.423
250	170.5	196.5	341.4	299.4	1.037	67.59	62.56
280	173.3	187.2	340.5	298.5	0.996	64.67	60.063
310	175.8	178.9	339.8	297.8	0.959	62.11	57.857

钢轨伸缩力、制动力、梁轨相对位移、钢轨应力及钢轨断缝值随简支梁桥墩刚度的变化如图 5.27～图 5.30 所示。

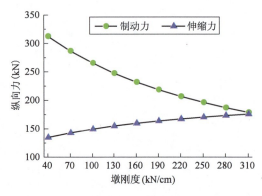

图 5.27　钢轨纵向力随墩刚度的变化

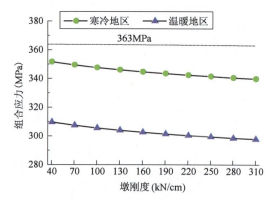

图 5.28　钢轨应力随墩刚度的变化

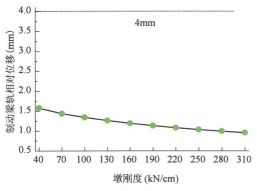
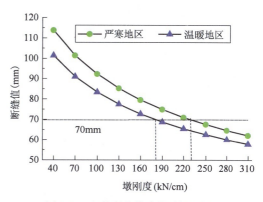

图5.29 梁轨相对位移钢轨纵向力随墩刚度的变化　　图5.30 钢轨断缝值随墩刚度的变化

可知,寒冷地区简支梁跨长为25m时,钢轨强度条件、制动梁轨相对位移不起控制作用,当墩刚度为225kN/cm/双线时,钢轨断缝值为69mm,已接近断缝限值70mm,可得温暖地区跨长为25m的简支梁合理刚度限值为225kN/cm/双线。

对于温暖地区,钢轨强度条件、制动梁轨相对位移不起控制作用,当墩刚度为190kN/cm/双线时,钢轨断缝值为68.7mm,已接近断缝限值70mm,因此温暖地区跨长为25m的简支梁合理刚度限值为180kN/cm/双线。

⑤跨长为20m的计算结果

跨长为20m时墩顶纵向水平线刚度取不同值时钢轨伸缩力、制动力、梁轨相对位移、钢轨应力及钢轨断缝值计算结果如表5.9所示。

简支梁跨长为20m的计算结果　　表5.9

墩刚度 (kN/cm/双线)	伸缩力 (kN)	制动力 (kN)	钢轨应力 (MPa)		梁轨相对位移 (mm)	断缝值 (mm)	
			寒冷	温暖		寒冷	温暖
40	96.8	247.9	338.5	296.5	1.11	98.9	88.952
70	103.6	228.8	336.9	294.9	1.032	88.84	80.534
100	109.3	212.8	335.6	293.6	0.972	81.32	74.228
130	114.1	199.1	334.4	292.4	0.922	75.42	69.274
160	118.3	187.3	333.5	291.5	0.878	70.64	65.244
190	122	176.9	332.6	290.6	0.839	66.61	61.881
220	125.2	167.8	331.8	289.8	0.805	63.32	59.013
250	128.1	159.6	331.1	289.1	0.775	60.42	56.481
280	130.6	152.3	330.5	288.5	0.748	57.89	54.362
310	133	145.7	330	288	0.724	55.61	52.386

钢轨伸缩力、制动力、梁轨相对位移、钢轨应力及钢轨断缝值随简支梁桥墩刚度的变化如图5.31~图5.34所示。

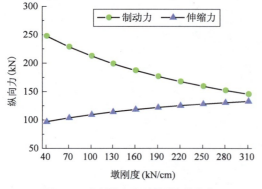

图5.31 钢轨纵向力随墩刚度的变化

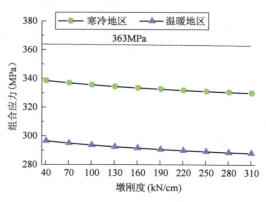

图5.32 钢轨应力随墩刚度的变化

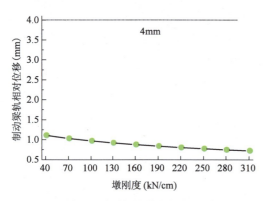

图5.33 梁轨相对位移钢轨纵向力随墩刚度的变化

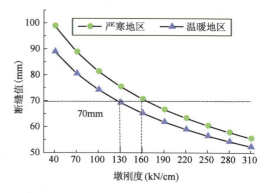

图5.34 钢轨断缝值随墩刚度的变化

可知,寒冷地区简支梁跨长为20m时,钢轨强度条件、制动梁轨相对位移不起控制作用,当墩刚度为160kN/cm/双线时,钢轨断缝值接近限值70mm,可得寒冷地区跨长为20m的简支梁合理刚度限值为160kN/cm/双线。

对于温暖地区,钢轨强度条件、制动梁轨相对位移不起控制作用,当墩刚度为130kN/cm/双线时,钢轨断缝值为69.2mm,接近断缝限值70mm,可得温暖地区跨长为20m的简支梁合理刚度限值为130kN/cm/双线。

⑥活动支座摩擦系数为0时桥墩最小纵向水平线刚度

活动支座摩擦系数为0时,寒冷及温暖地区不同跨长下墩顶纵向最小水平线刚度见表5.10。

活动支座摩擦系数为0时不同跨长最小纵向水平线刚度　　　　表5.10

跨长(m)	40	35	30	25	20
温暖地区(kN/cm/双线)	280	250	220	180	130
寒冷地区(kN/cm/双线)	340	310	280	225	160

（2）活动支座摩擦系数为 0.02

①跨长为 40m 的计算结果

跨长为 40m 时，墩顶纵向水平线刚度取不同值时钢轨伸缩力、制动力、梁轨相对位移、寒冷及温暖地区钢轨应力及钢轨断缝值计算结果如表 5.11 所示。

简支梁跨长为 40m 的计算结果　　　　表 5.11

墩刚度 （kN/cm/双线）	伸缩力 （kN）	制动力 （kN）	钢轨应力（MPa）		梁轨相对位移 （mm）	断缝值（mm）	
			寒冷	温暖		寒冷	温暖
40	209.9	425.2	376	334	2.62	133.34	117.658
70	212.3	377.3	370.1	328.1	2.249	117.62	104.287
100	214.7	343.8	366.1	324.1	2.013	106.5	94.894
130	217.2	318.4	363.2	321.2	1.849	98.1	87.802
160	220.4	297.7	360.9	318.9	1.716	91.49	82.198
190	224.3	280.2	359.1	317.1	1.616	86.11	77.611
220	228	265.1	357.7	315.7	1.533	81.64	73.759
250	232.8	252	356.6	314.6	1.46	77.84	70.462
280	238.2	240.3	355.8	313.8	1.397	74.56	67.603
310	243.1	229.9	355.1	313.1	1.341	71.69	65.092
340	248.3	220.6	354.5	312.5	1.302	68.71	63.258

钢轨伸缩力、制动力、梁轨相对位移、寒冷及温暖地区钢轨应力及钢轨断缝值随简支梁桥墩刚度的变化如图 5.35～图 5.38 所示。

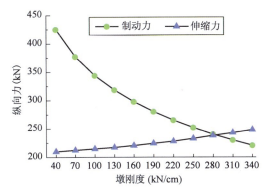

图 5.35　钢轨纵向力随墩刚度的变化

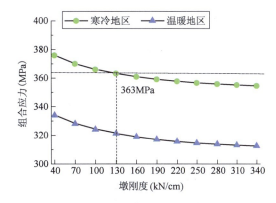

图 5.36　钢轨应力随墩刚度的变化

可知，对于寒冷地区，活动支座摩擦系数为 0.02 时，钢轨强度条件、制动梁轨相对位移不起控制作用，当墩刚度为 325kN/cm/双线时，钢轨断缝值为 69mm，接近断缝限值 70mm，可得寒冷地区跨长为 40m 的简支梁合理刚度限值为 325kN/cm/双线。

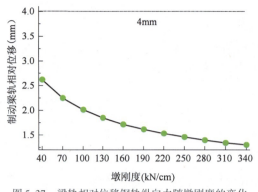 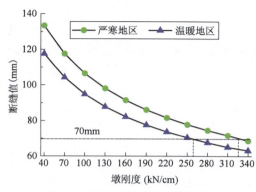

图 5.37 梁轨相对位移钢轨纵向力随墩刚度的变化　　　图 5.38 钢轨断缝值随墩刚度的变化

对于温暖地区，钢轨强度条件、制动梁轨相对位移不起控制作用，当墩刚度为 260kN/cm/双线时，钢轨断缝值接近限值 70mm，可得温暖地区跨长为 40m 时简支梁合理刚度限值为 260kN/cm/双线。

②跨长为 35m 的计算结果

跨长为 35m 时，墩顶纵向水平线刚度取不同值时钢轨伸缩力、制动力、梁轨相对位移、寒冷及温暖地区钢轨应力及钢轨断缝值计算结果如表 5.12 所示。

简支梁跨长为 35m 的计算结果　　　　表 5.12

墩刚度 （kN/cm/双线）	伸缩力 （kN）	制动力 （kN）	钢轨应力 （MPa）		梁轨相对位移 （mm）	断缝值 （mm）	
			寒冷	温暖		寒冷	温暖
40	181.1	384.8	367.1	325.1	2.231	127.35	112.92
70	183.6	341.7	361.8	319.8	1.942	112.89	100.528
100	186.3	311	358.2	316.2	1.75	102.51	91.702
130	189.5	287.8	355.6	313.6	1.609	94.62	84.992
160	193.5	268.9	353.7	311.7	1.51	88.35	79.664
190	197.4	252.9	352.1	310.1	1.427	83.24	75.281
220	201	239.2	350.8	308.8	1.357	78.97	71.594
250	204.5	227.3	349.8	307.8	1.295	75.33	68.436
280	208.2	216.9	348.9	306.9	1.243	72.19	65.687
310	212.6	207.8	348.3	306.3	1.196	69.23	63.271

钢轨伸缩力、制动力、梁轨相对位移、钢轨应力及钢轨断缝值随简支梁桥墩刚度的变化如图 5.39～图 5.42 所示。

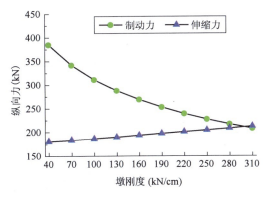

图 5.39　钢轨纵向力随墩刚度的变化

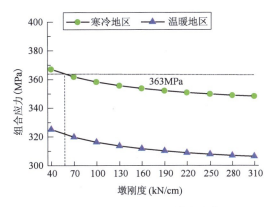

图 5.40　钢轨应力随墩刚度的变化

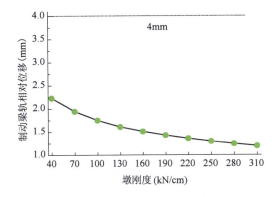

图 5.41　制动梁轨相对位移随墩刚度的变化

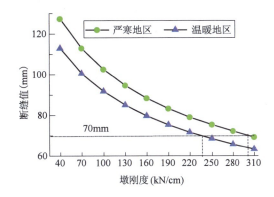

图 5.42　钢轨断缝值随墩刚度的变化

可知，寒冷地区简支梁跨长为 35m 时，钢轨强度条件、制动梁轨相对位移不起控制作用，当墩刚度为 310kN/cm/双线时，钢轨断缝值为 69.4mm，已接近断缝限值 70mm，可得寒冷地区跨长为 35m 的简支梁合理刚度限值为 300kN/cm/双线。

对于温暖地区，钢轨强度条件、制动梁轨相对位移不起控制作用，当墩刚度为 235kN/cm/双线时，钢轨断缝值接近断缝限值 70mm，可得温暖地区跨长为 30m 的简支梁合理刚度限值为 235kN/cm/双线。

③跨长为 30m 的计算结果

跨长为 30m 时，墩顶纵向水平线刚度取不同值时钢轨伸缩力、制动力、梁轨相对位移、寒冷及温暖地区钢轨应力及钢轨断缝值计算结果如表 5.13 所示。

简支梁跨长为 30m 的计算结果　　　　　表 5.13

墩刚度（kN/cm/双线）	伸缩力（kN）	制动力（kN）	钢轨应力（MPa）		梁轨相对位移（mm）	断缝值（mm）	
			寒冷	温暖		寒冷	温暖
40	152	337	357.1	315.1	1.832	119.8	106.778
70	154.7	300.8	352.8	310.8	1.615	106.79	95.564
100	157.9	274.7	349.9	307.9	1.482	97.32	87.461

续上表

墩刚度 (kN/cm/双线)	伸缩力 (kN)	制动力 (kN)	钢轨应力(MPa)		梁轨相对位移 (mm)	断缝值(mm)	
			寒冷	温暖		寒冷	温暖
130	162	254.4	347.8	305.8	1.382	90.05	81.234
160	166	237.9	346.1	304.1	1.302	84.24	76.253
190	169.8	224.1	344.9	302.9	1.234	79.46	72.147
220	173.4	212.3	343.8	301.8	1.177	75.47	68.682
250	176.8	202	342.9	300.9	1.127	72.05	65.703
280	179.9	192.9	342.1	300.1	1.083	69.08	63.105
310	182.9	184.9	341.5	299.5	1.044	66.47	60.814

钢轨伸缩力、制动力、梁轨相对位移、寒冷及温暖地区钢轨应力及钢轨断缝值随简支梁桥墩刚度的变化如图5.43~图5.46所示。

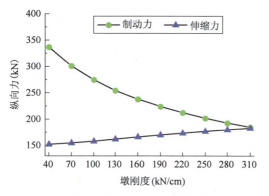

图5.43 钢轨纵向力随墩刚度的变化

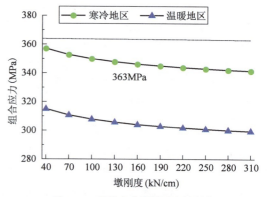

图5.44 钢轨应力随墩刚度的变化

可知,寒冷地区简支梁跨长为30m时,钢轨强度条件、制动梁轨相对位移不起控制作用,当墩刚度为270kN/cm/双线时,钢轨断缝值已接近断缝限值70mm,可得寒冷地区跨长为30m的简支梁合理刚度限值为270kN/cm/双线。

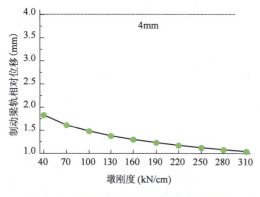

图5.45 制动梁轨相对位移随墩刚度的变化

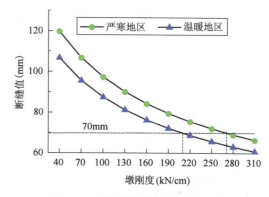

图5.46 钢轨断缝值随墩刚度的变化

对于温暖地区，钢轨强度条件、制动梁轨相对位移不起控制作用，当墩刚度为 210kN/cm/双线时，钢轨断缝值接近断缝限值 70mm，可得温暖地区跨长为 30m 的简支梁合理刚度限值为 210kN/cm/双线。

④跨长为 25m 的计算结果

跨长为 25m 时，桥墩顶纵向水平线刚度取不同值时钢轨伸缩力、制动力、梁轨相对位移、钢轨应力及钢轨断缝值计算结果如表 5.14 所示。

简支梁跨长为 25m 的计算结果 表 5.14

墩刚度 (kN/cm/双线)	伸缩力 (kN)	制动力 (kN)	钢轨应力 (MPa)		梁轨相对位移 (mm)	断缝值 (mm)	
			寒冷	温暖		寒冷	温暖
40	122.7	288.6	347.1	305.1	1.448	110.53	99.04
70	125.7	259.3	343.7	301.7	1.319	99.11	89.184
100	129.8	237.8	341.5	299.5	1.223	90.71	81.944
130	133.9	220.9	339.8	297.8	1.148	84.18	76.32
160	137.8	207.1	338.5	296.5	1.086	78.92	71.787
190	141.5	195.5	337.5	295.7	1.034	74.18	68.023
220	144.9	185.4	336.6	294.6	0.99	69.06	64.835
250	148.1	176.6	335.7	293.9	0.95	67.78	62.085
280	151.1	168.8	335.3	293.3	0.916	65.04	59.683
310	153.9	161.8	334.8	292.8	0.885	62.63	57.558

钢轨伸缩力、制动力、梁轨相对位移、钢轨应力及钢轨断缝值随简支梁桥墩刚度的变化如图 5.47～图 5.50 所示。

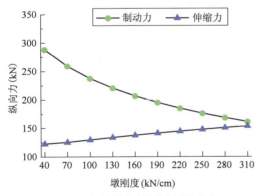

图 5.47 钢轨纵向力随墩刚度的变化

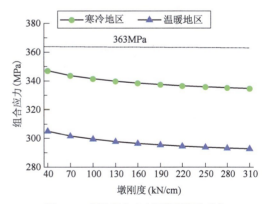

图 5.48 钢轨组合应力随墩刚度的变化

可知，寒冷地区简支梁跨长为 25m 时，钢轨强度条件、制动梁轨相对位移不起控制作用，当墩刚度为 210kN/cm/双线时，钢轨断缝值接近限值 70mm，可得寒冷地区跨长为 25m 的简支梁合理刚度限值为 210kN/cm/双线。

对于温暖地区，钢轨强度条件、制动梁轨相对位移不起控制作用，当墩刚度为 170kN/cm/双线时，钢轨断缝值接近限值 70mm，可得温暖地区跨长为 25m 的简支梁合理刚度限值为 170kN/cm/双线。

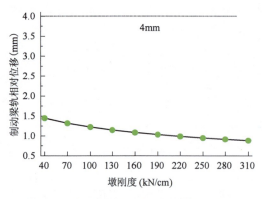

图 5.49 制动梁轨相对位移随墩刚度的变化

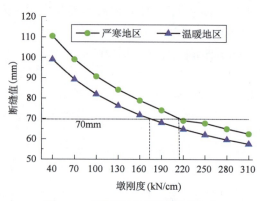

图 5.50 钢轨断缝值随墩刚度的变化

⑤跨长为 20m 的计算结果

跨长为 20m 时,墩顶纵向水平线刚度取不同值时钢轨伸缩力、制动力、梁轨相对位移、钢轨应力及钢轨断缝值计算结果如表 5.15 所示。

简支梁跨长为 20m 的计算结果　　　　表 5.15

墩刚度 （kN/cm/双线）	伸缩力 （kN）	制动力 （kN）	钢轨应力（MPa）		梁轨相对位移 （mm）	断缝值（mm）	
			寒冷	温暖		寒冷	温暖
40	87.7	231.1	335.2	293.2	1.041	97.14	87.634
70	91.4	209.8	332.9	290.9	0.962	87.8	79.43
100	95.4	193.8	331.3	289.3	0.903	80.79	73.486
130	99.3	181	330.2	288.2	0.855	75.27	68.717
160	103	170.3	329.3	287.3	0.816	69.10	64.824
190	106.4	161.2	328.6	286.6	0.782	66.06	61.566
220	109.5	153.2	327.9	285.9	0.752	62.9	58.785
250	112.4	146.1	327.4	285.4	0.726	60.16	56.382
280	115.1	139.8	326.9	284.9	0.703	57.77	54.273
310	117.6	134.1	326.5	284.5	0.682	55.65	52.405

钢轨伸缩力、制动力、梁轨相对位移、寒冷及温暖地区钢轨应力及钢轨断缝值随简支梁桥墩刚度的变化如图 5.51～图 5.54 所示。

可知,寒冷地区简支梁跨长为 20m 时,钢轨强度条件、制动梁轨相对位移不起控制作用,当墩刚度为 150kN/cm/双线时,钢轨断缝值接近限值 70mm,可得寒冷地区跨长为 20m 的简支梁合理刚度限值为 150kN/cm/双线。

对于温暖地区,钢轨强度条件、制动梁轨相对位移不起控制作用,当墩刚度为115kN/cm/双线时,钢轨断缝值接近限值70mm,可得温暖地区跨长为20m的简支梁合理刚度限值为115kN/cm/双线。

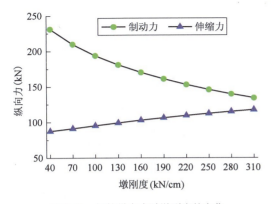

图 5.51 钢轨纵向力随墩刚度的变化

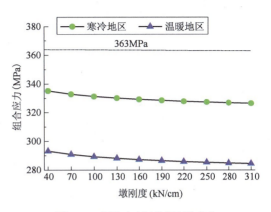

图 5.52 钢轨应力随墩刚度的变化

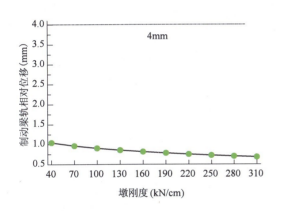

图 5.53 制动梁轨相对位移随墩刚度的变化

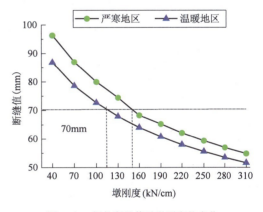

图 5.54 钢轨断缝值随墩刚度的变化

⑥桥墩最小线刚度取值

活动支座摩擦系数为 0.02 时,不同跨长下墩顶最小纵向水平线刚度取值如表 5.16 所示。

活动支座摩擦系数为 **0.02** 时不同跨长最小纵向水平线刚度　　表 5.16

跨长(m)	40	35	30	25	20
温暖地区(kN/cm/双线)	260	235	210	170	115
寒冷地区(kN/cm/双线)	325	300	270	210	150

(3)活动支座摩擦系数为 0.05

①跨长为 40m 的计算结果

跨长为 40m 时,墩顶纵向水平线刚度取不同值时钢轨伸缩力、制动力、梁轨相对位移、钢轨应力及钢轨断缝值计算结果如表 5.17 所示。

简支梁跨长为 40m 时的计算结果　　　　　　　　　　　　　　　表 5.17

墩刚度 (kN/cm/双线)	伸缩力 (kN)	制动力 (kN)	钢轨应力 (MPa)		梁轨相对位移 (mm)	断缝值 (mm)	
			寒冷	温暖		寒冷	温暖
40	209.7	419.8	375.3	333.3	2.575	125.95	110.156
70	211.5	367.5	368.8	326.8	2.178	109.84	95.749
100	213	330.3	364.1	322.1	1.927	99.74	86.989
130	214.3	302.1	360.7	318.7	1.746	92.3	80.703
160	215.5	279.7	357.9	315.9	1.613	86.5	75.796
190	216.4	261.5	355.7	313.7	1.513	81.82	71.787
220	217.4	246.1	353.8	311.8	1.43	77.92	69.422
250	218.3	233	352.3	310.3	1.36	74.59	65.554
280	219.1	221.8	350.9	308.9	1.3	71.72	63.061
310	219.8	211.9	349.7	307.7	1.247	69.2	60.867

钢轨伸缩力、制动力、梁轨相对位移、寒冷及温暖地区钢轨应力及钢轨断缝值随简支梁桥墩刚度的变化如图 5.55~图 5.58 所示。

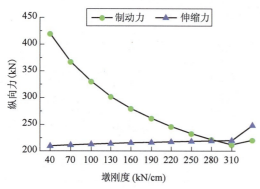

图 5.55　钢轨纵向力随墩刚度的变化

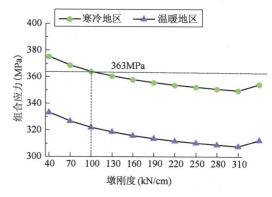

图 5.56　钢轨应力随墩刚度的变化

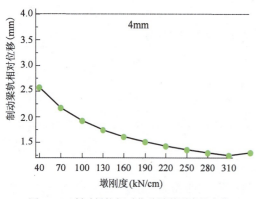

图 5.57　制动梁轨相对位移随墩刚度的变化

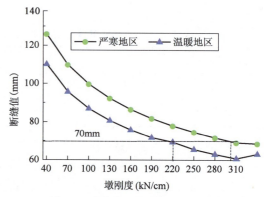

图 5.58　钢轨断缝值随墩刚度的变化

可知,对于寒冷地区,活动支座摩擦系数为 0.05 时,钢轨强度条件、制动梁轨相对位移不起控制作用,当墩刚度为 300kN/cm/双线时,钢轨断缝值接近限值 70mm,可得寒冷地区跨长为 40m 的简支梁合理刚度限值为 300kN/cm/双线。

对于温暖地区,钢轨强度条件、制动梁轨相对位移不起控制作用,当墩刚度为 220kN/cm/双线时,钢轨断缝值接近断缝限值 70mm,可得温暖地区跨长为 40m 的简支梁合理刚度限值为 220kN/cm/双线。

②跨长为 35m 的计算结果

跨长为 35m 时,墩顶纵向水平线刚度取不同值时钢轨伸缩力、制动力、梁轨相对位移、钢轨应力及钢轨断缝值计算结果如表 5.18 所示。

简支梁跨长为 35m 的计算结果 表 5.18

墩刚度 (kN/cm/双线)	伸缩力 (kN)	制动力 (kN)	钢轨应力(MPa)		梁轨相对位移 (mm)	断缝值(mm)	
			寒冷	温暖		寒冷	温暖
40	180.8	379.4	366.3	324.3	2.192	120.77	105.802
70	182.5	332	360.4	318.4	1.881	106.27	92.848
100	184	298.3	356.3	314.3	1.67	96.74	84.666
130	185.3	272.8	353.1	311.1	1.532	89.71	78.713
160	186.5	252.6	350.7	308.7	1.428	84.21	74.016
190	187.7	236.1	348.5	306.9	1.343	79.73	70.15
220	188.7	222.3	347.1	305.1	1.272	75.97	66.892
250	189.7	210.6	345.7	303.7	1.212	72.75	64.098
280	190.7	200.5	344.5	302.5	1.161	69.95	61.664
310	191.8	191.7	343.5	301.5	1.116	67.48	59.517

钢轨伸缩力、制动力、梁轨相对位移、钢轨应力及钢轨断缝值随简支梁桥墩刚度的变化如图 5.59～图 5.62 所示。

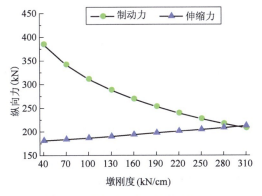

图 5.59 钢轨纵向力随墩刚度的变化

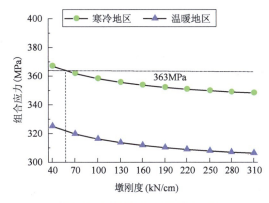

图 5.60 钢轨应力随墩刚度的变化

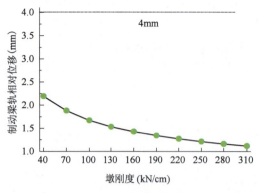

图 5.61 制动梁轨相对位移随墩刚度的变化

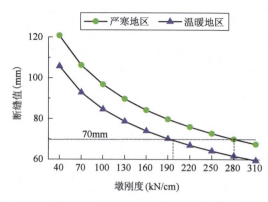

图 5.62 钢轨断缝值随墩刚度的变化

可知,寒冷地区及温暖地区简支梁跨长为 35m 时,钢轨强度条件、制动梁轨相对位移不起控制作用,以钢轨断缝限值 70mm 为判据,寒冷、温暖地区跨长为 35m 的简支梁合理刚度限值分别为 280kN/cm/双线、200kN/cm/双线。

③跨长为 30m 的计算结果

跨长为 30m 时,墩顶纵向水平线刚度取不同值时钢轨伸缩力、制动力、梁轨相对位移、钢轨应力及钢轨断缝值计算结果如表 5.19 所示。

简支梁跨长为 30m 的计算结果   表 5.19

墩刚度 (kN/cm/双线)	伸缩力 (kN)	制动力 (kN)	钢轨应力 (MPa)		梁轨相对位移 (mm)	断缝值 (mm)	
			寒冷	温暖		寒冷	温暖
40	151.6	331.9	356.4	314.4	1.801	114.14	100.2
70	153.2	291.8	351.5	309.5	1.566	101.36	88.826
100	154.6	263	347.9	305.9	1.425	92.74	81.451
130	156	241	345.3	303.3	1.318	86.25	75.88
160	157.4	223.6	343.2	301.2	1.233	81.06	71.432
190	158.5	209.4	341.5	299.5	1.164	76.81	67.763
220	159.9	197.5	340.1	298.1	1.106	73.23	64.662
250	161.1	187.4	339	297	1.057	70.16	61.994
280	162.8	178.6	338.1	296.1	1.015	67.48	59.662
310	165	170.8	337.4	295.4	0.978	65.13	57.603

钢轨伸缩力、制动力、梁轨相对位移、钢轨应力及钢轨断缝值随简支梁桥墩刚度的变化如图 5.63~图 5.66 所示。

可知,寒冷地区及温暖地区简支梁跨长为 30m 时,钢轨强度条件、制动梁轨相对位移不起控制作用,以钢轨断缝限值 70mm 为判据,寒冷、温暖地区跨长为 30m 的简支梁合理刚度限值分别为 250kN/cm/双线、175kN/cm/双线。

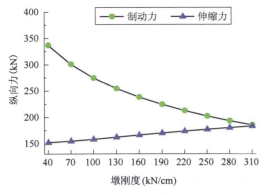

图 5.63 钢轨纵向力随墩刚度的变化

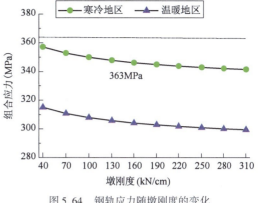

图 5.64 钢轨应力随墩刚度的变化

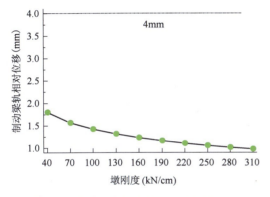

图 5.65 制动梁轨相对位移随墩刚度的变化

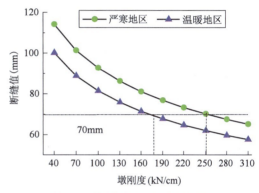

图 5.66 钢轨断缝值随墩刚度的变化

④跨长为 25m 的计算结果

跨长为 25m 时,墩顶纵向水平线刚度取不同值时钢轨伸缩力、制动力、梁轨相对位移、钢轨应力及钢轨断缝值计算结果如表 5.20 所示。

简支梁跨长为 25m 的计算结果　　　　　表 5.20

墩刚度 (kN/cm/双线)	伸缩力 (kN)	制动力 (kN)	钢轨应力 (MPa)		梁轨相对位移 (mm)	断缝值 (mm)	
			寒冷	温暖		寒冷	温暖
40	122.1	283.8	346.4	304.4	1.427	106.15	93.447
70	123.6	251.1	342.4	300.4	1.282	95.07	83.658
100	125.1	227.3	339.5	297.5	1.177	87.38	76.996
130	126.6	209.2	337.4	295.4	1.096	81.45	71.887
160	128.2	194.8	335.7	293.7	1.032	76.69	67.786
190	129.8	182.9	334.4	292.4	0.979	71.17	64.393
220	131.7	172.8	333.3	291.3	0.935	69.05	61.51
250	134	164.2	332.5	290.5	0.897	66.59	59.016
280	136.3	156.7	331.8	289.8	0.863	64.09	56.831
310	138.5	150	331.2	289.2	0.834	61.89	54.899

钢轨伸缩力、制动力、梁轨相对位移、钢轨应力及钢轨断缝值随简支梁桥墩刚度的变化如图 5.67 ~ 图 5.70 所示。

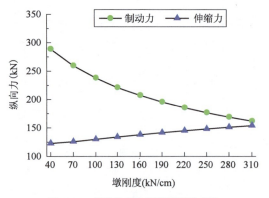

图 5.67 钢轨纵向力随墩刚度的变化

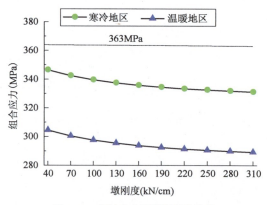

图 5.68 钢轨应力随墩刚度的变化

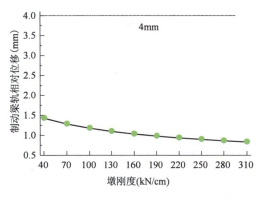

图 5.69 制动梁轨相对位移随墩刚度的变化

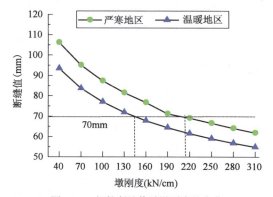

图 5.70 钢轨断缝值随墩刚度的变化

可知，寒冷地区及温暖地区简支梁跨长为 25m 时，钢轨强度条件、制动梁轨相对位移不起控制作用，以钢轨断缝限值 70mm 为判据，寒冷、温暖地区跨长为 25m 的简支梁合理刚度限值分别为 200kN/cm/双线、140kN/cm/双线。

⑤跨长为 20m 的计算结果

跨长为 20m 时，墩顶纵向水平线刚度取不同值时钢轨伸缩力、制动力、梁轨相对位移、钢轨应力及钢轨断缝值计算结果如表 5.21 所示。

简支梁跨长为 20m 的计算结果　　　　表 5.21

墩刚度 （kN/cm/双线）	伸缩力 （kN）	制动力 （kN）	钢轨应力（MPa）		梁轨相对位移 （mm）	断缝值（mm）	
			寒冷	温暖		寒冷	温暖
40	86.9	227.1	334.5	292.5	1.026	92.21	83.232
70	88.3	203	331.6	289.6	0.937	83.2	75.291
100	90	185.4	329.6	287.6	0.872	76.7	69.652
130	91.8	171.7	328	286	0.821	71.13	65.306

续上表

墩刚度 (kN/cm/双线)	伸缩力 (kN)	制动力 (kN)	钢轨应力 (MPa)		梁轨相对位移 (mm)	断缝值 (mm)	
			寒冷	温暖		寒冷	温暖
160	94	160.5	326.9	284.9	0.78	67.47	61.755
190	96.5	151.3	326	284	0.746	64.05	58.777
220	98.9	143.3	325.3	283.3	0.717	62.2	56.228
250	101.2	136.5	324.7	282.7	0.692	59.68	54.012
280	103.4	130.4	324.2	282.2	0.67	57.48	52.073
310	105.5	125.1	323.8	281.8	0.65	55.52	50.282

钢轨伸缩力、制动力、梁轨相对位移、寒冷及温暖地区钢轨应力及钢轨断缝值随简支梁桥墩刚度的变化如图5.71~图5.74所示。

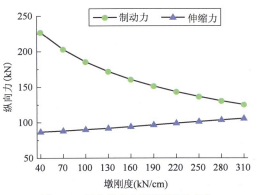

图 5.71　钢轨纵向力随墩刚度的变化

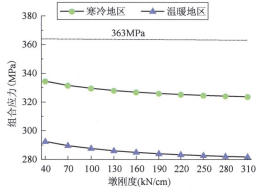

图 5.72　钢轨应力随墩刚度的变化

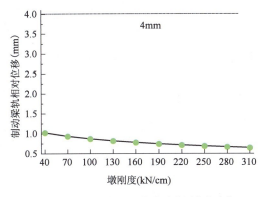

图 5.73　制动梁轨相对位移随墩刚度的变化

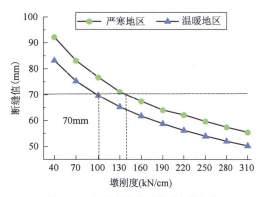

图 5.74　钢轨断缝值随墩刚度的变化

可知,寒冷地区及温暖地区简支梁跨长为20m时,钢轨强度条件、制动梁轨相对位移不起控制作用,以钢轨断缝限值70mm为判据,寒冷、温暖地区跨长为20m的简支梁合理刚度限值分别为140kN/cm/双线、100kN/cm/双线。

⑥桥墩最小线刚度取值

活动支座摩擦系数为0.05时,不同跨长下墩顶纵向最小水平线刚度取值见表5.22。

活动支座摩擦系数为 0.05 时不同跨长最小水平线刚度 　　　　表 5.22

跨长(m)	40	35	30	25	20
温暖地区（kN/cm/双线）	220	200	175	140	100
寒冷地区（kN/cm/双线）	300	280	250	200	140

5.4.4 简支梁桥墩线刚度限值

寒冷及温暖地区不同活动支座摩擦系数下的市域铁路桥墩最小水平线刚度值汇总见表 5.23。

桥墩纵向水平线刚度计算值　　　　表 5.23

跨长(m)	墩顶纵向水平线刚度(kN/cm/双线)					
	活动支座摩擦系数为 0		活动支座摩擦系数为 0.02		活动支座摩擦系数为 0.05	
	寒冷	温暖	寒冷	温暖	寒冷	温暖
40	340	280	325	260	300	220
35	310	250	300	235	280	200
30	280	220	270	210	250	175
25	225	180	210	170	200	140
20	160	130	150	115	140	100

由表 5.23 可知，活动支座摩擦系数对桥墩纵向水平线刚度影响比较敏感，活动支座摩擦系数越大，桥墩纵向水平线刚度限值越小，摩擦系数 0.05 与 0 相比最大降幅达 23%。温度区域对桥墩纵向水平线刚度影响也比较敏感，同等条件下温暖地区桥墩纵向水平线刚度限值均比寒冷地区小，最大降幅达 28%。不考虑活动支座摩擦系数和温度区域，桥墩纵向水平线刚度限值往往安全冗余过大，工程上不经济。

因此，市域铁路桥墩纵向水平线刚度限值考虑活动支座摩擦系数和温度区域更科学合理、符合实际。推荐活动支座摩擦系数为 0.05 时桥墩纵向水平线的刚度限值作为市域铁路的建议值，具体见表 5.24。

简支梁桥墩最小纵向水平线刚度建议值　　　　表 5.24

跨长(m)	寒冷(kN/cm/双线)	温暖(kN/cm/双线)
40	300	220
35	280	200
30	250	175
25	200	140
20	140	100

5.4.5 与相关设计规范对比

《城际铁路设计规范》(TB 10623—2014)、《市域铁路设计规范》(T/CRS C0101—

2017)、《市域快速轨道交通设计规范》(T/CCES 2—2017)、《地铁设计规范》(GB 50157—2013)都对简支梁桥桥墩最小纵向水平线刚度值进行了规定,以下将表5.24的桥墩纵向水平线刚度建议值与上述设计规范进行对比分析。

(1) 与《城际铁路设计规范》(TB 10623—2014)、《市域铁路设计规范》(T/CRS C0101—2017)对比

桥墩纵向水平线刚度与《城际铁路设计规范》(TB 10623—2014)、《市域铁路设计规范》(T/CRS C0101—2017)对比结果如表5.25所示。

纵向水平线刚度限值对比——城际、市域规范 表5.25

跨长 (m)	城际、市域规范 (kN/cm/双线)	市域铁路推荐值(kN/cm/双线)		降幅(%)	
		寒冷	温暖	寒冷	温暖
20	145	140	100	3.45	31.03
24	210	188	132	10.48	37.14
32	265	262	185	1.13	30.19
40	415	300	220	27.71	46.99

考虑了温度区域和支座摩擦系数后,与《城际铁路设计规范》(TB 10623—2014)、《市域铁路设计规范》(T/CRS C0101—2017)相比,温暖地区桥墩纵向水平线刚度降幅为30%~47%,可降低显著工程造价、改善桥墩景观,具有明显的经济和社会效益。寒冷地区桥墩纵向水平线刚度降幅则较小,为1%~28%。

(2) 与《市域快速轨道交通设计规范》(T/CCES 2—2017)对比

桥墩纵向水平线刚度与《市域快速轨道交通设计规范》(T/CCES 2—2017)对比结果如表5.26所示。

桥墩纵向水平线刚度限值对比——市域快速轨道交通规范 表5.26

跨长 (m)	城际、市域规范 (kN/cm/双线)	市域铁路推荐值(kN/cm/双线)		降幅(%)	
		寒冷	温暖	寒冷	温暖
≤20	145	140	100	3.45	31.03
20 < L ≤ 25	220	200	140	9.09	36.36
25 < L ≤ 30	255	250	175	1.96	31.37
30 < L ≤ 35	325	280	200	13.85	38.46
35 < L ≤ 40	415	300	220	27.71	46.99

考虑了温度区域和活动支座摩擦系数后,与《市域快速轨道交通设计规范》(T/CCES 2—2017)相比,温暖地区桥墩纵向水平线刚度降幅为31%~47%,寒冷地区桥墩纵向水平线刚度降幅为3%~28%,可显著降低工程造价、改善桥墩景观,具有明显的经济和社会效益。

(3) 与《地铁设计规范》(GB 50157—2013)对比

桥墩纵向水平线刚度与《地铁设计规范》(GB 50157—2013)对比结果如表5.27所示。

考虑了温度区域和活动支座摩擦系数后,与《地铁设计规范》(GB 50157—2013)相比,

温暖地区桥墩纵向水平线刚度降幅为 45% ~ 59%,寒冷地区桥墩纵向水平线刚度降幅也达到 21% ~ 42%,可显著降低工程造价、改善桥墩景观,具有明显的经济和社会效益。

纵向水平线刚度限值对比——地铁规范　　　　表 5.27

跨长 (m)	城际、市域规范 (kN/cm/双线)	市域铁路推荐值(kN/cm/双线)		降幅(%)	
		寒冷	温暖	寒冷	温暖
L≤20	240	140	100	41.67	58.33
20<L≤30	320	250	175	21.88	45.31
30<L≤40	400	300	220	25	45

5.5　市域铁路桥上无缝道岔技术

5.5.1　桥上无缝道岔研究概况

随着高速铁路和城际轨道交通的建设与发展,由于环保要求或地形的限制,越来越多的无缝道岔设置在桥上。在桥上铺设无缝道岔,是无缝线路发展中遇到的又一个重大技术课题。桥上无缝道岔技术不仅综合了桥上无缝线路、无缝道岔以及大跨度桥梁的技术特点,而且衍生出一系列新的技术难点。2005 年原铁道部科技司立项开展《客运专线桥上无缝道岔及桥梁结构设计研究》(2005G021),建立了桥上无缝道岔的计算模型和计算方法,针对典型车站桥上无缝道岔研究了道岔、桥梁布置关系,提出了桥上无缝道岔设计方法。研究成果纳入《铁路无缝线路设计规范》(TB 10015—2012),并在合武铁路、武广高铁、广深高铁、广珠城际铁路等多个项目中成功应用,取得了良好的效果。

国内对于桥上无缝道岔研究虽然起步较晚,但是国内研究者吸收和借鉴了国外先进的设计理念,结合我国国情进行自主创新,在桥上无缝道岔研究的深广度、铺设数量和范围、设计水平、运营速度方面已经超越了德国、法国和日本等国家,使我国桥上无缝道岔设计研究达到国际领先水平。

市域铁路采用的道岔型号和桥梁结构与高速铁路明显不同,市域铁路桥上无缝道岔的关键技术是受力和变形分析以及设计方法的研究,目前,国内外市域铁路桥上无缝道岔的理论研究和工程实践都非常缺乏,开展相关研究非常必要。

5.5.2　桥上无缝道岔非线性有限元计算方法

(1)道岔—桥梁相互作用原理

桥上铺设无缝道岔后,道岔与桥梁之间的相互作用与桥上无缝线路既有共性又存在差异。道岔与桥梁之间的相互作用更加复杂,梁体随温度变化的伸缩、在竖向荷载作用下的挠曲、列车的制动/加速会引起桥梁与道岔的相互作用,另外,由于温度变化引起的道岔里轨伸缩,不仅造成里轨与基本轨的相互作用,而且通过扣件、桥面系引起道岔与桥梁的相互作用,道岔—桥梁相互作用是这两种作用相互耦合与相互叠加后的综合效果。

道岔—桥梁相互作用原理可以定义如下:在梁体温度变化与列车荷载、列车制动/加速以及道岔里轨随温度变化伸缩的作用下,梁和桥上轨道(包括道岔)之间产生相对位移,桥上轨道

(包括道岔)产生钢轨纵向附加力,即与桥面系作用大小相等、方向相反的反作用力,此力通过梁、支座传递至墩台,在桥上轨道(包括道岔)与桥梁之间形成一个相互作用的力学平衡体系。道岔—桥梁相互作用原理是桥上无缝道岔纵向力和位移计算的理论基础。道岔与桥梁之间的相互作用如图5.75所示。道岔与桥梁相互作用力包括伸缩力、挠曲力、断轨力、制动力。

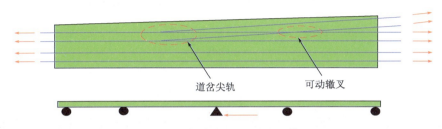

图5.75 道岔与桥梁之间的相互作用

(2)道岔—桥梁相互作用有限元计算方法

①计算假定

a. 道岔尖轨与可动心轨前端可自由伸缩。尖轨或可动心轨尖端位移为其跟端位移与自由段伸缩位移之和。

b. 不考虑辙叉角大小的影响,假设导轨与长轨条平行。

c. 钢轨按支承节点划分有限杆单元,只发生纵向位移;岔枕按钢轨支承点划分有限杆单元,可发生纵向位移和转角。

d. 扣件纵向阻力模拟为纵向弹簧,作用于钢轨节点和岔枕节点上,阻止钢轨相对岔枕位移。扣件阻力可分别按常量和变量输入。

e. 不考虑钢轨与岔枕间的相对扭转。

f. 道床阻力以单位岔枕长度的阻力计,道床阻力沿岔枕长度方向均匀分布。道床阻力可分别按常量和变量输入。

g. 考虑辙跟限位器在基本轨与导轨间所传递的作用力,设道岔铺设时限位器子母块位置居中,间隔为7mm。当子母块贴靠时,限位器子母块接触刚度按常量和变量输入。

h. 假设桥梁固定支座能完全阻止梁的伸缩,活动支座抵抗伸缩的阻力可略而不计,暂不考虑支座本身的纵向变形,固定支座承受的纵向力全部传递至墩台上。梁在支座外的悬出部分,计算伸缩量时不考虑。其他支座形式,需根据其受力特点另外进行数学简化。

i. 在计算伸缩力时,梁的温度变化仅为单纯的升温或降温,不考虑梁温升降的交替变化,一般取一天之内的最大梁温差计算梁的伸缩量。

j. 桥上无缝道岔的伸缩力、挠曲力、断轨力均以最大轨温变化幅度作为计算条件,对挠曲力、伸缩力、断轨力、制动力分别计算,不考虑叠加影响。

k. 桥梁墩台顶纵向刚度假定为线性。

l. 岔枕与桥梁、钢轨与路基间的纵向约束阻力均假定为纵向弹簧约束。

②岔梁墩一体化计算模型

建立市域铁路无砟轨道"岔—板—梁—墩"相互作用的一体化有限元模型,把桥上无缝道岔结构看作一个由道岔、道床板、梁体、桥墩组成的四层结构体系,道岔和轨道板之间的扣件采用弹簧模拟,轨道板和梁体通过弹簧连接,力学分析模型如图5.76、图5.77所示。

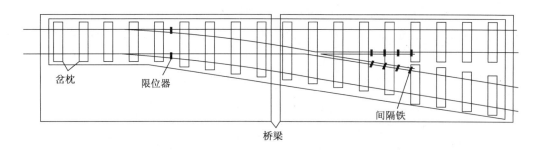

图 5.76　桥上无砟无缝道岔模型平面图

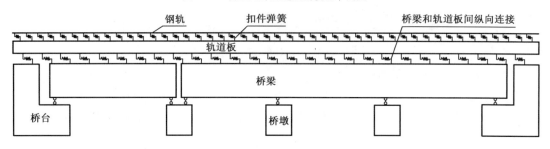

图 5.77　桥上无砟无缝道岔模型立面图

在无砟轨道桥上无缝道岔计算模型中,道岔里轨发生伸缩位移后,通过无砟轨道传递作用力到桥梁上,限位器子母块接触后,一部分作用力通过限位器传递给基本轨,一部分作用力通过无砟轨道再传递给桥梁。桥梁因伸缩或挠曲在梁面上产生纵向位移,墩台因道岔上传下来的力在墩顶产生纵向位移,并带动桥梁产生纵向位移。同时,梁的位移通过无砟轨道传到道岔上,会导致钢轨中的纵向力重新分布,进而再影响桥梁的受力与变形。

③求解方法

由于道岔、岔枕、梁体及墩台的位移是相互作用的,梁岔间的约束阻力为非线性,因而需采用迭代法求解。在每一步迭代过程中,应用上一步计算出的墩台位移,重新计算梁上翼缘各对应节点的纵向位移,然后求得在新的平衡条件下岔枕位移、钢轨位移与钢轨纵向力,再利用梁岔间的约束阻力求得墩台的纵向位移,进而做一步迭代计算,直到每一个平衡方程的误差平方和小于某一误差限为止,整个求解流程如图 5.78 所示。

ANSYS 软件在非线性分析方面技术非常成熟,计算功能也很强大,计算效率和可靠度很高。利用 ANSYS 软件开放的体系结构,基于 ANSYS 二次开发技术编制梁轨相互作用非线性有限元程序,采用 APDL 语言(命令流技术)来控制程序流程,自动完成有限元建模、荷载的施加、方程的求解,极大地提高了计算精度和工作效率。图 5.79、图 5.80 为 ANSYS 自动建立的桥上无缝道岔有限元模型。

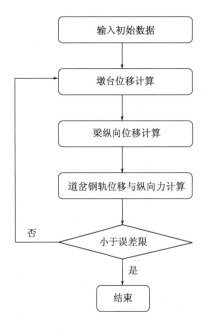

图 5.78　求解流程

图 5.79　桥上无砟无缝道岔有限元模型平面图

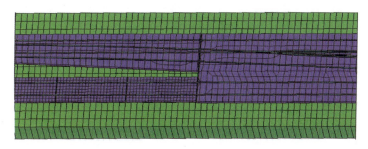

图 5.80　桥上无砟无缝道岔有限元模型立面图

5.5.3　桥上无缝道岔设计方法

(1) 桥上无缝道岔设计的专业接口关系

桥上无缝道岔设计过程中涉及站场、桥梁、轨道等多专业，各专业需协同配合，首先站场专业根据车站的功能进行道岔的布置，然后桥梁专业进行桥梁孔跨布置以及道岔梁设计，轨道专业对桥上无缝道岔进行设计检算，提出道岔和桥梁布置的调整意见，并提供桥梁专业墩台附加力，桥梁和站场专业对方案调整后轨道专业应重新检算，直至通过各项检算。桥上无缝道岔设计的专业接口关系如图 5.81 所示。

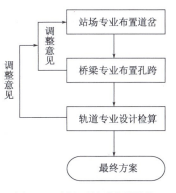

图 5.81　桥上无缝道岔设计的专业接口关系

(2) 桥上无缝道岔设计的基本要求

桥上无缝道岔设计除了要考虑道岔和桥梁的强度、稳定性等安全性因素之外，还需考虑结构的耐久性，道岔转辙设备的正常运转以及列车运行的平稳性和旅客的舒适性，桥上无缝道岔的设计应满足下列要求：

①控制道岔尖轨和心轨尖端的位移，防止尖轨和心轨位移太大发生转辙机卡阻。

②考虑桥上无缝道岔的各项附加力，控制长钢轨纵向压力值，防止桥上无缝道岔，特别是岔前线路的胀轨跑道。

③控制长钢轨纵向拉力值，以确保钢轨强度。

④控制道岔传力部件的力，以确保道岔传力部件的强度。

⑤控制钢轨折断时的断缝值，以确保行车安全。

⑥控制作用于桥梁墩台的纵向水平力值，以确保桥梁的安全使用。

⑦无缝道岔应铺设在连续梁上，道岔岔头和岔尾距离梁缝应有足够的距离。

⑧桥上无缝道岔锁定轨温尽量与路基无缝线路锁定轨温一致，便于运维管理。

(3) 桥上无缝道岔设计检算的内容

根据桥上无缝道岔的受力和变形的特点，其设计有别于桥上无缝线路，主要检算内容包括：
①桥上无缝道岔钢轨附加力和位移的计算
a. 钢轨伸缩力和位移计算。
b. 钢轨挠曲力和位移计算。
c. 钢轨制动力和位移计算。
d. 钢轨断缝计算。
②墩台附加力计算及墩台检算
a. 墩台伸缩附加力的计算。
b. 墩台挠曲附加力的计算。
c. 墩台制动附加力的计算。
d. 墩台断轨力的计算。
e. 荷载组合。
f. 墩台检算。
③桥上无缝道岔检算
a. 钢轨应力检算。
b. 岔区无缝线路稳定性检算（有砟轨道）。
c. 道岔限位器或间隔铁螺栓强度检算。
d. 钢轨断缝检算。
e. 设计锁定轨温的确定。
④道岔钢轨位移计算
a. 道岔尖轨和心轨尖端的位移检算。
b. 转辙器位移、辙叉部分钢轨允许位移检算。

(4) 桥上无缝道岔的设计流程

桥上无缝道岔设计流程为：
①道岔和桥梁的布置

根据典型道岔桥梁布置图，进行道岔和桥跨的布置，应满足道岔、桥梁布置的基本原则。
②钢轨力和位移计算

采用道岔—桥梁相互作用有限元程序，计算在桥梁伸缩、列车竖向荷载及列车制动/加速力作用下的伸缩力、挠曲力和制动力及相应位移。
③道岔转辙机处梁轨相对位移检算

对道岔转辙机处梁轨的相对位移进行检算，若检算通不过，应重新调整桥梁和道岔的布置，直至检算通过。
④道岔及桥梁检算

检算内容包括：道岔钢轨应力、稳定性、螺栓强度、断缝、桥梁墩台检算。桥上无缝道岔的检算流程如图5.82所示。

5.5.4 温州市域铁路桥上无缝道岔设计

(1) 工点概况

温州市域铁路高架、地下、地面线均按跨区间无缝线路设计，正线道岔所有轨缝均焊接为无缝道岔。道岔区采用长枕埋入式无砟轨道，岔区以外正线采用无底座双块式无砟轨道。

温州市域铁路某高架车站大里程端道岔及桥梁布置如图 5.83 所示，正线间线间距、正线与站线间线间距均为 4.3m。YP2、YP4 道岔为正线上间距为 4.3m 的单渡线，位于 4×35m 的二线道岔连续梁上；YP10、YP12 道岔为正线和站线间间距为 4.3m 的 12 号单渡线道岔，YP6 道岔为 12 号单开道岔，YP10、YP12、YP6 三组道岔位于(30+2×35+30)m 的四线变宽道岔连续梁上。

道岔采用 60kg/m 钢轨、12 号道岔，辙叉类型为可动心轨辙叉。道岔直向允许过岔速度为 160km/h，侧向允许过岔速度为 50km/h。道岔尖轨为复曲线形，采用弹性可弯尖轨，尖轨尖端为藏尖式，跟端采用限位器传力机构。道岔扣件采用弹条Ⅱ型扣件，岔区整体刚度为 22.5~27.5kN/m。

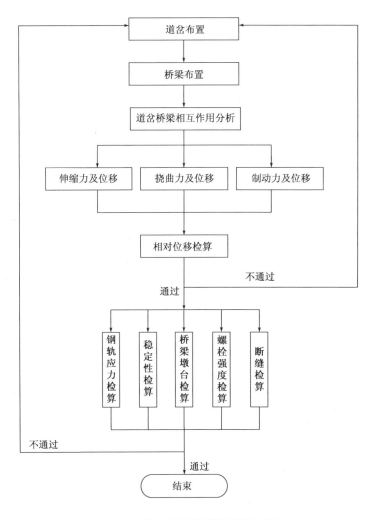

图 5.82　桥上无缝道岔设计检算流程图

(2)计算参数

①梁温差

无砟轨道梁年温差取值为 30℃。

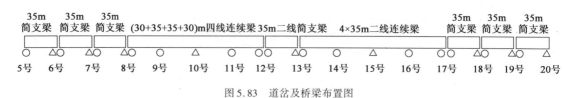

图 5.83 道岔及桥梁布置图

②设计锁定轨温

温州地区最高轨温为 59.3℃,最低轨温为 -4.5℃,高架桥上铺设无砟轨道地段,设计锁定轨温范围取(27±5)℃。最大温升为 37.3℃,最大温降为 36.5℃。道岔区的设计锁定轨温与区间无缝线路一致。

③设计荷载

市域铁路采用 ZS 标准荷载,如图 5.7 所示,制动力计算摩擦系数取 0.164,作用长度取 140m。

④钢轨屈服强度

市域铁路采用 U75V 钢轨,屈服强度取 σ_s = 472MPa,安全系数取 1.3,钢轨允许应力:$[\sigma]$ = 472/1.3 = 363.08MPa。

⑤道岔尖轨和心轨尖端位移

市域铁路 12 号道岔尖轨尖端绝对位移允许值为 20mm,心轨尖端绝对位移允许值为 10mm。

⑥转辙器处基本轨与桥梁相对位移检算

为了满足转辙器正常转换工作要求,必须严格限值道岔和桥梁的相对位移,特别是对道岔辙叉、转辙器等关键部件处钢轨和桥面之间的相对位移。根据我国自主研发道岔转换设备的构特点,对于长枕埋入式岔区轨道,正线道岔转辙机处基本轨与桥梁相对位移应不大于 5mm。

⑦缝检算

钢轨折断允许断缝值,一般取 70mm,困难条件下取 90mm。

⑧位器螺栓剪力

限位器采用 10.9 级 M27 高强度螺栓,容许剪应力为 415MPa,最大剪切力为 460.71kN。

(3)桥上无缝道岔受力和变形计算分析

桥上无缝道岔钢轨附加力和位移的计算是桥上无缝道岔设计的前提和基础。根据建立的道岔—桥梁相互作用的有限元计算方法及计算程序,计算桥上无缝道岔钢轨的附加力和位移。

①伸缩附加力

温州市域铁路最大升温幅度为 37.3℃,最大降温幅度为 36.5℃,以最大降温幅度为 36.5℃ 计算钢轨纵向力,如图 5.84~图 5.86 所示。

可以看出,钢轨伸缩附加力最大值为 627.502kN,附加应力为 81.03MPa。

②轨纵向位移

钢轨纵向位移、桥梁纵向位移、梁轨相对位移如图 5.87~图 5.89 所示。

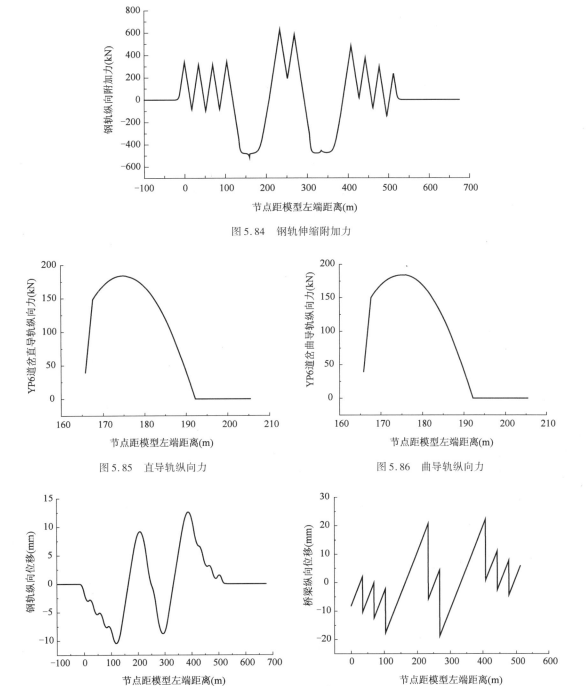

图 5.84 钢轨伸缩附加力

图 5.85 直导轨纵向力

图 5.86 曲导轨纵向力

图 5.87 钢轨纵向位移

图 5.88 桥梁纵向位移

由图 5.87~图 5.89 可知,无论简支梁还是连续梁上的梁轨相对位移,均呈现如下规律:靠近梁缝处,相对位移最大,自梁缝向桥跨中心,梁轨相对位移逐渐减少,如桥跨长度足够,梁轨相对位移减小至 0,即钢轨和桥梁在纵向上同步伸缩。

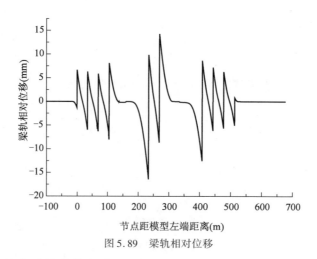

图 5.89　梁轨相对位移

道岔曲尖轨、心轨位移计算值如表 5.28 所示。

曲尖轨尖端及心轨尖端位移（单位：mm）　　　　　　表 5.28

道岔编号	YP6	YP2	YP10	YP4	YP12
尖轨尖端绝对位移	15.311	16.932	15.311	−12.562	−14.391
尖轨尖端相对基本轨伸缩位移	6.151	4.711	6.120	−4.661	−4.688
尖轨尖端相对岔枕伸缩位移	2.902	2.938	2.902	−2.937	−2.904
尖轨尖端相对桥梁相对位移	2.875	2.734	2.875	−3.087	−3.056
心轨尖端绝对位移	5.047	6.731	5.047	−3.537	−4.088
心轨尖端相对翼轨伸缩位移	1.471	1.526	1.471	−1.551	−1.437
心轨尖端相对于岔枕伸缩位移	1.485	1.545	1.485	−1.567	−1.447
心轨尖端相对于桥梁伸缩位移	1.486	1.370	1.486	−1.745	−1.625
转辙机处基本轨与桥梁相对位移	−3.429	−2.345	−3.429	1.765	1.769

注："−"表示方向向左，反之向右。

③制动附加力

制动力荷载以列车荷载与轨面摩擦系数之和表示，系数取 0.164。经分析，确定最不利的制动工况（图 5.90）为：列车从左向右入桥制动，车头位于第一跨连续梁最右端，制动加载长度为 140m。

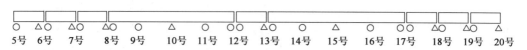

图 5.90　制动工况示意图

制动工况下钢轨纵向附加力、纵向位移、梁轨相对位移等结果如图 5.91~图 5.96 所示。

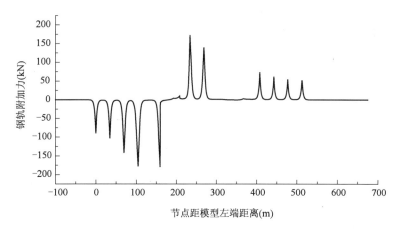

图 5.91　钢轨制动附加力

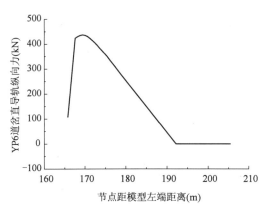

图 5.92　直导轨纵向力

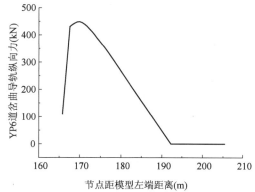

图 5.93　曲导轨纵向力

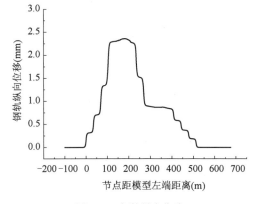

图 5.94　钢轨纵向位移

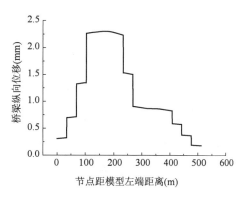

图 5.95　桥梁纵向位移

由图5.91~图5.96可知,在第一个道岔梁右端制动附加力最大值为172.845kN,应力值为22.317MPa。

④断缝计算

在道岔连续梁的右端梁端处(钢轨最大伸缩附加力)进行断缝计算。断轨工况下钢轨纵向位移如图5.97所示。

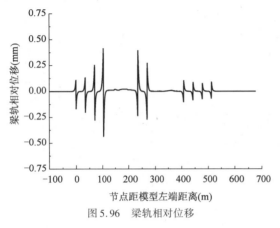
图5.96 梁轨相对位移

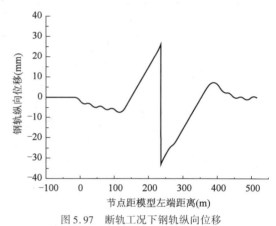
图5.97 断轨工况下钢轨纵向位移

可知,钢轨断缝最大值为64.639mm。

(4)桥上无缝道岔检算

①钢轨强度检算

a. 检算公式

根据《铁路无缝线路设计规范》(TB 10015—2012),钢轨强度按式(5.12)检算。

b. 温度应力计算

温州地区最高轨温为59.3℃,最低轨温为-4.5℃,设计锁定轨温取(27±5)℃。最大温升为37.3℃,最大温降为-36.5℃。

最大温度拉应力按下式计算:

$$\sigma_t = E\alpha\Delta T_{umax} = 2.06 \times 10^{11} \times 1.18 \times 10^{-5} \times 36.5 = 88.7(\text{MPa})$$

c. 钢轨动弯应力

钢轨动弯应力根据《铁路无缝线路设计规范》(TB 10015—2012),按市域动车组轴重17t,轴距2.5m计算,计算结果见表5.29。

钢轨动弯应力计算表　　　　表5.29

动弯应力计算			其他参数	
轮位	I	II	E	210000.00
P_0(kN)	85000	85000	I	28790000.00
x(mm)	0	2500	$W_头$	291000.00
kx	0	2.9674	$W_底$	375000.00
u_0	1	-0.0596	D	30000.00

续上表

动弯应力计算			其他参数	
$P_0 u_0$	85000	−5064.0715	a	625.00
$\sum P_0 u_0$		79935.9285	α	0.84
M_j		16836505.6807	β	0.00
M_d		30979170.4525	f	1.25
$\sigma_{底d}$		103.2639	k	0.00118694
$\sigma_{头d}$		133.0720		

根据表5.28可知,轨底动弯应力$\sigma_{底d}$为103.2639MPa。

d. 钢轨强度检算

根据式(5.12),桥上无缝道岔钢轨强度检算结果见表5.30。

钢轨强度检算结果 表5.30

温度应力σ_t（MPa）	轨底动弯应力$\sigma_{底d}$（MPa）	伸缩附加力σ_f（MPa）	制动应力σ_z（MPa）	合计$\sum\sigma$（MPa）	$[\sigma]$（MPa）	结论
88.7	103.2639	81.03	22.317	295.311	363.08	$\sum\sigma<[\sigma]$,满足要求

可知,桥上无缝道岔钢轨强度检算满足规范要求。

②道岔钢轨位移检算

尖轨尖端绝对位移、心轨尖端绝对位移、转辙机处基本轨与桥梁相对位移的检算结果见表5.31。

钢 轨 位 移 检 算 表5.31

项 目	最 大 值	允 许 值
尖轨尖端绝对位移(mm)	16.932	20
心轨尖端绝对位移(mm)	6.731	10
转辙机处基本轨与桥梁相对位移(mm)	3.429	5

可知,桥上无缝道岔钢轨位移检算满足设计要求。

③道岔钢轨断缝检算

钢轨断缝计算结果最大值为64.639mm,小于断缝限值70mm,满足设计规范要求。

④检算结论

以温州市域铁路某站桥上无缝道岔典型布置为例,进行了桥上无缝道岔设计,道岔钢轨强度、钢轨断缝、钢轨位移均满足设计要求。

第6章　市域铁路无砟轨道减振技术研究

轨道减振措施的基本原理都是基于质量—弹簧系统,根据隔振元件插入轨道结构的不同部位可以分为扣件减振、轨枕减振和道床减振。道床减振效果最好,轨枕减振次之,扣件减振则最差。根据环境影响评估的结果,温州市域铁路 S1 线需要铺设减振无砟轨道 8.535km/双线。本章结合市域铁路的运营条件和环境特点,对市域铁路的减振型无砟轨道进行选型研究,提出了桥上橡胶隔振垫减振型双块式无砟轨道技术方案,建立了车辆—橡胶隔振垫轨道—桥梁耦合动力学有限元模型,分析了道床板厚度和隔振垫刚度的合理取值,通过动力仿真预测了橡胶隔振垫无砟轨道的减振效果,评估了橡胶隔振垫无砟轨道的行车安全性、平稳性,完成桥上橡胶隔振垫道床无砟轨道的结构设计。

6.1　概　　述

6.1.1　研究背景

市域铁路不可避免会经过医院、学校、居民区等诸多环境敏感点,轨道结构选型及设计应充分考虑轮轨振动和噪声对周边环境的影响。高速铁路经过地区多为空旷、非人流集中区域,大多情况下高速铁路不用采取减振措施也能满足环境影响评估要求。城市轨道交通穿越人口密集的中心城区,对轨道减振的需求最为强烈和迫切。为了解决环境问题,轨道减振技术和措施在城市轨道交通被普遍应用,技术相对比较成熟,应用经验也丰富,但其适用条件仅限于速度小于 100km/h 和列车轴重不大于 150kN 的工况。相对于城市轨道交通和高速铁路而言,市域铁路轨道减振和降噪的技术难度更大。由于速度高、轴重大,市域铁路无砟轨道减振设计不能简单照搬传统城市轨道交通的轨道减振措施。

目前,国内对于市域铁路无砟轨道减振的研究还比较匮乏,市域铁路振动源强缺乏足够的现场测试数据,振动和噪声对环境影响的评估方法还不完善,尚未形成减振等级划分标准和评估方法,轨道减振措施和手段比较有限,工程实践经验不足。总的来说,市域铁路无砟轨道减振技术无论是基础理论的研究,还是应用技术方面都不能满足我国市域铁路快速发展的需求,因此,开展市域铁路无砟轨道减振技术研究具有重大的理论和现实意义。

6.1.2　研究思路及关键技术

市域铁路无砟轨道减振技术涉及复杂的轮轨动力学、振动控制、材料工程等多学科的交叉和综合,是市域铁路轨道工程的核心技术。本书在总结国内外相关研究成果和实践经验的基础上,调研和分析了国内外无砟轨道减振技术现状和发展趋势,提出了市域铁路无砟轨道减振技术研究思路,如图 6.1 所示。

图 6.1 研究思路

市域铁路无砟轨道减振的关键技术包括:车辆—轨道耦合动力学理论在轨道减振研究中的应用;抗疲劳、抗蠕变和抗老化的弹性隔振材料研究;减振无砟轨道结构设计及动力学参数优化设计;列车运行安全性和舒适性的动力学评估;轨道减振效果的理论分析和预测。

6.2 国内外轨道减振概况

6.2.1 国外概况

由于城市轨道交通采用的轨道减振措施难以满足市域铁路轴重和速度的要求,在此不做赘述,以下重点介绍轴重更大、速度更高的国内外铁路轨道减振情况。

(1)日本

日本从 20 世纪 70 年代后期就开始研究减振型板式无砟轨道,先后在日本日野土木研究所、东北新干线的"小山试验线"、北上地区、古河地区的高架桥上分别试铺了 20 多种形式的减振型板式无砟轨道结构(减振 A 型~减振 H 型)。目前,日本减振地区的无砟轨道结构基本上以采用减振 G 型板式无砟轨道为主要结构形式。

1962 年,以高架桥上有砟轨道的支承刚度为目标,采用了胶垫刚度为 42kN/cm(试件尺寸为 10cm×10cm×2.5cm)的板胶垫的防振板,并在山阳新干线上进行了试铺试验,称为 A 型防振轨道板(每组扣件的刚度为 3000kN/cm)。但是,由于存在对轮重减载率、走行安全性等问题,因此采用了比 A 型防振板刚度更大的板下胶垫(试件刚度为 65kN/cm)的防振板,也进行了试铺试验,称为 B 型防振轨道板(每组扣件的刚度为 9000kN/cm)。在这之后,又逐次铺设了 C 型防振板和 D 型防振板,直至 H 型防振板。

通过减振效果测试,进行综合技术经济分析后,日本最终将减振 G 型板式无砟轨道作为标准形式在减振降噪区段推广铺设。减振 G 型板式无砟轨道为了提高弹性和降低成本,以及防止板下胶垫被挤出,采用带沟槽式板下胶垫,胶垫刚度为 24kN/cm。

日野土木研究所在东北新干线古河地区对减振 G 型板式无砟轨道的试验结果表明:

①减振型板式无砟轨道具有良好的安全性能,可满足列车安全运营的要求。

②在减振效果方面,减振 G 型板式无砟轨道的钢轨、轨道板振动加速度要大于普通板式无砟轨道,但减振 G 型板式无砟轨道结构在对噪声最有影响的 1000~4000Hz 频带范围内,从钢轨传递到高架桥中央的振动衰减明显,比普通板式无砟轨道要减小 5dB(A)左右。

③对比减振 G 型板式无砟轨道与普通型板式无砟轨道降低噪声方面的效果,减振 G 型板式无砟轨道使结构物(桥梁)的噪声降低 4~5dB(A)。

(2)德国

①卡棱贝格(Calenberg)橡胶隔振垫

1975 年,德国最早在柏林地铁使用卡棱贝格(Calenberg)隔振垫,到目前在世界各地多个国家得到广泛应用,可以应用到桥梁、隧道的各种工况。隔离式减振垫是圆锥截顶结构,是点和面的组合,是约束阻尼和橡胶弹簧的组合。橡胶隔振垫(图6.2)通过橡胶隔振垫层下的圆台状橡胶弹簧提供弹性,其组成为覆盖层、编织层、夹层及阻尼层四部分。隧道地段典型减振型双块式无砟轨道如图6.3所示。

橡胶隔振垫在铁路隧道(图6.4)、混凝土桥上和钢结构桥都有过铺设经验(图6.5、图6.6)。克隆至法兰克福高速铁路就铺设了桥上双块式无砟轨道减振结构,如图6.7所示。

图6.2 隔振垫结构

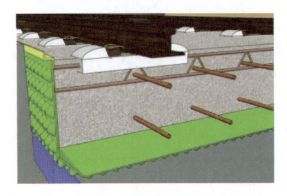

图6.3 隧道地段典型减振型双块式无砟轨道

图6.4 铁路隧道内铺设

图6.5 纽伦堡混凝土桥上铺设

图6.6 德国汉堡钢结构桥上铺设

卡斯鲁尔至巴塞罗尔高速铁路卡岑博格(katzenberg)隧道采用博格板式无砟轨道,现浇底座厚度为34cm,道床总宽度为3.35m,总厚度为0.75m的道床横断面如图6.8所示,自重为6181kg/m,铺设了带状的橡胶隔振垫(图6.9),固有频率为12.5Hz。

②橡胶浮置板

1972年,法兰克福铁路的机场和科尔斯特尔巴赫车站间铺设了长约83m的橡胶浮置板,由UIC 60钢轨、预应力混凝土轨枕B70W、现浇混凝土道床板、混凝土预制U形槽及橡胶隔振弹性块组成,如图6.10所示。隔振弹性块刚度为6kN/mm,通过计算得到荷载作用下最大静态下沉量为3.8mm。经过35年运营后,2007年慕尼黑大学陆上交通结构试验所对该减振系统(图 6.11)进行了测试。测试结果表明,浮置板道床最大下沉量为 3.5mm,弹性支承块工作状态良好。

a)

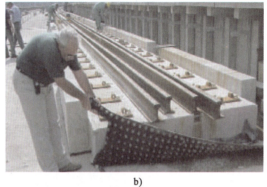
b)

图 6.7　德国桥上双块式无砟轨道减振结构

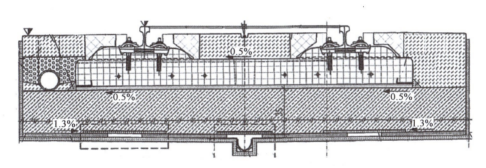

图 6.8　道床横断面

图 6.9　带状橡胶隔振垫

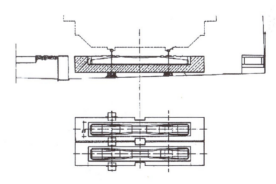

图 6.10　橡胶浮置板道床布置图

③格士纳(Getzner)聚氨酯隔振垫

德国科隆—莱茵/美因高速铁路圣奥斯汀(St. Augustin)隧道,设计速度为 250km/h,轴重为 20t。铁路隧道直接下穿居住区中心,其中圣马丁内斯(St. Martinus)教堂和少数住宅与隧道距离很近,且圣马丁内斯(St. Martinus)教堂为保护性古建筑,平面图和横断面如图 6.12 和图 6.13 所示。

为减少振动和噪声的影响,设计了一种不同于常规地铁减振的点式支承的质量弹簧系统,减振结构位于缓和曲线(对应曲线半径为2380m)上,超高为170~6mm。连续道床板结构提高了结构横向刚度和稳定性,在端部设置锚固结构可以抵抗纵向温度力和制动力,减少钢轨附加应力。

图 6.11　橡胶浮置板道床

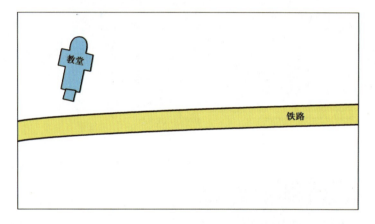

图 6.12　铁路和教堂平面图

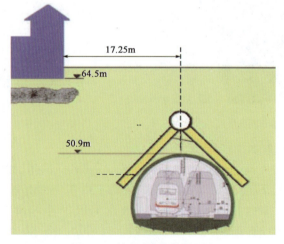

图 6.13　教堂对应的横断面图

无砟轨道类型采用旭普林 Zublin 双块式连续浇筑无砟轨道(图6.14),道床板宽度为 2.8m,平均厚度为 0.5m,重 35kN/m,道床横断面如图 6.15 所示。板下采用格士纳(Getzner)公司生产的点式支承聚氨酯(Sylodyn)隔振垫,共598块,减振垫的规格为 500mm×400mm×80mm,其静刚度为 10kN/mm,动刚度为 14kN/mm,动静刚度比为 1.4,纵向间距为 1.95m,横向间距为 1.7m,质量弹簧系统竖向固有频率为 10Hz,为无侧支承结构。端部过渡段长度为 5m,采用 12 块隔振垫,静刚度为 18.7kN/mm。

图6.14 连续道床结构

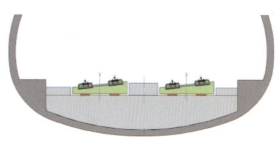

图6.15 道床断面图

该质量弹簧系统施工时间为2001年6月,施工步骤为:

a. 混凝土基础面处理,要求基础面清洁、平整、无杂物。

b. 安装中间隔离层(图6.16),在预先清理好的隧道底板上安装隔离层,在安置隔振垫的位置设置凹槽。

c. 准备钢筋和侧面模板,安装双块式轨枕、扣件和钢轨,组装成轨排,道床板混凝土直接浇筑在隧道底板上(图6.17),施工进度为每天 50~70m。

d. 两周后开始抬升。在混凝土板两侧安装 6 个钢支撑装置,间隔为5.85m。采用12台千斤顶抬升轨道板,如图6.18、图6.19所示,对千斤顶(图6.20)交替启动,每步最大抬升 10mm,控制抬升高度至95mm左右。

图6.16 安装隔离层

图6.17 浇筑道床

e. 采用特制工装来安装和调整点式隔振垫(图6.21、图6.22),安装进度为每天约 100m。

f. 降下轨道板并移除千斤顶。

g. 浇筑端部锚固段道床板(图6.23),在质量弹簧系统的两端有12个直径为30cm的锚固桩,用来锚固隧道和道床板。

h. 从系统端部开始在12m范围内设置0~3mm的轨道预拱度(图6.24),使质量弹簧系统在列车通过时轨面高度保持平顺,而不会产生跳跃。

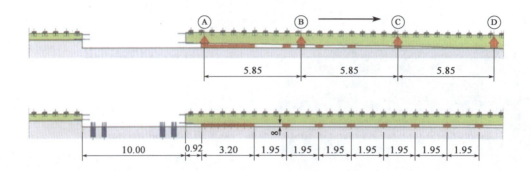

图6.18 道床板顶升纵断面(尺寸单位:m)

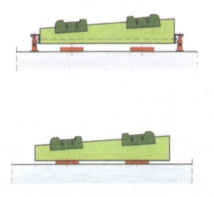

图6.19 道床板顶升横断面

图6.20 顶升设备

图6.21 安装点式隔振垫

图6.22 安装点式隔振垫工装

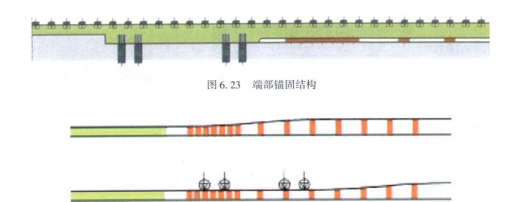

图 6.23　端部锚固结构

图 6.24　轨道设置预拱

2002 年 11 月,开展了质量弹簧系统减振效果的现场测试,圣马丁内斯(St. -Martinus)教堂和一处居民建筑的室内二次结构噪声测试结果分别为 38.2dB(A)和 30dB(A),满足德国相关规范要求。同时也在隧道内测试了质量弹簧系统和普通无砟轨道之间振动加速度的差值,减振效果达 10~15dB。

④隔而固 GerB 钢弹簧浮置板式无砟轨道

浮置板隔振轨道结构又称质量—弹簧系统。其基本原理是在轨道上部建筑与基础间插入一个固有振动频率远低于激振频率的线性谐振器,即将具有一定质量和刚度的混凝土道床板浮置在橡胶或者弹簧隔振器上,利用浮置板质量惯性来平衡列车运行引起的动荷载,从而减小传到路基或者隧道结构上的荷载,达到减振的目的。采用钢弹簧支撑时,隔振器内设置螺旋钢弹簧和黏滞阻尼。根据单自由体系的隔振原理,只有当激振频率大于 2 倍的自振频率时,隔振系统才会起作用。因此,隔振设计的一个原则是降低振动系统的固有频率。

钢弹簧浮置板可以通过减小弹簧刚度来降低自振频率,因此,钢弹簧浮置板的固有频率可以设计得更低,减振效果更好。在所有的隔振方法中,钢弹簧浮置板轨道隔振效果最好,钢弹簧浮置板隔振系统的固有频率为 5~7Hz,隔振效果为 25~40dB,可有效地减振、消除二次结构噪声。适用于线路从建筑物下方或近距离通过,以及建筑物隔振要求较高的区域,如学校、医院、博物馆和音乐厅等场所。

钢弹簧浮置板轨道是隔振效果较好的结构形式之一,目前主要应用于地铁中,高速铁路中仅在韩国首尔至釜山高速铁路(设计速度为 300km/h)的天安车站应用。该车站为四层钢筋混凝土框架结构,总长 1.25km,站台位于四层建筑的顶面,如图 6.25 所示。

韩国天安车站采用钢弹簧浮置板轨道结构(图 6.26),车站共两股正线和两股到发线轨道,两股正线轨道按照 300km/h 设计。浮置板轨道的道床板混凝土厚度为 800mm,在宽度上将四股轨道的浮置板连成一个整体,即道床板混凝土的宽度为 22.8m,如图 6.27 所示,道床板混凝土每隔 20m 长进行分段。最后在道床板上设置碎石道床。韩国天安车站的浮置板结构已经不是传统意义上的钢弹簧浮置板轨道,准确地说应该属于钢弹簧支座减振技术的范畴,由于其结构的特殊性很难对其他项目起到借鉴作用。

图 6.25 天安车站

图 6.26 浮置板轨道

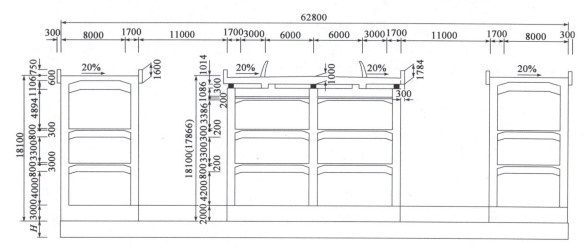
图 6.27 韩国天安车站浮置板轨道(尺寸单位:mm)

6.2.2 国内概况

(1)减振型板式无砟轨道

减振型板式无砟轨道是在 CRTS I 型板式无砟轨道的基础上发展而来的,是目前无砟轨道减振技术的主要结构形式之一。国内目前采用的板下隔振垫材料有三元乙丙微孔橡胶和橡胶隔振垫。

2005 年,在赣龙线枫树排隧道进、出口端各 5 块轨道板铺设了减振型板式无砟轨道,轨道板粘贴 12mm 厚的微孔橡胶弹性垫层。2006 年,在遂渝线无砟轨道综合试验段路基地段试验铺设了一段微孔橡胶减振型板式无砟轨道。2008 年,在武广高速铁路武汉无砟轨道综合试验段瓦屋特大桥上试验铺设了微孔橡胶减振型板式无砟轨道,总长为 1.3km/单线。由于微孔橡胶隔振垫刚度(0.6~1.0kN/mm)较大,在设计速度为 350km/h 的武广高速铁路瓦屋特大桥上实测表明,其减振效果不明显。

2010 年开始,先后在成灌城际铁路、广深港客运专线狮子洋隧道、杭长客运专线叶宅二号隧道铺设了引进德国技术的橡胶隔振垫板式无砟轨道。

①武广高速铁路

武广高速铁路瓦屋特大桥为多孔 32m 的简支梁,采用 CRTS Ⅰ 型减振型板式无砟轨道(图 6.28),轨道板为 P4962 和 P3685 型轨道板,设计速度为 350km/h。减振单元板式无砟轨道结构由轨道板、微孔橡胶垫层、CA 砂浆调整层、底座组成。轨道板高度为 190mm、微孔橡胶垫层厚度为 20mm、CA 砂浆调整层厚度为 40mm、底座高度为 200mm。轨道结构横断面如图 6.29 所示。

图 6.28 桥上单元板式无砟轨道减振结构

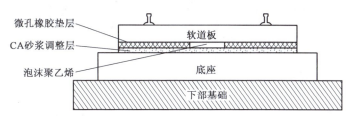

图 6.29 减振型单元板式无砟轨道横断面

轨道板下垫层由两部分组成:改性橡塑微孔垫板和聚乙烯泡沫板。改性橡塑微孔垫板沿纵向分别铺设于轨道板的两边,聚乙烯泡沫板沿纵向铺设于轨道板的中部,如图 6.30、图 6.31 所示。橡胶垫层综合刚度为 0.1N/mm³。

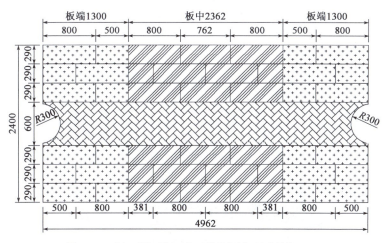

图 6.30 减振型单元板下表面粘贴垫层(尺寸单位:mm)

②成灌城际铁路

2010 年,在成灌铁路铺设了减振型板式无砟轨道。成灌铁路最高设计速度为 200km/h(中心城区至郫都区段为 120km/h),已于 2010 年 5 月建成通车。下行线红光路广场高架段 DK10+650～DK10+850 铺设了 200m 无砟轨道弹性减振垫。

减振垫层采用引进德国卡棱贝格技术的隔振垫。减振型 CRTS Ⅰ 型板式无砟轨道结构从上到下由 60kg/m 钢轨、WJ-7 型扣件、轨道板、弹性垫层、CA 砂浆调整层、凸型挡台和底座板组成(图6.32)。弹性垫层的厚度为27mm,CA砂浆的厚度为40mm。弹性隔振垫层采用隔离式隔振垫,通过隔振垫层下的圆台状橡胶弹簧提供弹性(图6.33)。成灌铁路隔振垫层刚度采用0.019N/mm³。

图6.31 板下隔振垫粘贴

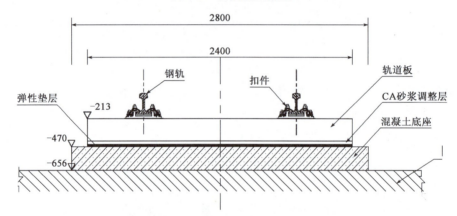

图6.32 成灌铁路减振型板式无砟轨道(尺寸单位:mm)

图6.33 橡胶隔振垫铺设

减振测试结果表明:铺设弹性隔振垫区段相对于未铺设区段的轨道振动,底座板振动最大加速度的平均值减振区段为1.49m/s²,未减振区段为13.06m/s²;桥梁梁面加速度最大加速度的平均值减振区段为0.69m/s²,未减振区段为1.29m/s²。由于垫层刚度较小,导致钢轨和轨道板的垂向位移较大。在无砟轨道结构中铺设弹性减振垫后,对于底座、桥梁及地面结构隔振效果明显,其中底座振动相比较减小约 20.1dB。

③广深港客运专线狮子洋隧道

广深港客运专线狮子洋隧道位于东涌站至虎门站区间,全长 10.8km,狮子洋隧道平纵断面如图 6.34 所示。该隧道位于珠江三角洲平原区,穿越地层地质条件较差,主要为软土层和砂层。为了最大限度地降低高速铁路列车运行对隧道结构的冲击和影响,减少列车高速通过振动对软土地基造成液化,2011 年在国内高铁首次应用 CRTS Ⅰ型减振型板式无砟轨道结构,如图 6.35 所示。

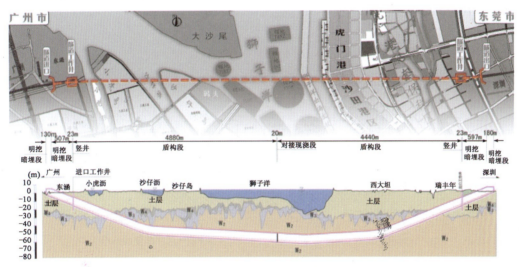

图 6.34 狮子洋隧道平纵断面图

隔振垫层刚度采用 0.046N/mm³。弹性垫层刚度过渡方式:隧道进、出口端每线各 10 块板下橡胶隔振垫层的静力地基模量为 0.1N/mm³,其余轨道板下橡胶隔振垫层的静力地基模量为 0.06N/mm³,现场铺设情况如图 6.36 所示。

图 6.35 广深港客运专线狮子洋隧道

图 6.36 橡胶隔振垫铺设

通过对广深港狮子洋隧道减振型 CRTS Ⅰ型板式无砟轨道的现场实车测试,得出如下主要结论:

a. 列车以 300km/h 的速度通过时实测加速度峰值最大为 1.176 m/s²,小于隧道结构要求的振动加速度控制标准 2.91m/s²,满足设计要求。

b. 设置有弹性隔振垫层的轨道结构在 20～40Hz 频段范围内减振效果不明显,且局部频段存在局部放大效应。但 40～120Hz 频段范围内对隧道地层土壤液化减振效果明显,特别是在地基振动能量峰值频率为 50Hz 左右减振效果达到 15dB,对隧道地层土壤液化具有积极的改善效应。

④杭长客运专线叶宅二号隧道

杭长客运专线叶宅二号隧道位于后宅街道叶宅村,全长 166.59m,采用 CRTS Ⅰ 型减振型板式无砟轨道结构(图 6.37),铺设橡胶隔振垫总长为 333.18m,里程范围为 DK112+683.410～DK112+850。

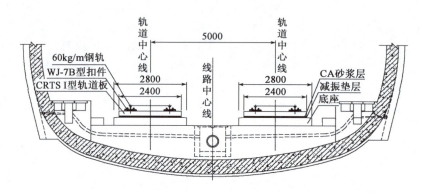

图 6.37 叶宅二号隧道减振型板式无砟轨道结构图(尺寸单位:mm)

(2)减振型双块式无砟轨道

①新建兰新铁路第二双线嘉峪关古长城

新建兰新铁路第二双线在 DK715+870 处与嘉峪关古长城相交,上行线 DK715+668.97～DK716+121.350,下行线 DK715+670～DK716+119.5 穿越古长城保护段,总长度为 901.88m。为保护嘉峪关古长城建筑,控制高速列车对古长城的沉降及振动影响,上、下行线分别采用双块式减振无砟轨道和 CRTS Ⅲ 型减振板式无砟轨道。双块式减振型无砟轨道结构设计为单元式轨道结构,由钢轨、扣件、双块式轨枕、道床、橡胶垫层及底座组成,如图 6.38、图 6.39 所示。

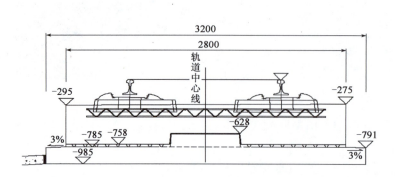

图 6.38 嘉峪关古长城双块式无砟轨道结构图(尺寸单位:mm)

图 6.39 橡胶隔振垫铺设图

根据古长城的保护情况,垂向振动速度按1.8mm/s控制,水平向振动速度按0.25mm/s控制,要求沉降值控制在2mm以内,累计沉降量不大于20mm。

2014年9月3日~9月11日采用CRH2-061C和CRH2-068C综合检测车进行了嘉峪关实车试验,通过各测点的最高速度为224.2km/h,当动车组运行于减振型双块式无砟轨道时,水平振动速度最大值为0.19mm/s,垂向振动速度最大值为0.19mm/s;当动车组运行于减振型CRTS Ⅲ型板式无砟轨道时,距隧道中心线5m处古长城顶部水平振动速度最大值为0.19mm/s,垂向振动速度最大值为0.25mm/s。两种减振型无砟轨道均满足设计要求,达到预期目标。

②北京地下直径线

北京地下直径线为北京铁路枢纽改建工程,连接北京站至北京西站,线路全长9.156km。DK6+400~DK6+650段紧邻西便门西里7号楼、10号楼,DK6+980~DK7+280段紧邻白云观9号、10号楼,为减少对周边建筑及居民的干扰,该段采用了橡胶隔振垫浮置板道床,位于小半径大坡道地段,最小半径为600m,坡度为16‰,运营SS9和CRH动车组列车,轴重分别为210kN和170kN,速度目标值为100km/h。

橡胶隔振垫浮置板道床由钢轨、扣件、双块式轨枕、连续混凝土道床板、橡胶弹性垫层、侧向挡墙及端部锚固结构等组成。采用双块式轨枕,道床板为连续结构,采用C40混凝土现场浇筑,与相邻轨道结构之间设置刚度过渡区及锚固区。

③大同至西安客运专线解原特大桥

大同至西安客运专线解原特大桥桥上左线DK203+425~DK204+075和磨盘山隧道左线DK216+275~DK216+625段为高速铁路综合试验段,采用了橡胶隔振垫。解原特大桥CRTS Ⅰ型双块式无砟减振轨道主要由钢轨、扣件、双块式轨枕、道床板、隔振垫、底座及凹槽周围弹性垫层等部分组成,如图6.40所示。

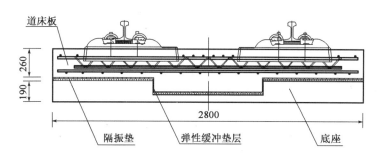

图6.40 大西客专双块式无砟轨道横断面图(尺寸单位:mm)

④长株潭城际铁路树木岭隧道和湘江隧道

长株潭城际铁路树木岭隧道和湘江隧道及洞口无砟轨道—有砟轨道过渡段采用减振型双块式无砟轨道。道床板由钢筋混凝土现场浇筑而成,宽2800mm,厚290mm。道床板构筑于钢筋混凝土底座(路基地段)或仰拱回填层(隧道地段)上。

减振型双块式无砟轨道弹性减振垫设置在道床板与仰拱回填层和水沟侧墙之间,纵向上连续铺设,减振垫层厚度为27mm,减振垫层静态模量为0.046N/mm³。过渡段减振垫层静态模量分别为0.06N/mm³、0.08N/mm³。

⑤武汉至孝感城际铁路

武汉至孝感城际铁路设计速度为200km/h,其中天河机场站设置减振地段1.8km。双块式减振无砟轨道由钢筋混凝土现场浇筑而成,道床板宽2800mm,板厚为395mm,如图6.41所示。

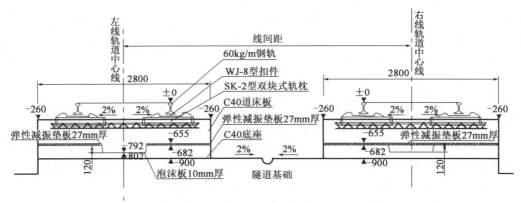

图6.41　汉孝城际双块式减振无砟轨道断面图(尺寸单位:mm)

6.3　市域铁路无砟轨道减振方案

6.3.1　市域铁路无砟轨道减振设计原则

(1)贯彻"以人为本"的设计理念,合理选择减振措施,减少运营中产生的振动对环境的影响,把地铁运行产生的振动对环境的影响控制在国家标准允许的范围内。

(2)根据沿线环评报告的要求,采取分级减振降噪措施,做到因地制宜,经济合理。

(3)减振轨道结构应具有足够的稳定性和耐久性,技术成熟,结构相对简单,施工方便。

(4)尽量减少减振轨道类型,并充分考虑减振轨道结构养护维修条件。

(5)减振降噪措施应考虑设备的减振降噪能力,并预留适当的富余量。

6.3.2　无砟轨道减振措施选择

目前国内外对市域铁路轨道减振的研究还不充分,振动源强和预测方法尚未建立,对轨道减振分级的划分标准尚不明确,在环境影响评估时大致还是可以按中等减振、高等减振及特殊减振三个等级划分,但各分级之间的阈值还有待研究。在每种减振分级下可供选择的具体减振措施是非常有限的。对于中等减振在温州市域铁路S1线已经进行了双层非线性减振扣件(见第2章)的研究和实践,在此不做赘述。能够被业界认可的市域铁路高等减振措施只有橡胶隔振垫浮置板道床,根据国内外的应用经验,其减振效果可达10dB以上。根据环境影响评估的结果,温州市域铁路S1线高等减振地段的长度为8.535km/双线,针对桥上双块式无砟轨道,采用橡胶隔振垫浮置板无砟轨道成为唯一的选择。

根据质量—弹簧系统隔振原理,橡胶隔振垫减振无砟轨道只有在 $\sqrt{2}f_n$(Hz)以上频带才有明显的减振效果,因此为提高橡胶隔振垫减振道床的低频隔振性能,必须尽可能地降低橡胶隔振垫减振无砟轨道的固有频率。只有当激振频率大于 2 倍的自振频率时,隔振系统才会起作用。因此,隔振设计的原则是降低振动系统的固有频率。降低橡胶隔振垫减振道床固有频率有两个基本措施:增大道床板的质量和降低橡胶隔振垫的刚度。由于橡胶隔振垫减振道床一般受桥上使用净空的限制,通过增大道床板质量来降低固有频率的效果是有限的。而橡胶隔振垫的刚度也不能无限制降低,必须考虑车辆的动力性能、旅客的乘坐舒适性等因素进行综合评判。

在橡胶隔振垫减振道床设计时,还应注意以下问题:

(1)通过列车—钢轨—橡胶隔振垫减振道床—桥梁耦合系统的动力分析,确定合理的设计参数,优化结构设计,预测减振效果。

(2)控制橡胶隔振垫减振道床在列车荷载作用下的位移不应大于 3mm,满足线路平顺性和旅客舒适性要求。

(3)在橡胶隔振垫减振道床和非隔振轨道结构之间设置过渡段轨道结构,实现刚度逐渐变化,过渡段长度不宜小于列车转向架长度。

6.3.3 橡胶隔振垫无砟轨道结构设计方案

市域铁路的桥梁占全线总长比例较大,桥上无砟轨道减振和降噪需求强烈。目前橡胶隔振垫减振双块式无砟轨道在德国和我国高速铁路桥梁地段都有成功的应用案例。本书结合市域铁路桥梁结构及双块式无砟轨道的特点,借鉴高速铁路相关研究成果和工程经验,通过对轨道结构形式和轨道减振措施的对比分析,提出桥上双块式橡胶隔振垫无砟轨道设计方案:桥上减振型双块式无砟轨道由钢轨、扣件、轨枕、道床板、隔振垫层、底座等组成,结构组成如图 6.42 所示。道床板采用分块式现场浇筑,长度宜为 6m 左右。每块道床板对应的底座范围设置两个限位凹槽,凹槽四周设置弹性垫层。道床板与底座间设置弹性隔振垫板,隔振垫层的厚度为 30mm。

图 6.42 减振型双块式无砟轨道结构组成

温州市域铁路 S1 线桥梁地段橡胶隔振垫无砟轨道结构高度为 780mm,见表 6.1。桥梁地段橡胶隔振垫无砟轨道横断面图如图 6.43、图 6.44 所示。

高等减振地段轨道结构高度组成表(单位:mm)　　　　表6.1

结构组成	结构高度	轨道结构高度
钢轨	176	780
扣件	37	
承轨面至道床板面高差	42	
道床板	340	
弹性隔振垫层	30	
底座	155	

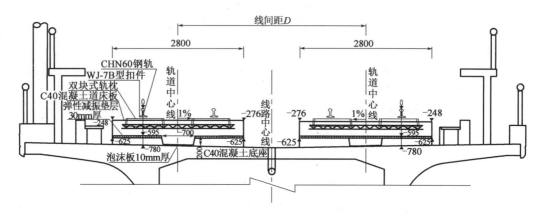

图6.43　无砟轨道横断面图(直线)(尺寸单位:mm)

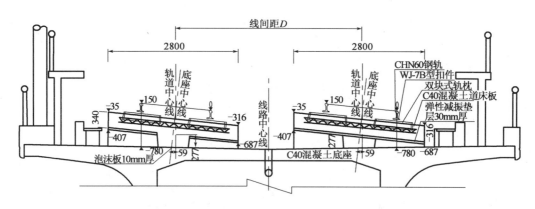

图6.44　无砟轨道横断面图(曲线)(尺寸单位:mm)

橡胶隔振垫无砟轨道结构设计方案如下：

(1)钢轨

采用60kg/m、25m定尺长、无螺栓孔、U75V新轨。

(2)扣件

扣件采用WJ-7B型小阻力扣件。

(3) 双块式轨枕

轨枕采用桁架式双块式轨枕,轨枕技术规格与非减振地段轨枕完全一致,实现了全线轨枕类型的统一。

(4) 道床板

道床板采用分块浇筑,混凝土等级为 C40,道床板宽度为 2800mm,厚度为 340mm,长度一般为 5~7m。每块道床板设两个凸向底座方向的限位凸台,限位凸台在高度方向成四棱台形,上、下表面的尺寸分别为 1000mm×700mm、960mm×660mm。凸台高度为:直线地段为 200mm,曲线地段随超高变化。

(5) 混凝土底座

无砟轨道的混凝土底座直接浇筑在桥面上。桥上混凝土底座采用分块式结构,底座长度和宽度与道床板的长度和宽度相同。桥上每块底座板上设置两个凹槽,与道床板的限位凸台相匹配。限位凹槽四周设弹性缓冲垫层,凹槽底部铺设泡沫板,厚 10mm。

底座采用 C40 混凝土,厚度为 155mm。减振地段道床板与底座之间设置弹性隔振垫板,厚 30mm,其技术性能应满足供货技术相关要求。

(6) 弹性隔振垫层

弹性隔振垫层宽度与道床板对齐,厚度为 30mm。静刚度采用 $(0.019 \pm 0.003)\text{N/mm}^3$。

(7) 弹性隔振垫层过渡段设计

不同减振轨道结构之间工程特性差异较大,在其连接处易产生诸如轨道刚度突变和线下基础差异沉降等问题。试验表明,车辆通过上述区域时,附加动力作用明显增大,导致轨道累积变形增大,进而影响行车的平稳性,严重时甚至威胁行车安全。为使行车安全、平稳、舒适,在不同减振轨道结构之间应设置轨道结构过渡段。

桥梁减振地段弹性隔振垫层应逐级过渡,由一般或中等减振地段→连续 5 块道床板范围隔振垫静刚度采用 0.04N/mm^3 + 连续 5 块道床板范围隔振垫静刚度采用 0.03N/mm^3 + 减振范围隔振垫层静刚度采用 0.019N/mm^3 + 连续 5 块道床板范围隔振垫静刚度采用 0.03N/mm^3 + 连续 5 块道床板范围隔振垫静刚度采用 0.04N/mm^3 → 桥梁一般或中等减振地段。

6.4 车辆—橡胶隔振垫道床—桥梁耦合动力学分析模型

6.4.1 耦合系统动力学模型

基于车辆—轨道—桥梁耦合动力学理论,建立橡胶隔振垫无砟轨道动力学分析的数值仿真模型,如图 6.45 所示,对行车安全性、舒适性及振动性能进行综合分析。

6.4.2 车辆模型

为了更加真实地模拟橡胶隔振垫减振无砟轨道的动力特性,建立了温州市域 CRH6 型动车组整车车辆模型,如图 6.46 所示。车辆轴重为 170kN,车辆定距为 19m,固定轴距为 2.7m。车辆模型由 1 个车体、2 个转向架、4 个轮对共 7 个刚体组成,车体和转向架考虑沉浮、横摆、摇头、点头和侧滚 5 个自由度,轮对考虑沉浮、横摆、摇头和侧滚 4 个自由度,共 31 个自由度。

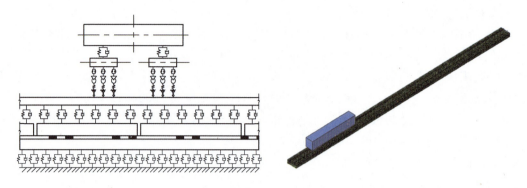

图 6.45　车辆—橡胶隔振垫道床空间耦合动力学模型

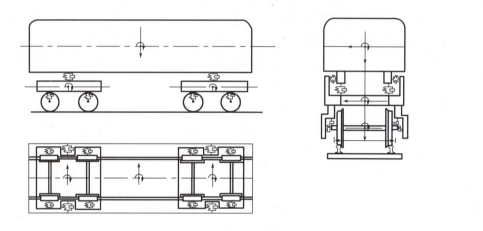

图 6.46　车辆模型

6.4.3　橡胶隔振垫减振无砟轨道模型

（1）计算模型

根据钢轨、道床板、橡胶垫层的力学特点,建立了橡胶隔振垫减振无砟轨道空间耦合模型,如图 6.47 所示。将钢轨视为欧拉梁,用梁单元离散;道床板、橡胶隔振垫及桥梁均采用实体单元模拟,可以全面考虑结构的几何尺寸和物理属性。扣件系统采用线性弹簧—阻尼单元模拟。

（2）计算参数

橡胶隔振垫轨道结构分析计算参数如下:采用 60kg/m 钢轨,WJ-7B 型扣件,扣件间距为 0.6m;道床板长 6m,宽 3.0m,厚 0.553m,采用 C40 混凝土;橡胶垫满铺于道床板底部,面刚度为 $0.019N/mm^3$;桥梁采用 C40 混凝土。

6.4.4　桥梁模型

桥梁结构有限元模型采用实体单元,桥梁与无砟轨道之间连接采用弹簧单元,如图 6.48 所示。

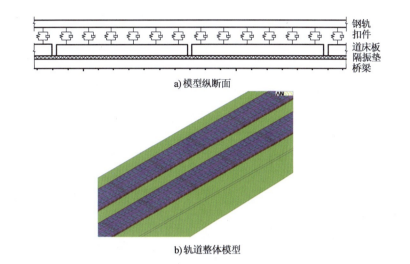

图 6.47 橡胶隔振垫轨道动力分析模型

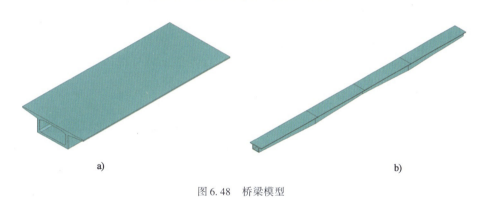

图 6.48 桥梁模型

6.4.5 无砟轨道不平顺谱

轨道不平顺谱包括高低、轨向、轨距和水平四种轨道不平顺谱。轨道不平顺谱采用空间频率的单边功率谱密度描述,主要用于描述轨道不平顺随机分布,其量纲为 $mm^2/(1/m)$,采用双对数坐标表示,空间频率范围为 0.005~0.5(1/m),对应的轨道不平顺波长范围为 2~200m。

轨道不平顺谱采用幂函数按式(6.1)进行分段拟合。

$$S(f) = \frac{A}{f^k} \tag{6.1}$$

式中:$S(f)$——轨道不平顺谱采用的幂函数;

f——空间频率;

A、k——拟合公式系数。

轨道不平顺平均谱分段拟合公式系数采用约束非线性的最小优化方法,见表 6.2。分段点空间频率及相应波长见表 6.3。

无砟轨道不平顺平均谱拟合公式系数 表6.2

项 目	第1段		第2段		第3段		第4段	
	A	k	A	k	A	k	A	k
轨距不平顺	5.4978×10^{-2}	0.8282	5.0701×10^{-3}	1.9037	1.8778×10^{-4}	4.5948	—	—
水平不平顺	3.6148×10^{-3}	1.7278	4.3685×10^{-2}	1.0461	4.5867×10^{-3}	2.0939	—	—
轨向不平顺	3.9513×10^{-3}	1.8670	1.1047×10^{-2}	1.5354	7.5633×10^{-4}	2.8171	—	—
高低不平顺	1.0544×10^{-5}	3.3891	3.5588×10^{-3}	1.9271	1.9784×10^{-2}	1.3643	3.9488×10^{-4}	3.4516

无砟轨道不平顺谱分段点空间频率及对应波长 表6.3

项 目	第1、2段		第2、3段		第3、4段	
	空间频率(1/m)	空间波长(m)	空间频率(1/m)	空间波长(m)	空间频率(1/m)	空间波长(m)
轨距不平顺	0.1090	9.2	0.2938	3.4	—	—
水平不平顺	0.0258	38.8	0.1163	8.6	—	—
轨向不平顺	0.0450	22.2	0.1234	8.1	—	—
高低不平顺	0.0187	53.5	0.0474	21.1	0.1533	6.5

6.4.6 轮轨接触模型

轮轨之间的耦合作用,通过轮轨接触来实现。在系统动力分析模型中,按如下方式考虑轮轨间的法向力和切向力。

(1)轮轨法向力

根据 Hertz 非线性弹性接触理论计算轮轨法向力,具体计算公式见式(6.2)。

$$P(t) = \left[\frac{1}{G}\Delta Z(t)\right]^{3/2} \quad (6.2)$$

式中:G——轮轨接触常数;

$\Delta Z(t)$——t 时刻轮轨间的弹性压缩量(m)。

对于锥形踏面车轮:

$$G = 4.57 R^{-0.149} \times 10^{-8} \, (\text{m}/\text{N}^{2/3}) \quad (6.3)$$

对于磨耗形踏面车轮:

$$G = 3.86 R^{-0.115} \times 10^{-8} \, (\text{m}/\text{N}^{2/3}) \quad (6.4)$$

式中:R——车轮半径(m)。

轮轨间的弹性压缩量包括车轮静压量,可以由轮轨接触点处的轮轨位移直接确定,按式(6.5)计算。

$$\Delta Z(t) = Z_{wi}(t) - Z_{ri}(t) \quad (i = 1 \sim 4) \quad (6.5)$$

式中:$Z_{wi}(t)$——t 时刻第 i 个车轮的位移;

$Z_{ri}(t)$——t 时刻第 i 个车轮下的钢轨位移。

当轮轨界面存在位移不平顺 $Z_0(t)$ 时,轮轨力按式(6.6)计算。

$$P(t) = \begin{cases} \left\{\frac{1}{G}[Z_{wi}(t) - Z_{ri}(t) - Z_0(t)]\right\}^{3/2} \\ 0 \quad (\text{轮轨脱离时}) \end{cases} \quad (6.6)$$

（2）轮轨切向力

由于摩擦的存在，车轮与钢轨在接触斑上会产生切向力，即为轮轨蠕滑力。采用Kalker线性理论，假定接触区全部为黏着区，而且切向力的分布为对称，因此纵向蠕滑力与横向蠕滑率无关，横向蠕滑力与纵向蠕滑率无关。蠕滑力T_x、T_y、T_z与蠕滑率ξ_x、ξ_y、ξ_z的线性关系见式（6.7）。

$$\begin{cases} T_x = -f_{11}\xi_x \\ T_y = -f_{22}\xi_y - f_{23}\xi_z \\ M_z = f_{32}\xi_y - f_{33}\xi_z \end{cases} \tag{6.7}$$

式中：f_{11}——纵向蠕滑系数；
　　　f_{22}——横向蠕滑系数；
　　f_{23}、f_{32}——横向/自旋蠕滑系数，$f_{23} = f_{32}$；
　　　f_{33}——自旋蠕滑系数；
ξ_x、ξ_y、ξ_z——纵向、横向、自旋蠕滑率。

蠕滑系数可以由式（6.8）确定。

$$\begin{cases} f_{11} = EabC_{11} \\ f_{22} = EabC_{22} \\ f_{23} = E(ab)^{2/3}C_{23} \\ f_{33} = E(ab)^2 C_{33} \end{cases} \tag{6.8}$$

式中：　　E——轮对与钢轨材料的弹性模量；
　　　　a、b——轮轨接触椭圆的长短半轴；
C_{11}、C_{22}、C_{23}、C_{33}——与轮轨接触椭圆的长短半轴之比有关的Kalker系数。

左右轮受到的纵向蠕滑力按式（6.9）计算。

$$\begin{cases} T_{xl} = -f_{11}\left(1 - \dfrac{l_0}{v}\psi_w - \dfrac{2r_l}{r_r + r_l}\right) \\ T_{xr} = -f_{11}\left(1 - \dfrac{l_0}{v}\psi_w - \dfrac{2r_r}{r_r + r_l}\right) \end{cases} \tag{6.9}$$

式中：r_l、r_r——左、右轮的实际滚动半径；
　　　l_0——名义轨距之半；
　　　ψ_w——轮对摇头角；
　　　v——轮对在钢轨上的前进速度。

左、右轮受到的横向蠕滑力按式（6.10）计算。

$$\begin{cases} T_{yl} = -f_{22}\left(\dfrac{y_w}{v} + \dfrac{r_l}{l_0}\theta_w - \psi_w\right) - f_{22}\left(\dfrac{\psi_w}{v} - \dfrac{2\delta_l}{r_r + r_l}\right) \\ T_{yr} = -f_{22}\left(\dfrac{y_w}{v} + \dfrac{r_l}{l_0}\theta_w - \psi_w\right) - f_{22}\left(\dfrac{\psi_w}{v} + \dfrac{2\delta_r}{r_r + r_l}\right) \end{cases} \tag{6.10}$$

式中：θ_w——钢轨扭转角；
　　　y_w——轮轨横向位移；

δ_l、δ_r——左、右轮的接触角。

左右轮受到的自旋蠕滑力矩按式(6.11)计算。

$$\begin{cases} M_{zl} = f_{32}\left(\dfrac{y_w}{v} + \dfrac{r_l}{l_0}\theta_w - \psi_w\right) - f_{33}\left(\dfrac{\psi_w}{v} - \dfrac{2\delta_l}{r_r + r_l}\right) \\ M_{zr} = f_{23}\left(\dfrac{y_w}{v} + \dfrac{r_l}{l_0}\theta_w - \psi_w\right) - f_{33}\left(\dfrac{\psi_w}{v} + \dfrac{2\delta_r}{r_r + r_l}\right) \end{cases} \quad (6.11)$$

6.4.7 动力性能评价指标

(1)安全性指标

①轮轴横向力 H

过大的轮轴横向力是导致轨排横移、无缝线路动态失稳而产生胀轨跑道的最主要的原因。根据《高速试验列车动力车强度及动力学性能规范》(95J01-L),轮轴横向力允许限度采用式(6.12)作为评判标准。

$$H \leq 0.85(10 + P_w/3) \quad (6.12)$$

式中:P_w——静轴重(kN)。

②轮轨垂向力 P

我国《高速试验列车动力车强度及动力学性能规范》(95J01-L)中规定,车辆通过直线、曲线、道岔和桥梁时,导向轮对每个车轮作用于轨道的垂向力最大值为 $P = 170$ kN。

③脱轨系数

脱轨系数是防止轮缘爬上钢轨的安全程度的指标,以作用在车轮上横向力的和垂向力的比值来表示。我国《机车车辆动力学性能评定及试验鉴定规范》(GB/T 5599—2019)规定的车辆脱轨系数安全指标见式(6.13)。

$$\begin{cases} Q/P \leq 1.2 \quad (危险限度) \\ Q/P \leq 1.0 \quad (容许限度) \end{cases} \quad (6.13)$$

式中:Q——轮轨间横向力,作用时间应大于0.05s;

P——轮轨间垂向力。

我国《铁道机车动力学性能试验鉴定方法及评定标准》(TB/T 2360—1993)规定的脱轨系数最大值如表6.4所示。

脱轨系数的界限值　　表6.4

评定等级	优良	良好	合格
Q/P	0.6	0.8	0.9

我国《高速试验列车动力车强度及动力学性能规范》(95J01-L)中规定脱轨系数不应大于0.8。《高速铁路工程动态验收技术规范》(TB 10761—2013)也规定脱轨系数小于或等于0.8。

④轮重减载率

轮重减载率为列车因轮重减载而脱轨的另一种脱轨安全性指标。轮重减载率定义为减载侧车轮的轮重减载量与轮对平均轮重之比,记作 $\dfrac{\Delta P}{P}$。

我国《机车车辆动力学性能评定及试验鉴定规范》(GB/T 5599—2019)规定的车辆轮重减载率安全指标见式(6.14)。

$$\begin{cases} \dfrac{\Delta P}{P} \leq 0.65 & (第一限度) \\ \dfrac{\Delta P}{P} \leq 0.60 & (第二限度) \end{cases} \quad (6.14)$$

其中,第一限度为评定车辆运行安全的合格标准,第二限度为增大了安全裕量的标准。

(2)舒适性指标

①车体垂向、横向振动加速度

车体振动加速度是评价车辆乘坐舒适性的最直接的指标。我国铁路客车车体振动加速度舒适标准定为:垂向振动加速度不大于$0.13g$,横向振动加速度不大于$0.1g$。

②Sperling 指标

我国《机车车辆动力学性能评定及试验鉴定规范》(GB/T 5599—2019)采用 Sperling 指标衡量车辆运行的平稳性,Sperling 指标采用式(6.15)计算。

$$W = 7.08 \left[\frac{A^3}{f} F(f) \right]^{1/10} \quad (6.15)$$

式中:W——平稳性指标;

A——振动加速度(g);

f——振动频率(Hz);

$F(f)$——频率修正系数,见表6.5。

频率修正系数　　　　　　　　　　　　　　　　　　　表6.5

垂直振动		横向振动	
0.5~5.9Hz	$F(f)=0.325f_2$	0.5~5.4Hz	$F(f)=0.8f_2$
5.9~20Hz	$F(f)=400f_2$	5.4~26Hz	$F(f)=650f_2$
>20Hz	$F(f)=1$	>26Hz	$F(f)=1$

由于车辆的振动是随机振动,其加速度和频率随时都在变化。实际评定时是将所要分析的加速度波形按频率分成 N 组,根据每一组的加速度和频率计算该组的平稳性指标 W_i,整个波形的平稳性指标按式(6.16)计算。

$$W = [W_1^{10} + W_2^{10} + \cdots + W_N^{10}]^{1/10} \quad (6.16)$$

依据平稳性指标 W 确定客车运行平稳性的等级见表6.6。表中垂直和横向平稳性采取相同的评定等级。

客车运行平稳等级　　　　　　　　　　　　　　　　　表6.6

平稳性等级	评　定	平稳性指标 W
1级	优	<2.5
2级	良好	2.5~2.75
3级	合格	2.75~3.0

6.5 轨道结构设计参数对振动特性的影响研究

6.5.1 道床板厚度

作为质量—弹簧系统的橡胶隔振垫无砟轨道,影响结构动力性能及减振效果的关键参数是参振质量和弹簧刚度,参振质量决定于道床板的厚度,而弹簧刚度决定橡胶隔振垫地基模量。以下将针对道床板的厚度和橡胶隔振垫刚度进行参数敏感性分析,为结构设计优选出合适的设计参数。

(1)对轨道结构振动模态的影响

市域铁路橡胶隔振垫减振双块式无砟轨道道床板分块长度同样采用5~7m,道床板宽度也采用与双块式无砟轨道相同的2.8m。根据《浮置板轨道技术规范》(CJJ/T 191—2012):"由于浮置板轨道是质量(道床)、弹簧与阻尼系统,浮置板越厚,轨道参振质量越高,设计参数的选择范围越广,相应的减振效果较好,但参振质量受桥梁结构承载能力限制。综合考虑,为保证浮置板轨道参振质量和系统固有频率,浮置板的平均厚度不宜小于300mm"。增加轨道板厚度可以提高参振质量,从而降低系统的固有频率。另外,板厚的增加可以提高轨道板的抗弯刚度,减小轨道结构变形和钢轨的应力,有利于轨道结构的长期稳定。

选取轨道板厚度为0.2m、0.3m、0.4m、0.5m、0.553m,提取不同参数轨道结构的各阶振型,然后在相同的振型下,进行不同参数轨道的固有频率对比,见表6.7。

不同轨道板厚度下橡胶隔振垫轨道的垂向振动固有频率(单位:Hz) 表6.7

序号	振 型	轨道板厚度				
		0.2m	0.3m	0.4m	0.5m	0.553m
1		33.327	27.736	24.241	21.786	20.746
2		33.216	27.650	24.189	21.770	20.748
3		33.586	27.912	24.349	21.833	20.763

续上表

序号	振型	轨道板厚度				
		0.2m	0.3m	0.4m	0.5m	0.553m
4		33.217	27.665	24.223	21.825	20.817
5	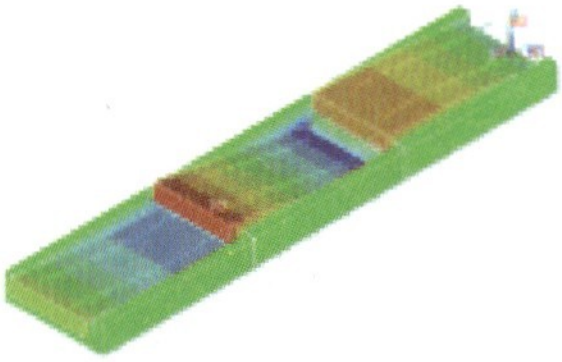	—	32.099	28.078	25.127	23.872
6	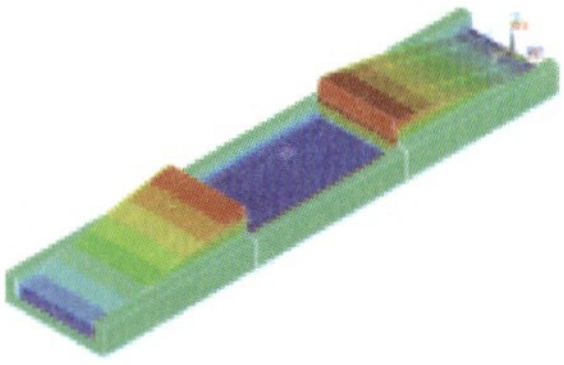	—	30.960	27.748	25.227	24.103
7	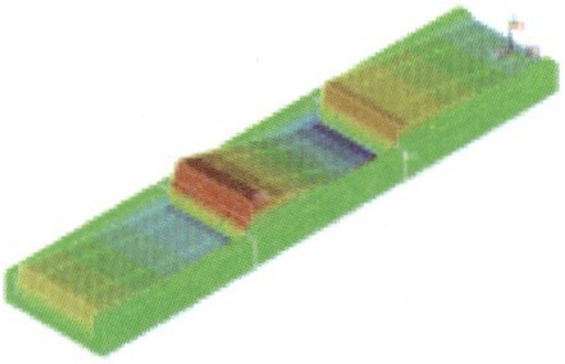	—	35.408	34.747	28.987	27.812
8	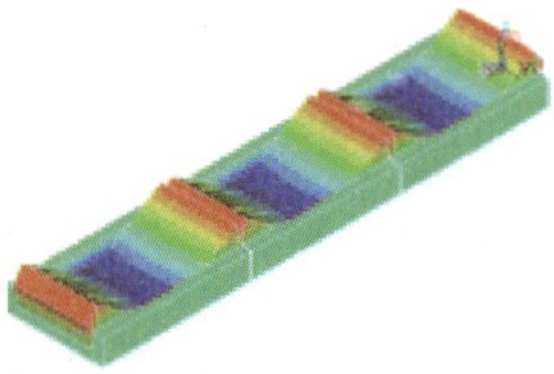	43.097	44.642	50.361	57.874	62.215

由表6.7可知,板厚对轨道结构的固有频率有较大影响。以垂向振动最为显著的第4个振型为例,当板厚从0.2m变为0.553m时,轨道系统的固有频率从33.217Hz变为20.817Hz,减小了12.4Hz。

不同振型和不同板厚与固有频率的关系如图6.49所示,板厚与4阶垂向振动固有频率关系如图6.50所示。

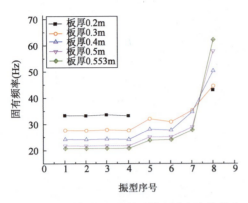
图 6.49　不同振型和不同板厚与固有频率的关系

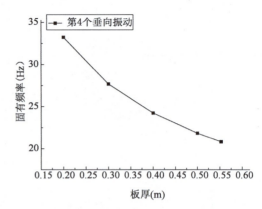
图 6.50　板厚与 4 阶垂向振动固有频率关系

由图 6.49、图 6.50 可知,在前 4 个振型中,固有频率改变量基本相同。另外,前 7 个振型,轨道固有频率都随着板厚的增加而减小,第 8 个振型,规律正好相反。这是因为在低阶振动中轨道结构相当于单自由度振动系统,板厚的增加提高了系统参振质量,从而其固有频率逐渐减小。而第 8 个振型以后,主要是轨道板自身的弯曲变形振动。其固有频率受轨道板抗弯、抗扭刚度的影响更为明显。因此,增加板厚提高了轨道板抗弯刚度,从而提高了系统固有频率。第 8 个振型,当板厚从 0.2m 变为 0.553m 时,轨道系统的固有频率从 43.097Hz 变为 62.215Hz,提高了 19.118Hz,说明板厚对轨道系统高频振动影响更为明显。综合分析可知增加板厚不仅可以减小低阶振动的固有频率,还能提高高阶振动的固有频率,从而可以扩大轨道系统的非共振频段,提高减振效果。因此条件允许下道床板厚度尽量取更大值。

(2)对轨道结构振动传递特性的影响

针对不同轨道板厚度 0.2m、0.3m、0.4m、0.5m、0.553m,分别进行橡胶隔振垫减振双块式无砟轨道振动特性分析,钢轨振动导纳如图 6.51、图 6.52 所示,道床板振动导纳如图 6.53、图 6.54 所示,基础(桥面)振动导纳如图 6.55、图 6.56 所示。不同道床板厚度下轨道结构垂向振动位移导纳峰值见表 6.8。

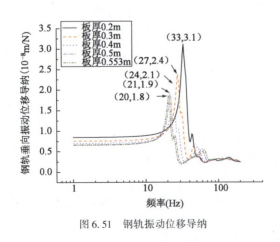
图 6.51　钢轨振动位移导纳

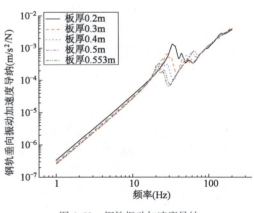
图 6.52　钢轨振动加速度导纳

第6章 市域铁路无砟轨道减振技术研究

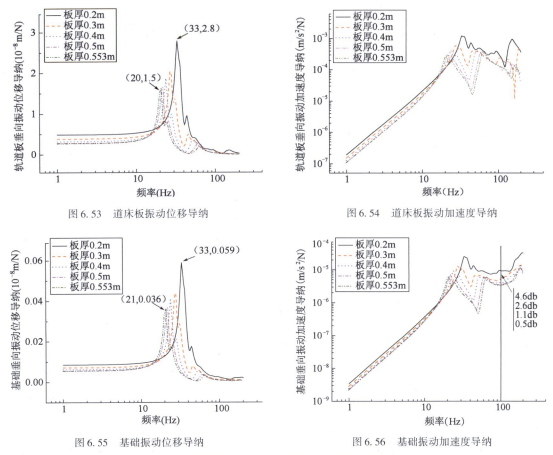

图6.53 道床板振动位移导纳

图6.54 道床板振动加速度导纳

图6.55 基础振动位移导纳

图6.56 基础振动加速度导纳

不同道床板厚度下轨道结构垂向振动位移导纳峰值 表6.8

板厚(m)		0.2	0.3	0.4	0.5	0.553
频率(Hz)		33	27	24	21	20(21)
位移导纳 ($\times 10^{-8}$ m/N)	钢轨	3.1	2.4	2.1	1.9	1.8
	轨道板	2.8	2.0	1.9	1.6	1.5
	基础	0.059	0.044	0.041	0.037	0.036

由以上计算结果可知,增加板厚使位移导纳曲线向频率减小方向偏移,说明增加板厚可以减小系统的固有频率。随着板厚的增加,钢轨、轨道板以及基础的振动位移导纳都呈现减小趋势。板厚从0.2m变为0.553m时,钢轨振动位移导纳峰值从3.1×10^{-8} m/N变为1.8×10^{-8} m/N,减小了41.9%;轨道板振动位移导纳峰值从2.8×10^{-8} m/N变为1.5×10^{-8} m/N,减小了46.4%;基础振动位移导纳峰值从0.059×10^{-8} m/N变为0.036×10^{-8} m/N,减小了39.0%。说明板厚的增加对轨道结构垂向振动位移导纳的影响都较为明显。

板厚的增加都一定程度地减小了轨道结构的振动。钢轨、道床板在基频附近影响明显,而传递到基础的振动在频率大于基频时都变化明显。在图6.56中以100Hz为例,随着板厚的增加,振动加速度级分别减小了 4.6dB、2.6dB、1.1dB、0.5dB。说明增加板厚可以增加橡胶隔振垫轨道系统的减振效果。

6.5.2 橡胶隔振垫刚度

(1)对轨道结构振动模态的影响

橡胶隔振垫刚度是影响轨道系统振动特性的重要因素。为了真实模拟橡胶垫的力学性能,采用了实体单元模拟橡胶垫,计算模型中橡胶隔振垫刚度以弹性模量来表达。为了在较大范围内观察橡胶垫弹性模量对轨道系统振动模态的影响,选取的橡胶垫刚度为 $0.008 \times 10^6 N/mm^3$、$0.02 \times 10^7 N/mm^3$、$0.04 N/m^3$、$0.08 N/mm^3$、$0.16 N/mm^3$,对应的弹性模量为 $4 \times 10^4 N/m^2$、$10 \times 10^4 N/m^2$、$20 \times 10^4 N/m^2$、$40 \times 10^4 N/m^2$、$80 \times 10^4 N/m^2$(本书计算时采用单位 N/m^2)。不同橡胶垫弹性模量下轨道的固有频率见表6.9。

不同橡胶垫弹性模量下轨道的固有频率(单位:Hz)　　表6.9

序号	振 型	橡胶垫弹性模量				
		4 ($\times 10^4 N/m^2$)	10 ($\times 10^4 N/m^2$)	20 ($\times 10^4 N/m^2$)	40 ($\times 10^4 N/m^2$)	80 ($\times 10^4 N/m^2$)
1		13.434	20.746	29.172	—	56.002
2		13.369	20.748	29.547	40.94	55.682
3		13.588	20.763	29.104	38.654	57.055
4		13.382	20.817	29.479	40.902	55.618

续上表

序号	振型	橡胶垫弹性模量				
		4 ($\times 10^4 \text{N/m}^2$)	10 ($\times 10^4 \text{N/m}^2$)	20 ($\times 10^4 \text{N/m}^2$)	40 ($\times 10^4 \text{N/m}^2$)	80 ($\times 10^4 \text{N/m}^2$)
5		18.205	24.103	31.617	43.942	57.944
6		25.366	27.812	34.328	44.649	59.035
7		60.184	62.215	65.587	71.524	81.419

由表 6.9 可知，橡胶隔振垫弹性模量对轨道系统固有频率影响明显。以第 4 个垂向振型为例，当橡胶弹性模量为 $4 \times 10^4 \text{N/m}^2$ 时，橡胶隔振垫轨道的固有频率为 13.382Hz，而当橡胶弹性模量为 $80 \times 10^4 \text{N/m}^2$ 时，固有频率为 55.618Hz，增加了 42.236Hz，表明在参振质量一定时，减小板下橡胶刚度可以有效地减小轨道系统固有频率。

各振型固有频率与橡胶弹模关系如图 6.57 所示，同一振型固有频率与橡胶垫刚度关系如图 6.58 所示。

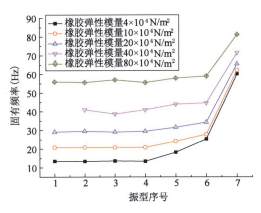
图 6.57 各振型固有频率与橡胶弹模关系

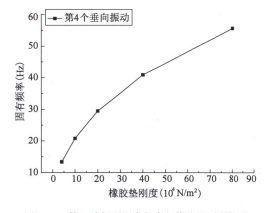
图 6.58 第 4 阶振型固有频率与橡胶垫刚度关系

由图 6.57、图 6.58 可知,前 4 个振型的固有频率及其变化幅度基本相同,而第 5、6、7 个振型时,固有频率变化幅度逐渐减小。一是在任何振型(频段),增加板下橡胶垫弹模(刚度)都会使轨道系统的固有频率增大;二是增加板下橡胶垫弹模(刚度)对低阶振动固有频率影响最为明显,此时振动特性与单自由度系统相同,而在高频,尤其是轨道板的弯曲振动时,橡胶垫刚度的影响逐渐减弱。综上所述,减小板下橡胶垫刚度是降低轨道系统固有频率的有效方法,在轨道系统垂向位移满足限值要求下,板下橡胶垫刚度应尽可能小。

(2)对轨道结构振动传递特性的影响

不同橡胶隔振垫刚度的钢轨振动导纳如图 6.59、图 6.60 所示,道床板振动导纳如图 6.61、图 6.62 所示,基础(桥面)振动导纳如图 6.63、图 6.64 所示。不同橡胶隔振垫刚度下轨道结构垂向振动位移导纳峰值见表 6.10。

不同橡胶垫弹性模量下轨道结构垂向振动位移导纳峰值　　表 6.10

橡胶垫弹模($\times 10^4 N/m^2$)		4	10	20	40	80
频率(Hz)		13	20	29	40	55
位移导纳 ($\times 10^{-8} m/N$)	钢轨	3.9	1.8	1.2	0.9	0.7
	轨道板	3.6	1.6	0.9	0.6	0.4
	基础	0.033	0.036	0.041	0.052	0.058

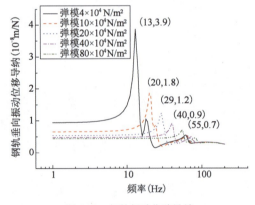

图 6.59　钢轨振动位移导纳

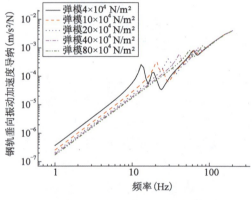

图 6.60　钢轨振动加速度导纳

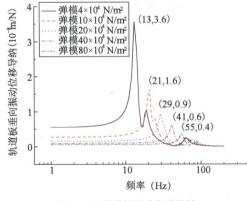

图 6.61　轨道板振动位移导纳

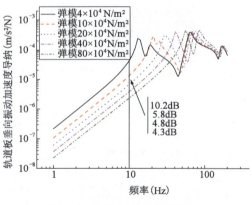

图 6.62　轨道板振动加速度导纳

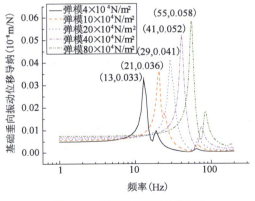

图 6.63 桥梁基础振动位移导纳

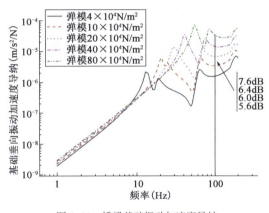

图 6.64 桥梁基础振动加速度导纳

由以上计算结果可知,减小橡胶垫弹性模量使轨道结构振动导纳曲线向频率减小的方向偏移,说明减小橡胶垫弹性模量将降低系统的固有频率。另外,随着橡胶垫弹性模量的减小,钢轨、轨道板振动位移都增大,而基础的振动位移减小。橡胶垫弹性模量从 $80\times10^4\text{N/m}^2$ 降为 $4\times10^4\text{N/m}^2$ 时,基础位移导纳从 $0.058\times10^{-8}\text{m/N}$ 变为 $0.033\times10^{-8}\text{m/N}$,减小了 75.7%,说明减小橡胶垫弹性模量可使传递到基础的振动降低。

传递到基础的振动随着橡胶垫弹性模量的减小而降低,在频率大于基频时,变化尤为明显。以 100Hz 为例,随着橡胶垫弹性模量的减小,振动加速度级分别降低了 7.6dB、6.4dB、6.0dB、5.6dB。说明减小橡胶垫刚度(弹性模量)可以有效地增加橡胶隔振垫轨道系统的减振效果,因此建议在轨道系统变形限值以内,应尽量降低橡胶垫的刚度。

(3) 对行车安全性和舒适性的影响

橡胶隔振垫刚度的合理取值要考虑两方面因素,一是要达到良好的减振效果,二是保证行车的安全性和舒适性。对市域动车组 CRH6 以 120km/h 速度通过不同橡胶隔振垫刚度无砟轨道时的行车安全性和舒适性指标进行分析,计算结果如下。

① 安全性

对市域动车组 CRH6 以 120km/h 速度通过不同橡胶隔振垫刚度无砟轨道时的行车安全性指标进行分析,计算结果见表 6.11。

不同橡胶隔振垫刚度下安全指标对比　　表 6.11

指标	橡胶隔振垫刚度					
	0.4 ($\times10^7\text{N/m}^3$)	0.8 ($\times10^7\text{N/m}^3$)	4 ($\times10^7\text{N/m}^3$)	8 ($\times10^7\text{N/m}^3$)	12 ($\times10^7\text{N/m}^3$)	16 ($\times10^7\text{N/m}^3$)
轮轴横向力(kN)	11.207	11.449	11.592	11.626	11.588	11.588
轮轨垂向力(kN)	92.423	91.455	94.572	95.455	96.091	96.187
脱轨系数	0.102	0.105	0.107	0.110	0.107	0.108
轮重减载率	0.422	0.411	0.431	0.448	0.454	0.458
线路横向稳定系数	0.063	0.056	0.063	0.081	0.065	0.066
道床板垂向位移(mm)	2.895	1.612	0.366	0.193	0.134	0.102

各安全指标随着橡胶隔振垫刚度的变化规律如图 6.65～图 6.70 所示。

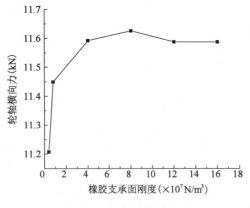

图 6.65　轮轴横向力

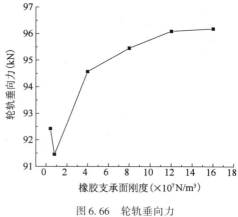

图 6.66　轮轨垂向力

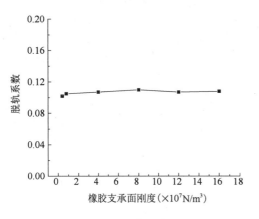

图 6.67　脱轨系数

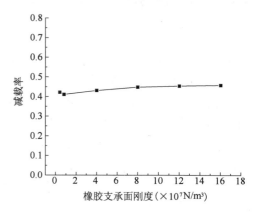

图 6.68　轮重减载率

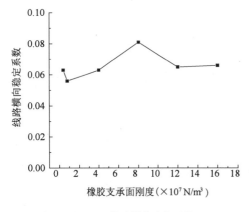

图 6.69　线路横向稳定系数

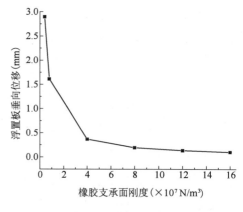

图 6.70　道床板垂向位移

由以上计算结果可知：

a. 橡胶隔振垫刚度小于 $4\times10^7\text{N/m}^3$ 时，轮轴横向力随橡胶隔振垫刚度的增大而增加的趋势明显。在橡胶隔振垫刚度增大至 $4\times10^7\text{N/m}^3$ 后,轮轴横向力较为平稳,变化不明显。

b. 轮轨垂向力与轮重减载率随橡胶隔振垫刚度的增加而增大,变化规律大致相同。

c. 脱轨系数以及线路横向稳定系数变化都不明显。

d. 道床板垂向位移随着橡胶隔振垫刚度的增大而减小。当橡胶隔振垫刚度小于 $4\times10^7\text{N/m}^3$ 时,道床板垂向位移随面刚度减小的速率较快;当橡胶隔振垫刚度大于 4×10^7 N/m^3 后这种变化较为平缓。当橡胶隔振垫刚度为 $0.4\times10^7\text{N/m}^3$ 时,道床板垂向位移为 2.895mm,接近浮置板道床所允许的最大位移为 3mm。因此橡胶隔振垫刚度不宜小于 $0.4\times10^7\text{N/m}^3$。

综上所述,为了保证较好的减振效果和行车安全性,橡胶隔振垫刚度在 $8\times10^6\text{N/m}^3$ ~ $4\times10^7\text{N/m}^3$ 范围比较合适。

②平稳性

市域动车组 CRH6 以 120km/h 速度通过不同橡胶隔振垫刚度无砟轨道时的平稳性指标计算结果见表 6.12。

不同橡胶隔振垫刚度下车体平稳性指标对比　　　　表 6.12

指　标	橡胶隔振垫刚度($\times 10^7\text{N/m}^3$)						允许值
	0.4	0.8	4	8	12	16	
车体横向加速度 g	0.015	0.016	0.018	0.019	0.019	0.019	0.13
车体垂向加速度 g	0.058	0.045	0.030	0.033	0.033	0.030	0.1
车体横向 Sperling 指标	0.347	0.354	0.367	0.388	0.367	0.367	2.5
车体垂向 Sperling 指标	0.569	0.510	0.464	0.521	0.477	0.475	2.5

各项平稳性指标随橡胶隔振垫刚度的变化规律如图 6.71 ~ 图 6.74 所示。

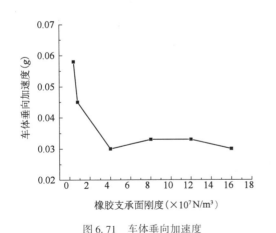

图 6.71　车体垂向加速度

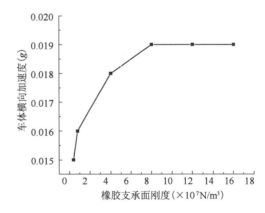

图 6.72　车体横向加速度

由以上计算结果可知:

a. 考虑到橡胶隔振垫刚度范围内车辆运行平稳性指标均可满足规范要求。橡胶隔振垫刚度过小,则不利于车辆垂向平稳性的保持;当橡胶隔振垫刚度为 $4\times10^7\text{N/m}^3$ 时,车辆垂向平稳性最佳。

b. 当橡胶隔振垫刚度小于 $8\times10^7\mathrm{N/m^3}$ 时,车体横向加速度随橡胶隔振垫刚度的增加而增加,车体横向 Sperling 指标在橡胶隔振垫刚度为 $8\times10^7\mathrm{N/m^3}$ 时出现最大值。

c. 车体垂、横向平稳性指标在橡胶隔振垫刚度达到 $8\times10^7\mathrm{N/m^3}$ 时出现最大极值,而橡胶隔振垫刚度为 $4\times10^7\mathrm{N/m^3}$ 时垂向、横向稳定性均较好,因此从舒适性角度,建议橡胶隔振垫刚度不大于 $4\times10^7\mathrm{N/m^3}$。

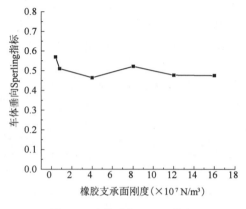

图 6.73 车体垂向 Sperling 指标

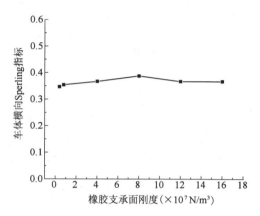

图 6.74 车体横向 Sperling 指标

(4) 橡胶垫刚度的设计取值建议

从行车安全性、舒适性及减振性能等角度综合分析,当橡胶隔振垫刚度为 $8\times10^7\mathrm{N/m^3}$ 时,车辆的脱轨系数、线路横向稳定系数、车体平稳性指标均达到最大值,因此橡胶隔振垫刚度在设计时应尽量避免该值;从安全角度考虑,橡胶隔振垫刚度宜小于 $4\times10^7\mathrm{N/m^3}$,且在此刚度下,车辆的运行平稳性良好,但考虑到浮置板位移的限值,橡胶隔振垫刚度不宜小于 $0.4\times10^7\mathrm{N/m^3}$。因此,橡胶垫刚度在 $8\times10^6\sim4\times10^7\mathrm{N/m^3}$ 范围较合适。借鉴北京地下直径线和兰新铁路嘉峪关隧道的橡胶隔振垫刚度取值,建议市域铁路减振地段的橡胶隔振垫刚度采用 $1.9\times10^7\mathrm{N/m^3}$。

6.6 橡胶隔振垫无砟轨道减振效果预测

6.6.1 列车速度为 120km/h 时

根据列车—橡胶隔振垫无砟轨道—桥梁耦合动力学模型进行轮轨动力学特性分析,列车速度为 120km/h,道床板厚度取 340mm,橡胶隔振垫刚度采用 $1.9\times10^7\mathrm{N/m^3}$,得到垂向振动加速度时程曲线,计算 1/3 倍频程中心频率分频振级,并对减振无砟轨道的减振效果进行预测。

(1) 垂向振动加速度时程分析

由动力仿真分析得到减振轨道和非减振轨道桥梁梁面铅垂向振动加速度时程曲线如图 6.75 所示。可以看出,采用普通非减振无砟轨道的地段,桥梁梁面加速度最大值为 $0.417\mathrm{m/s^2}$,采用橡胶隔振垫刚度为 $0.019\mathrm{N/mm^3}$ 的减振型无砟轨道的地段,桥梁梁面垂向加速度最大值为 $0.048\mathrm{m/s^2}$,振动加速度最大值减小 8.6 倍。表明采用橡胶隔振垫减振型无砟轨道,梁面垂向加速度幅值降幅明显,可以获取比较显著的减振效果。

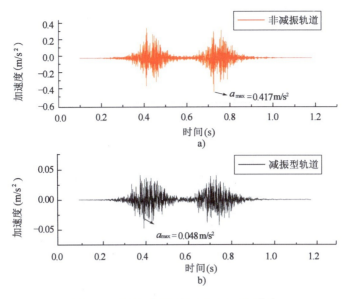

图 6.75　桥梁面铅垂向振动加速度时程曲线

(2) 1/3 倍频程中心频率分频振级

减振地段和非减振地段实测桥梁面铅垂向振动加速度的 1/3 倍频程各中心频率分频振级如图 6.76、表 6.13 所示，采用弹性隔振垫刚度为 0.019N/mm³ 的减振型无砟轨道，除一阶固有频率 (23.2Hz) 附近出现振动放大现象外，在各中心频率窄带频率范围内均有一定的减振效果。减振型板式轨道对较高频率的振动分量减振效果较好，在 63～200Hz 的频率范围内减振效果最好，最大可减振 19.62dB，对应频率为 100Hz。

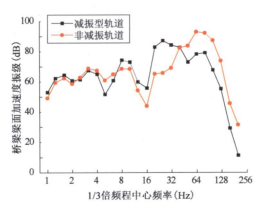

图 6.76　桥梁梁面铅垂向振动加速度的分频振级

表 6.13　减振地段和非减振地段各中心频率的分频振级及其差值

中心频率点 (Hz)	减振地段 (dB)	非减振地段 (dB)	减振值 (dB)
1	53.031	49.192	-3.839
1.25	62.293	59.384	-2.909
1.6	64.471	62.296	-2.175

续上表

中心频率点(Hz)	减振地段(dB)	非减振地段(dB)	减振值(dB)
2	60.764	58.656	-2.108
2.5	61.424	62.816	1.392
3.15	67.408	68.744	1.336
4	65.01	67.392	2.382
5	51.623	60.84	9.217
6.3	60.764	64.896	4.132
8	74.272	68.536	-5.736
10	72.963	68.432	-4.531
12.5	59.895	54.288	-5.607
16	55.759	43.992	-11.767
20	82.984	65.208	-17.776
25	87.23	65.728	-21.502
31.5	84.293	69.056	-15.237
40	82.764	82.472	-0.292
50	72.963	83.824	10.861
63	78.188	92.976	14.788
80	79.167	92.248	13.081
100	67.738	87.36	19.622
125	55.319	73.84	18.521
160	29.293	45.656	16.363

(3)减振效果评价

依据《浮置板轨道技术规范》(CJJ/T 191—2012)附录 A 的规定,浮置板轨道(包括橡胶隔振垫减振轨道)减振效果评价的频率范围为 1~200Hz,评价计算的量应为橡胶隔振垫轨道与普通轨道振动加速度振级的差值 ΔL_a、分频振级的最大差值 ΔL_{max} 和最小差值 ΔL_{min},应按式(6.17)~式(6.19)分别由 1/3 倍频程分频振级计算。

$$\Delta L_a = 10\lg\left[\sum_{i=1}^{18} 10^{\frac{VL_q(i)}{10}}\right] - 10\lg\left[\sum_{i=1}^{18} 10^{\frac{VL_h(i)}{10}}\right] \quad (6.17)$$

$$\Delta L_{max} = \max_{i=1\to18}[VL_q(i) - VL_h(i)] \quad (6.18)$$

$$\Delta L_{min} = \max_{i=1\to18}[VL_q(i) - VL_h(i)] \quad (6.19)$$

上述式中:$VL_q(i)$——非减振轨道的地段所测得的铅垂向振动加速度 1/3 倍频程内第 i 个中心频率上的分频振级;

$VL_h(i)$——采取橡胶隔振垫轨道地段所测得铅垂向振动加速度在 1/3 倍频程内第 i 个中心频率上的分频振级。

根据公式(6.15)求得橡胶隔振垫减振型无砟轨道与普通非减振轨道 1~80Hz 频率范围振动计权加速度振级的差值 ΔL_a，见表 6.14。

表 6.14 减振型轨道与普通非减振型轨道振动加速度振级的差值 ΔL_a

桥梁梁面计权加速度振级(dB)		加速度振级的差值 ΔL_a(dB)
普通非减振轨道	减振型轨道	
85.5	76.4	9.1

由表 6.14 可知，列车速度为 120km/h 时，橡胶隔振垫减振型无砟轨道相对于非减振轨道的减振效果为 9.1dB。

6.6.2 列车速度为 160km/h 时

(1) 垂向振动加速度时程分析

由动力仿真分析得到列车速度为 160km/h 时橡胶隔振垫减振无砟轨道和非减振轨道桥梁梁面铅垂向振动加速度时程曲线如图 6.77 所示。可以看出，采用普通非减振无砟轨道的地段，桥梁梁面加速度最大值为 0.394m/s²，采用弹性隔振垫刚度为 0.019N/mm³ 的减振型无砟轨道的地段，桥梁梁面垂向加速度最大值为 0.045m/s²，振动加速度最大值减小 8.7 倍。表明采用橡胶隔振垫减振无砟轨道，梁面垂向加速度幅值降幅明显，可以获取比较显著的减振效果。

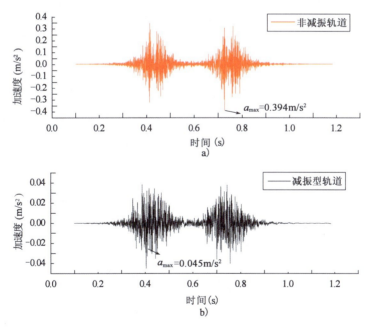

图 6.77 桥梁面铅垂向振动加速度时程曲线

(2) 1/3 倍频程中心频率分频振级

减振地段和非减振地段实测桥梁面铅垂向振动加速度的 1/3 倍频程各中心频率分频振级如图 6.78 和表 6.15 所示，采用弹性隔振垫刚度为 0.019N/mm³ 的减振型无砟轨道，除在该轨道结构的一阶固有频率(18.4Hz)附近出现振动放大现象外，在各中心频率窄带频率范围内均有一定的减振效果。减振型板式轨道对较高频率的振动分量减振效果较好，在 63~

200Hz 的频率范围内减振效果最好,最大可减振 25.84dB,对应频率为 100Hz。

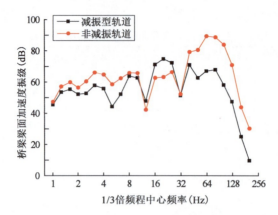

图 6.78 桥梁梁面铅垂向振动加速度的分频振级

减振地段和非减振地段各中心频率的分频振级及其差值　　表 6.15

中心频率点(Hz)	减振地段(dB)	非减振地段(dB)	减振值(dB)
1	45.53	47.30	1.77
1.25	53.48	57.10	3.62
1.6	55.35	59.90	4.55
2	52.17	56.40	4.23
2.5	52.73	60.40	7.67
3.15	57.88	66.10	8.22
4	55.82	64.80	8.98
5	44.32	58.50	14.18
6.3	52.17	62.40	10.23
8	63.77	65.90	2.13
10	62.65	65.80	3.15
12.5	47.87	42.30	-5.57
16	71.25	62.70	-8.55
20	74.89	63.20	-11.69
25	72.37	66.40	-5.97
31.5	51.43	52.20	0.78
40	71.06	79.30	8.24
50	62.65	80.60	17.96
63	67.13	89.40	22.27
80	67.97	88.70	20.73
100	58.16	84.00	25.84
125	47.50	71.00	23.50
160	25.15	43.90	18.75
200	9.72	30.30	20.58

(3)减振效果评价

根据《浮置板轨道技术规范》(CJJ/T 191—2012)中关于振动加速度振级的差值 ΔL_a 的

获取方法,求得列车速度为160km/h时橡胶隔振垫减振型无砟轨道与非减振轨道频率范围为1~200Hz,振动计权加速度振级的差值 ΔL_a 为9.8dB,见表6.16。

减振型轨道与普通非减振型轨道振动加速度振级的差值 ΔL_a 表6.16

桥梁梁面计权加速度振级(dB)		加速度振级的差值 ΔL_a (dB)
普通非减振轨道	橡胶隔振垫减振型轨道	
84.1	74.3	9.8

由表6.16可知,列车速度为160km/h时,橡胶隔振垫减振型无砟轨道相对于非减振轨道减振效果为9.8dB。

6.7 橡胶隔振垫无砟轨道安全性和舒适性分析

6.7.1 列车速度为120km/h时

(1)动力仿真结果

列车的轴重为17t,运行速度为120km/h时,钢轨垂向加速度、轮轨垂向力、轮轨横向力和车体垂向加速度曲线如图6.79~图6.82所示。从图中可知,钢轨的最大垂向加速度为50g,轮轨垂向力为101kN,轮轨横向力为11.26kN,车体最大垂向加速度为0.033g。

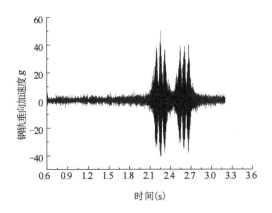

图6.79 钢轨垂向加速度

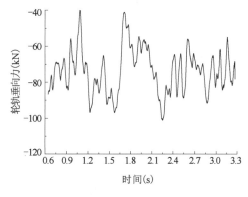

图6.80 轮轨垂向力

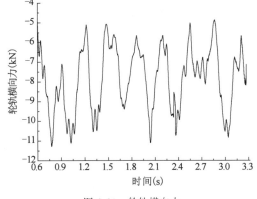

图6.81 轮轨横向力

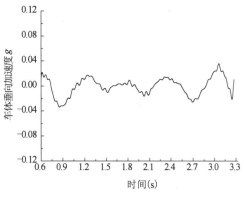

图6.82 车体垂向加速度

(2)动力性能评价

①行车安全性指标

列车以 120km/h 的速度通过橡胶隔振垫减振无砟轨道时,行车安全性指标见表 6.17。

安全性指标计算结果　　　　　　　　　　　表 6.17

指　标	计　算　值	限　值
轮轴横向力(kN)	11.26	13.3
轮轨垂向力(kN)	101	170
脱轨系数	0.11	0.8
轮重减载率	0.40	0.6

由表 6.17 可知,当列车以速度 120km/h 通过橡胶隔振垫减振无砟轨道时,行车安全性指标均满足要求。

②行车舒适性指标

列车以 120km/h 的速度通过橡胶隔振垫道床时,行车舒适性指标见表 6.18。当列车以速度 120km/h 通过橡胶隔振垫减振无砟轨道时,行车舒适性指标均满足要求。

舒适性指标计算结果　　　　　　　　　　　表 6.18

指　标	计　算　值	限　值
车体横向加速度 g	0.02	0.1
车体垂向加速度 g	0.033	0.13
横向平稳性指标	0.54	<2.5,优秀
垂向平稳性指标	0.81	<2.5,优秀

6.7.2　列车速度为 160km/h 时

通过动力仿真分析,得到列车速度为 160km/h 时橡胶隔振垫减振无砟轨道的各项动力响应,进行行车安全性和平稳性评价。

(1)安全性

列车速度为 160km/h 时的行车安全性指标如表 6.19 所示,当列车以速度 160km/h 通过橡胶隔振垫减振无砟轨道时,行车安全性指标均满足要求。

列车速度为 160km/h 时的行车安全性指标　　　　　　表 6.19

指　标	计　算　值	限　值
轮轴横向力(kN)	12.054	13.3
轮轨垂向力(kN)	92.950	170
脱轨系数	0.122	0.8
轮重减载率	0.399	0.6
道床板垂向位移(mm)	1.640	3

(2) 平稳性

列车速度为 160km/h 时的行车平稳性指标如表 6.20 所示。当列车以速度 160km/h 通过橡胶隔振垫减振无砟轨道时,行车平稳性指标均满足要求。

列车速度为 160km/h 时的行车平稳性指标　　　　表 6.20

指　标	计　算　值	限　值
车体横向加速度 g	0.061	0.1
车体垂向加速度 g	0.017	0.13
横向平稳性指标	0.597	<2.5,优秀
垂向平稳性指标	0.387	<2.5,优秀

6.8　橡胶隔振垫无砟轨道结构设计检算

6.8.1　列车荷载

(1) 计算模型

采用梁体模型,运用有限元法进行计算:钢轨采用梁单元,可承受拉力、压力、弯矩、扭矩的单轴受力单元;扣件采用弹簧单元,具有非线性功能的单向单元;道床板、橡胶隔振垫和底座采用实体单元模拟。桥梁梁面提供的弹性采用弹簧单元进行模拟,该弹簧可以承受垂向压力,但不能传递拉力。建立桥梁地段橡胶隔振垫双块式无砟轨道有限元模型,如图 6.83 所示,共模拟了 3 块道床板。

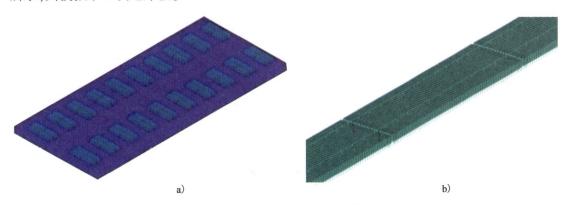

图 6.83　桥梁地段双块式无砟轨道有限元模型

(2) 荷载组合

① 承载能力荷载

市域铁路列车轴重为 17t,列车速度为 120km/h 时,列车荷载的取值见表 6.21。

列车荷载取值　　　　表 6.21

荷　载	数　值	荷　载	数　值
静轮载(t)	17	竖向疲劳检算轮载(kN)	127.5
竖向设计轮载(kN)	170	横向疲劳检算轮载(kN)	34
横向设计轮载(kN)	68		

钢轨受单轴列车荷载作用,按轴重17t考虑,取动载系数为2.0,设计动轮载为170kN。为消除边界效应,计算模型选取三块单元道床板的长度进行计算,以中间道床板作为研究对象。考虑轮载作用在板中钢轨节点上和板缝钢轨节点上两种情况,分别记为板中工况和板缝工况。

②正常使用荷载

钢轨受单轴列车荷载作用,轴重为17t,其轮载大小取动载系数为1.5,设计动轮载为127.5kN。为消除边界效应,计算模型选取三块单元道床板的长度进行计算,以中间单元板作为研究对象。考虑轮载作用在板中钢轨节点上和板缝钢轨节点上两种情况,分别记为板中工况和板缝工况。

(3)计算参数

①扣件

按 WJ-7B 型弹性扣件取值,其静刚度为35kN/mm,扣件动刚度按1.5倍静刚度取值。

②道床板

以30m简支梁为例,即道床板为采用5525和6150两种板型(图6.84),扣件节点间距为625mm。道床板采用C40混凝土,厚度为340mm,混凝土弹性模量为3.40×10^4MPa。取计算结果中三块道床板中最大的应力点。

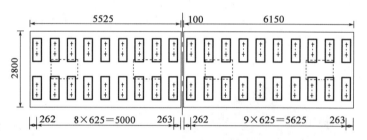

图6.84 两种道床板板型(尺寸单位:mm)

③橡胶隔振垫

道床板下弹性垫层刚度为$0.019N/mm^3$。

④底座板

底座板采用C40混凝土,混凝土弹性模量为3.40×10^4MPa。

⑤桥上的支承面刚度

桥上底座板的支承面刚度可取为1000MPa/m。

桥上橡胶隔振垫减振型双块式无砟轨道静力计算相关参数汇总见表6.22。

计算参数汇总 表6.22

部 件	项 目	单 位	数 值
钢轨	断面	—	60kg/m
	弹模	MPa	2.06×10^5
	泊松比	—	0.3
扣件	静刚度	kN/mm	35
	节点间距	mm	625

续上表

部　件	项　目	单　位	数　值
道床板	弹模	MPa	3.40×10^4
	泊松比	—	0.2
	长度	mm	5525/6150
	宽度	mm	2700
	厚度	mm	340
	板缝	mm	100
橡胶隔振垫	刚度	N/mm³	0.019
底座板	弹模	MPa	3.40×10^4
	泊松比	—	0.2
	厚度	mm	155
桥梁	桥梁梁板面刚度	MPa/m	1200

根据《铁路桥涵混凝土结构设计规范》(TB 10092—2017),混凝土及钢筋容许应力按第4.3.4节取值,混凝土裂纹宽度容许值按30mm保护层厚度下0.2mm控制。

(4)计算结果

①承载能力荷载作用

a.道床板应力

板中和板缝处道床板纵、横向应力计算结果见表6.23,道床板纵向应力、横向应力云图如图6.85、图6.86所示。

道床板应力　　　　　　　　　　　　　　　　　表6.23

荷载位置	道床板应力最大值(MPa)			
	纵向		横向	
	拉应力	压应力	拉应力	压应力
板中	0.72	1.34	0.71	1.31
板缝	0.73	1.40	1.15	1.35

注:表中"板中"即为列车荷载作用于轨道板板中扣件节点处,"板缝"即为列车荷载作用于道床板间的板缝处;"纵向"为结构沿线路方向,"横向"为结构沿线路平面垂直方向。

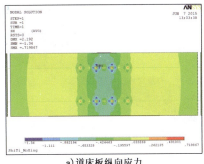
a)道床板纵向应力

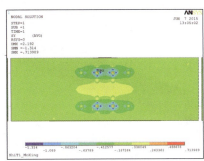
b)道床板横向应力

图6.85　板中工况应力

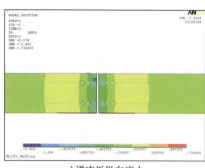
a) 道床板纵向应力

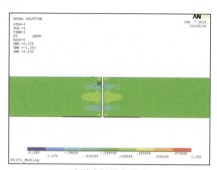
b) 道床板横向应力

图 6.86　板缝工况应力

由以上计算结果可知,道床板的纵横向拉压应力均小于其抗拉、抗压强度,混凝土强度满足规范要求。

b. 位移

道床板和钢轨位移见表 6.24。钢轨和道床板位移如图 6.87、图 6.88 所示。

轨道结构位移　　　　　　　　　　　表 6.24

荷载位置	钢轨位移(mm)	道床板位移(mm)
板中	2.19	0.16
板缝	2.17	0.15

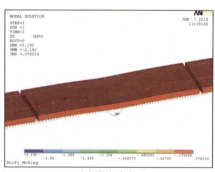
a) 钢轨竖向位移

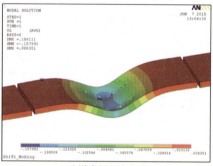
b) 道床板竖向位移

图 6.87　板中工况位移

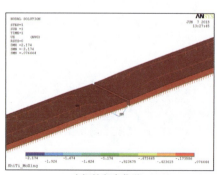
a) 钢轨竖向位移

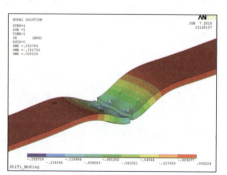
b) 道床板竖向位移

图 6.88　板缝工况位移

由计算结果可知道床板位移比较小,钢轨位移最大值为 2.19mm,满足《浮置板轨道技术规范》(CJJ/T 191—2012)规定的小于 3mm 要求。

②正常使用荷载作用

a. 道床板应力

板中和板缝处道床板纵、横向应力计算结果见表 6.25,道床板纵向应力、横向应力云图如图 6.89、图 6.90 所示。

正常使用荷载道床板应力　　　　　　表 6.25

荷载位置	道床板应力最大值(MPa)			
	纵向		横向	
	拉应力	压应力	拉应力	压应力
板中	0.44	0.82	0.44	0.80
板缝	0.44	0.86	0.70	0.83

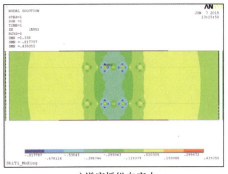 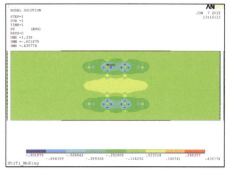

a) 道床板纵向应力　　　　　　b) 道床板横向应力

图 6.89　正常使用荷载板中工况应力

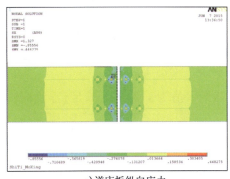 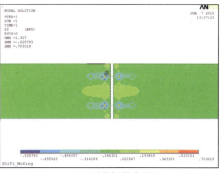

a) 道床板纵向应力　　　　　　b) 道床板横向应力

图 6.90　正常使用荷载板缝工况应力

由以上计算结果可知,道床板的纵横向拉压应力均小于其抗拉、抗压强度,混凝土强度满足规范要求。

b. 位移

道床板和钢轨位移见表 6.26。钢轨和道床板位移如图 6.91、图 6.92 所示。

正常使用荷载轨道结构位移 表6.26

荷载位置	钢轨位移(mm)	道床板位移(mm)
板中	1.34	0.10
板缝	1.33	0.09

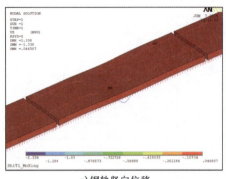

图6.91 正常使用荷载板中位移

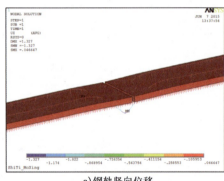 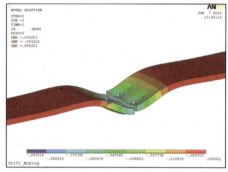

a) 钢轨竖向位移　　　　　　　　　　b) 道床板竖向位移

图6.92 正常使用荷载板缝位移

由计算结果可知道床板位移比较小，钢轨位移最大值为1.34mm，满足《浮置板轨道技术规范》（CJJ/T 191—2012）规定的小于3mm要求。

6.8.2 温度荷载

（1）轴向温度力

桥上橡胶隔振垫减振型无砟轨道道床板为分块式结构，道床板与底座间设橡胶隔振垫使轨道板与底座可以有相对位移。因此桥梁上道床板受整体温度荷载变化时仅受扣件和限位凹槽对轨道板的约束作用。分别计算桥上6150mm、5525mm长单元轨道板的轴向温度力，整体温度荷载按40℃取用。

轨道板整体温度荷载作用下的轴向温度力按第4.2.3节计算，结果见表6.27。

轨道板轴向温度力　　　　　　　　　　　　　　表 6.27

整体温度	常阻力扣件(15kN)	
	6.15m	5.525m
轴拉力(kN)	150	135
轴拉应力(MPa)	0.158	0.142
轴压力(kN) 40℃	192.8	177.8
轴压应力(MPa) 40℃	0.202	0.188

(2)温度梯度

①计算参数

温度梯度荷载:道床板上表面热下表面冷时取90℃/m,道床板上表面冷下表面热时取45℃/m,温度梯度为线性变化。

②道床板温度梯度应力计算

道床板受到的翘曲温度应力计算结果如表6.28所示。

道床板翘曲温度力计算结果　　　　　　　　　　表 6.28

道床板厚度	道床板面上热下冷		道床板面上冷下热	
	板底最大拉应力(MPa)	最大弯矩(kN·m/m)	板面最大拉应力(MPa)	最大弯矩(kN·m/m)
340mm	6.503	125.3	3.253	62.6

6.8.3　混凝土收缩徐变

混凝土收缩影响,按等效降温10℃考虑,道床板受到的混凝土收缩应力按式(4.16)计算,结果为2.04MPa。

6.8.4　桥梁挠曲变形

(1)计算参数

市域铁路的主要简支梁梁型为30m、35m和40m,梁体的竖向挠度限值按表6.29取值。

梁体的竖向挠度限值　　　　　　　　　　　　表 6.29

速度	跨度		
	$L \leqslant 40m$	$40m < L \leqslant 80m$	$L > 80m$
120km/h	$L/1350$	$L/1100$	$L/1100$

(2)计算结果

根据第4章桥梁挠曲变形引起道床板应力计算方法及公式,计算的道床板的弯矩和应力结果见表6.30。

桥梁挠曲变形对道床板的挠曲弯矩和应力 表6.30

计算梁型	竖向挠度限值	弯矩(kN·m/m)	应力(MPa)
30m简支梁	$L/1350$	18.72	1.01
35m简支梁	$L/1350$	16.05	0.87
40m简支梁	$L/1350$	14.04	0.76

可见对于不同跨度的简支梁,30m简支梁所受的桥梁挠曲变形应力最大,应作为控制梁型进行设计。

6.8.5 荷载组合

对于市域铁路桥上橡胶隔振垫减振型双块式无砟轨道的承载能力强度检算,计算结果见表6.31。

桥梁地段道床板荷载组合计算结果(单位:MPa) 表6.31

荷载组合	纵向拉应力		横向拉应力	
	板底	板顶	板底	板顶
荷载组合Ⅰ	10.441	7.033	7.653	4.403
荷载组合Ⅱ	9.141	5.733	7.203	3.953

桥梁地段道床板的荷载组合结果表明,应采用荷载组合Ⅰ控制配筋计算。

6.8.6 配筋设计

根据道床板荷载组合Ⅰ,采用《铁路桥涵混凝土结构设规范》(TB 10092—2017)对市域铁路桥上橡胶隔振垫减振型双块式无砟轨道道床板进行结构配筋计算,道床板按裂缝宽度控制计算所需配筋,不同裂缝宽度、不同钢筋直径的计算配筋结果见表6.32。

道床板的配筋计算结果 表6.32

位置	直径 d(mm)	0.2mm			0.33mm			0.5mm		
		ρ_{te}	面积 A_s	根数 n	ρ_{te}	面积 A_s	根数 n	ρ_{te}	面积 A_s	根数 n
纵向顶面	16	0.002316	2270	11.3	12	0.001484	1454	7.2	8	0.000864	846	4.2	5
	18	0.002606	2554	10.0	11	0.001670	1636	6.4	7	0.000971	952	3.7	4
	20	0.002895	2837	9.0	9	0.001855	1818	5.8	6	90.001079	1058	3.4	4
纵向底面	16	0.003136	3074	15.3	16	0.001982	1942	9.7	10	0.001142	1119	5.6	6
	18	0.003528	3458	13.6	14	0.002230	2185	8.6	9	0.001284	1259	4.9	5
	20	0.003920	3842	12.2	13	0.002478	2428	7.7	8	0.001427	1399	4.5	5
横向顶面	14	0.000663	151	1.0	1	0.000434	99	0.6	1	0.000256	58	0.4	1
	16	0.000757	172	0.9	1	0.000496	113	0.6	1	0.000293	67	0.3	1
	18	0.000852	194	0.8	1	0.000558	127	0.5	1	0.000330	75	0.3	1
横向底面	14	0.001068	243	1.6	2	0.000695	158	1.0	2	0.000409	93	0.6	1
	16	0.001221	278	1.4	2	0.000794	181	0.9	1	0.000468	106	0.5	1
	18	0.001373	312	1.2	2	0.000894	203	0.8	1	0.000526	120	0.5	1

注:表中纵向配筋数量是指道床板宽度范围内需要配筋的数量,横向配筋数量是指道床板横向两轨枕范围内需要配筋的数量。

温州市域铁路 S1 线桥上橡胶隔振垫减振型双块式无砟轨道配筋按裂纹宽度 0.2mm 设计，纵向采用直径为 20mm 的 HRB400 钢筋，横向采用直径为 16mm 的 HRB400 钢筋，道床板配筋数量见表 6.33。道床板配筋纵断面图如图 6.93 所示，横断面图如图 6.94 所示。温州市域铁路 S1 线桥上橡胶隔振垫减振型双块式无砟轨道如图 6.95 所示。

道床板配筋数量　　　　　　　表 6.33

项　　目	纵向钢筋			横向钢筋（一个轨枕间距内）		
	上层	中层	下层	上层	中层	下层
钢筋 HRB400	9φ20	28φ20	28φ20	26φ16	36φ16	36φ16
保护层厚度(mm)	35	—	35	50	—	50

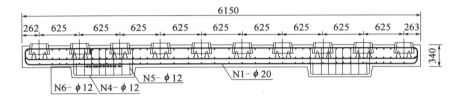

图 6.93　道床板配筋纵断面图（尺寸单位：mm）

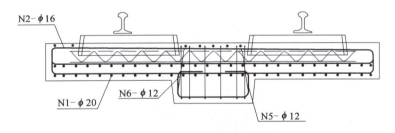

图 6.94　道床板配筋横断面图（尺寸单位：mm）

图 6.95　温州市域铁路 S1 线桥上橡胶隔振垫减振型双块式无砟轨道

第7章　市域铁路轨道减振测试及效果评估

根据环境影响评估报告和沿线物业开发的要求,温州市域铁路 S1 线采用了两种轨道减振措施:双层非线性减振扣件和橡胶隔振垫无砟轨道。为了评估轨道减振措施的减振效果,2018 年 11 月~12 月温州市域铁路 S1 线试运营期间开展了两种减振轨道减振性能现场实车测试及效果评估。

7.1　减振设计概况

7.1.1　减振扣件

温州市域铁路 S1 线设计速度为 120km/h,动车组轴重为 17t,经技术经济比较全线采用 WJ-7B 扣件。根据环境保护和下阶段物业开发的要求,中等减振地段长度约为 24.416km/双线,温州市域铁路自主研发了市域铁路双层非线性减振扣件,如图 7.1 所示。环境影响评估报告要求相对 WJ-7B 型扣件,减振效果为 3~5dB。从减少钢轨波磨和养护维修的角度,要求钢轨垂向动态位移量<1.5mm。为了验证双层非线性减振扣件的减振效果和动态位移,开展市域铁路动车组现场实车动力性能试验是非常必要的。

图 7.1　双层非线性减振扣件

7.1.2　桥上橡胶隔振垫减振无砟轨道

温州市域铁路 S1 线高等减振地段采用了橡胶隔振垫无砟轨道,橡胶隔振垫无砟轨道铺设总长度为 8.535km/双线,其中轨道高度为 780mm(图 7.2)地段长度为 4.415km/双线,隔振垫层静力地基模量为 $(0.019±0.003)$ N/mm³;轨道高度为 610mm(图 7.3)地段长度为 4.120km/双线,隔振垫层静力地基模量为 $(0.025±0.003)$ N/mm³。非减振地段铺设双块式无砟轨道,轨道高度为 560mm,典型断面如图 7.4 所示。

第 7 章 市域铁路轨道减振测试及效果评估

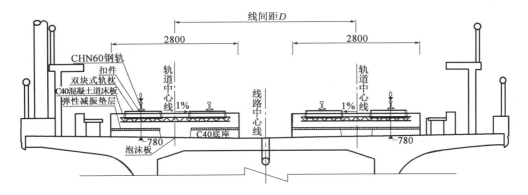

图 7.2 轨道高度为 780mm 的橡胶隔振垫道床横断面图

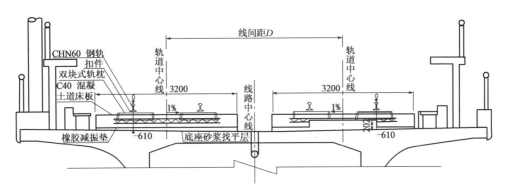

图 7.3 轨道高度为 610mm 的橡胶隔振垫道床横断面图

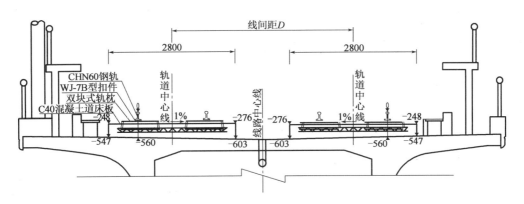

图 7.4 非减振地段双块式无砟轨道横断面图

7.2 减振扣件减振测试及效果评估

7.2.1 测试目的

通过钢轨、道床动态位移测试，掌握铺设双层非线性扣件对轨道变形的影响。分别测试减振扣件与非减振地段梁面垂向振动加速度，分析桥面铅垂向加速度 1/3 倍频程分频振级，对比减振扣件与非减振地段梁面垂向 Z 振级，评价减振扣件的减振效果。

7.2.2　测试工况

由于温州市域 S1 线高架地段占比较大,桥隧比为 94.34%,并且减振扣件主要应用在高架地段,因此针对高架线路进行测试,试验列车为温州市域动车组,分别选取直线地段和曲线地段的非减振轨道和减振扣件轨道进行测试,测试工况见表 7.1。

测试工况　　　　　　　　　　　　　　　　表 7.1

工况	实测断面里程	轨道类型	曲线半径	实测行车速度（km/h）	区间	行别
直线工况	DK1+800	非减振轨道	直线	99.3	桐岭—潘桥	下行
	DK4+670	减振扣件	直线	107.9	潘桥—温州南	下行
曲线工况	DK8+250	非减振轨道	曲线（R700）	104.3	温州南—新桥	上行
	DK12+805	减振扣件	曲线（R700）	105.6	新桥—德政路	下行

7.2.3　测试内容

测试内容主要为市域动车组通过减振扣件地段和非减振扣件地段时,轨道动态位移和轨道结构垂向振动加速度。具体包括以下项目:

(1)轨道结构动态位移

①钢轨垂向和横向位移(钢轨与道床板的相对位移)。

②道床板垂向位移(道床板相对桥面的位移)。

(2)轨道结构振动加速度

①钢轨加速度。

②道床板加速度。

③桥梁梁面加速度。

7.2.4　测点布置

列车作用于桥上轨道时所引起的结构振动都要经过桥墩传递至地层,再由地层进一步向周围传播。减振扣件测点设在简支梁梁端,主要对桥墩处桥面板的振动情况进行测试,具体为靠近桥梁梁缝的第 2 组与第 3 组扣件之间的位置,如图 7.5 所示。

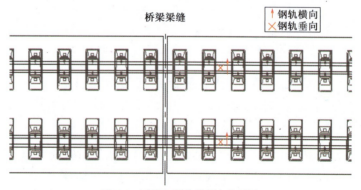

图 7.5　减振扣件位移测点布置图

钢轨垂向加速度测点置于钢轨轨底,横向加速度测点置于钢轨轨腰,道床板加速度测点置于道床板外侧板边。桥面板振动加速度测点参照《浮置板轨道技术规范》(CJJ/T 191—2012)中针对高架线路测点的规定"测点应布置在紧邻浮置板轨道一侧的桥面,距离轨道中心线 1.5m±0.25m",桥面板振动加速度测点置于距离道床板内侧边缘 15~20cm 的位置,如图 7.6 所示。

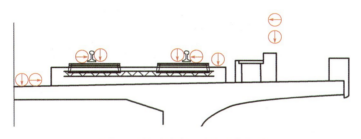

图 7.6 减振扣件加速度测点布置图

7.2.5 测试设备及传感器安装

(1)轨道动态位移测试采用电阻式位移计

现场安装时,位移传感器选用电阻式位移计,精度为 0.01mm,位移传感器安装于万向磁座,万向磁座固定黏结在道床或者桥面板表面的铁片上,如图 7.7 所示。

(2)加速度测试采用压电式加速度传感器

加速度传感器选用 INV982X 系列压电式加速度传感器和 LC01 系列压电式加速度传感,加速度传感器通过磁座吸附于钢轨地面或黏结于道床、桥面的铁片上,如图 7.8 所示。

图 7.7 钢轨位移传感器的安装图

图 7.8 加速度传感器安装及连接线固定

(3)数据采集系统

数据采集采用 INV3060V 型采集分析仪,采集仪固定于防水的配电箱内,配电箱通过铁丝固定于桥两侧的栏杆上,如图 7.9 所示。由于同一测试断面的结构位移和振动同时在一个采集仪上进行采集,为了满足测试钢轨高频振动的需求,本次测试的采样频率取为 2560Hz。

图 7.9　数据采集仪

7.2.6　环境振动的基本评价量、评价方法和评估标准

（1）测试的振动参数（物理量）

振动参数为振动（质点）位移、加速度及频谱分析。

（2）环境振动的基本评价量

描述振动强度的物理量有位移、质点速度、加速度等。在研究振动对建筑物和机械结构的影响时，常采用位移或质点速度表示；在涉及影响人体的振动问题和环境振动中，常用加速度表明振动的大小，这是因为振动对人体的影响实际上是振动能量转换的结果，而加速度的有效值（RMS）能较好地反映这种情况。

①振动加速度级

国内外有关环境振动的标准一般采用振动加速度级来代替。根据国家标准《城市区域环境振动测量方法》（GB 10071—1988）中的规定，振动加速度级按式（7.1）计算。

$$VAL = 20\lg \frac{a}{a_0} \tag{7.1}$$

式中：a——振动加速度有效值（m/s²）；

a_0——基准加速度（m/s²），$a_0 = 10^{-6}$ m/s²。

②Z 振级 V_{LZ}

按 ISO2631/1 规定的全身振动 Z 计权因子修正后得到的振动加速度级，记为 V_{LZ}，单位为分贝（dB）。4～200Hz 频率范围铅垂向振动加速度级按《机械振动和冲击——人体处于全身振动的评估　第一部分：一般要求》（ISO 2631/1—1997）规定的 1/3 倍频程中心频率的全身振动 Z 计权因子修正后得到的各中心频率的振动加速度级（简称分频振级，V_{LZ}）确定。根据大量调查和分析，参照有关国家的评价方法，我国环境振动采用铅垂向 Z 振级（V_{LZ}）作为基础评价量。

（3）减振效果评估方法

采用《浮置板道床技术规范》（CJJ/T 191—2012）规定的评价方法，在 4～200Hz 频率范围内进行分析，以减振轨道与非减振轨道桥面铅垂向加速度 1/3 倍频程分频振级的均方根差值 $\Delta V_{L,a}$ 作为轨道减振效果评价指标，其中计权处理采用《机械振动和冲击——人体处于全身振动的评价　第一部分：一般要求》（ISO 2631/1—1997）规定的 Z 计权因子。

评价指标 $\Delta V_{L,a}$ 的计算公式如下：

$$\Delta V_{L,a} = 10\lg\left(\sum_{i=1}^{n} 10^{\frac{V_{L,q(i)}}{10}}\right) - 10\lg\left(\sum_{i=1}^{n} 10^{\frac{V_{L,h(i)}}{10}}\right) \tag{7.2}$$

式中：$V_{L,q(i)}$——非减振轨道，桥面铅垂向加速度在1/3倍频程第i个中心频率处的分频振级(dB)；

$V_{L,h(i)}$——减振轨道，桥面铅垂向加速度在1/3倍频程第i个中心频率处的分频振级(dB)。

为了数据处理和分析的便利，将 $\Delta V_{L,a}$ 的计算公式进一步写为：

$$\Delta V_{L,a} = \Delta V_{L,q} - \Delta V_{L,h} \tag{7.3}$$

7.2.7 测试结果分析

(1) 测试数据预处理

在振动测试的过程中，不可避免地存在各种干扰，例如放大器随温度变化产生的零点漂移、传感器频率范围外低频性能的不稳定以及传感器周围环境的干扰，测试数据往往会偏离基线，甚至偏离基线的大小还会随时间变化，即测试数据存在趋势项。另外，测试过程中，由数据采集仪器采样得到的振动信号数据往往叠加有噪声信号，噪声信号中除了有50Hz的工频及其倍数频程等周期性的干扰信号外，还有不规则的随机干扰信号。由于随机干扰信号的频带较宽，有时高频成分占比很大，使得采集得到的离散数据的振动曲线呈现很多毛刺，很不光滑，需要对振动数据进行平滑处理。

①剔除异常值

对异常值进行剔除时需要设置置信水平以确定置信限度，测试数据中凡是超过该限度的数据都视为异常值，直接剔除。采用拉依达方法进行异常值剔除，其主要原理是如果测试数据与平均值之差大于标准偏差的3倍，则予以剔除，按式(7.4)计算。

$$|x_i - \bar{x}| > 3S_x \tag{7.4}$$

式中：x_i——样本；

$\bar{x}$——样本均值，$\bar{x} = \frac{1}{n}\sum_{i=1}^{n} x_i$；

S_x——样本的标准偏差，$S_x = \left[\frac{1}{n-1}\sum_{i=1}^{n}(x_i - \bar{x})^2\right]^{\frac{1}{2}}$。

②剔除趋势项

采用最小二乘法，在最小平方差意义上获得测试数据最佳拟合的数学模型参数，该数学模型可以为线性方程，也可以为非线性高阶多项式方程，然后从测试数据中减去该数学模型即可消除趋势项。其基本原理如下：

实测振动信号的采样数据为 $\{x_k\}$ ($k = 1,2,3,\cdots,n$)，假定采用m阶多项式$\hat{x}_k$来拟合测试数据，见式(7.5)。

$$\hat{x}_k = a_0 + a_1 k + a_2 k^2 + \cdots + a_m k^m \quad (k = 1,2,3,\cdots,n) \tag{7.5}$$

根据最小二乘法原理,选择最合适的多项式系数 $a_0, a_1, a_2, \cdots, a_m$,使得 $\hat{x}_k$ 与 x_k 差值的平方和最小,即:

$$E = \sum_{k=1}^{n}(\hat{x}_k - x_k)^2 = \sum_{k=1}^{n}\left(\sum_{j=0}^{m} a_j k^j - x_k\right)^2 \tag{7.6}$$

为了使 E 存在极值,E 对 $a_i(i = 0,1,\cdots,m)$ 的偏导数需为零,依次取 E 对 $a_i(i = 0,1,\cdots,m)$ 求偏导,可以产生一个 $m+1$ 元线性方程组,求解方程组可得 $m+1$ 个待定系数 $a_i(i = 0,1,\cdots,m)$。消除趋势项的计算公式为:

$$y_k = x_k - \hat{x}_k = x_k - \sum_{j=0}^{m} a_j k^j \quad (k = 1,2,3,\cdots,n) \tag{7.7}$$

在实际振动信号数据处理中,通常取 $m = 1 \sim 3$ 来对采样数据进行多项式趋势项消除的处理。通过对测试数据的分析发现,某些存在趋势项的测试数据多为线性倾斜或抛物线倾斜,因此采用 $m = 1$ 或 2 来消除趋势项。

(2)钢轨和道床动态位移分析

①直线地段测试结果

列车通过 DK1+800(非减振轨道)、DK4+670(减振扣件)两个断面的轨道动态位移曲线如图 7.10、图 7.11 所示。

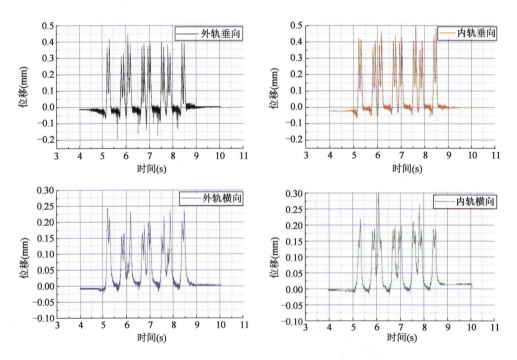

图 7.10 DK1+800 断面(非减振轨道)钢轨动态位移曲线

21 组测试样本的钢轨动态位移幅值统计结果见表 7.2。

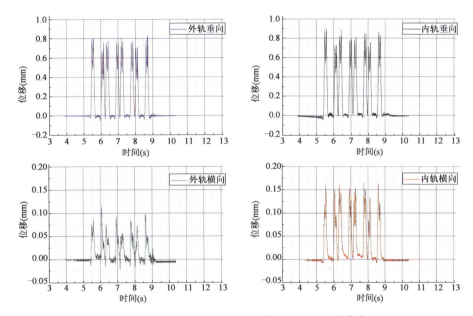

图 7.11 DK4+670 断面(减振扣件)钢轨动态位移曲线

直线地段钢轨位移幅值统计(单位:mm)　　表 7.2

序号	DK1+800(非减振轨道)				DK4+670(减振扣件)			
	外轨垂移	外轨横移	内轨垂移	内轨横移	外轨垂移	外轨横移	内轨垂移	内轨横移
1	0.44	0.23	0.48	0.18	0.80	0.10	0.88	0.16
2	0.40	0.27	0.47	0.24	0.83	0.14	0.88	0.16
3	0.43	0.24	0.48	0.30	0.82	0.11	0.88	0.16
4	0.42	0.23	0.47	0.24	0.82	0.11	0.90	0.19
5	0.41	0.21	0.48	0.24	0.81	0.12	0.86	0.19
6	0.42	0.21	0.48	0.23	0.82	0.16	0.86	0.16
7	0.41	0.24	0.47	0.24	0.81	0.13	0.88	0.18
8	0.44	0.24	0.50	0.26	0.81	0.18	0.91	0.24
9	0.43	0.24	0.51	0.30	0.82	0.16	0.94	0.18
10	0.43	0.21	0.50	0.25	0.81	0.13	0.89	0.20
11	0.43	0.24	0.56	0.29	0.82	0.12	0.91	0.16
12	0.41	0.26	0.50	0.28	0.81	0.12	0.89	0.17
13	0.41	0.25	0.49	0.28	0.80	0.17	0.93	0.22
14	0.44	0.22	0.49	0.26	0.82	0.12	0.87	0.22
15	0.47	0.23	0.51	0.25	0.83	0.13	0.93	0.18
16	0.47	0.23	0.51	0.25	0.82	0.16	0.87	0.21
17	0.44	0.25	0.56	0.27	0.80	0.15	0.91	0.20
18	0.42	0.26	0.50	0.31	0.84	0.14	0.89	0.20
19	0.43	0.25	0.50	0.23	0.81	0.15	0.92	0.20
20	0.45	0.22	0.50	0.27	0.84	0.13	0.95	0.18
平均值	0.43	0.24	0.50	0.26	0.82	0.14	0.90	0.19

DK1+800 测点(非减振轨道)位移分布如图 7.12 所示,DK4+670 测点(减振扣件)位移分布如图 7.13 所示。

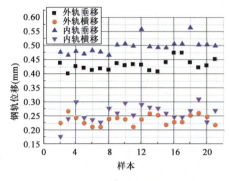

图 7.12　DK1+800 非减振轨道钢轨位移

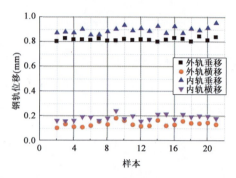

图 7.13　DK4+670 减振扣件钢轨位移

对于 DK1+800、DK4+670 两个直线地段的测试断面,非减振轨道钢轨垂向位移不超过 0.6mm,横向位移不超过 0.35mm;减振扣件钢轨垂向位移最大不超过 1mm,横向位移不超过 0.3mm。减振扣件钢轨垂向位移小于 1.5mm,满足减振扣件设计技术的要求。

DK1+800(非减振轨道)、DK4+670(减振扣件)两个断面轨道动态位移的对比情况如图 7.14 所示。

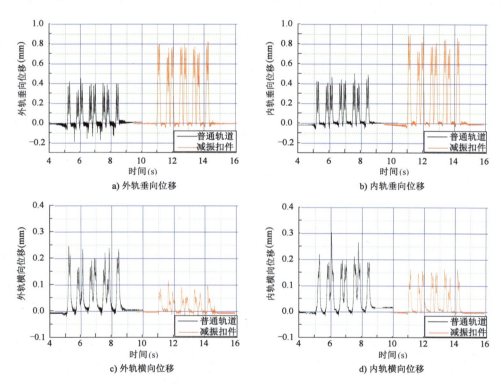

图 7.14　轨道动态位移对比图

从图 7.14 可以看出,减振扣件地段与非减振轨道地段相比,钢轨的垂向动态位移大幅增加,外轨垂向位移幅值从 0.43mm 增加到 0.82mm,内轨垂向位移幅值从 0.5mm 增加到

0.9mm。测试结果表明减振扣件的钢轨垂向位移比非减振轨道地段大。

②曲线地段测试结果

列车通过 DK8+250(非减振轨道)、DK12+805(减振扣件)两个断面的轨道动态位移曲线如图 7.15、图 7.16 所示。

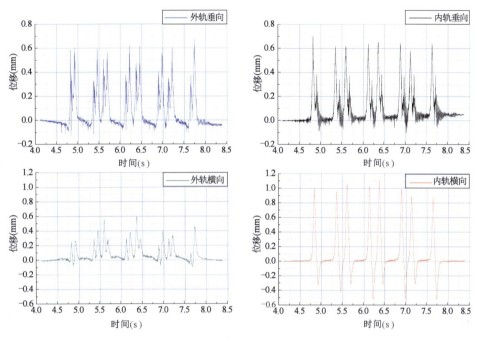

图 7.15　DK8+250(非减振轨道)断面轨道动态位移曲线

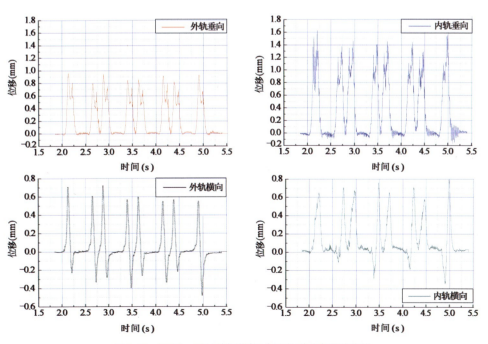

图 7.16　DK12+805(减振扣件)断面轨道动态位移曲线

20 组测试样本的钢轨动态位移幅值统计结果见表 7.3。

曲线地段钢轨位移幅值统计(单位:mm)　　　表 7.3

序号	DK8+250(非减振轨道)				DK12+805(减振扣件)			
	外轨垂移	外轨横移	内轨垂移	内轨横移	外轨垂移	外轨横移	内轨垂移	内轨横移
1	—	0.56	0.85	1.30	0.99	0.79	1.62	0.62
2	0.76	0.72	0.68	1.11	1.00	0.75	1.57	0.64
3	0.80	0.59	0.68	1.11	0.95	0.73	1.62	0.79
4	0.64	0.59	0.71	1.19	0.99	0.83	1.47	0.66
5	0.68	0.67	0.62	1.05	1.02	0.91	1.55	0.73
6	0.61	0.41	0.72	1.16	1.02	0.84	1.56	0.71
7	0.61	0.67	0.65	1.01	0.97	0.72	1.45	0.62
8	0.60	0.47	0.54	0.85	0.99	0.70	1.58	0.76
9	0.48	0.31	0.53	0.66	0.98	0.74	1.55	0.66
10	0.68	0.78	0.68	1.19	1.03	0.85	1.49	0.72
11	—	0.45	0.66	1.02	0.96	0.73	1.55	0.80
12	—	0.73	0.62	1.02	0.92	0.68	1.58	0.72
13	—	0.29	0.54	0.63	0.94	0.73	1.58	0.76
14	—	0.38	0.52	0.94	0.93	0.75	1.54	0.71
15	—	0.21	0.50	0.57	0.89	0.78	1.59	0.75
16	—	0.31	0.48	0.50	0.96	0.85	1.50	0.78
17	—	0.26	0.51	0.51	0.95	0.86	1.53	0.83
18	—	0.45	0.63	0.95	0.91	0.82	1.53	0.75
19	—	0.20	0.48	0.53	0.94	0.83	1.56	0.93
20	—	0.29	0.43	0.41	0.94	0.94	1.53	0.71
平均值	0.65	0.47	0.60	0.87	0.96	0.79	1.55	0.73

DK8+250 测点(非减振轨道)位移分布如图 7.17 所示,DK12+805 测点(减振扣件)位移分布如图 7.18 所示。

从图 7.17 中可以看出,曲线地段非减振轨道(DK23+100)钢轨垂向位移最大不超过 1mm,并且内轨、外轨的垂向动态变形量相当,垂向位移值平均值的差值仅为 0.05mm。曲线地段非减振轨道钢轨横向位移平均值不超过 0.9mm,但是钢轨横移离散性较大,外轨横移最大值为 0.72mm,最小值为 0.36mm,内轨横移最大值为 1.3mm,最小值仅为 0.4mm。

从图 7.18 可以看出,曲线减振扣件地段(DK23+255)钢轨垂向位移最大不超过 1.7mm,并且内、外轨垂向位移幅值相差较大,外轨垂移平均值为 0.96mm,内轨垂移平均值为 1.55mm,约为外轨垂移平均值的 1.6 倍。曲线减振扣件地段内、外轨的横向动态变形量差异较小,内、外轨横移最大值均不超过 1mm,横移平均值为 0.75mm 左右。

曲线地段 DK8+250(非减振轨道)、DK12+805(减振扣件)两个断面轨道动态位移的对比情况如图 7.19 所示。

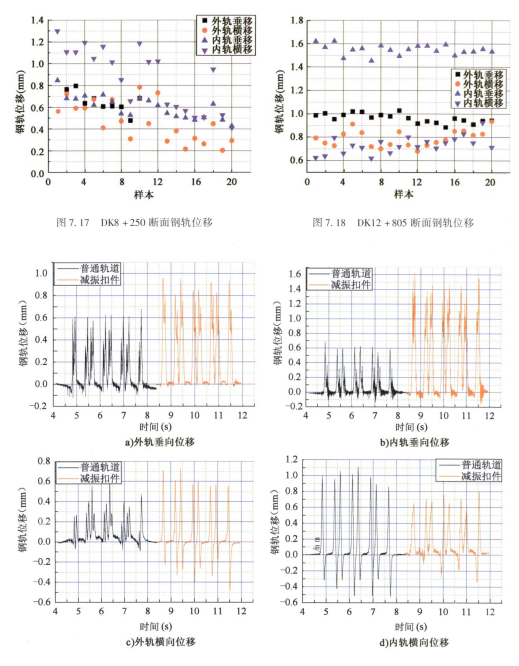

图 7.17　DK8+250 断面钢轨位移　　　图 7.18　DK12+805 断面钢轨位移

图 7.19　轨道动态位移对比图

从图 7.19 可以看出，减振扣件轨道与非减振轨道相比，外轨垂向位移幅值从 0.65mm 增加到 0.96mm，内轨垂向位移值从 0.60mm 增加到 1.55mm。测试结果表明减振扣件的钢轨垂向位移比非减振轨道地段大。

(3)减振效果分析

①直线地段减振效果分析

根据《浮置板道床技术规范》(CJJ/T 191—2012)规定的评价方法,振动量级评价指标采用式(7.2)和式(7.3)计算减振轨道与非减振轨道桥面铅垂向加速度1/3倍频程分频振级的均方根差值 $\Delta V_{L,a}$,即铅垂向Z振级的差值。

直线地段非减振轨道和减振扣件各20组数据样本的桥面铅垂向加速度1/3倍频分频振级如图7.20、图7.21所示,各样本铅垂向Z振级及平均值见表7.4。

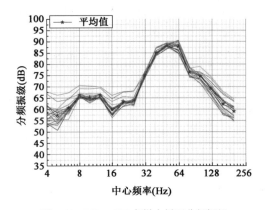

图7.20 DK1+800各样本桥面分频振级　　　图7.21 DK4+670各样本桥面分频振级

直线地段减振与非减振桥面铅垂向 Z 振级　　　表7.4

样本序号	非减振轨道桥面 DK1+800		减振扣件轨道桥面 DK4+670	
	振级(dB)	速度(km/h)	振级(dB)	速度(km/h)
1	93.9	100.4	86.53	106.95
2	93.2	98.8	87.17	95.53
3	93.4	104.3	88.24	101.20
4	95.9	107.3	89.91	107.11
5	93.8	98.2	90.64	95.60
6	94.2	100.5	89.21	106.64
7	94.7	99.4	87.24	96.74
8	95.8	104.9	87.22	107.35
9	94.8	107.1	87.78	106.25
10	95.6	97.1	95.00	106.33
11	96.2	105.3	—	—
12	93.7	101.7	91.82	95.41
13	93.1	102.1	88.30	102.20
14	94.0	104.5	88.24	106.72
15	96.0	105.4	87.95	101.13
16	96.0	105.4	87.11	106.40

续上表

样本序号	非减振轨道桥面 DK1+800		减振扣件轨道桥面 DK4+670	
	振级(dB)	速度(km/h)	振级(dB)	速度(km/h)
17	94.6	99.5	90.39	95.85
18	93.3	102.1	86.86	107.19
19	95.2	101.1	95.25	106.88
20	93.5	95.2	—	—
平均值	94.5	102.2	89.2	102.3

对直线地段减振扣件轨道与非减振轨道各20组数据样本进行分析,列车通过减振扣件地段速度平均值为102.3km/h时,桥面垂向Z振级平均值为89.2dB;列车通过非减振轨道地段速度平均值为102.2km/h时,桥面垂向Z振级平均值为94.5dB。计算得到直线地段减振扣件的减振效果为5.3dB,减振效果统计结果见表7.5。

直线地段减振扣件减振效果　　　　表7.5

实测断面里程	轨道类型	实测行车速度(km/h)	区间	行别	垂向Z振级均值(dB)	减振效果(dB)
DK1+800	非减振轨道	102.2	桐岭—潘桥	下行	94.5	5.3
DK4+670	减振扣件	102.3	潘桥—温州南	下行	89.2	

对直线地段减振扣件(DK4+670)与非减振轨道(DK1+800)各样本分别求其在频率4~200Hz范围内1/3倍频分频振级的平均值,得到减振扣件(DK4+670)与非减振轨道(DK1+800)分频振级对比,如图7.22所示。

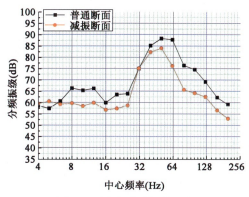

图7.22　直线地段减振与非减振桥面分频振级对比

可知,直线地段减振扣件轨道与非减振轨道相比,在频率4~32Hz范围内,减振扣件轨道的分频振级大于非减振轨道的分频振级,即在该频率范围内减振扣件振动放大;在频率32Hz以上,减振扣件轨道的分频振级小于非减振轨道的分频振级,减振扣件减振作用明显。

②曲线地段减振效果分析

曲线地段非减振轨道(DK8+250)与减振扣件轨道(DK12+805)各20组数据样本的桥面铅垂向加速度1/3倍频分频振级如图7.23、图7.24所示。各样本铅垂向Z振级及平均值见表7.6。

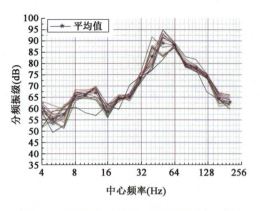
图7.23 非减振轨道(DK8+250)桥面分频振级

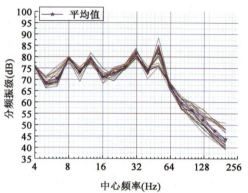
图7.24 减振扣件(DK12+805)桥面分频振级

曲线地段减振扣件与非减振轨道桥面铅垂向 Z 振级　　　表7.6

样本序号	DK8+250 非减振轨道桥面		DK12+805 减振扣件桥面	
	振级(dB)	速度(km/h)	振级(dB)	速度(km/h)
1	—	—	88.0	102.7
2	94.8	106.8	89.2	105.4
3	94.8	106.7	90.6	108.6
4	92.1	95.7	89.6	104.2
5	94.7	101.8	89.6	104.1
6	91.8	97.8	88.6	103.3
7	—	—	87.2	101.8
8	96.6	112.3	89.1	106.2
9	—	—	86.8	98.0
10	91.7	91.1	87.4	103.5
11	94.5	104.9	89.0	107.0
12	96.2	93.5	88.7	107.4
13	—	—	88.8	105.1
14	93.9	88.9	87.0	103.2
15	—	—	88.4	105.9
16	94.3	105.3	87.6	103.5
17	93.7	88.7	88.3	107.0
18	94.9	107.2	87.6	103.7
19	—	—	88.3	106.2
20	94.6	108.2	87.8	101.6
平均值	94.5	103.7	88.4	104.4

对曲线地段减振扣件轨道与非减振轨道各20组数据样本进行分析,列车通过减振扣件测试断面速度平均值为104.4km/h时,桥面处垂向 Z 振级平均值为88.4dB;非减振轨道列车通过速度平均值为103.7km/h时,桥面铅垂向 Z 振级平均值为94.3dB。计算得到曲线地段的减振效果为5.9dB,减振效果统计结果见表7.7。

曲线地段减振效果统计　　　　　表7.7

实测断面里程	轨道类型	曲线半径	实测行车速度（km/h）	区间	行别	铅垂向振级（dB）	减振效果（dB）
DK8+250	非减振	曲线（R700）	103.7	温州南—新桥	上行	94.3	5.9
DK12+805	减振扣件	曲线（R700）	104.4	新桥—德政路	下行	88.4	

对曲线地段减振扣件20组数据样本的分频振级与非减振轨道分频振级进行分析,分别求取其在频率4～200Hz范围内的1/3倍频分频振级的平均值,得到减振扣件与非减振轨道分频振级对比图,如图7.25所示。

可知,曲线地段减振扣件轨道与非减振轨道相比,在频率4～32Hz范围内,减振扣件轨道的分频振级大于非减振轨道的分频振级,即在该频率范围内减振扣件减振放大;在频率32Hz以上,减振扣件轨道的分频振级小于非减振轨道的分频振级,减振扣件减振作用明显。

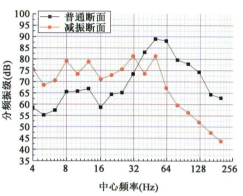

图7.25 曲线地段减振扣件与非减振轨道桥面分频振级对比

7.2.8 测试结论

通过对高架桥上直线地段与曲线地段、非减振轨道和双层非线性减振扣件轨道变形及振动进行测试,得到如下结论:

(1)轨道动态位移方面,直线地段钢轨横向位移和垂向位移都较小,直线地段非减振轨道钢轨垂向位移不超过0.6mm,横向位移不超过0.35mm;直线地段减振扣件钢轨垂向位移最大不超过1mm,横向位移不超过0.3mm;曲线非减振钢轨垂向位移最大不超过1mm,钢轨横向位移平均值不超过0.9mm;曲线减振扣件外轨垂向位移平均值为0.96mm,内轨垂向位移平均值为1.55mm,内、外轨横移最大值均不超过1mm,横移平均值为0.75mm左右。

(2)减振效果方面,在行车速度为102km/h左右的直线地段,双层非线性减振扣件的减振效果为5.3dB;在行车速度为104km/h左右的曲线地段,其减振效果为5.9dB。双层非线性减振扣件在频率范围大于32Hz时有减振效果。

7.3 桥上橡胶隔振垫无砟轨道振动测试及效果评估

7.3.1 测试目的

通过钢轨、道床动态位移测试,掌握铺设橡胶隔振垫无砟轨道对轨道变形的影响。分别测试减振地段与非减振地段梁面垂向振动加速度,分析桥面铅垂向加速度1/3倍频程分频振级,对比减振地段与非减振地段梁面垂向Z振级,评价减振扣件的减振效果。

7.3.2 测试工况

测试工点全部位于高架桥上,选取曲线地段轨道高度为610mm的橡胶隔振垫无砟轨道、直线地段轨道高度为780mm的橡胶隔振垫无砟轨道、曲线地段轨道高度为780mm橡胶隔振垫无砟轨道三种工况开展现场测试,分别与三个非减振无砟轨道测点进行对比分析,测试工点见表7.8。

测试工点 表7.8

轨道高度	实测断面里程	非减振/减振	线路条件	行车速度(km/h)	区间	线别
610mm	DK3+500	非减振	曲线(R1400)	108.3	潘桥—温州南	上行
	DK8+900	橡胶隔振垫	曲线(R700)	107	温州南—新桥	下行
780mm	DK1+800	非减振	直线	99.3	桐岭—潘桥	下行
	DK19+230	橡胶隔振垫	直线	103.7	府东路—上江路	下行
	DK3+500	非减振	曲线(R1400)	108.3	潘桥—温州南	上行
	DK10+210	橡胶隔振垫	曲线(R1400)	107.2	温州南—新桥	上行

7.3.3 测试内容

测试内容主要为市域动车组通过时橡胶隔振垫无砟轨道地段和非减振无砟轨道地段轨道动态位移和轨道垂向振动加速度。具体包括以下项目:

(1)轨道动态位移

①钢轨垂向和横向位移(钢轨与道床板的相对位移)。

②道床板垂向位移(道床板相对桥面板的位移)。

(2)轨道振动加速度

①钢轨加速度。

②道床板加速度。

③桥梁梁面加速度。

7.3.4 测点布置

(1)位移测点

钢轨、道床的垂向位移以向下为正,横向位移以指向轨道中心线方向为正。位移测点布置如图7.26所示。

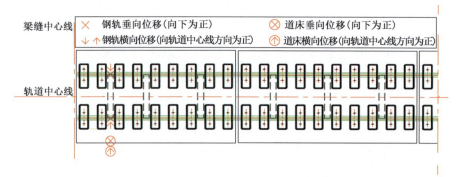

图7.26 橡胶隔振垫位移测点布置图

(2)加速度测点

钢轨垂向加速度测点置于钢轨轨底,横向加速度测点置于钢轨轨腰。道床板加速度测点置于道床板外侧板边。桥梁振动加速度测点参照《浮置板轨道技术规范》(JJ/T 191—2012)中针对高架线路测点的规定"测点应布置在紧邻浮置板轨道一侧的桥面,距离轨道中心线 1.5m ±0.25m",置于距离道床板内侧边缘 15~20cm 的位置,如图 7.27 所示。

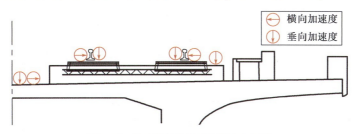

图 7.27 橡胶隔振垫加速度测点布置图

7.3.5 测试结果分析

采用的测试设备及传感器安装方法同本章第 7.2.5 节。橡胶隔振垫无砟轨道环境振动的评估方法同本章第 7.2.6 节。根据本章第 7.2.7 节测试数据预处理方法剔除异常值、消除趋势项预处理,以下分析结果均基于经预处理后的数据获得。

(1) 钢轨和道床动态位移分析

①曲线地段轨道高度为 610mm 的橡胶隔振垫无砟轨道

列车通过 DK3+500(非减振轨道)、DK8+900(轨道高度为 610mm 的橡胶隔振垫无砟轨道)两个断面的钢轨、道床动态位移曲线如图 7.28、图 7.29 所示。

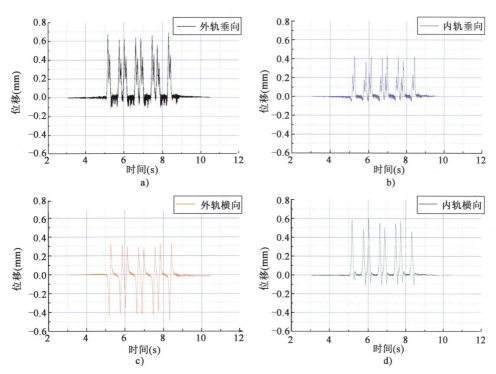

图 7.28 DK3+500 断面(非减振轨道)钢轨动态位移曲线

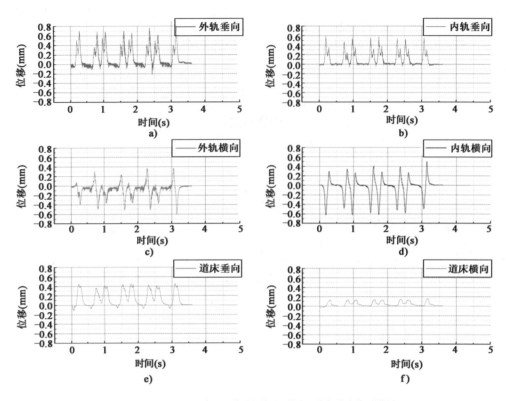

图 7.29 DK8+900 断面(橡胶隔振垫道床)道床动态位移曲线

取 20 组数据样本进行分析,钢轨、道床动态位移最大值的统计结果见表 7.9 以及图 7.30、图 7.31。

钢轨、道床动态位移最大值统计表(单位:mm)　　　　　表 7.9

序号	DK3+500(非减振轨道)						DK8+900 断面(橡胶隔振垫道床)							
	外轨垂移	外轨横移	内轨垂移	内轨横移	外轨垂移	内轨垂移	外轨垂移	外轨横移	内轨垂移	内轨横移	道床垂移	道床横移	外轨垂移	内轨垂移
	相对道床				相对桥面		相对道床						相对桥面	
1	0.69	0.46	0.45	0.61	0.69	0.45	0.74	0.49	0.59	0.63	0.46	0.15	1.20	1.05
2	0.65	0.40	0.48	0.58	0.65	0.48	0.78	0.50	0.62	0.66	0.47	0.16	1.25	1.09
3	0.69	0.49	0.44	0.60	0.69	0.44	0.80	0.59	0.60	0.63	0.45	0.16	1.25	1.05
4	0.68	0.54	0.44	0.59	0.68	0.44	0.78	0.59	0.61	0.79	0.47	0.17	1.25	1.08
5	0.69	0.51	0.57	0.60	0.69	0.57	0.83	0.68	0.60	0.67	0.48	0.17	1.31	1.08
6	0.62	0.41	0.48	0.55	0.62	0.48	0.81	0.66	0.60	0.64	0.48	0.16	1.29	1.08
7	0.67	0.47	0.48	0.56	0.67	0.48	0.80	0.67	0.61	0.62	0.49	0.16	1.29	1.10
8	0.69	0.46	0.48	0.60	0.69	0.48	0.90	0.76	0.59	0.60	0.48	0.15	1.38	1.07
9	0.70	0.62	0.46	0.60	0.70	0.46	0.90	0.76	0.59	0.60	0.48	0.15	1.38	1.07

续上表

序号	DK3+500(非减振轨道)						DK8+900断面(橡胶隔振垫道床)							
	外轨垂移	外轨横移	内轨垂移	内轨横移	外轨垂移	内轨垂移	外轨垂移	外轨横移	内轨垂移	内轨横移	道床垂移	道床横移	外轨垂移	内轨垂移
	相对道床				相对桥面		相对道床						相对桥面	
10	0.66	0.42	0.47	0.60	0.66	0.47	0.85	0.72	0.63	0.69	0.49	0.15	1.34	1.12
11	0.69	0.42	0.45	0.60	0.69	0.45	0.82	0.78	0.60	0.62	0.51	0.15	1.33	1.11
12	0.65	0.50	0.47	0.59	0.65	0.47	0.84	0.70	0.54	0.61	0.50	0.16	1.34	1.04
13	0.63	0.40	0.46	0.53	0.63	0.46	0.88	0.77	0.61	0.66	0.50	0.15	1.38	1.10
14	0.65	0.44	0.45	0.58	0.65	0.45	0.87	0.83	0.58	0.64	0.50	0.17	1.37	1.08
15	0.64	0.40	0.47	0.58	0.64	0.47	0.84	0.65	0.60	0.64	0.50	0.17	1.34	1.10
16	0.64	0.41	0.45	0.58	0.64	0.50	0.80	0.70	0.59	0.65	0.48	0.18	1.36	1.07
17	0.68	0.45	0.43	0.61	0.68	0.43	0.82	0.74	0.64	0.63	0.51	0.17	1.33	1.15
18	0.66	0.44	0.45	0.59	0.66	0.45	0.83	0.67	0.62	0.63	0.50	0.19	1.33	1.13
19	0.65	0.44	0.50	0.54	0.65	0.50	0.81	0.60	0.64	0.64	0.51	0.18	1.32	1.15
20	0.66	0.41	0.43	0.58	0.66	0.43	0.81	0.61	0.62	0.64	0.48	0.20	1.29	1.10
平均值	0.66	0.45	0.47	0.58	0.66	0.47	0.83	0.68	0.60	0.65	0.49	0.17	1.32	1.09

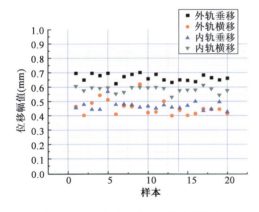

图 7.30 DK3+500 断面钢轨动态位移

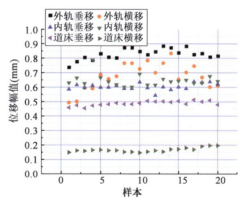

图 7.31 DK8+900 断面无砟轨道道床动态位移

可以看出,非减振轨道相对于桥面内、外轨垂向最大位移均值分别为 0.67mm、0.47mm;对于橡胶隔振垫无砟轨道,考虑到现场采集到的钢轨位移为相对道床的相对位移、道床位移为相对桥面的相对位移,采用将钢轨位移时程曲线与道床位移时程曲线叠加的分析方法,得到的外轨相对于桥面的垂向最大位移均值为 1.32mm,内轨相对于桥面的垂向位移最大位移均值为 1.09mm。

②直线地段轨道高度为 780mm 的橡胶隔振垫无砟轨道

列车通过 DK1+800(非减振轨道)、DK19+230(轨道高度为 780mm 的橡胶隔振垫无砟轨道)两个断面的轨道动态位移曲线如图 7.32、图 7.33 所示。

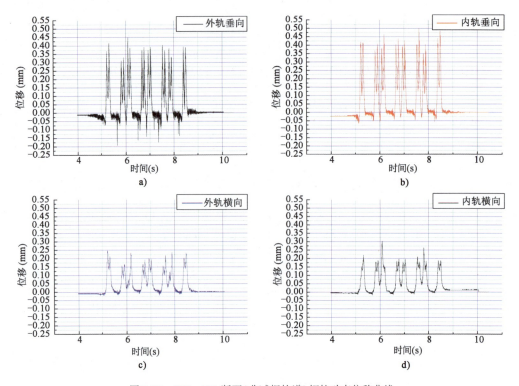

图 7.32　DK1+800 断面(非减振轨道)钢轨动态位移曲线

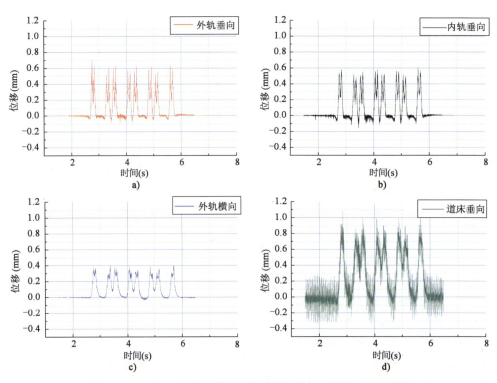

图 7.33　DK19+230 断面(橡胶隔振垫道床)钢轨、道床动态位移曲线

取 20 组数据样本进行分析,钢轨、道床动态位移最大值的统计结果见表 7.10 以及图 7.34、图 7.35。

钢轨、道床动态位移最大值统计表(单位:mm) 表 7.10

序号	DK1+800(非减振轨道)						DK19+230(橡胶隔振垫道床)					
	外轨垂移	外轨横移	内轨垂移	内轨横移	外轨垂移	内轨垂移	外轨垂移	外轨横移	内轨垂移	道床垂移	外轨垂移	内轨垂移
	相对道床				相对桥面		相对道床				相对桥面	
1	0.46	0.23	0.50	0.18	0.46	0.50	0.77	0.66	0.66	1.08	1.85	1.74
2	0.43	0.27	0.48	0.24	0.43	0.48	0.69	0.43	0.66	1.14	1.83	1.8
3	0.45	0.25	0.50	0.30	0.45	0.50	0.71	0.40	0.61	1.08	1.79	1.69
4	0.44	0.23	0.48	0.24	0.44	0.48	0.63	0.45	0.59	1.10	1.73	1.69
5	0.42	0.21	0.49	0.24	0.42	0.49	0.69	0.48	0.61	1.08	1.77	1.69
6	0.43	0.21	0.50	0.23	0.43	0.50	0.65	0.45	0.60	0.99	1.64	1.59
7	0.44	0.24	0.50	0.28	0.44	0.50	0.63	0.47	0.61	1.07	1.7	1.68
8	0.47	0.25	0.51	0.26	0.47	0.51	0.66	0.45	0.63	1.10	1.76	1.73
9	0.45	0.24	0.51	0.30	0.45	0.51	0.60	0.51	0.59	1.05	1.65	1.64
10	0.44	0.21	0.51	0.24	0.44	0.51	0.59	0.46	0.60	1.02	1.61	1.62
11	0.44	0.24	0.56	0.29	0.44	0.56	0.59	0.47	0.61	1.05	1.64	1.66
12	0.44	0.26	0.51	0.29	0.44	0.51	0.60	0.47	0.59	1.15	1.75	1.74
13	0.42	0.26	0.50	0.28	0.42	0.50	0.68	0.45	0.61	1.05	1.73	1.66
14	0.46	0.22	0.50	0.26	0.46	0.50	0.58	0.45	0.59	1.09	1.67	1.68
15	0.49	0.23	0.51	0.25	0.49	0.51	0.63	0.49	0.61	1.09	1.72	1.68
16	0.49	0.23	0.51	0.25	0.49	0.51	0.56	0.47	0.58	1.01	1.57	1.59
17	0.49	0.25	0.58	0.27	0.49	0.58	0.65	0.45	0.60	1.02	1.67	1.62
18	0.43	0.26	0.51	0.32	0.43	0.51	0.68	0.54	0.61	1.06	1.74	1.67
19	0.45	0.25	0.52	0.23	0.45	0.52	0.58	0.47	0.61	1.05	1.63	1.66
20	0.46	0.22	0.52	0.27	0.46	0.52	0.68	0.54	0.61	1.06	1.74	1.67
平均值	0.45	0.24	0.51	0.26	0.45	0.51	0.64	0.48	0.61	1.07	1.71	1.68

可以看出,非减振轨道内、外轨相对于桥面垂向最大位移均值分别为 0.45mm、0.51mm;对于橡胶隔振垫道床,采用将钢轨位移时程曲线与道床位移时程曲线叠加的分析方法,得到的内、外轨垂向最大位移均值分别为 1.71mm、1.68mm。

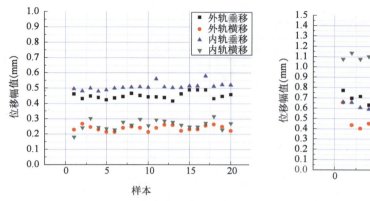
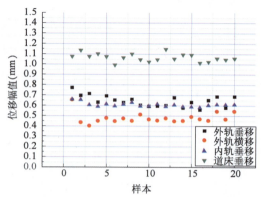

图7.34 DK1+800断面钢轨动态位移　　　图7.35 DK19+230断面钢轨、道床动态位移

③曲线地段轨道高度为780mm的橡胶隔振垫无砟轨道

列车通过DK3+500(非减振轨道)、DK10+210(轨道高度为780mm的橡胶隔振垫道床)两个断面的轨道动态位移曲线如图7.36、图7.37所示。

取20组数据样本进行分析,钢轨、道床动态位移最大值的统计结果见表7.11以及图7.38、图7.39。

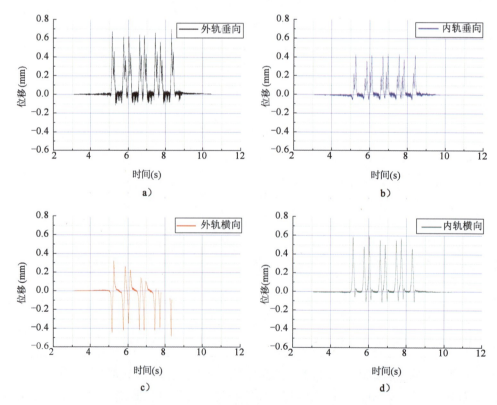

图7.36 DK3+500断面(非减振轨道)钢轨动态位移曲线

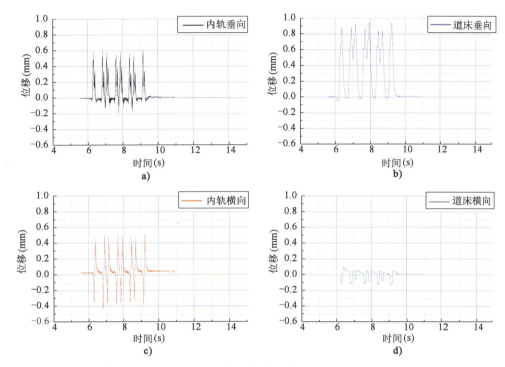

图 7.37　DK10+210 断面(橡胶隔振垫道床)钢轨、道床动态位移曲线

钢轨、道床动态位移最大值统计表(单位:mm)　　　　　　　表 7.11

序号	DK3+500（非减振轨道）						DK10+210（橡胶隔振垫道床）				
	外轨垂移	外轨横移	内轨垂移	内轨横移	外轨垂移	内轨垂移	内轨垂移	内轨横移	道床垂移	道床横移	内轨垂移
	相对道床				相对桥面		相对道床			相对桥面	
1	0.69	0.46	0.45	0.61	0.69	0.45	0.74	0.51	0.96	0.09	1.7
2	0.65	0.40	0.48	0.58	0.65	0.48	0.78	0.55	0.99	0.11	1.77
3	0.69	0.49	0.44	0.60	0.69	0.44	0.80	0.51	0.95	0.13	1.75
4	0.68	0.54	0.44	0.59	0.68	0.44	0.78	0.46	0.98	0.15	1.76
5	0.69	0.51	0.57	0.60	0.69	0.57	0.83	0.60	0.94	0.19	1.77
6	0.62	0.41	0.48	0.55	0.62	0.48	0.81	0.63	0.99	0.18	1.8
7	0.67	0.47	0.48	0.56	0.67	0.48	0.80	0.59	0.99	0.18	1.79
8	0.69	0.46	0.48	0.58	0.69	0.48	0.90	0.71	1.02	0.15	1.92
9	0.70	0.62	0.46	0.60	0.70	0.46	0.90	0.87	1.00	0.17	1.9
10	0.66	0.42	0.47	0.60	0.66	0.47	0.85	0.97	1.01	0.18	1.86
11	0.69	0.42	0.45	0.60	0.69	0.45	0.82	1.09	0.99	0.18	1.81
12	0.65	0.50	0.47	0.59	0.65	0.47	0.84	1.12	1.02	0.14	1.86
13	0.63	0.40	0.46	0.53	0.63	0.46	0.88	1.20	0.98	0.18	1.86
14	0.65	0.44	0.45	0.58	0.65	0.45	0.87	1.07	1.01	0.17	1.88
15	0.64	0.40	0.47	0.58	0.64	0.47	0.84	0.80	1.01	0.18	1.85
16	0.64	0.41	0.50	0.58	0.64	0.50	0.88	0.83	1.01	0.19	1.89

续上表

序号	DK3+500（非减振轨道）						DK10+210（橡胶隔振垫道床）				
	外轨垂移	外轨横移	内轨垂移	内轨横移	外轨垂移	内轨垂移	内轨垂移	内轨横移	道床垂移	道床横移	内轨垂移
	相对道床				相对桥面		相对道床		相对桥面		
17	0.68	0.45	0.43	0.61	0.68	0.43	0.82	0.57	1.03	0.18	1.85
18	0.66	0.44	0.45	0.59	0.66	0.45	0.83	0.38	1.00	0.19	1.83
19	0.65	0.44	0.50	0.54	0.65	0.50	0.81	0.36	1.01	0.18	1.82
20	0.66	0.41	0.43	0.58	0.66	0.43	0.81	0.37	0.98	0.19	1.79
平均值	0.66	0.45	0.47	0.58	0.66	0.47	0.64	0.71	0.99	0.17	1.82

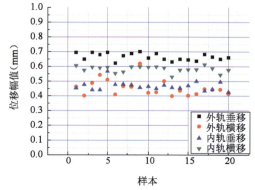

图 7.38 DK3+500 断面（非减振轨道）钢轨动态位移最大值

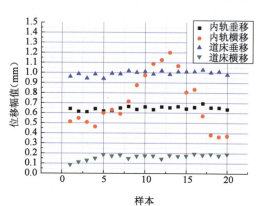

图 7.39 DK10+210 断面（橡胶隔振垫道床）道床动态位移最大值

可以看出，非减振轨道内、外轨相对于桥面垂向最大位移均值分别为 0.66mm、0.47mm；对于橡胶隔振垫无砟轨道，将钢轨位移时程曲线与道床位移时程曲线叠加，得到的内轨的垂向最大位移均值为 1.82mm。

（2）减振效果分析

①曲线地段轨道高度为 610mm 的橡胶隔振垫无砟轨道

曲线地段轨道高度为 610mm 的橡胶隔振垫无砟轨道断面和非减振轨道断面各 20 组数据样本的桥面铅垂向加速度 1/3 倍频分频振级如图 7.40、图 7.41 所示。

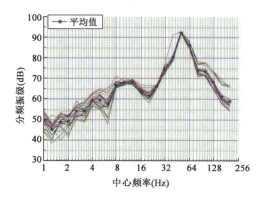

图 7.40 DK3+500 断面桥梁铅垂向分频振级

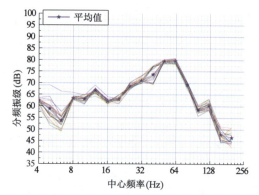

图 7.41 DK8+900 断面桥梁铅垂向分频振级

两测试断面20组数据样本桥面铅垂向 Z 振级分析结果见表7.12以及图7.42、图7.43。

减振与非减振断面桥面垂向 Z 振级　　　　　表7.12

序　号	DK3+500（非减振轨道）		DK8+900 断面（橡胶隔振垫无砟轨道）	
	振级(dB)	速度(km/h)	振级(dB)	速度(km/h)
1	93.4	106.9	83.8	104.5
2	93.0	105.9	84.0	101.3
3	93.6	107.0	84.8	104.3
4	93.6	105.9	84.2	103.9
5	93.3	106.4	83.7	105.2
6	96.0	106.2	84.0	106.5
7	93.6	107.3	85.0	104.1
8	93.4	107.4	84.1	106.1
9	93.3	106.5	84.1	106.1
10	93.5	107.4	84.3	104.6
11	94.8	106.3	84.7	103.4
12	93.9	106.5	83.8	110.8
13	93.3	106.7	84.5	106.6
14	93.3	106.8	—	106.7
15	94.5	106.9	84.0	106.6
16	93.2	106.4	83.2	107.3
17	94.2	107.1	83.7	100.6
18	93.3	106.6	84.0	104.8
19	93.0	106.8	84.7	102.1
20	92.9	106.9	83.3	106.2
平均值	93.6	106.7	84.1	105.1

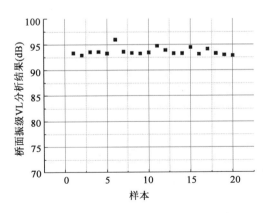

图7.42　DK3+500 断面（非减振轨道）桥面振级

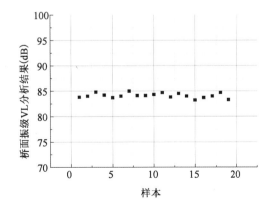

图7.43　DK8+900 断面（橡胶隔振垫道床）桥面振级

可以看出，列车通过 DK3+500 断面（非减振轨道）的平均速度为 106.7km/h，桥面振级为 93.6dB。列车通过 DK8+900 断面（橡胶隔振垫道床）的平均速度为 105.1km/h，桥面振级为 84.1dB。计算得到曲线地段轨道高度为 610mm 的橡胶隔振垫无砟轨道的减振效果为 9.5dB，减振效果统计结果见表 7.13。

曲线地段 610mm 高橡胶隔振垫道床减振效果　　　　表 7.13

实测断面里程	非减振/减振	曲线半径	实测行车速度（km/h）	区间	行别	铅垂向振级（dB）	减振效果（dB）
DK3+500	非减振	曲线（$R=1400m$）	106.7	潘桥—温州南	上行	93.6	9.5
DK8+900	减振	曲线（$R=700m$）	105.1h	温州南—新桥	下行	84.1	

减振断面与非减振断面桥面铅垂向加速度 1/3 倍频程分频振级的平均值对比如图 7.44 所示。

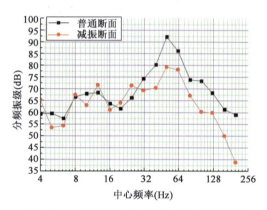

图 7.44　减振断面与非减振断面桥面铅垂向分频振级对比

可以看出，曲线地段轨道高度为 610mm 的橡胶隔振垫无砟轨道，相对于非减振轨道，频率在 16~25Hz 范围内振动稍有放大，在 25Hz 以上的频率范围内减振效果显著，即 25Hz 以上为该减振道床的有效减振频率范围。分频振级最大差值为 20.3dB，对应中心频率为 200Hz。

②直线地段轨道高度为 780mm 的橡胶隔振垫无砟轨道

直线地段轨道高度为 780mm 的橡胶隔振垫道床断面和非减振轨道断面各 20 组数据样本桥面铅垂向加速度 1/3 倍频程分频振级曲线如图 7.45、图 7.46 所示。

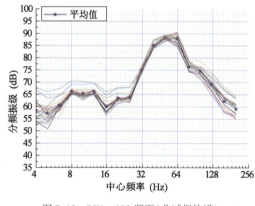

图 7.45　DK1+800 断面（非减振轨道）桥梁铅垂向分频振级

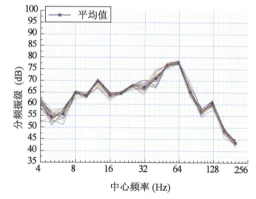

图 7.46　DK19+230 断面（橡胶隔振垫道床）桥梁铅垂向分频振级

两测试断面 20 组数据样本桥面铅垂向振级分析结果见表 7.14 及图 7.47、图 7.48。

减振与非减振断面桥面振级　　　　表7.14

序号	DK1+800(非减振轨道)		DK19+230(橡胶隔振垫道床)	
	振级(dB)	速度(km/h)	振级(dB)	速度(km/h)
1	91.9	95.4	82.6	107.5
2	91.2	93.8	82.4	106.5
3	91.4	99.3	81.9	106.6
4	93.9	102.3	81.5	102.8
5	91.8	93.2	82.5	104.8
6	92.2	95.5	81.5	101.3
7	92.7	94.4	82.0	105.4
8	93.8	99.9	82.4	108.3
9	92.8	102.1	81.9	104.3
10	93.6	92.1	82.4	105.7
11	94.2	100.3	81.9	106.1
12	91.7	96.7	81.9	107.6
13	91.1	98.1	82.8	106.6
14	92.0	99.5	81.8	106.5
15	94.0	100.4	81.9	102.1
16	94.0	100.4	81.5	99.8
17	92.6	94.5	81.9	106.6
18	91.3	97.1	82.7	103.7
19	93.2	96.1	82.0	103.0
20	91.5	94.2	82.7	103.7
平均值	92.5	97.3	82.1	104.9

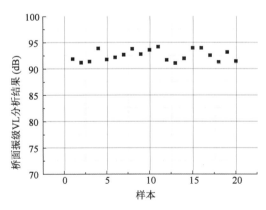

图7.47　DK1+800断面桥面垂向振级

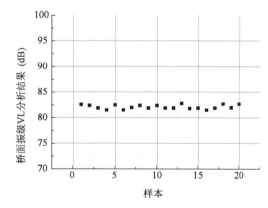

图7.48　DK19+230断面桥面垂向振级

可以看出,DK1+800断面(非减振轨道)列车通过平均速度为97.2km/h,桥面振级为92.5dB。DK19+230断面(橡胶隔振垫无砟轨道)列车通过平均速度为104.9km/h,桥面振级为82.1dB。直线地段轨道高度为780mm的橡胶隔振垫无砟轨道的减振效果为10.4dB,减振效果统计见表7.15。

直线地段轨道高度为 780mm 的橡胶隔振垫无砟轨道减振效果　　　表 7.15

实测断面里程	非减振/减振	直/曲线	行车速度（km/h）	区间	行别	铅垂向振级（dB）	减振效果（dB）
DK1+800	非减振	直线	97.2	桐岭—潘桥	下行	92.5	10.4
DK19+230	减振	直线	104.9	府东路—上江路	下行	82.1	

减振断面与非减振断面桥面铅垂向加速度 1/3 倍频程分频振级的平均值对比如图 7.49 所示。

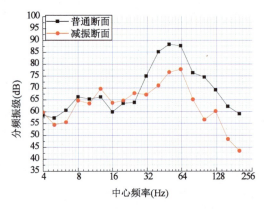

图 7.49　减振断面与非减振断面桥面铅垂向分频振级对比

可以看出，直线地段轨道高度为 780mm 的橡胶隔振垫道床，相对于非减振轨道，在频率 12～25Hz 范围内振动稍有放大，在 25Hz 以上的频率范围内减振效果显著，即 25Hz 以上为该减振道床的有效减振频率范围。分频振级最大差值为 17.8dB，对应中心频率为 100Hz。

③曲线地段轨道高度为 780mm 的橡胶隔振垫无砟轨道

曲线地段轨道高度为 780mm 的橡胶隔振垫无砟轨道断面和非减振轨道断面各 20 组数据样本桥面铅垂向加速度 1/3 倍频程分频振级曲线如图 7.50、图 7.51 所示。

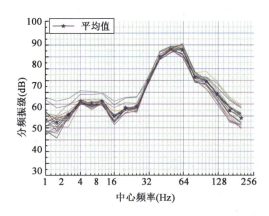

图 7.50　DK3+500 断面桥梁铅垂向分频振级

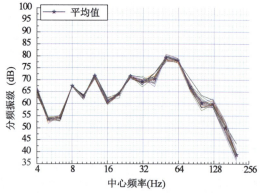

图 7.51　DK10+210 断面桥梁铅垂向分频振级

两测试断面 20 组数据样本桥梁铅垂向振级分析结果见表 7.16 及图 7.52、图 7.53。

减振与非减振断面桥面振级分析结果　　　表 7.16

序号	DK3+500（非减振轨道）		DK10+210（橡胶隔振垫无砟轨道）	
	振级（dB）	速度（km/h）	振级（dB）	速度（km/h）
1	93.4	106.9	83.9	107.3
2	93.0	105.9	82.7	112.6

续上表

序号	DK3+500（非减振轨道）		DK10+210（橡胶隔振垫无砟轨道）	
	振级(dB)	速度(km/h)	振级(dB)	速度(km/h)
3	93.6	107.0	82.7	105.6
4	93.6	105.9	83.9	104.0
5	93.3	106.4	83.2	101.5
6	96.0	106.2	83.6	107.9
7	93.6	107.3	83.4	105.6
8	93.4	107.4	82.9	108.1
9	93.3	106.5	84.5	102.6
10	93.5	107.4	83.8	103.6
11	94.8	106.3	83.3	107.1
12	93.9	106.5	83.0	110.2
13	93.3	106.7	83.8	104.1
14	93.3	106.8	83.3	102.0
15	94.5	106.9	82.8	106.0
16	93.2	106.4	84.0	103.0
17	94.2	107.1	84.3	106.3
18	93.3	106.6	84.0	107.1
19	93.0	106.8	82.6	104.0
20	92.9	106.9	83.5	105.3
平均值	93.6	106.7	83.4	105.7

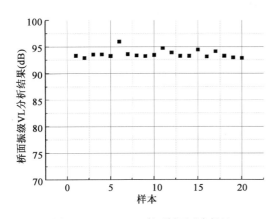

图7.52　DK3+500断面桥面垂向振级　　图7.53　DK10+210断面桥面垂向振级

可以看出，DK3+500断面(非减振轨道)列车通过的平均速度为106.7km/h，桥面平均振级为93.6dB。DK10+210断面(橡胶隔振垫道床)断面列车通过的平均速度为105.7km/h，桥面平均振级为83.4dB。曲线地段轨道高度为780mm的橡胶隔振垫道床的减振效果为10.2dB，减振效果统计结果见表7.17。

曲线地段 780mm 高橡胶隔振垫道床减振效果　　　　表 7.17

实测断面里程	非减振/减振	曲线半径	实测行车速度（km/h）	区间	行别	铅垂向振级（dB）	减振效果（dB）
DK3+500	非减振	曲线（$R=1400$）	106.7	潘桥—温州南	上行	93.6	10.2
DK10+210	减振	曲线（$R=1400$）	105.7	温州南—新桥	上行	83.4	

减振断面与非减振断面桥面铅垂向加速度 1/3 倍频程分频振级的平均值对比如图 7.54 所示。

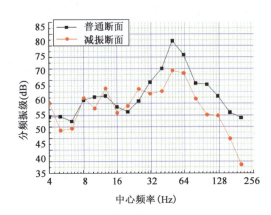

图 7.54　减振断面与非减振断面桥面铅垂向分频振级对比

可以看出，曲线地段轨道高度为 780mm 的橡胶隔振垫道床，相对于非减振轨道，频率在 12~25Hz 范围内振动稍有放大，在 25Hz 以上的频率范围内减振效果显著，即 25Hz 以上为该减振道床的有效减振范围。分频振级最大差值为 20.3dB，对应中心频率为 200Hz。

7.3.6　测试结论

针对温州市域铁路 S1 线轨道高度为 610mm 的橡胶隔振垫道床和 780mm 的橡胶隔振垫无砟轨道两种减振轨道，通过减振效果的现场测试与分析，得到如下评估结论：

（1）轨道动态位移

曲线地段轨道高度为 610mm 的橡胶隔振垫道床：橡胶隔振垫道床断面内、外轨垂向绝对位移最大值分别为 1.32mm 和 1.09mm，小于《浮置板轨道技术规范》（CJJ/T 191—2012）中钢轨在列车额定荷载下的垂向位移限值（4mm）。

直线地段轨道高度为 780mm 的橡胶隔振垫道床：橡胶隔振垫道床断面内、外轨垂向绝对位移最大值分别为 1.71mm、1.68mm，小于《浮置板轨道技术规范》（CJJ/T 191—2012）中钢轨在列车额定荷载下的垂向位移限值（4mm）。

曲线地段轨道高度为 780mm 的橡胶隔振垫道床：橡胶隔振垫道床断面内轨的垂向绝对位移最大值为 1.82mm，小于《浮置板轨道技术规范》（CJJ/T 191—2012）中钢轨在列车额定荷载下的垂向位移限值（4mm）。

（2）减振效果

曲线地段轨道高度为 610mm 的橡胶隔振垫道床的减振效果为 9.5dB（4~200Hz 计权），满足环评报告提出的减振效果要求。

直线地段轨道高度为 780mm 的橡胶隔振垫道床的减振效果为 10.4dB（4~200Hz 计权），满足环评报告提出的减振效果要求。

曲线地段轨道高度为 780mm 的橡胶隔振垫道床的减振效果为 10.2dB（4~200Hz 计权），满足环评报告提出的减振效果要求。

第8章 市域铁路轨道施工技术

相对于城市轨道交通而言,市域铁路列车运行速度高,对于轨道结构的平顺性和舒适性的要求高。轨道施工是市域铁路建设中的一个重要环节,轨道施工质量关系到市域铁路列车运行的平稳性、安全性、舒适性及养护维修工作量。铺轨作业作为一个系统工程,它以高精度 CPⅢ 网为基准,以工作面为龙头,以铺轨基地为大本营,以材料运输为纽带,表现为轨排生产、整体道床浇筑、钢轨焊接、无缝线路应力放散和锁定等大范围的一条龙流水作业线,轨道施工作业向机械化、专业化、信息化方向发展。温州市域铁路 S1 线轨道施工采用了诸多新技术、新工艺、新设备、新材料,本章全面总结了温州市域铁路 S1 线轨道施工的成功经验,对施工各环节关键技术、工艺流程、质量控制要点做了详细的阐述。

8.1 工程概况

8.1.1 主要工程内容

温州市域铁路 S1 线一期工程线路全长 53.507km,其中路基 3.029km、桥梁 7 座 39.112km、越岭双线隧道 2 座 1.323km、地下线 10.043km,桥隧比 94.34%。全线近期设置车站 17 座,其中地面车站 2 座,高架车站 12 座,地下车站 3 座,预留车站 3 座,近期工程平均站间距 3.13km,远期平均站间距 2.73km;于桐岭站设车辆段一处,半岛二站东端设停车场一处,温州站附近设控制中心。

轨道施工主要工程内容包括:前期准备及辅助设施工程、各类道床铺设、道岔铺设、无缝线路铺轨、轨道附属工程施工,以及工程验收和整改。

铺轨施工里程:DIK0+277.41~DK53+458.27,共计铺轨 105.82km,其中高架线铺轨 79.63km、地下线及隧道铺轨 22.29km、路基及地面线铺轨 3.9km;铺轨轨枕埋入式无砟道岔 57 组。结合总体工期安排,全线设置 6 处铺轨基地,其中沿线路设置 5 个,负责正线、辅助线及检修基地铺轨;紧邻车辆段设置 1 个,负责车辆段内及出入线铺轨。温州市域铁路 S1 线一期工程铺轨基地布置如图 8.1 所示。

8.1.2 工程特点

(1)标准新:由于列车轴重大、设计速度高,采用不同于地铁的设计标准和轨道产品,设计及施工技术标准新。

(2)环境和工况复杂:温州市域铁路 S1 线地处沿海地区,跨海段及高架段混凝土质量控制受气候影响大;高架桥比例大,且梁型跨度多;出于环保需求,采用了橡胶隔振垫无砟轨道。

(3)测量精度高:轨道施工测量采用高精度轨道精密测量控制网 CPⅢ 控制,且大部分处于高架桥段,土建施工进度滞后,影响全线贯通测量。

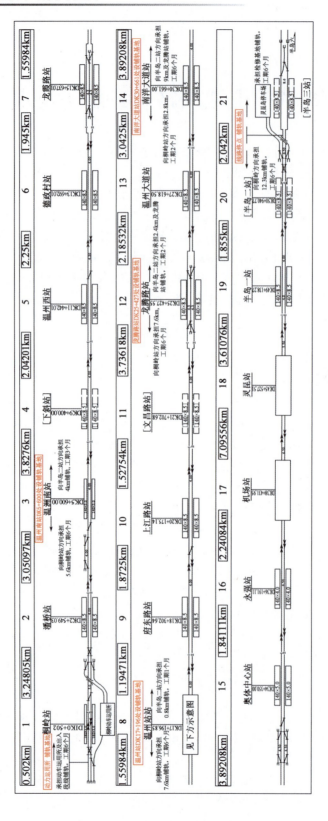

图8.1 温州市域铁路S1线一期工程铺轨基地布置图

8.1.3 工程重难点

（1）CPⅢ测设精度控制

CPⅢ测设精度直接影响无砟轨道施工精度和质量，混凝土浇筑后无砟轨道可调整量很小，温州市域铁路S1线土建工程交铺不能连续，CPⅢ只能分段测设使用，因此，CPⅢ控制网的测设和管理是温州市域铁路S1线轨道施工的重点。

（2）无砟轨道施工质量控制

温州市域铁路S1线轨道平顺性和旅客舒适性好，轨道几何尺寸精度高，无砟轨道的施工精度和质量控制是轨道施工的重点。

（3）无缝线路及无缝道岔钢轨焊接

钢轨焊接质量决定轨道的平顺性和钢轨焊头的使用寿命，钢轨焊接技术影响到市域铁路能否安全、平稳、舒适地运行，也是轨道施工的重难点。

（4）物流组织困难

由于高架桥地段占全线比例较大，部分地段无施工便道，需在有施工便道的地段将施工材料吊装至桥面存放，之后由人工配合机械二次转运至施工断面进行施工，由于桥面空间有限，还要考虑双线同步施工，材料运距长，需要多次转运，物流组织难度大。

8.2 总体施工方案

8.2.1 施工组织总体原则

（1）按照"安全、优质、高效"的原则，合理安排施工顺序、部署施工力量。

（2）以土建工程交付铺轨时间为依据，使所有工作面均能尽快形成生产能力。

（3）通行轨道车的地段以形成闭合或半闭合回路为原则，满足铺轨基地左、右线调度功能，使生产组织更加机动灵活。

（4）科学配置，合理规划，充分利用施工资源，提高工效。

（5）加强文明施工和环境保护。减少对施工区周边居民生活的干扰和环境污染，提高文明施工程度。

8.2.2 施工方案

按照工期目标要求及土建施工进度情况，结合现场施工条件，确定以下施工方案：

（1）无砟道床施工：优先采用轨排法机械铺轨，困难地段采用架轨法人工铺轨。

（2）无砟道岔施工：采用"架轨法"原位铺设，道岔全部采用人工散铺进行施工，地面运输利用汽车吊将道岔钢轨及扣配件吊装至高架。

（3）无缝线路施工：区间无缝线路采用现场移动接触焊轨机，将25m定尺长钢轨焊接成长1000m的长轨条，采用"滚筒法"或"拉伸滚筒法"进行无缝线路应力放散和锁定。道岔区钢轨轨缝采用铝热焊焊接。

8.2.3 施工组织安排

（1）铺轨从5个铺轨基地分别安排作业面同步进行施工，考虑左右线同步施工。铺道岔安排3个作业面进行施工。

(2) 根据基地及作业面设置情况,理清各作业面的施工顺序,保证短轨施工、道岔施工、长轨焊接之间的有序衔接。

(3) 划分施工区段,制定各作业面的施工任务。

(4) 编制详细的施工进度计划,并测算施工进度及土建轨行区移交情况对工期目标产生的影响,在过程中进行修正,合理配备资源。

8.2.4 施工进度计划安排

单个作业面的施工进度指标见表8.1。

主要进度指标表　　　　表8.1

项 目 名 称	进 度 指 标
一般及中等减振地段整体道床铺轨	75m/d
整体道床道岔施工	单开道岔5d/组,交叉渡线20d/组
底座混凝土施工进度指标	120单线米/d/作业面
无缝线路焊接、应力放散及锁定	400m/d
附属工程	350m/d

8.2.5 铺轨基地建设

(1) 铺轨基地需具备的功能

① 充足的材料储备能力

一个基地材料储备能力必须不小于1周,以确保在突发情况下,施工生产能连续进行。

② 畅通、便捷的进出场道路

确保进出基地的道路顺畅,满足各种车辆、设备的进出场要求。

③ 场内道路畅通、连贯

为便于各种材料进场、施工调运以及设备故障时临时修改转运方式,场内道路必须连贯、畅通,以保证材料供应在施工期间不间断。

④ 完善的生活设施

基地内生产管理的办公设施、职工生活设施要全面、完整,布置合理,符合文明施工要求。

基地内配设良好的消防设施,配备用于急救的医务室等。各种进出场材料,根据运输进出方向、运输频次的不同,合理布置存放位置,减少场内干扰。

(2) 铺轨基地的现场管理与组织说明

场地内进行的生产、生活、文明宣传等管理工作,必须有明确的组织分工,做到有条不紊,确保施工生活文明、场地管理文明。

(3) 铺轨基地施工平面布置

合理的平面布置,对提高基地的生产能力起到非常重要的作用。结合轨排井的位置、高峰时期开设的作业面数、道床类型等,对铺轨基地进行平面布置,确定场内倒运道路、轨料堆码范围及位置、轨排组装台座数量及位置、钢筋加工场地、机械维修车间等。

8.2.6 资源部署与配置

资源的部署与配置应根据施工组织安排进行,各施工项目均以铺轨基地为中心进行资源部署与配置、各种施工组织和运输等工作。某铺轨基地资源配置情况见表 8.2。

某铺轨基地资源配置情况　　　　表 8.2

序号	资源名称	配置说明
1	人员	①配置 2 个整体道床作业班; ②配置 1 个道岔组装作业班; ③配备基地综合作业班; ④配置司乘及龙门吊司机专业组; ⑤配置电工专业组; ⑥配置焊轨作业班
2	机具	①配置 2 台基地大龙门吊; ②每个整体道床作业队配置 3 台洞内小龙门吊,共 6 台; ③配置 3 台轨道车及 5 台平板车,负责洞内运输; ④配置相应的钢筋加工、机修、轨排组装及施工机具; ⑤配置 1 台焊轨机及配套机具设备
3	材料	①基地内设扣件、轨枕、钢筋、钢轨等储存区,保证施工周转富余; ②数量较多的轨枕、钢筋,经施工调查确定后,稳定材料的供应渠道; ③道岔料根据施工进度进场,利用相应的盾构井等投料口,直接进洞,提前铺设

8.2.7 物流组织

(1)混凝土供应方案

高架段有便道地段:采用罐车运输,使用泵车垂直泵送上桥,泵车摆放在梁跨中间,同时考虑混凝土罐车上料方位。

高架段无便道地段:在短距离没有便道的特殊地段,混凝土在最近便道桥下泵送上桥后采用轨道平板罐车或料斗转运至施工现场进行浇筑。

地下线段:混凝土在 DK41+231 处铺轨基地利用轨道车运送料斗方式至施工现场,铺轨龙门吊倒运进行混凝土浇筑。

跨海大桥段:利用并行 S2 线由罐车经路基上桥运输至施工现场进行混凝土浇筑,在 DK41+231 处铺轨基地利用轨道车运送料斗方式至施工现场,铺轨龙门吊倒运进行混凝土浇筑。

钢筋:由厂家运输至铺轨基地,在铺轨基地钢筋加工区集中加工后根据施工进度转运至施工现场。

（2）轨料物流组织

轨料主要包括钢轨、WJ-7B扣件、减振扣件、双块式轨枕、道岔、岔枕。

钢轨：钢轨供应厂家采用火车将钢轨运输至温州西站，由温州西站转至御史桥铁路专用线进行装卸，再由汽车转运。其中机械铺轨段转运铺轨基地；人工铺轨地段直接运输至各个施工现场高架桥下，采用汽车吊吊装至桥面。

扣配件、轨枕：机械铺轨段转运至铺轨基地；人工铺轨地段直接运输至各个施工现场高架桥下，采用汽车吊吊装至桥面。

道岔及岔枕：由厂家汽车运输至各个车站施工现场。灵昆站及半岛二站运输至高架车站下，采用汽车吊吊装至桥面；机场站道岔及岔枕先运输至铺轨基地，再由基地龙门吊装卸，轨道平板车转运至地下线施工现场。

8.3 轨道精密测量控制网CPⅢ测设

8.3.1 测设方法

轨道施工测量采用CPⅢ控制网进行控制测量，其外业观测应待线下工程沉降和变形满足要求，轨道铺设条件评估通过后进行。CPⅢ的控制网施测前，第三方检测单位已对线下精密控制网（CPⅠ控制点、CPⅡ控制点、水准基点、加密点）进行了复测，线下精密控制网平面复测采用GPS测量。高程复测按二等水准测量的方法进行测量。

8.3.2 工艺流程

待线下工程沉降和变形满足要求后，进行CPⅢ桩位埋设，第三方检测单位将CPⅠ控制点、CPⅡ控制点、水准基点、加密点交接后进行CPⅢ测设评估。评估完成后进行轨道工程测量施工。CPⅢ测设工艺流程如图8.2所示。

8.3.3 CPⅢ控制点的埋设

CPⅢ点应成对布设，一般50～70m布设一对，个别特殊情况下相邻点间距最短不小于40m，最长不大于80m。CPⅢ控制点埋设于接触网杆旁加设的CPⅢ桩柱上，或桥梁防撞墙顶、隧道边墙内衬上。同一点对里程差不大于3m，CPⅢ点布设高度应大致相等，并高出设计轨道高程面0.3m以上。CPⅢ点的埋设一般宜采用预埋方式进行布设；对于后埋的，应采用锚固剂进行固定，确保CPⅢ标志预埋件的稳固。CPⅢ点埋设如图8.3所示。

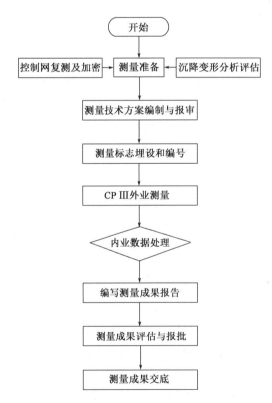

图8.2 CPⅢ测设工艺流程

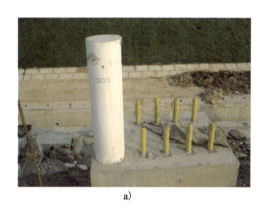
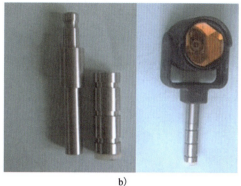

图 8.3 CPⅢ控制点

8.3.4 平面测量

CPⅢ控制网采用自由设站边角交会网的方法测量。自由设站的设站距离为 120m 时，每个自由设站应观测 12 个 CPⅢ点，全站仪前方和后方各 6 个（3 对）CPⅢ点，每次测量应保证每个 CPⅢ点被测量 3 次以上。测量方法如图 8.4 所示。

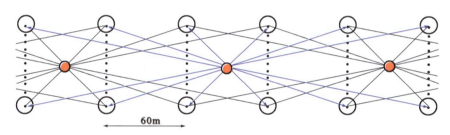

图 8.4 CPⅢ控制网自由设站边角交会网示意图

对于自由设站测量较为困难的地区（如曲线地段），自由设站的设站距离可为 60m，每个自由设站应观测 8 个 CPⅢ点，全站仪前方和后方各 4 个（2 对）CPⅢ点，每个 CPⅢ点应被观测测量 4 次以上。

（1）水平方向观测

CPⅢ平面控制网的水平方向观测精度应满足表 8.3 的规定。

水平方向观测的技术要求　　　　表 8.3

控制网名称	仪器等级	测回数	半测回归零差	同一测回各方向 2C 互差	同一方向归零后方向值较差
CPⅢ平面网	5″	2	6″	9″	6″
	1″	3	6″	9″	6″

（2）距离观测

CPⅢ平面控制网的距离测量，应采用多测回距离观测法：盘左和盘右分别对同一个 CP

Ⅲ点进行距离测量,把盘左和盘右距离测量的平均值作为一测回的距离测量值;每个CPⅢ点距离测量的测回数应与水平方向相同,各测回测量的距离较差应≤1.0mm。在全圆方向观测的同时,对CPⅢ点进行距离测量。

(3)与CPⅠ、CPⅡ控制点联测

CPⅢ平面控制网测量前,应确保线路两侧200m范围内CPⅡ控制点的密度达到400~800m,否则应同精度用GPS测量的方法加密CPⅡ控制点。

(4)CPⅢ平面控制网数据处理

CPⅢ平面控制网数据处理可采用专业软件进行处理,平差计算取位见表8.4。

CPⅢ平面控制网平差计算取位   表8.4

控制网名称	水平方向观测值(″)	水平距离观测值(mm)	方向改正数(″)	距离改正数	点位中误差(mm)	点位坐标(mm)
CPⅢ平面网	0.1	0.1	0.01	0.01	0.01	0.1

8.3.5　CPⅢ高程控制网测量

(1)CPⅢ高程控制网的测量设备与方法

①测量设备

用于CPⅢ高程控制网测量的水准仪,标称精度应满足每公里水准测量往返测高差中数测量的中误差不低于±1.0mm/km。

水准尺应采用整体因瓦水准标尺,与水准仪配套的尺垫,其质量应不低于3kg。与水准仪配套的脚架,应采用木质脚架。

②测量方法

CPⅢ点高程测量的水准路线如图8.5所示。

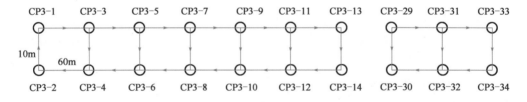

图8.5　CPⅢ点水准路线示意图

CPⅢ控制点水准测量应附合于线路水准基点,按精密水准测量技术要求施测,水准路线附合长度不得大于3km。CPⅢ水准网与线路水准基点联测时,按精密水准测量要求进行往返观测。每个闭合环的四个高差均由两个测站独立完成,精密水准测量测站按照后—前—前—后或前—后—后—前的顺序测量。

③桥面高程传递

当桥面与地面间高差大于3m,线路水准基点高程无法直接传递到桥面CPⅢ控制点上时,可采用不量仪器高和棱镜高中间设站三角高程测量法传递。观测两次,且要求变换仪器高,每次手工观测4个测回。

中间设站三角高程测量方法,就是在没有量取仪器高和棱镜高误差的情况下,求出点 B 和点 F 的高差。中间设站三角高程测量原理示意图如图 8.6 所示。

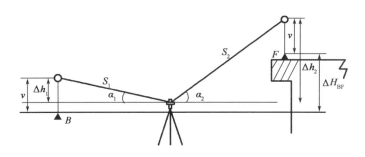

图 8.6 中间设站三角高程测量原理示意图

中间设站三角高程测量的主要技术要求,应满足表 8.5 的要求。

三角高程测量观测主要技术要求 表8.5

垂直角测量				距离测量			
测回数	两次读数差（"）	测回间指标互差（"）	测回间较差（"）	测回数	每测回读数次数	测回内较差（mm）	测回间较差（mm）
4	≤±5.0	≤±5.0	≤±2.0	4	4	≤±2.0	≤±2.0

（2）CPⅢ高程控制网数据处理

CPⅢ控制点高程测量应采用严密平差,平差计算取位按精密水准测量的规定执行。

8.4 双块式无砟轨道施工

8.4.1 施工方法

双块式无砟轨道施工主要有机械铺轨和人工铺轨两种方式。

（1）机械铺轨

机械铺轨也称轨排法,在铺轨基地组装好轨排和道床板钢筋笼,通过轨道车运送至铺轨工作面,再通过铺轨龙门吊,吊装轨排到位,采用架轨法一次性完成整体道床混凝土施工。每间隔4根轨枕安装1根轨排支撑架连接左、右股钢轨,使用专用铺轨车铺轨,铺轨时在轨排支撑架螺旋支腿外加装 PVC 套管,利用轨排支撑架结合使用轨道侧向螺旋支撑精调轨道平面、纵横断面并固定轨道位置,道床混凝土使用料斗浇筑。这种方法铺轨效率高,轨排及钢筋笼安装质量好,但对施工场地要求较高,轨道车必须能够到达。

（2）人工铺设

人工铺轨也称散铺法,将钢轨、轨枕、配件等散料运至施工现场,人工现场组装轨排,绑扎钢筋,经过架轨、粗调、精调定位、安装模板后灌注道床混凝土。这种方法比较灵活,可以多个工作面同时开展,但机械化程度不高,施工进度较慢,质量不易控制。

8.4.2 工艺流程

双块式无砟轨道施工流程如图8.7所示。

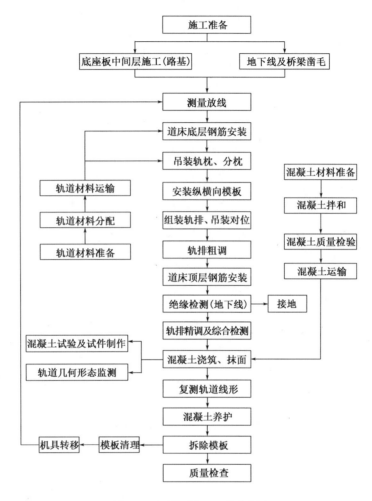

图8.7 无砟轨道施工工艺流程图

8.4.3 质量控制要点

(1)轨枕交接与存放

无砟轨道双块式轨枕由轨枕厂预制和运输,施工前运输至施工现场。轨枕运输如图8.8所示。装车时每5根×5层为1垛,层与层之间采用尺寸为10cm×10cm的方木隔离,放置位置在轨枕承轨槽中部。运输过程中,采用柔性绳索对轨枕进行捆绑,捆绑位置在两侧承轨槽内,严禁在轨枕中部的桁架上进行捆绑。

高架段卸车时采用吊车直接吊装至桥面,轨枕存放如图8.9所示,每5根×5层为1垛,垛底及层与层之间采用尺寸为10cm×10cm的方木支垫,地下线采用基地龙门吊卸车至铺轨基地。

图 8.8 轨枕运输

图 8.9 轨枕存放

（2）测量放线

通过 CPⅢ 控制点按设计道床板位置放出轨道中线控制点（距每块底座板或梁面板及地下线底板面板端 50cm 处），用钢钉精确定位、红油漆标识，用墨线弹出轨道中心线。以轨道中心控制点为基准放出轨枕控制边线（墨线标识）。根据弹出的轨道中心线的位置采用墨线定位出道床板底层每根纵横向钢筋的位置。

（3）道床板底层钢筋安装

根据设计要求对道床板范围基底进行凿毛处理，如图 8.10 所示，以加强道床与基础的连接。在桥梁梁面、地下线底板或底座上标示出钢筋绑扎边线，用钢筋样杆控制纵横向钢筋间距。隧道及地下线除纵、横向接地钢筋交叉点按照规定进行焊接外，其余纵向钢筋与横向钢筋交叉点均设置绝缘卡。桥上及短路基除纵、横向接地钢筋交叉点按照规定进行焊接外，其余按照纵向钢筋与横向钢筋交叉点进行绑扎，如图 8.11 所示。

图 8.10 基底凿毛

图 8.11 钢筋绑扎

钢筋绑扎完成后在钢筋网纵向钢筋下安装 35mm 厚的 C40 混凝土保护层垫块，每横断面上安装 6 个（最外侧各 1 个，中间 0.6m 间距），纵向间距 0.6m，确保每平方米不少于 4 个。

（4）轨排组装及铺设

①机械铺轨

采用轨排架法一次性完成整体道床混凝土施工时，轨排在铺轨基地集中组装，轨排拼装后由平板车推送至施工现场，每间隔 4 根轨枕安装 1 根轨排支撑架连接左、右股钢轨，龙门吊吊起组装好的轨排至轨道车，由轨道车运输至预定地点进行定位铺设。使用专用铺轨车铺轨，铺轨时利用轨排支撑架结合使用轨道侧向螺旋支撑精调轨道平面、纵横断面并固定轨道位置。

扣件安装前检查轨枕螺栓孔内是否有杂物,螺栓螺纹上是否有砂粒等,并在螺栓螺纹上涂抹专用油脂;将螺栓旋入螺栓孔内,用手试拧螺栓,看是否能顺利旋进,若出现卡住现象,则调整后重新对准并旋入;使用扭矩扳手按照 300N·m 的扭矩要求上紧螺栓,轨枕与铁垫板、铁垫板与橡胶垫板必须密贴,弹条前端三点要与轨距块密贴。

铺装龙门吊从轨道车上吊起轨排运至铺设地点,按中线和高程定位,误差控制在高程 -10~0mm、中线 ±10mm。相邻轨排间使用夹板联结,每个接头安装 4 套螺栓,初步拧紧,轨缝留 6~10mm。每组轨排按准确里程调整轨排端头位置。扣件支点间距一般为 650mm,施工时可根据道床板分段情况合理调整,且不宜小于 600mm。

②人工铺轨

采用人工散铺时将工具轨、轨枕、配件等散料运至施工现场。人工现场组装轨排,绑扎钢筋,经过架轨、粗调、精调定位、安装模板后灌注道床混凝土。

a. 散布轨枕

人工散布轨枕于设计位置,轨枕横向通过中心控制,间距用钢卷尺控制,人工方枕。根据实际情况结合设计图纸将轨枕间距控制在 600~650mm 范围内进行适当调整。轨排拼装如图 8.12 所示。在散铺过程中不得损坏底座及土工布等,应避免磕碰损坏,受损轨枕必须更换,尽量保证与线路垂直,控制轨枕间距,避免轨排组装时方枕量过大。轨枕散布完成后安装铁垫板及胶垫。

b. 安装钢轨、组装轨排

检查钢轨,工具轨状态对轨道精度调整非常重要,要经常随机检查其平直度及轨头质量。人工将 25m 钢轨安放在散布的轨枕上,调整到位后安装扣件,用方尺定位钢轨。钢轨调整到位后,轨缝间距控制在 10~30mm,轨缝过大鱼尾板则无法安装。螺杆调节器尽量安装在轨头附近的轨枕侧,隔一根枕木放置轨距撑杆。

(5)轨排粗调

①安装螺杆调节器(图 8.13):将钢轨托盘平装到轨底,安装螺杆,螺杆支撑在平整位置,不得支撑在凹槽斜面;一般直线地段,每隔 3 根轨枕两侧对称各设一个螺杆调节器,超高地段每隔 2 根轨枕各设一个;在每一个施工起点第一个轨排首根轨枕后安装一对螺杆调节器。

图 8.12 轨排拼装

图 8.13 螺杆调节器

通过螺杆调节器对工具轨的高低和轨向的调整,使之满足轨道线形要求,并固定轨排的空间几何状态。托盘则是螺杆调节器相对钢轨的支撑平台,螺杆调节器托盘用完后要及时涂油,螺杆有损伤时应及时套丝复修。

根据现场调查,双线桥梁均有防撞墙,轨向调节螺杆利用卡槽固定在防撞墙上,利用螺旋杆调节轨向。站台地段空间狭小,将螺杆调节器一段锚固在梁面或地下线顶板上进行轨向调节施工。

②人工粗调

轨排高程调节:线路工使用L尺和道尺,根据基表的起道量调节轨面高程。轨排轨向调整:轨面高程达到设计后根据基表采用L尺调节轨排轨向。轨排粗调如图8.14所示。轨排的中线和高程偏差见表8.6。

图8.14 轨排粗调

轨排粗调检查表　　　　表8.6

序　号	检查项目	检验标准	检测方法
1	轨排轨顶高程	−5 ~ 0mm	检查记录
2	轨排中线与设计中线位置偏差	±5mm	检查记录

(6)顶层钢筋安装及接地焊接

①按设计纵向钢筋间距标识出纵横向钢筋位置并摆放好钢筋,纵向钢筋与轨枕桁架钢筋及横向钢筋交叉部位采用绝缘绑扎带(或绝缘卡)绑扎。

②纵横向接地钢筋交叉点应焊接,纵横向接地钢筋之间采用 φ16mm"L"型钢筋单面焊接,单面焊接长度不小于10dmm,双面焊接长度不小于100mm,接地钢筋焊接如图8.15所示;接地端子采用焊接方式固定在道床两侧接地钢筋上;接地端子的焊接应在轨道精调完成后进行,端子表面应加保护膜,焊接时应保证其与模板密贴。接地端子焊接如图8.16所示。

图8.15 接地钢筋焊接

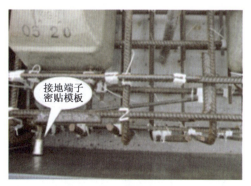

图8.16 接地端子焊接

③绝缘电阻测试。用兆欧表测量纵横向钢筋间的绝缘电阻,任意两根非接地钢筋间的电阻必须达到2MΩ以上。

(7) 模板安装

模板采用钢模。模板在支立过程中,通过拉线控制模板的平直度,板定位测量如图 8.17 所示。模板通过加工制作的花篮螺栓及地锚钢筋固定,底面固定在混凝土底座或梁面上,侧面紧贴模板外侧面,可以通过花篮螺栓使模板密贴。在混凝土底座或梁面上设锚筋,模板安装如图 8.18 所示。模板之间缝隙与接缝处用胶带密封。模板底面用砂浆填充以保证水泥浆不会流出。在模板上挂线来控制道床混凝土的浇筑高度。

a)　　　　　　　　　　　　b)

图 8.17　模板定位测量

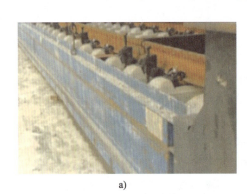
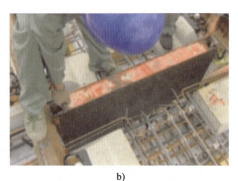

a)　　　　　　　　　　　　b)

图 8.18　模板安装

(8) 轨道精调

①轨枕编号。精调工作进行前首先对轨枕进行编号,编号采用印刷好的不粘胶贴纸粘贴于靠线路侧轨枕顶面端部。

②全站仪设站。采用全站仪观测 4 对连续的 CPⅢ点,如图 8.19 所示,自动平差、计算确定设站位置,如偏差大于 0.7mm 时,应删除 1 对精度最低的 CPⅢ点后重新设站。改变测站位置后,必须至少交叉观测后方利用过的 6 个控制点,并复测至少已完成精调的一组轨排,如偏差大于 2mm 时,应重新设站。

③测量轨道数据。轨道状态测量仪放置于轨道上,安装棱镜,使用全站仪测量轨道状态测量仪棱镜,如图 8.20 所示。小车自动测量轨距、超高、水平位置,接收观测数据,通过配套软件,计算轨道平面位置、水平、超高、轨距等数据,将误差值迅速反馈到轨道状态测量仪的电脑显示屏幕上,指导轨道调整。

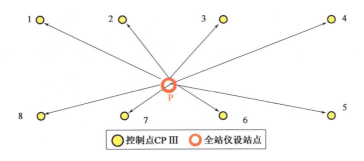

图 8.19　全站仪设站

图 8.20　轨道测量

④调整中线。调节左右轨向锁定器,调整轨道中线,在调整过程中,全站仪一直测量轨道状态测量仪棱镜,接收观测数据,直到误差值满足要求后调整结束。

⑤调整高程。粗调后顶面高程略低于设计顶面高程 -2~0mm。旋转竖向螺杆,调整轨道水平和超高。

⑥无砟轨道精调精度。精调后无砟轨道静态平顺度应满足表 8.7 的要求。轨排精调后应尽早浇筑混凝土,如果轨排受到外部扰动,或放置时间过长(12h),或环境温度变化超过 15℃时,必须重新检查确认合格后,方能浇筑混凝土。

无砟轨道静态平顺度　　　　表 8.7

项目	高低	轨向	水平	轨距	扭曲(基线长 3m)
$V \leq 120$km/h	2	2	2	±2	2
测量弦长	10m			—	

(9)混凝土浇筑与养护

①施工准备。浇筑前清理浇筑面上的杂物,浇筑前洒水润湿后的底座上不得有积水。为确保轨枕与新浇混凝土良好结合,需在浇筑前对轨枕进行喷雾。用防护油布覆盖轨枕、扣件及钢轨,扣件可采用专用防护罩,如图 8.21 所示。浇筑混凝土前,进行轨道几何参数的复核,超过允许偏差应重新调整。

②混凝土拌和与运输。道床板混凝土搅拌站集中拌制,施工时采用混凝土运输车运输到施工现场,采用混凝土泵车完成混凝土浇筑,如图 8.22 所示。混凝土浇筑前,应检测每车混凝土的坍落度、含气量及温度指标,合格后方可卸料。

图 8.21　扣件防护罩

图 8.22　无砟道床混凝土浇筑

③混凝土布料。采用一端向另一端连续进行,当混凝土从轨枕下自动漫流至下一根轨枕后,方可前移至下一根轨枕继续往前浇筑。下料过程中须注意及时振捣,下料应均匀缓慢,不得冲击轨排。

④混凝土振捣。道床混凝土捣固采用 4 个振捣器人工进行振捣,作业时分前、后两区间隔 2m 捣固,前区主要捣固轨枕底部和下部钢筋网,后区主要捣固轨枕四周与底部加强。捣固时应避免捣固棒接触排架和轨枕,遇混凝土多余或不足时及时处理。下料时应及时振捣,防止集料过多导致轨排上浮,避免振捣器碰撞轨枕和钢筋等。混凝土浇筑量与振捣时间应合理匹配,保证浇筑时枕底密实。

⑤抹面。表层混凝土振捣完成后及时修整、抹平混凝土裸露面。道床板混凝土振捣密实后,表面应按向两线路中心的坡度(1%)设置横向排水坡,人工整平、抹光。

⑥清理轨排。抹面完成后,采用毛刷和湿润抹布及时清刷轨排(禁止用水清刷轨排)、轨枕和扣件上污染的灰浆,防止污染。

⑦混凝土初凝后(钢球压痕试验确定)松开支承螺栓 1/4 ~ 1/2 圈,同时松开扣件和鱼尾板螺栓,避免温度变化时钢轨伸缩对混凝土造成破坏。桥上单元道床板混凝土浇筑不允许出现施工缝,如出现机械故障等原因中断浇筑,采用快易收口网及植筋处理;在全部混凝土施工过程中,用精调小车配合全站仪监控轨道几何参数,如有变化,按精调规则及时调整复位并固定。地下线道床无断缝,连续浇筑,每天浇筑终点施工缝应安装快易收口网及植筋处理。

图 8.23　无砟道床混凝土养护

⑧混凝土养护。在养护区间内制作水箱用于养护水的储存,人工推运平板车水箱进行道床混凝土养护,水源采用当地饮用水。混凝土第三次抹面完成后,采取土工布覆盖,人工洒水养护,并在其上覆盖土工布的养护方式,如图 8.23 所示,洒水次数根据天气情况确定,确保混凝土表面土工布能保持充分的潮湿状态,保湿养护不少于 7d。养护水温与混凝土表面、混凝土表面与环境温差不得大于 15℃。

⑨拆除模板。道床混凝土抗压强度≥5MPa 后,方可拆除纵向模板。

⑩拆除螺杆调节器。旋转取出螺杆后,将调节器钢轨托盘与钢轨分离,逐一清洗涂油保养后集中存放,防止损坏螺杆。浇筑完的双块式无砟道床如图 8.24 所示。

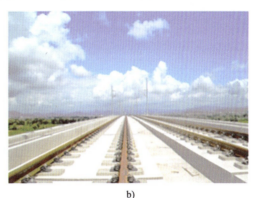

a) b)

图 8.24　浇筑完的双块式无砟道床

8.5　无砟道岔施工

8.5.1　施工方法

无砟道岔采用"架轨法"原位铺设,在道岔组装平台现场人工挂枕,道岔轨料(散料)从高架桥下利用吊车吊卸至高架车站或铺轨基地轨道平板推送进入施工现场,人工架轨并调整道岔几何尺寸,道床混凝土桥梁地段采用泵车,地下线段采用轨道平板车推送料斗进行灌注。

8.5.2　工艺流程

无砟道岔施工工艺流程如图 8.25 所示。

8.5.3　质量控制要点

(1)测量放样

①采用自由设站的方法,每次设站观测 CPⅢ不少于 4 对,每一测站参与平差计算的 CPⅢ数量不少于 6 个。

②在桥梁上或地下线仰拱放样道床边线及分段位置。在梁面或地下线仰拱面精确放样岔心、岔前、岔后位置(含道岔侧向岔后)、道岔前后过渡段起讫点及道岔前后 100m 范围内中心线增设控制基桩。

③同一车站各组无砟道岔宜一次测设完成,并复核道岔间相互位置。

④在道岔直向外侧 1.7~1.8m 底座上增设加密基标。加密基标在底座上钻孔植入铜质基标作为加密基标,间距每 5m 设置一个。在岔心、岔前、岔后转辙器、导曲线、辙叉起始点各增设一个加密基桩。岔心、岔后点中线各增设一个控制基标。

⑤在施工前精确测量基标,通过软件计算每个基标点与对应位置道岔轨道的中线、高程距离,作为道岔粗铺控制的依据。

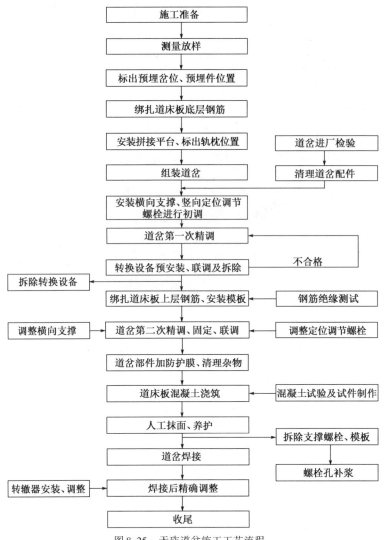

图 8.25 无砟道岔施工工艺流程

(2)底层钢筋绑扎

①每块道床板均设置纵横向综合接地钢筋,接头采用搭接焊,双面焊时焊缝长度不小于100mm,单面焊不小于200mm;焊缝厚度不小于4mm。

②道床板最外层钢筋净保护层厚度:顶面和侧面为35mm,底面为35mm。

(3)道岔组装与粗铺

道岔组装与粗铺工艺流程如图8.26所示。

①摆放岔枕

a. 以测量所放岔心、岔前、岔后标记枕木线,标记时采用100m钢卷尺,以道岔前端轨缝中线开始拉尺,根据距离累加的方法依次划出枕木线,严禁用小卷尺一根根地划线。

b. 根据铺设图摆放枕木、调整岔枕间距、水平、人工对线方正岔枕,方正岔枕时随时检查岔前位置,确保枕木中线位置与标记点重合。清理套管内杂物,铺设时带编号一侧铺设在道岔直向外侧,侧股辙叉后短岔枕带编号一侧铺设在道岔侧股外侧。

c. 间距偏差在牵引点两侧位置枕木间距偏差按照 0~+3mm 控制,其他偏差按 ±4mm 控制。岔枕相对于直向的垂直度允许偏差,牵引点两侧位置枕木和心轨部分为 ±2mm,其他偏差为 ±3mm。

d. 方正岔枕。以第一根岔枕为基准方正岔枕,应与调整岔枕间隔一并进行。岔枕定位以直股外侧第一个岔枕螺栓孔为基准拉线确定,岔枕方正应采用两把长尺平行放置,按岔枕间距找正。调整时严禁用撬棍插入岔枕扣件螺栓套管内撬拨岔枕。

道岔钢筋铺设及轨枕布设如图 8.27 所示。

②摆放及安装轨下垫板

按照道岔铺设图摆放轨枕上的橡胶垫板,注意垫板的轨底坡方向,安放平垫板、滑床板、护轨垫板、支距垫板。对正铁垫板螺栓中心孔、轨枕上橡胶垫板螺栓孔和预埋绝缘套管孔,安装缓冲轨距块。

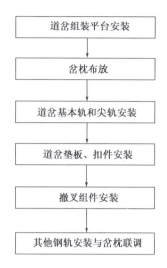

图 8.26 道岔组装与粗铺

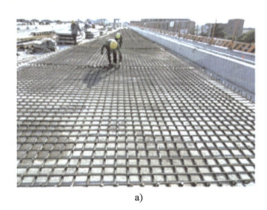
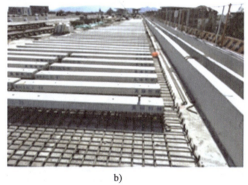

a)　　　　　　　　　　b)

图 8.27 道岔钢筋铺设及轨枕布设

图 8.28 安装辙叉组件

③安放钢轨

a. 转辙器安装

采用转辙器前端和加密基标桩位重合的方法定位直基本轨、曲尖轨、曲基本轨和直尖轨,纵向偏差不超过 2mm,中线差不超过 5mm,并使直向直线度符合要求。

b. 安装辙叉组件(图 8.28)

采用辙叉直向趾端和预设的桩位重合的方法定位,纵向偏差不超过 5mm,横向偏差不超过 5mm,辙叉直向跟端和预埋桩位横向偏差不超过 5mm,并使直向直线度符合要求。

c. 其他钢轨件

(a)直向钢轨件

从转辙器根端至岔后依次放入承轨槽,轨缝按照 8mm

控制,通过拨道的方式调整直上股的直线度,用 20m 弦线 10m 交错的方法从基本股前端开始测量直向工作边的直线度,要求 10m 弦最大偏差不超过 2mm。直线度调整好后,以直上股为基准检测直下股轨距,此时,轨距调整以轨距块调整为主,复核偏心套调整为辅。

调整可动心轨辙叉范围可通过复核偏心套调整垫板位置实现轨距调整,但是仍然要通过拨道来确保辙叉直向的直线度。辙叉直向的直线度调整好后将心轨拨通侧向,通过复检心轨侧向支距来验证辙叉摆放位置和方向的正确性。

(b)侧向钢轨件

按照摆放直向的方法摆放侧向钢轨,轨缝按照 8mm 控制。然后进行曲上股的支距检测和调整,以曲尖轨跟端为起点检测各部支距。根据支距使用轨距块或复核偏心套调整曲上股的位置。曲上股调整满足设计要求后,摆放曲下股钢轨并按轨距进行曲下股的调整。

④安装钢轨扣件

根据铺设图,将钢轨用无孔夹工逐根连接起来,先连接直向,然后连接侧向,钢轨连接时工作边和轨顶不能有错牙出现;在连接时随时检查道岔位置及几何尺寸。

⑤安装护轮轨

按照设计图在曲下股安装护轮轨,并根据护轮轨不同地段的轮缘槽宽度进行调节。

⑥过渡段拼装

根据线路设计要求,摆放过渡轨枕,清理承轨台上杂物,安装铁垫板,摆放橡胶垫,安装钢轨,安装扣件,两端过渡段接头采用无孔夹具与道岔连接,轨缝按 10mm 设置,将两端钢轨调整平齐,钢轨接头处钢轨无错牙。

图 8.29　横向调整架

⑦安装调整架

检查道岔岔心和岔尾与设计位置的偏差,并进行调整,将轨缝调整至 8mm。检查线路中线,偏差不大于 10mm,安装竖向支架,各连接部位的连接要通过与孔径相同的螺栓连接,均匀起升道岔。

安装横向调整架,如图 8.29 所示,调整架底座和底座混凝土通过膨胀螺栓连接,螺栓要连接紧固,不得有松动。横向调整架内各连接部位的连接要通过与孔径相同的螺栓连接,不能使用小于连接孔径的钢筋。

⑧检查道岔拼装尺寸

道岔应按铺设图铺设,各零部件应安装正确、齐全,精调后的道岔各部允许偏差应符合相关技术条件的要求。其中,道岔定位精度允许偏差为轨面高程 -5~0mm 和中线 5mm。道岔直(曲)尖轨第一牵引点前与直(曲)基本轨密贴,缝隙小于 0.5mm;道岔心轨尖端第一牵引点与直(曲)基本轨密贴,缝隙小于 0.5mm。转辙器部分最小轮缘槽不得小于 65mm,查照间隔(辙叉心作用面与护轨头部外侧的距离)不得小于 1391mm。

⑨拆除拼装平台

旋转竖向支撑架螺栓,平稳起升道岔,拆除拼装平台,从侧面将用于搭设平台的工字钢或槽钢抽出。

(4)道岔第一次精调

道岔精调原则:先轨向,后轨距;先高低,后水平;先直向,后侧向;先整体,后局部。

调整时先调整直上股的空间几何状态,将直上股的高程误差控制在 0~3mm 内,再调整直下股轨距和水平,最后调整侧向支距、轨距、水平。通过基标测量,反算出道岔的起道量和拨道量,通过 L 尺检测,根据测量结果调整高程和方向,如图 8.30 所示。

方向调整:通过旋转横向调节器螺杆实现道岔左右的横移,从而调整道岔该点的方向,当所有基标点中线位置调整至 0~3mm 后;再通过弦线调整基本轨全长范围内的方向,使基本轨外侧边线在一条直线上;再用道尺检测各点的轨距,调整另一钢轨的缓冲垫块或轨距块,检测曲股支距,通过曲股轨距调整曲基本轨,从而达到整个道岔方向的调整。

图 8.30　L 尺检测

高程调整:通过转动竖向调节器螺杆实现道岔升降,从而调整道岔的高程,当所有基标点高程调整至 0~3mm 后。再通过弦线调整基本轨全长范围内的高程,使基本轨顶面在同一条水平线上;用道尺检测各点的水平,起升竖向调节螺杆,检测曲股水平,从而达到整个道岔高程的调整。

道岔初调完成后,各零部件应安装准确、齐全,精调后的道岔各部件允许偏差应符合相关技术条件的要求。

(5)转换设备预安装与调试

安装道岔转换设备,在各牵引点分别安装转换装置和锁闭装置。配合电务转换设备调试,进行道岔调整,局部细调轨距、支距及轨向调整,对尖轨和可动心轨密贴段检查调整。保证可动机构转动平稳、灵活、无卡阻现象,锁闭、表示正确,道岔轨距、方向、密贴和间隔满足设计要求。

(6)上层钢筋绑扎及道床板模板安装

将上层钢筋由加工场运至现场绑扎,钢筋的绑扎安装允许偏差见表 8.8。道床板最外层钢筋净保护层厚度不应小于 35mm,且不应大于 50mm。

钢筋的绑扎安装允许偏差　　表 8.8

序　号	项　目	允许偏差(mm)
1	钢筋间距	±20
2	钢筋保护层厚度	+5,-2

纵横向接地钢筋采用搭接焊,双面焊时不小于 100mm,单面焊时不小于 200mm;焊缝厚度不小于 4mm。

非接地纵横向钢筋应采用绝缘卡,用欧姆表进行绝缘性能测试,非接地钢筋中任意两根钢筋的电阻值不小于2MΩ。

模板安装前,应清理道床的板钢筋网片内遗留的杂物,并对支承层进行清洗。通过道岔控制基桩测设混凝土道床的混凝土边线,以边线定位模板。检查模板平整度(1mm/m),模板须清理干净,涂刷脱模剂。

道床板模板安装完毕并符合要求后,将接地端子与接地钢筋焊接,必须保证接地端子与模板密贴,并做好接地端子端部螺纹的保护,以防止污染。

(7)浇筑混凝土前道岔精调

道岔精调的调整顺序依次为:轨向和轨距调整,高低和水平调整,道岔各部密贴及间隔调整,辊轮的安装与调整。

①精调准备

将道岔枕木范围内的竖向支撑全部更换为精调螺杆。道岔数据通过轨检小车采集,如图8.31所示。测量时全站仪利用4对CPⅢ测量控制点,采用后方交会的方法建站,再和轨检小车进行连接,进行全面检查。

图8.31 轨检小车测量

②轨向和轨距调整

直上股调整以旋转横向调节器螺杆配进行调节;直下股钢轨的轨向通过调换轨距块控制轨距实现;曲上股的钢轨轨向通过调换轨距块控制支距来实现,使尖轨检测点支距和导曲线支距允许偏差符合设计要求(±1mm);曲下股的钢轨轨向通过调换轨距块控制轨距实现。

③高低和水平调整

道岔高程和水平的调整主要通过旋转竖向精调螺杆调整,如图8.32所示,调整以20m弦测量或目测的方式控制轨道高低,并通过道尺控制另一股钢轨的水平。

④尖轨垫板、辙叉心垫板及护轨垫板由于钢轨一侧为滑床台,不能通过钢轨另一侧与铁垫板挡肩间的轨距块进行钢轨左右位置的调整,只能通过移动滑床板和护轨垫板来进行轨距调整。具体调整可通过更换不同号码的缓冲调距块实现。

⑤密贴调整

a.通过增减顶铁调整片,调整尖轨和心轨顶铁间隙,同时与调整轨距、支距相结合,确保尖轨与基本轨密贴,可动心轨在轨头切削范围内应分别与两翼轨密贴。开通侧股时,叉跟尖轨尖端与短心轨密贴。

b.结合道岔高低、水平的调整,使尖轨或可动心轨轨底与台板间隙不超标。

c.通过增减护轨后背垫片使护轨轮缘槽宽度满足要求,调整扣件缓冲轨距块,使查照间隔满足要求。

d.调整可动心轨辙叉工作边直线度使其满足组装要求(1mm/10m),心轨尖端前后各1m范围内不允许抗线,可动心轨辙叉侧向工作边曲线段应圆顺无硬弯。

e.可动心轨辙叉咽喉宽度:曲尖轨非工作边与直基本轨工作边的最小间距(曲尖轨支

距)等须调整到位,不得大于设计允许偏差值。

⑥精调验收

根据轨检小车测量数据分析调整,直到精调合格,满足无砟道岔静态验收标准,如图 8.33 所示。道岔高程、方向调整定位后,检查道岔全长及相关几何尺寸,如图 8.34 所示,符合要求后用轨检小车采集精调数据。

图 8.32　旋转竖向精调螺杆

图 8.33　道岔精调

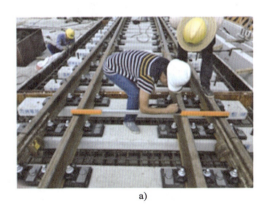

a)

b)

图 8.34　道岔检查验收

(8)道床板混凝土浇筑与养护

①混凝土浇筑前检查

a. 道岔二次精细调整到位后,必须在 12h 内完成混凝土浇筑,若 12h 内未浇筑混凝土,必须重新进行轨道几何测量并调整道岔。

b. 精调完成后在道岔四周用警戒绳隔离,防止人员踩踏和设备碰撞。

c. 检查模板(特别是转辙机坑)、钢筋保护层及接地端子是否符合设计要求。

d. 工电配合检查预留转辙机和电务设备安装状态。

e. 清理岔区杂物后洒水湿润混凝土支承层及轨枕,以利于界面结合。

f. 在道岔几何尺寸验收合格后,用彩条布或薄膜覆盖道岔的全部钢轨和扣件(图 8.35),以免浇筑道床混凝土时污染。

②混凝土运输

采用混凝土搅拌运输车运送混凝土时,运输过程中宜以 2~4r/min 的转速搅动;当搅拌

图 8.35 混凝土浇筑前钢轨和扣件的保护

运输车到达浇筑现场时,应高速旋转 20～30s 后再将混凝土拌合物喂入泵车受料斗或混凝土料斗中。

为了避免日晒、雨淋和寒冷气候对混凝土质量的影响,防止局部混凝土温度升高(夏季)或受冻(冬季),需要时应对运输容器采取遮盖或保温隔热措施。

混凝土的运输时间不可超过混凝土初凝时间的 1/2。

③混凝土浇筑

a. 在浇筑道床板前必须检查每车混凝土拌合物的温度、含气量及坍落度。当工地昼夜平均气温连续 3d 低于 5℃ 或最低气温低于 -3℃ 时,采取冬季施工措施。混凝土入模温度不应低于 5℃;当工地昼夜平均温度高于 30℃ 时,应采取夏季施工措施,混凝土入模时温度不宜超过 30℃。

b. 混凝土利用混凝土泵车直接泵送到道床板浇筑面,如图 8.36 所示。道岔道床板混凝土一次浇筑完成,由道岔一端向另一端进行浇筑,当一个枕木空浇筑完成后,要待下一空枕木底的混凝土已经冒出,方可浇筑下一空枕木。渡线道岔应一次连续灌注混凝土。

c. 混凝土浇筑过程中,保证振捣密实的同时,随时检查道岔轨排的固定装置,防止移位。

d. 混凝土入模后,采用插入式振动棒振捣。振动棒必须做垂直运动,间距不可超过 600mm。对岔枕底部、转辙机基坑位置应加强捣固。振动棒不可接触模板、定位螺栓和侧向支撑装置及管线等。

e. 道床板混凝土表面以人工抹平,确保道床板及转辙机基坑的顶面高程。

f. 道床混凝土初凝并完成两次压光抹面后,表面喷洒养护剂并覆盖毛毡或薄膜,如图 8.37 所示,脱模之后养护 14d,在道床板混凝土养护期间,施工区严格封闭,严禁行人车辆通过。

图 8.36 混凝土浇筑

图 8.37 混凝土养护

g. 道床板混凝土强度达到 5MPa 后,松动竖向精调螺栓 1/4～1/2 圈,松开转辙器、辙叉心和护轮轨枕木连接螺栓、导曲线钢轨和基本轨扣件螺栓,释放钢轨温度应力,以防止钢轨与混凝土的温差变形而造成混凝土开裂。

h. 混凝土强度达终凝以后拆除其他临时支撑及模板,将定位螺杆移除,清理调整螺杆并上模板油。

i. 定位螺杆移除后留下的螺杆孔,采用试验室配制的无收缩砂浆进行填充。

j. 道床混凝土未达到设计强度 75%之前,严禁在道床上行车和碰撞轨道部件。

k. 道床板混凝土浇筑完成(图 8.38)且养护期满后,尽量选择轨温在设计锁定轨温范围内的合适时机重新安装和复紧道岔扣件,消除道岔内部缺陷。

图 8.38　道岔无砟轨道

8.6　无缝线路施工

8.6.1　施工方法

钢轨焊接时,采用现场移动接触焊轨机将 25m 长的钢轨焊接成长轨条,正线无缝线路每 1km 长钢轨应力放散及锁定一次,在设计锁定轨温范围内,采用滚筒法进行无缝线路应力放散和锁定,当钢轨实测轨温低于锁定轨温时,采用拉伸撞轨法进行无缝线路应力放散和锁定。无缝道岔内部钢轨接头及道岔端部采用铝热焊焊接,道岔钢轨焊接在设计锁定温度范围内进行。

8.6.2　钢轨焊接

工地钢轨焊接采用移动接触焊轨车机,焊轨车由接触焊焊轨机机头、焊机控制系统、动力系统和一辆轨行平板车组成。

(1)施工工艺

现场移动焊轨车作业过程:预闪→高压闪光→低压闪光→加速闪光→顶锻→推瘤。焊轨工艺流程如图 8.39 所示。

(2)质量控制要点

①型式检验

钢轨正式焊接前,进行试生产及型式试验,确定焊接工艺参数,在正式焊接过程中,每焊接 500 个焊头后进行一次周期性生产检验。

②钢轨除锈打磨

钢轨轨腰打磨:在距离轨头 700mm 范围内用直向式电动砂轮机出厂标志和除锈。打磨后应有金属光泽,不得有锈斑,母材打磨深度不得超过 0.2mm,不得有任何凸出,以防损伤钳口。

焊接钢轨断面垂直度打磨:焊前 24h 内对待焊接钢轨端面进行除锈打磨和垂直度打磨处理,确保焊接质量和保护焊机钳口。

③钢轨接头对位

完成钢轨除锈和磨平处理后,在距待焊钢轨焊接端 3m 和 10m 位置支垫高度可调辊轴,在距钢轨末端 3m 位置用三脚吊架起吊钢轨,调整三脚吊架高度,将焊缝两端各 0.7m 范围钢轨面对接高度及轨底坡调整到符合焊接要求,检查两钢轨左右或高低错牙均不得超过 0.5mm。

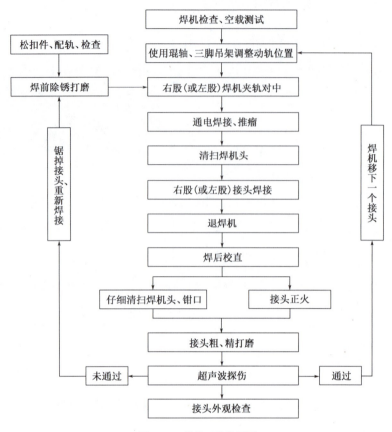

图 8.39 焊轨工艺流程图

④夹轨对位及钢轨焊接

启动吊架伸缩臂液压油缸,将焊机机头从吊架底板上提起,然后启动吊架伸缩油缸,伸缩臂在竖直面内旋转,让焊机机头移出吊架底板,缓慢下降到接近钢轨面。确认钢轨对中后,启动液压系统进行夹轨,随后激活数据采集系统,进入焊接程序,依次经过各个闪光阶段,如图 8.40 所示。

⑤轨焊后调直

图 8.40 钢轨焊接

焊接完成后焊机焊头退出,在钢轨呈热状态(850℃左右)时,用钢轨直度测量尺跨焊缝 1m 范围内检测其水平方向和垂直方向上的直度,其不直度不得超过 0.3~0.5mm/m;若不直度超标,则用钢轨调直机进行调直。使钢轨在焊缝前后各 1m 范围内,水平弯曲度不大于 0.3mm/m(以作用面一侧测量为准),垂直弯曲度不大于 0.3mm(以轨顶面测量为准)。

⑥焊机前移

焊机钳口退出时焊缝温度在 850℃左右,

此时焊机不得前移,会影响焊缝晶相组合和焊接接头高低。待焊缝温度降低到300℃时焊缝晶相组合完成,方可焊机前移,对焊缝无影响。

⑦焊后接头正火

焊接接头两端各2.5m处垫辊轴,满足轨底至道床面140mm的正火高度要求,5m范围内调平钢轨面、调直钢轨方向。焊头温度(轨头表面)降至500℃以下后,开始正火,如图8.41所示,利用氧气—乙炔加热器将焊缝加热,正火加热器沿正火架滑道在接头上方纵向均匀加热。当焊缝加热到(860±20)℃(正火温度由形式试验钢轨焊接接头断口晶相确定)时停止加热,正火工序完成,让焊缝自然冷却。

⑧焊缝粗打磨

利用碗形砂轮机或角磨机对焊缝及附近轨头顶面、侧面、轨底上表面和轨底边缘进行打磨;打磨轨头时,平直度在焊缝两侧各1m范围内基本满足0~0.5mm(以钢轨作用边为基准);焊缝踏面部位热态时呈0.5~1.0mm的上拱量,在常温下不能打亏;轨底上表面焊缝两侧各150mm范围内及距离两侧轨底角边缘各为35mm范围内应打磨平整;用砂轮打磨凸出量时必须顺向打磨,严禁横向打磨。

⑨焊缝精细打磨

采用内燃仿形打磨机沿钢轨纵向对钢轨轮廓仿形打磨,如图8.42所示。打磨时不得冲击和跳动,对母材的打磨深度不得超过0.5mm;打磨面不得发黑、发蓝而应平整有光泽。打磨应平顺圆滑,焊接接头打磨误差以1‰顺坡处理。用1m直尺测量钢轨焊头的平直度,应满足表8.9的规定。

图8.41 正火

图8.42 精磨

焊头的平直度 表8.9

轨 顶 面	轨头内侧工作面	轨 底
0~+0.3mm	0~+0.3mm	0~+0.5mm

⑩焊接接头探伤

钢轨冷却到50℃以下时根据《钢轨焊接 第1部分:通用技术条件》(TB/T 1632.1—2014)要求对每个钢轨焊头进行超声波探伤。

8.6.3 道岔焊接

(1)焊接顺序

无缝道岔内部钢轨接头及道岔端部采用铝热焊焊接,焊接在线路设计锁定温度范围内进行。道岔钢轨焊接顺序(图8.43):先道岔内钢轨焊缝,后道岔前后钢轨焊接。道岔内钢轨焊接顺序:先直股,后曲股;先基本轨,后尖轨。道岔前后钢轨焊接顺序:先岔前,再岔后;先直股,再曲股。

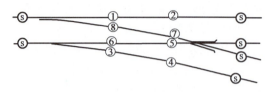

图8.43 道岔焊接顺序

(2)铝热焊工艺流程

道岔钢轨铝热焊施工工艺流程如图8.44所示。

(3)质量控制要点

①施工准备

检查焊剂等材料是否受潮、施工机具是否完好、轨道的平直度和表面情况、钢轨端部状态、限位器两侧缝隙偏差,并测量钢轨温度。

②轨端处理

拆开待焊接头两端各2~3根轨枕的扣件,对轨端除锈去污前可用预热枪对钢轨焊缝两侧1m范围内烘烤,如图8.45所示,充分排除钢轨表面水分及油污。用带有钢丝刷的角磨机对焊接钢轨端部、两侧、轨头和轨底的锈污进行打磨清洁,范围为100~150mm,要特别重视轨底的清洁,轨端锯轨时,垂直度<0.8mm。

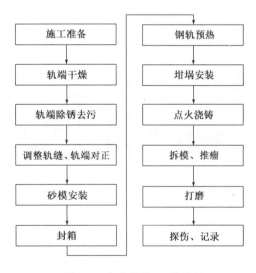

图8.44 铝热焊施工工艺流程

图8.45 轨端处理

③对轨

轨缝调整:在轨头和轨底的两侧进行测量,轨缝须满足(28±1)mm。

对轨先调高低,后调水平。尖点对正:将1m直尺的中点与焊缝隙中点重合,用钢楔子或者对轨架进行高度调节,使焊缝两侧0.5m处钢轨轨顶面与直尺的间隙为1.5~2mm。水平对直:用1m直尺分别紧贴钢轨的工作边、轨底板边缘,必须做到工作边、轨底板边缘水平对正,如图8.46所示。以1m直尺同时测量两轨平顺度,错动不大于0.2mm。

④砂模安装

砂模应无受潮、无裂纹、无变形,各组件完整,状态良好。砂模与钢轨接触面进行摩擦,使砂模与钢轨结合部位密贴;如果砂模与钢轨接触面吻合不好,则会发生漏钢水的严重后果;底模必须对中,并且与钢轨紧贴;砂模浇注孔要与左右轨角对称,以确保两侧轨底受热均衡;砂型中央与轨缝中央一致,砂型与钢轨垂直,两片砂型要对齐,不得错开。

⑤封箱

封箱过程是关键的步骤之一,在操作时如果封箱不严密,会发生漏钢水的问题。封箱(图8.47)先从轨底开始,从下往上按顺序进行。封箱分两步进行,首先对各缝隙关键部位压紧封砂,打好基础;然后整体封箱并用捣实棒捣实。在封箱过程中,两侧模板之间的砂要高于砂型模板,防止钢水从两侧流出。

图8.46 对轨

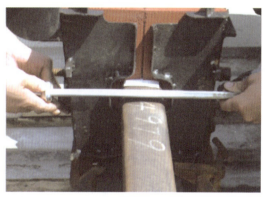
图8.47 封箱

⑥预热

通过工作压力控制和预热火焰的调节,使火焰的长度保持在15～20mm,火焰为中性焰,预热枪头应距轨头40mm;在预热(图8.48)过程中,应该密切关注轨头受热颜色变化过程,轨腰预热完成的温度为950～1000℃,其颜色为鲜红色,预热时防止轨端烧熔。

⑦浇铸

使用坩埚前须检查坩埚,受损、受潮的坩埚不能使用。须清除坩埚内的杂物,易熔塞表面须干净。

从焊剂包装中取出焊剂,混合均匀后(反复倾倒三次),将焊剂旋转倒入坩埚中,并使其顶部形成锥形,插入高温火柴,盖上坩埚盖,预热完成后,立即放入分流塞并将坩埚安置在砂模侧模板顶部定位槽内。

焊剂反应时间:8～15s;镇静时间:8～18s(若大于30s,燃烧不均匀)。焊剂反应及浇铸过程中(图8.49),操作者应该距坩埚3m以上的距离,确保人身安全。反应完成后,如果钢水不能漏下来,应该让钢水在坩埚中冷却20min后再移动坩埚。

⑧拆模

浇铸完成后1min,移去坩埚,并将其放在安全的地方,然后移去灰渣盘,并将灰渣倒入坩坩中，保持环境干净。浇铸完成 4.5min 后，先拆除侧模板和夹紧装置，再拆除底模板。拆模后，及时将轨面清理干净，防止推瘤时残渣拉伤轨面。

图 8.48　预热　　　　　　　　　　　　图 8.49　浇铸

⑨推瘤

浇铸完成 6.5min 以后开始推瘤，如图 8.50 所示。浇铸棒在推瘤完成 20min 后打掉。推瘤过早会因为焊头硬度不够而拉伤轨面，过迟则推瘤困难。打掉浇铸棒时，要注意敲击方向，不能由内向外敲击。

⑩热打磨

推瘤完成后，就可以进行粗打磨，如图 8.51 所示。焊后接头温度降低到 300℃ 以下才能放车通行。打磨焊头使其轮廓与两侧钢轨相同。打磨后，焊头处的凸出量不小于 0.5mm。

图 8.50　推瘤　　　　　　　　　　　　图 8.51　打磨

⑪冷打磨

当轨温降至常温时进行冷打磨，打磨位置包括轨顶及内侧工作面、轨底上表面、轨底，打磨后钢轨表面应整体平齐。焊缝两侧 100mm 范围内不得有明显的压痕、碰痕、划伤等缺陷。打磨后焊顶面及轨头内侧工作面平直度允许偏差应满足规范要求。

⑫外观检查

焊缝两侧 100mm 范围内不得有明显的压痕、碰伤、划伤等缺陷，完成打磨的接头如图 8.52 所示。首先清理焊缝两侧各 100mm 范围，确定无锈、无裂纹、无毛刺等再涂抹机油，进行全端面探伤，不合格焊头须切掉重焊。

⑬探伤

钢轨焊接后均应对焊接接头进行超声波探伤,并填写探伤记录。探伤时,焊接接头的温度不应高于40℃。

图8.52 完成打磨的接头

8.6.4 无缝线路应力放散及锁定

(1)施工方法

滚筒法:现场测量轨温位于锁定轨温之间,采用滚筒法进行应力放散及锁定。每焊接完成1~2km钢轨后,焊轨车退回到已锁定完成的线路位置,将待锁定区域钢轨扣件全部拆除,每间隔2.5m在钢轨轨底设置一滚筒,现场作业人员利用8磅锤(带橡胶套)均匀敲定钢轨(从已锁定完成区域至待焊接区域),确保钢轨焊接点应力得到均匀释放。

拉伸撞轨法:钢轨实测轨温低于锁定轨温,则应使用钢轨拉伸器对钢轨进行拉伸,钢轨拉伸时同时应均匀敲打钢轨。钢轨拉伸到位后,从已锁定完成区段向待焊区段进行依次锁定。温下轨条焊接,作业时用钢轨拉伸器张拉钢轨,用撞轨器辅助撞轨,并设计钢轨纵向位移观测标记,观测钢轨张拉量,要求达到锁定轨温准确。

(2)工艺流程

无缝线路应力放散及锁定工艺流程如图8.53所示。

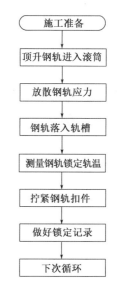

图8.53 应力放散及锁定工艺流程图

(3)质量控制要点

①调查线路情况,核对设计图纸,掌握轨温变化规律,选定施工时间。按设计标准预埋位移观测桩。精确测量该区段无缝线路的长度。

②应力放散采用滚筒放散法,首先将钢轨上的扣件全部松开,同时拆除放散终端的接头夹板,用起道机抬起钢轨,在钢轨底下垫滚筒,滚筒支垫距离为10m。利用撞轨器撞击钢轨,如图8.54所示,使长钢轨自由伸缩。当轨温在设计锁定轨温范围内时,对钢轨进行锁定。

③当实际锁定轨温低于设计轨温时,根据温度差计算钢轨伸长量,然后利用钢轨拉伸器将钢轨拉伸到设计长度后,如图8.55所示,再进行锁定。

④锁定轨温高于设计轨温时,一定要待轨温降低至设计轨温时再锁定,可先临时锁定,待轨温降低至设计轨温时松开扣件,放散钢轨应力后再重新锁定。

⑤钢轨锁定时从始端向终端依次落槽,测量并记录长钢轨始端、终端入槽时的钢轨温度和环境气温,并在长钢轨头、尾部做记号和编号,以此作为应力调整、应力放散和钢轨锁定的依据。

⑥当长钢轨的实际施工锁定轨温在设计轨温范围内时进行锁定,计算拢口钢轨长度及轨缝大小,并重新上紧扣件。

a)

b)

图 8.55 钢轨拉伸

参 考 文 献

[1] 中国铁道学会.市域铁路设计规范:T/CESC 0101—2017[S].北京:中国铁道出版社,2017.

[2] 中国土木工程学会.市域快速轨道交通设计规范:T/CCES 2—2017[S].北京:中国建筑工业出版社,2017.

[3] 国家发展和改革委员会,住房和城乡建设部,交通运输部,等.关于促进市域(郊)铁路发展的指导意见(发改基础〔2017〕1173号),2017.

[4] 温州市铁路与轨道交通投资集团有限公司,中铁第四勘察设计院集团有限公司.温州市域创新与实践[M].北京:人民交通出版社,2019.

[5] 赵国堂,周诗广.我国市域铁路发展现状及未来展望[J].中国铁路,2018(08):1-10.

[6] 陈亮,屈健.巴黎与东京轨道交通发展战略变迁与启示[J].综合运输,2018,40(09):116-121.

[7] 汤莲花,徐行方.国外典型都市圈市域铁路发展及启示[J].中国铁路,2018(09):107-113.

[8] 周诗广.我国市域铁路技术标准研制特点[J].中国铁路,2017(7):17-21.

[9] 丁建宇.温州市域铁路发展与思考[J].都市快轨交通,2018(8):6-10+15.

[10] 周宇冠.关于市域快速轨道交通的思考[J].铁道标准设计,2012,32(9):22-26.

[11] 杨舟.我国市域轨道交通发展策略研究[J].铁道标准设计,2013,35(5):27-30.

[12] 秦永平.我国市郊铁路规划和建设中的主要问题与建议[J].铁道工程学报,2014(03):6-13.

[13] 胡仁兵.市域铁路制式选择分析[J].铁道工程学报,2014,51(6):99-105.

[14] 张学斌,彭朋.市域铁路速度目标值研究[J].铁道标准设计,2014(5):10-14.

[15] 栗焱.浅谈市域铁路建设对城市发展的促进作用——以温州市域铁路S1线沿线物业开发为例[J].铁道建筑技术,2014(6):152-156.

[16] 杜运国,苟长飞.温州市域铁路线路敷设方式比选研究[J].交通节能与环保,2014,10(6):78-82.

[17] 杜运国.温州市域铁路交通系统关键技术分析[J].铁道标准设计,2015(12):27-50.

[18] 王伟立.市域铁路与国铁互联互通的技术条件研究[J].铁道工程学报,2015,50(6):92-96.

[19] 闵国水.台州市域铁路S1、S2线系统制式选择研究[J].中国铁路,2015(12):85-88.

[20] 邱绍峰,邱文展,王华成.我国市域铁路总体设计特点[J].中国铁路,2018(8):11-16.

[21] 李秋义.市域铁路轨道系统关键技术创新[J].中国铁路,2018(08):34-40.

[22] 中铁第四勘察设计院集团有限公司.市域铁路运输组织模式及主要技术标准研究[R].武汉,2019,6.

[23] 赵汝康.铁路钢轨扣件[M].北京:中国铁道出版社,2018.

[24] 王其昌.无砟轨道钢轨扣件[M].成都:西南交通大学出版社,2006.

[25] 杨秀仁.城市轨道交通轨道工程技术与应用[M].北京:中国建筑工业出版社,2016.

[26] 王鹏,刘佳,李伟,等.高速铁路WJ-7、WJ-8型扣件减振性能试验研究[J].中国铁路,2019(05):96-101.

[27] 罗伟,娄会彬.市域铁路轨道减振方案研究[J].中国铁路,2018(08):53-58.

[28] 李炜红.高速铁路WJ-8型扣件系统组装疲劳试验研究[J].铁道建筑,2017(03):122-124+133.

[29] 徐伟昌,李振廷,王永华,等.WJ-7型大调量扣件地段轨道动力响应测试及分析[J].铁道标准设计,2014,58(10):26-29.

[30] 刘学毅,张重王,万章博.无砟轨道扣件刚度突变对高速列车动力的影响[J].铁道工程学报,2014,31(09):53-58.

[31] 朱胜阳,蔡成标,尹镪,等.高速铁路扣件弹条动力学分析[J].工程力学,2013,30(06):254-258+287.

[32] 肖俊恒,赵汝康.弹条扣压件的优化设计与研究[J].中国铁道科学,1995(04):42-47.

[33] 张东阳,汪杰,陈帅,等.WJ-7型扣件横向阻力试验研究[J].铁道标准设计,2019,63(06):34-37.

[34] 吴洁好,王时越,伍曾,等.W1型铁路弹条疲劳性能研究[J].实验力学,2019,34(06):1003-1009.

[35] 韦凯,王丰,赵泽明,等.弹性分开式扣件弹性垫板静刚度测试评价方法[J].铁道工程学报,2018,35(11):32-36+86.

[36] 王开云,蔡成标,朱胜阳.铁路钢轨扣件系统垂向动力模型及振动特性[J].工程力学,2013,30(04):146-149+168.

[37] 赵才友,王平,朱颖,等.减振型扣件理论研制和室内试验研究[J].振动与冲击,2012,31(23):191-196.

[38] 李克飞,韩志伟,刘维宁,等.基于现场锤击试验的地铁轨道振动特性分析及参数研究[J].铁道标准设计,2014(02).

[39] 李克飞,刘维宁,孙晓静,等.北京地铁5号线高架线减振措施现场测试与分析[J].中国铁道科学,2009(7):25-29.

[40] 许永富,刘鹏辉,王东方,等.宁波轨道交通高架段减振轨道降噪效果测试分析[J].城市轨道交通研究,2017(4):77-81.

[41] 高晓刚,王安斌,鞠龙华,等.不同减振扣件的轨道结构横向振动测试与分析[J].噪声与振动控制,2020,40(01):191-197.

[42] Linya Liu, Zhiyuan Zuo, Yunlai Zhou, et al. Insights into the Effect of WJ-7 Fastener Rubber Pad to Vehicle-Rail-Viaduct Coupled Dynamics[J]. Applied Sciences. 2020, 10(5):1-19.

[43] Linlin Sun, Ziquan Yan, Junheng Xiao, et al. Experimental analysis of the modal characteristics of rail fasteningclips[J]. Proceedings of the Institution of Mechanical Engineers, Part F: Journal of Rail and Rapid Transit. 2020, 234(2):134-141.

[44] 王平.高速铁路道岔设计理论与实践[M].成都:西南交通大学出版社,2011.

[45] 刘语冰.铁路道岔论文集[M].北京:中国铁道出版社,2004.

[46] 孙宏友,王平,张东风,等.整体道床60kg/m钢轨12号5m间距交叉渡线道岔刚度均匀化探讨[J].铁道标准设计, 2015,59(01):25-28.

[47] 唐丽.长沙地铁正线用60kg/m钢轨9号单开道岔(整体道床)的设计[J].铁道建筑技术,2012.(10):6-9+31.

[48] 孙大新,曾向荣.新型相离型曲线尖轨9号道岔的扳动力分析[J].都市快轨交通, 2009,22(02):68-71.

[49] 朱彬,全顺喜.市域铁路道岔及岔区轨道结构设计[J].中国铁路,2018(08):46-52.

[50] 刘文武.深圳地铁9号线提升轨道平顺性的技术创新[J].都市快轨交通,2017,30(01):77-81.

[51] 田德仓,何雪峰.广州地铁4号线9号可动心轨道岔设计[J].铁道标准设计,2007(07):19-21.

[52] 陈嵘,王平.75kg/m钢轨12号高锰钢固定辙叉单开道岔刚度均匀化设计研究[J].铁道标准设计,2012(08):1-5.

[53] 刘道通,程保青,田苗盛.城市轨道交通60kg/m钢轨9号单开道岔设计与研究[J].铁道工程学报,2013,30(07):65-69.

[54] 全顺喜.9号单开道岔尖轨平面线型方案研究[J].铁道工程学报,2013,30(12):29-32+40.

[55] 费维周.道岔区刚度均匀化方法的研究[J].铁道工程学报,2013(7):28-33.

[56] 王其昌,韩启孟.板式轨道设计与施工[M].成都:西南交通大学出版社,2002.

[57] 刘学毅,赵坪锐,杨荣山,等.客运专线无砟轨道设计理论与方法[M].成都:西南交通大学出版社,2010.

[58] 赵国堂.高速铁路无砟轨道结构[M].北京:中国铁道出版社,2005.

[59] 何华武.无砟轨道技术[M].北京:中国铁道出版社,2005.

[60] 安国栋.高速铁路无砟轨道技术标准与质量控制[M].北京:中国铁道出版社,2009.

[61] 王玉泽.轨道工程[M].武汉:湖北科学技术出版社,2015.

[62] 高亮.轨道工程[M].北京:中国铁道出版社,2010.

[63] Coenraad Esveld.现代铁路轨道[M].北京:中国铁道出版社,2014.

[64] 赵坪锐.客运专线无砟轨道设计理论与方法研究[D].成都:西南交通大学,2008.

[65] 卢耀荣.无缝线路研究与应用[M].北京:中国铁道出版社,2004.

[66] 广钟岩,高慧安.铁路无缝线路[M].北京:中国铁道出版社,2005.

[67] 王平,肖杰灵,陈嵘,等.高速铁路桥上无缝线路技术[M].北京:中国铁道出版社,2016.

[68] 王平,陈嵘,杨荣山,等.桥上无缝道岔设计理论[M].成都:西南交通大学出版社,2011.

[69] 高亮.高速铁路无缝线路关键技术研究与应用[M].北京:中国铁道出版社,2012.

[70] 赫腾飞,赵文娟.城市轨道交通简支梁桥墩顶纵向刚度限值研究[J].铁道建筑,2018(2):28-31.

[71] 徐浩,林红松,颜华.桥墩纵向水平刚度对简支梁桥桥上无缝线路的影响分析[J].铁道科学与工程学报,2016(5):871-873.

[72] 蒋鹏,马坤全.城市轨道交通桥梁桥墩纵向水平刚度研究[J].中国市政工程,2007(S2):48-50.

[73] 吴定俊,钱海婴,陆元春,等.城市轨道交通高架桥墩纵向刚度设计合理值探讨[J].城市轨道交通研究 2009(9):26-29.

[74] Bhaskararao A V, Jangid R S. Seismic analysis of structures connected with friction dampers[J]. Engineering Structures. 2006(28): 690-703.

[75] Gael Bondonet, Andre Filiatrault. Frictional response of PTFE sliding bearings at high frequencies[J]. Journal of Bridge Engineering, 1997, 2(4): 139-148.

[76] 陈兴冲,王常峰,夏修身.活动支座摩擦作用对连续梁桥固定支座剪力的影响[J].世界地震工程,2012,28(02):14-19.

[77] 张文华.支座摩擦效应对大跨度连续梁桥的受力影响[J].结构工程师,2011,27(02):73-77.

[78] 李秋义,孙立,杨艳丽.客运专线无砟无缝道岔温度力与变形研究[J].铁道工程学报,2007(S1):8-11.

[79] 李秋义,孙立,杨艳丽.客运专线桥上无缝道岔设计方法研究[J].铁道工程学报,2008(12):50-53.

[80] 李秋义.武广铁路客运专线桥上无缝道岔设计研究.铁道标准设计[J].2010(1):55-58.

[81] 李秋义.客运专线桥上无缝道岔计算模型和计算法研究.铁道标准设计[J].2010(2):64-66.

[82] 雷晓燕,圣小珍.铁路交通噪声与振动[M].北京:科学出版社,2004.

[83] 翟婉明.车辆—轨道耦合动力学(第四版)[M].北京:科学出版社,2015.

[84] 刘学毅,王平.车辆—轨道—路基系统动力学[M].成都:西南交通大学出版社,2010.

[85] David Thompson.铁路噪声与振动—机理、模型和控制方法.北京:科学出版社,2013.

[86] 陈仲华.橡胶隔振垫减振轨道设计研究[J].铁道建筑技术,2013(11):53-56.

[87] 孔凡兵.地铁轨道减振细分级和隔振理论研究[J].铁道学报,2019,41(12):132-137.

[88] 徐锡江.减振型双块式无砟轨道合理刚度匹配研究[J].路基工程,2013(03):49-53.

[89] 韩志刚,林超.市域铁路双块式无砟轨道优化设计[J].中国铁路,2018(08):41-45.

[90] 吴永芳.轨道减振效果系统评价方法研究[J].中国铁道科学,2013,34(03):1-6.

[91] 王志强,王安斌,白健,等.成都地铁轨道GJ-Ⅲ型减振扣件振动控制效果分析[J].噪声与振动控制,2014(6):190-193.

[92] 罗雁云,唐吉意,林龙锋.基于落锤激励的某新型减振扣件减振性能分析[J].河北工程大学学报,2017(3):1-5.

[93] 于鹏,蔡向辉,蔡小培,等.不同减振垫刚度下板式轨道减振特性研究[J].铁道标准设计,2017(4):1-4.

[94] 王丽,蔡超勋,胡所亭.市域铁路列车荷载图式的研究[J].铁道建筑,2017(01):7-11.

[95] 林渝轩,吴梦瑶,王平.120 km/h地铁多种减振轨道结构现场测试与分析[J].铁道标准设计,2018,62(02):67-71.

[96] 刘克飞,刘学毅.橡胶浮置板轨道垂向动力特性分析[J].铁道建筑,2012(08):113-116.

[97] 陈鹏,辛涛.橡胶垫浮置板轨道变形控制及减振分析[J].北京交通大学学报,2018,42(01):34-39.

[98] 金浩,刘维宁,周顺华.板下减振垫对橡胶浮置板轨道减振性能的影响[J].铁道科学与工程学报,2016,13(02):245-249.

[99] 付娜,刘钰,赵振航,等.减振型双块式无砟轨道振动能量特性研究[J].铁道学报,2018(10):111-118.

[100] 彭金水,周斌,罗信伟,等.广州部分地铁线路铺轨基地设置[J].都市快轨交通,2010,23(04):70-73.

[101] 王鹏,史良祯.城市轻轨CPⅢ控制网[J].交通世界,2018(31):64-165+176.

[102] 李新献.双块式无碴轨道施工技术研究[D].天津:天津大学,2007.

[103] 蒋伟.高速铁路无砟轨道高速道岔施工技术[J].交通世界,2020(Z2):202-203.

[104] 李昌宁,戴宇,杨宏伟.岔区板式与枕式无砟轨道施工技术[M].北京:中国铁道出版社,2013.

[105] 梁柏成,常素良.整体道床道岔施工工艺[J].铁道建筑,2003(12).20-22.

[106] 赵青,何刚,马元龙.地下线整体道床道岔施工技术[J].铁道标准设计,2008(7).51-52+64.